승자의 저주

THE WINNER'S CURSE

승자의 저주

경제현상의 패러독스와 행동경제학

PARADOXES AND ANOMALIES OF ECONOMIC LIFE

THE WINNER'S CURSE

리처드 H. 세일러 지음 | 최정규 · 하승아 옮김

2007

이음

승자의 저주

경제현상의 패러독스와 행동경제학

초판 발행 ㅣ 2007년 8월 29일
7쇄 발행 ㅣ 2019년 6월 28일

지은이 ㅣ 리처드 H. 세일러
옮긴이 ㅣ 최정규·하승아

발행인 ㅣ 주일우
편집 ㅣ 고하영
표지디자인 ㅣ 이수경
본문디자인 ㅣ 아람디자인
제작·마케팅 ㅣ 김용운

발행처 ㅣ 이음
등록일자 ㅣ 2005년 6월 27일
등록번호 ㅣ 제2005-000137호
주소 ㅣ 서울시 마포구 월드컵북로1길 52 운복빌딩 3층
전화 ㅣ (02)3141-6126
팩스 ㅣ (02)6455-4207
전자우편 ㅣ editor@eumbooks.com
홈페이지 ㅣ www.eumbooks.com

인쇄 ㅣ 아르텍

ISBN 978-89-958902-7-1 93320
값 22,000원

내가 가장 좋아하는 이상형(異常型)인

제시, 매기 그리고 그레그에게

▶ 일러두기

1. 이 책은 리처드 세일러(Richard H. Thaler)가 쓴 *The Winner's Curse: Paradoxes and Anomalies of Economic Life*(1992)를 완역한 것이다.
2. 각 장이 시작하는 부분(속표지 뒷면)에 옮긴이가 해당 장의 핵심 내용을 정리했다.
3. 독자의 이해를 돕기 위해 필요하다고 생각되는 내용에 대해 옮긴이 주를 해당 본문 하단에 달았다.
4. 원서에 있는 저자 각주는 각 장의 맨 뒷부분에 미주로 편집했다.
5. 본문 중의 ( ), 〔 〕 표시는 원서의 것을 그대로 따랐으며, (*), 〔* 〕 표시는 옮긴이의 부연 설명이다.
6. 원서에서 저자가 이탤릭체로 강조한 부분을 이 책에서는 굵은 서체로 표시했다.

차례

옮긴이의 말 · 010

제1장 │ 프롤로그 · 015

제2장 │ 협조 · 027

1회적 공공재 실험 · 033 │ 반복 게임 실험 · 036 │ 상호적 이타성 · 038
이타성 · 042 │ 보충설명 · 050

제3장 │ 최후통첩 게임 · 053

단순 최후통첩 게임 · 057 │ 2단계 협상 게임 · 061 │ 다단계 게임 · 066
시장에서의 최후통첩 · 071 │ 보충설명 · 073

제4장 │ 산업 간 임금격차 · 079

사실들 · 083 │ 가능한 알리바이 · 085
어떤 산업이 높은 임금을 지불하는가, 그리고 왜 그런가? · 090
이론적 설명들 · 092 │ 보충설명 · 098

제5장 │ 승자의 저주 · 105

실험으로부터 얻어진 증거들 · 110 │ 사례 연구 · 117 │ 보충설명 · 123

제6장 │ 초기부존 효과, 손실회피, 그리고 현상유지 바이어스 · 131

초기부존 효과 · 134 │ 현상유지 바이어스 · 142 │ 손실회피 · 146
공정성과 정의에 대한 판단 · 152 │ 보충설명 · 155

제7장 │ 선호역전 · 159

일치성 가설 · 172 │ 보충설명 · 178

제8장 │ 시점 간 선택 · 183

개인들에게 나타나는 할인율의 변화 · 190 │ 준거점 · 196
미래는 즐거운가 암울한가 · 202 │ 보충설명 · 205

제9장 │ 저축, 대체가능성, 그리고 심적회계 · 209

소비는 소득을 좇아가는 경향이 있다 · 215
부는 대체가능한가 · 220 │ 유동성 제약 혹은 부채회피? · 227 │ 보충설명 · 229

제10장 │ 경마투표시장 · 233

경마내기시장 · 237 │ 로또 게임 · 246 │ 보충설명 · 251

제11장 │ 주식시장에서의 캘린더 효과 · 261

1월 효과 · 264 │ 주말 효과 · 268 │ 공휴일 효과 · 273 │ 달 바뀜 효과 · 274
하루 동안의 가격 변동 · 275 │ 보충설명 · 276

제12장 │ 월스트리트에서 평균을 향해 걷기 · 283

주식시장에서 평균으로의 회귀 · 288
횡단면 분석에서 보이는 평균으로의 회귀 · 292 │ 단기 평균회귀 · 300
보충설명 · 303

제13장 | 폐쇄형 뮤추얼펀드 · 309

　　네 가지 이상현상 · 313 | 통상적인 변명들 · 316
　　폐쇄형 펀드에 붙는 프리미엄 · 321 | 차익거래가 힘든 이유 · 324
　　투자자의 감정 · 327 | 보충설명 · 331

제14장 | 외환 · 335

　　선물환 할인 바이어스 검정 · 340 | 환위험 프리미엄 · 342 | 예측오차 · 347
　　가능한 설명들 · 351 | 보충설명 · 354

제15장 | 에필로그 · 357

감사의 말 · 362
참고문헌 · 366

용어해설 · 405
용어색인 · 425
인명색인 · 432

옮긴이의 말

이 책은 리처드 세일러(Richard H. Thaler)가 1992년에 쓴 『승자의 저주』(*The Winner's Curse: Paradoxes and Anomalies of Economic Life*)를 번역한 것으로, 경제학에서 이상현상(異常現象)으로 간주되는 13개의 주제를 다루고 있다. 이 책의 저자 리처드 세일러가 주장하듯이, 경제학에 이상현상이 많이 존재한다는 것은 경제학이 엉터리 이론임을 의미하는 것이 아니라 그만큼 이론이 잘 갖춰져 있다는 증거가 된다. 경제이론에 따르게 되면, 많은 경우 경제주체들의 행동을 아주 깔끔하게 예측해낼 수 있다. 그렇게 명확한 예측이 가능하기 때문에, 사람들의 실제 행동이 이론에 부합하게 나타나는지 아니면 그와 모순되게 나타나는지를 판단할 수 있다. 문제는 이론과 현실이 부합하지 않을 때 이를 어떻게 조화시킬 것인가이다.

현실에서 나타난 현상이 이론에서의 예측과 다르게 나타나는 이유는, 경제학에서 가정하는 경제주체의 동기와 실제 사람들이 갖고 있는 동기가 다르기 때문일 수도 있고, 혹은 경제주체의 동기는 경제학에서 가정하는 그것과 동일하지만 그러한 동기에 따라 행동할 수 없게 만드는 제약(제도적 제약이나 시장의 비효율성)이 존재하기 때문일 수도 있다. 지금까지 경제학은 후자에 주목하면서 이론을 발전시켜왔다. 실로 그 과정에서 경제학은 무척이나 많은 발전을 했다. 1970년대를 섭렵했던 일반균형 이론으로 대표되던 경제이론은 1980

년대에 들어오면서 정보의 비대칭성, 거래비용의 존재, 제도의 역할 등 기존의 경제학에서 고려하지 않았던 여러 요소들을 적극적으로 끌어들임으로써 그 내용의 깊이와 폭을 점점 확장해왔다. 하지만 전자의 측면은 상대적으로 덜 주목받아왔다. 전자에 대한 문제제기가 경제학에 대한 근원적인 문제제기여서 그러한 문제를 본격적으로 다룰 준비가 안 되어 있었기 때문일 수도 있고, 그러한 문제제기가 경제학의 기본 원리와 충돌했기 때문일 수도 있다.

세일러는 이 책에서 소개된 연구들을 통해서 이제는 전자의 측면, 즉 경제주체의 선택 및 의사결정에 관련된 문제를 본격적으로 다루어야 함을 주장하고 있다. 그는 이 문제들을 건드리지 않고 시장의 비효율성, 시장의 실패 혹은 제도적 요인에만 주목하는 경우 이 책에서 제시되는 이상현상을 제대로 다룰 수 없다고 이야기한다. 더 나아가 그동안 축적되어온 심리학 연구의 성과를 본격적으로 경제학에 도입함으로써 이러한 방향의 연구를 풍부하게 만들 수 있다고 주장한다. 실제로 이제 행동경제학 혹은 행동주의적 접근이란 말은 경제학에서 낯선 단어가 아니게 되었으며, 이 분야에서 많은 연구들이 진행되면서 경제주체들의 의사결정에 대해 좀더 잘 이해할 수 있는 기초를 마련해주고 있다.

주어진 상황에서 경제주체가 어떻게 행동할 것인가를 예측하고, 또 실제로도 그렇게 행동하는지를 살펴보는 작업을 실증적 연구라고 부르며, 주어진 상황에서 합리적이고 이기적인 경제주체라면 어떻게 행동해야 하는가를 제시해주는 연구를 규범적 연구라고 부른다. 반면 완전한 정보를 갖고 주어진 대안들을 일관된 원리에 따라 비교해서 그 중 최선의 대안을 찾아낼 수 있는 경제주체가 아니라, 불완전한 정보를 갖고 정보 처리도 미흡하며 선택에서의 일관성도 없는 경제주체라면 어떻게 선택하고 행동할 것인지를 연구하는 것이 바로 처방적 연구이다. 저자가 필요하다고 주장하는 처방적 연구는 여전히 많은 노력이 경주되어야 하는 부분이고, 이 책은 바로 그 첫걸음을 딛기 위한 시도로 볼 수 있다.

이 책은 지금으로부터 15년 전에 출간되었고, 이 책에서 주장하는 내용 중 몇 가지 주제는 이후 상당한 발전을 이루어왔다. 예컨대 제6장의 '손실회피' 개념이나 제8장의 '시점 간 선택' 문제는 이후 경제이론에서 본격적으로 다루어진 주제들이고, 제2장과 제3장의 논의는 진화적 게임이론의 단골 주제가 되어왔다. 또한 제7장의 '선호역전' 문제는 최근 문제제기 되고 있는 선호의 내생성 연구와도 일맥상통한다. 특히 제6장에서는 대니얼 카너먼의 연구가 주로 소개되고 있는데, 그는 경제학에 심리학 연구의 성과를 성공적으로 도입했다는 이유로 2002년에 노벨경제학상을 수상하기도 했다. 이렇게 몇몇 주제는 경제이론과 성공적으로 결합되기도 했지만, 다른 몇몇 주제들은 여전히 수수께끼로 남아 있거나 혹은 경제이론과 정면으로 대립하는 양상으로 남아 있기도 하다. 따라서 이 책에서 다뤄진 많은 문제들이 15년이 지난 지금도 여전히 유효한 문제제기로 남아 있다.

여기 실린 모든 글들은 원래 *Journal of Economic Perspectives*라는 유명한 영문 학술지에 13회에 걸쳐 "이상현상"이라는 특집으로 실렸던 논문들이다. 무척이나 흥미로운 주제를 다루고 있고, 또 매우 중요한 이야기를 하고 있음에도 불구하고, 책을 읽어나가기가 그리 쉬운 편은 아님을 이야기해두어야겠다. 아무래도 학술지에 실린 글이니만큼 아주 정교한 논리 구조를 갖추고 있기 때문에 직관적으로 이해되는 부분도 있지만, 저자들의 논리를 하나하나 생각하면서 좇아가야 그 흐름을 제대로 이해할 수 있는 부분도 적지 않다. 그래서 각 장마다 앞머리에 '옮긴이 해설'을 달아서 독자들이 그 장의 전체적 흐름을 이해하는 데 도움이 되도록 했다. 아마도 각 장을 읽기 전에 옮긴이 해설을 먼저 읽고 전체적인 흐름을 파악한 다음 해당 장을 읽어나간다면 저자의 논리를 따라가는 데 조금이나마 도움이 될 것이라 생각한다.

가능하면 의역보다는 직역에 충실하고자 했지만, 때로는 내용 전달이 어려워지는 경우가 있어 불가피하게 의역을 해야만 했던 부분도 있다. 의역을 할 때에는 번역상의 오류 가능성을 최대한 줄이기 위해 글에서 인용하고, 소개하고 있는 원래의 논문들을 일일이 검토하여 번역자의 의역이 타당한 것인지를 확인하고자 노력했다.

또한 경제학에서 일반적으로 사용되는 개념어들은 풀어서 쓰기보다는 경제학에서 통용되는 용어를 그대로 사용했다. 그렇다고 해서 경제학 용어에 익숙하지 않은 독자들이 이 글을 읽는 데 심각한 장애로 작용할 것 같지는 않다. 다만 그 접근을 좀더 용이하게 하고자 책 맨 뒤에 이 글에서 사용되는 경제학 용어 혹은 통계학 용어들에 대한 간략한 설명을 실었다.

마지막으로 이 책의 제목에 대해 한마디 덧붙여야 할 것 같다. 원제인 'Winner's Curse'는 승자가 저주를 하는 것이 아니라 승자에게 저주가 내려진다는 의미를 갖고 있다. 따라서 정확한 번역어는 '승자에게 내려진 저주' 혹은 '승자에게 가해진 저주'가 되어야 할 것이다. 하지만 우리나라에서는 이미 '승자의 저주'라는 용어로 통용되고 있고, '승자에게 내려진 저주'라는 표현이 하나의 개념어로 사용되기에는 부적절하게 풀어쓴 것 같기에, 그냥 '승자의 저주'라고 옮기기로 했다

이 책은 최정규가 제1장, 제4장, 제5장, 제6장, 제11장, 제12장, 제13장, 제14장, 제15장을, 공역자 하승아가 제2장, 제3장, 제7장, 제8장, 제9장, 제10장의 초벌 번역을 했다. 수차례의 교차 검토를 했

으며, 최정규가 최종적으로 검토하고 문장을 다듬어 최종 번역본을 만들었다. 제11장에서 제13장까지 세 개의 장은 금융시장에서의 이상현상을 소개 및 분석하고 있는데, 번역자가 금융경제학 전공자가 아닌 관계로 용어 선정 등에 다소 어려움이 있었다. 이 네 장에 대해서는 원승연 교수(영남대학교 금융경제학과), 박경로 교수(경북대학교 경제통상학부), 김상배 교수(경북대학교 경영학과) 등 세 분의 교수님들과 김지영 이사(삼성증권)의 도움을 받았다. 이 분들은 세 개의 장을 꼼꼼히 읽어주셨고, 오역을 바로잡고, 용어를 수정하는 데 큰 도움을 주셨다. 이 분들의 도움이 아니었으면 이 세 장의 번역은 서툴기 그지없었을 것이다. 마지막으로 ㈜도서출판이음의 고하영 편집부장은 초벌 번역에서 최종 번역본까지 여러 차례 번역본이 수정될 때마다 귀찮음을 마다하지 않고 그때그때 읽고 문장을 다듬어주었다. 이처럼 많은 분들의 도움이 있어서 수많은 오역과 어색한 문장을 바로잡을 수 있었지만, 여전히 오역이 남아 있을 것인데, 이는 온전히 번역자의 책임이다.

2007년 8월 여름 한복판에서
최정규

1
프롤로그

애크미 석유회사의 회장이 당신의 친구이다. 그는 문제가 생길 때면 가끔씩 전화를 해서 당신의 조언을 구한다. 이번에는 그가 참여하는 경매에 입찰가를 얼마로 써넣을지가 문제이다. 석유회사 하나가 망하는 바람에 이 회사가 석유 추출을 위해 미리 사두었던 땅들이 경매에 부쳐졌는데, 애크미사(社)는 그 중 한 지역에 관심이 있었던 것이다. 최근까지는 세 개의 업체만이 이 경매에 참여할 것으로 보여, 애크미사는 입찰가를 1,000만 달러 정도로 써넣을 생각이었다. 그런데 갑자기 7개의 업체가 더 참여하여 총 10개의 업체가 경매에 참여할 것이라는 정보를 입수했다고 한다. 이렇게 경쟁사들이 늘어난 상태에서 애크미사는 애초에 생각했던 금액보다 입찰가를 올려야 할까, 내려야 할까? 당신이라면 어떤 조언을 하겠는가?

당신은 이 상황에서 입찰가를 올려야 한다고 생각하는가 아니면 낮춰야 한다고 생각하는가? 이 문제에 대해 대부분의 사람들은 직관적으로 입찰가를 올려야 한다고 생각한다. 경쟁 업체가 늘어났기 때문에 입찰가를 올리지 않으면 그 땅을 얻지 못할 것이라고 보기 때문이다. 하지만 여기에 사람들이 쉽게 간과하는 중요한 사항이 있다. 참여 업체들 모두가 자신이 생각하는 이 땅의 가치보다 조금 낮게 입찰가를 써넣는다고 해보자(자신이 생각하는 땅의 가치만큼 입찰가를 써넣게 되면 낙찰되더라도 이윤이 안 남을 테니까). 물론 이 땅에 얼마의 석유가 묻혀 있는지는 아무도 모른다. 어떤 업체는 매장량을 과다하게 예측하고, 또 어떤 업체는 매장량이 아주 적다고 예측할 것이다. 논의 전개를 위해서 매장량 예상치는 입찰자들마다 각각 다르지만 이들 예상치의 평균은 실제의 매장량과 일치한다고 가정해보자. 그렇다면 이 경매에서 승자는 누가 될까? 승자는 석유 매장량에 대해 가장 낙관적인 예측을 한 사람일 것이고, 아마도 그는 매장량을 과대평가했기 때문에 이 토지의 실제가치보다 더 높은 가격을 적었을 가능성이 크다. 그렇다면 그는 경매에서 이기고도 적자를 보게 된다. 이것이 바로 그 무섭다는 '승자의 저주'(winner's curse)이다. 참여자가 많은 경매에서는 승자는 때때로 패배자가 된다. 승자에게 가해진 저주를 피할 수 있는 길은 경매에 참여자가 많을 때에 좀더 보수적으로 입찰에 임하는 것이다. 얼핏 우리의 직관에 어긋나는 것처럼 보일지 몰라도 이것이 합리적으로 행동하는 길이다.

이 책은 경제학에서의 이와 같은 이상현상들(異常現象, anomalies)을 다루고 있으며, '승자의 저주'는 이상현상의 대표적인 예이다. 이상현상이란 이론에 부합하지 않는 사례들을 의미한다. 합리적 입찰이론에 따른다면 경매 참여자의 수가 많을 때일수록 입찰가를 낮춰야 하지만, 대부분의 사람들은 입찰가를 높인다. 어떤 현상을 이상현상이라고 규정하기 위해서는 두 가지 요소가 충족되어야 한다. 하나는 확실한 예측을 가능하게 하는 경제이론이 있어야 하고, 다른 하나는 이 예측에서 벗어난 사례가 있어야 한다. 그러나 경제학의 이상현상에서 이 두 요소 모두를 찾아내기는 어렵다. 경제이론은 넘쳐나지만 이 이론들의 옳고 그름을 규명하는 것 자체가 매우 힘들기 때문이다. 이론이 예측하는 것에 대해 동의할 수 없다면 어떤 것이 이상현상인지에 대해서도 동의할 수 없다. 실제로 몇몇 경우에 경제학자들은 어떤 이론은 정의(定義)상 참이기 때문에 검정 가능하지 않다고 주장하기도 한다. 예를 들어 효용극대화 이론을 보자. 누군가가 어떤 행동을 했다고 가정하자. 그 행동이 아주 이상해 보이더라도 그것은 효용극대화의 결과라고 설명할 수 있다. 그렇지 않다면 그 사람이 그렇게 행동했을 리가 없다고 얘기해버리면 그만이기 때문이다. 이와 같이 어떤 이론을 반증할 만한 증거가 존재할 수 없다면, 그 이론은 검정 불가능하다(그렇다면 그 이론은 이론이 아니라 정의에 가깝다). 하지만 많은 경제학자들이 자신들의 이론이 반증 불가능하다는 사실에 위안을 삼는 반면, 일부 학자들은 이를 반증할 수 있는 아주 교묘한 검정 방식을 만들어내기에 여념이 없었다. 그리고 이와 관련하여 경제학에는 다음과 같은 자연법이 유지되고 있는 듯하다. 즉 '검정이 있는 곳에 이상현상이 있다.'

경제이론이란 무엇인가? 기업 이론이든, 금융시장 이론이든, 아니면 소비자선택 이론이든 모든 경제 분석에서 경제주체의 행동에 대한 똑같은 기본 가정들이 동일하게 사용되고 있다. 두 개의 기본 가정은 합리성과 이기성이다. 즉 사람들은 자신을 위해 가능한 한 많은 것을 얻고자 하며, 아주 영리해서 어떻게 행동해야 이 목적을 달성할 수 있는지를 알아낼 수 있다는 것이다. 실제로 경제학자들은 자신에게도 어려운 문제, 예를 들어 사람들이 실업 상태에 놓였을 때 직장을 구하는 최적의 방법이 무엇인가와 같은 문제를 1년 내내 연구해서 해답을 찾았더라도, 경제모형을 만들어 설명할 때에는 모형 내의 경제주체들이 이 문제를 이미 풀어 그것을 자신들의 구직 과정에 응용하고 있다고 가정한다. 그리고 이러한 가정에 만족해버린다. 경제학자 스스로 1년 동안 애를 쓴 문제를 모델 내의 경제주체들이 직관적으로 쉽게 풀 수 있다고 가정하는 것은 그만큼 경제학자의 겸손함을 표현해줄지는 몰라도 좀 석연치 않은 구석이 있다. 물론 이와 다르게 가정할 수도 있다. 즉 사람들이 언제나 옳게 행동하지는 않는다는 것이다. 인식상의 오류 가능성은 허버트 사이먼 (Herbert Simon)이 제시한 '제한된 합리성'(bounded rationality)의 견지에서 볼 때 아주 중요하다. 사람의 두뇌를 컴퓨터라고 생각해보자. 그것도 아주 느린 프로세서와, 용량도 작고 제대로 작동하지도 않는 메모리 시스템을 갖고 있는 컴퓨터 말이다. 독자의 경우는 어떨지 모르겠지만, 내 두 귀 사이의 공간을 차지하고 있는 PC에서는 생각만 해도 끔찍할 정도로 많은 디스크 오류가 일어나고 있다.

경제이론의 또 다른 신조로서의 이기심은 어떤가? 실제로 사람들은 얼마나 이기적일까? 표준적인 경제학 모형의 문제점을 지적하기 위해, 내가 지금 살고 있는 이타카(Ithaca) 운전자들의 행동을 예로 들어보자. 코넬대학교의 뒤편으로는 샛강이 하나 흐른다. 이 강을 가로지르는 다리가 있는데, 이 다리는 왕복 1차선 도로이다. 바쁜 시간대에는 이 다리를 가운데 놓고 양쪽으로 다리를 건널 차례를 기다리는 차들이 길게 이어서 줄을 서 있다. 여기서 어떤 일이 일어날 것이라고 생각하는가? 대부분의 경우에 네다섯 대가 한꺼번에 줄지어 다리를 건너면 그 다음 차례의 차는 알아서 멈춤으로써 반대편에 있는 차가 다리를 건너올 수 있도록 양보한다. 뉴욕에서라면 혹은 경제학 모형에서는 결코 일어날 수 없는 일이다. 뉴욕시에 왕복 1차선 다리가 있다면 말 그대로 일방통행 길이 될 것이고, 처음 이 다리를 선점하고 건너는 차 뒤로 끝없는 행렬이 이어질 것이다.[1] 경제모형에서의 사람들은 이타카 사람들이 아니라 뉴욕 사람들처럼 가정된다. 이 가정은 정말 타당한 것일까? 다행히도 현실에서 이타카 주민들이 보여주는 협조적인 태도는 예외적인 현상이 아니다. 우리들 대부분은, 심지어 뉴욕 사람들조차도, 자선단체에 기부하고, 캠프장을 깨끗이 치우며, 레스토랑을 나올 때 그곳에 다시 올 가능성이 전혀 없더라도 팁을 놓고 나온다. 물론 우리 중 많은 사람들이 탈세를 하고(대부분 그렇게 절약한 돈은 흥청망청 쓰게 마련이다), 보험회사에서 보험금을 타기 위해 손실을 부풀려 보고하며(그렇게 해봤자 기껏해야 자기 부담금 정도를 뽑아내는 데 그치고 말지만), 골프를 칠 때 공의 위치를 유리한 곳으로 슬쩍 바꿔놓기도 한다(8월에도 사람들이 안 볼 때 겨울 규칙〔* 겨울에 페어웨이 잔디가 훼손되어 있는 경우 공을 좀더 나은 지점으로 옮기고 치는 것을 허용하는 골프의 규칙〕을 적용시키기도 한다). 우리는 성자도 아니지만 그렇다고 죄인도 아니다. 우리는 그저 사람일 뿐이다.

그런데 아쉽게도 경제모형이 그리는 세상에는 우리 같은 사람이 살고 있는 것 같지 않다. 예를 들어 저축을 설명하는 경제이론인 라이프사이클 가설(혹은 생애주기 이론)은 저축과 관련해서 자기통제가 철저한 의사결정 과정을 가정함으로써 인간적인 요소, 즉 어찌 보면 가장 중요한 요소를 빼먹어버렸다. 이 모형에서는 당신이 뜻밖에 횡재해서 1,000달러를 벌었다면, 이 돈의 거의 전부를 저축할 것이라고 예측한다. 왜냐하면 자기통제가 철저하다면 당신은 이렇게 얻은 돈 전부를 당신의 전 생애에 걸쳐 균등하게 쓰고자 할 것이기 때문이다. 횡재해서 얻은 돈을 그런 식으로 저축한다면, 솔직히 말해 횡재를 바라는 사람이 누가 있겠는가?

우리들 인간이라는 존재는 경제학자들에게는 이상하게 보일 만한 행동들을 한다. 이런 경우를 생각해보자. 당신은 슈퍼볼 티켓 두 장을 갖고 있다. 마침 올해 슈퍼볼은 당신이 사는 지역에서 열린다. 그뿐 아니라 슈퍼볼에서 맞붙게 될 팀 중 하나는 당신이 응원하는 팀이다. (미식축구를 좋아하지 않는다면 당신이 좋아하는 스포츠의 결승 경기로 상황을 바꾸어 상상해보라.) 게임이 열리기 일주일 전, 누군가가 당신에게 슬쩍 다가와서 혹시 당신의 티켓을 팔 생각이 없냐고 묻는다. 당신은 그가 얼마를 제안해야 그 티켓을 팔 것 같은가? (이런 상황이 찜찜하다면 얼마의 가격을 매기더라도 이런 식의 티켓 판매가 전혀 불법이 아니라고 가정하라.) 이번에는 입장을 바꿔서 당신에게는 슈퍼볼 티켓이 없다고 가정해보자. 당신은 지금 슈퍼볼 경기를 꼭 현장에서 보고 싶고, 누군가가 당신 앞에서 슈퍼볼 티켓을 팔겠다고 나섰다고 하자. 당신은 그 티켓을 얻기 위해 얼마를 지불할 용의가 있는가? 방금 가정한 두 질문에 대해 대부분의 사람들이 내놓는 대답은 약 두 배가량 차이가 난다. 전형적인 대답을 보면, 티켓을 갖고 있는 경우 상대방이 티켓 한 장당 400달러 정도는 지불해야 티켓을 판다고 대답한다. 반면 티켓을 갖고 있지 않은 경우에는 이 티켓을 되사기 위해서 지불할 용의가 있는 최대 금액은 200달러 정도이다. 이러한 차이가 당연하게 보일지도 모르겠지만, 경제이론에 따르면 이 두 대답은 일치해야 한다. 따라서 이 행동은 이상현상으로 간주되어야 한다. 물론 경제이론이 하나의 이론으로서 혹은 합리적 선택 모형으로서 뭔가 문제가 있다는 말은 아니다. 합리성 가정이란 사람들이 합리적이라면 이 경우 판매가격과 구매가격이 일치해야 한다는 것을 의미할 뿐이다. 문제는 사람들이 합리적으로 선택한다면 **어떻게 행동해야 하는가**를 이야기할 때와 사람들이 **실제로 어떻게 행동하는가**를 묘사할 때 모두 동일한 모형을 사용한다는 것이다. 사람들이 항상 합리적으로만 행동하는 것이 아니라면, 사람들이 어떻게 행동해야 합리적인지를 밝힐 때와 사람들의 실제로 어떻게 행동하는가를 묘사할 때 서로 다른 모형을 사용해야 하지 않겠는가?

물론 나 말고도 경제학이 사람들의 행동에 대해 비현실적인 가정을 한다고 비판하는 사람들은 많았다. 그렇다면 여기서 새로운 것은 무엇인가? 앞으로 소개될 이상현상들이 어떻게 경제학을 새로운 방식으로 비판하게 되는가를 이해하기 위해서는, 기존의 비판들에 대해 경제이론이 어떻게 대응해왔는지를 검토해볼 필요가 있다. 합리적 선택 모형에 대한 가장 유명한 변호는 밀턴 프리드먼(Milton Friedman)의 1953년 논문에서 행해졌다. 프리드먼은 이 논문에서 사람들이 경제모형에서 그리는 것과 같은 계산을 해낼 수 없을지라도, 그들은 **마치 그 계산을 한 것처럼** 행동한다고 했다. 그는 프로당구 선수의 예를 들면서, 이 당구 선수는 물리학도 기하학도 모르지만 **마치** 그가 이 지식을 갖고 활용하는 것**처럼** 당구를 친다고 주장했다. 기본적으로 프리드먼의 주장은 이론이 제대로 된 예측만 한다면 그 이론이 기초하고 있는 가정이 맞고 틀리는 건 문제가 아니라는 것이다. 바로 이러한 입장에 대해 이 책에서 나는 그 이론의 실제 예측이 맞는지 틀리는지에 주목하고자 한다. 가정의 옳고 그름을 제쳐두고라도, 내가 보기에 경제이론은 예측력에서도 치명적인 약점이 있다.

프리드먼과 비슷한 입장에서 보면, 개인이 실수를 하더라도, 전체의 행동을 설명할 때에는 각 개인의 실수들이 서로서로 상쇄되기 때문에 이러한 실수는 문제가 되지 않는다는 주장도 가능하게 된다. 그렇지만 아쉽게도 이러한 변호는 효과적이지 않은데, 그 이유는 합리적 선택으로부터 이탈한 것으로 관찰되는 행동들 대부분이 방향성을 갖곤 하기 때문이다. 다시 말해 경제주체들이 범하는 실수는 서로 상쇄되기보다는 오히려 같은 방향으로 움직이는 경향이 있다. 대부분의 사람들의 실수가 같은 방향으로 일어난다면, 사람들이 합리적이라고 가정하는 것 역시도 사람들의 행동을 예측하는 데 있어 실수를 범하는 셈이 된다. 내 동료인 심리학자 대니얼 카너먼(Daniel Kahneman)과 아모스 트버스키(Amos Tversky)는 바로 이 점을 지적함으로써 경제학에 대한 행태주의적 비판을 더욱 새롭고 본질적으로 만들었다.

또 다른 방식의 변호로서, 비합리성이나 이타성도 사람들이 최적의 선택을 할 유인이 강하게 존재하는 시장에서는 그리 큰 문제가 되지 않는다는 주장이 있다. 이 주장은 금융시장과 같이 거래비용이 아주 작은 시장에서 특히 힘을 발휘하고 있다. 금융시장에서 만일 당신이 계속해서 멍청한 짓을 한다면 수많은 전문가들은 당신의 돈을 따가려고 호시탐탐 노릴 것이다. 이러한 이유 때문에 금융시장은 어떠한 시장보다도 '효율적'인 시장으로 간주된다. 금융시장이 가장 잘 작동한다는 이러한 주장 때문에 나는 이 책에서 금융시장에 특별히 관심을 기울였다. 그런데 놀랍게도 금융시장 역시 이상현상들로 가득 차 있음을 알게 되었다.

혹시 독자 여러분은 왜 내가 이 책 전체에서 이상현상들을 다루고 있는지 궁금할 수도 있을 것이다. 이 책에서 모든 이상현상들을 한데 모은 것에는 두 가지 이유가 있다. 하나는 개개의 실증 사례를 독립적으로 평가하는 것은 불가능하기 때문이다. 그리고 하나의 이상현상이 발견된 것이라면 단지 호기심의 대상에 그칠 수도 있지만 13개의 이상현상이라면 거기에는 뭔가의 패턴이 있음을 암시하기 때문이다. 과학철학자 토마스 쿤(Thomas Kuhn)은 "발견은 이상현상에서부터, 즉 자연에 어떤 방식으로든 지금의 정상과학을 지배하는 패러다임에 입각해서 내린 예측과 어긋난 현상들이 일어나고 있다는 인식에서부터 출발한다"고 했다. 이 책을 통해 나는 이상현상의 존재를 깨닫는 바로 그 첫 단계를 완수할 수 있기를 바란다. 아마도 그때쯤이면 우리는 새로운, 그리고 한층 개선된 버전으로의 경제학의 발전을 보게 될지도 모른다. 그렇게 새롭게 발전한 이론은 다음과 같은 사고, 즉 사람들은 가능한 한 최선을 다하려고 노력하지만 정보를 저장하고 처리하는 데 있어서 인간으로서의 제한된 능력만을 갖고 있으며, 이와 함께 친절과 협조라는 인간으로서의 강점도 갖고 있다는 사고를 갖게 될 것이다.

| 저자 미주 |

1 이따금씩 이타카에서도 마치 겁쟁이 게임(Chicken Game)처럼 두 차가 다리 한가운데서 맞닥뜨리는 경우도 있다. 내 생각에는 그렇게 차를 모는 운전자들은 아마도 이 도시에 처음 온 대도시 출신 사람들일 것이다.

2

협조

* 이 장은 로빈 도스(Robyn M. Dawes)와 함께 썼음.

경제주체가 죄수의 딜레마 혹은 공공재 게임의 상황에서 과연 협조적 행동을 하는지, 협조적 행동을 한다면 그것을 경제이론에 입각해서 설명할 수 있는지, 만일 경제이론이 이를 설명해내지 못한다면 어떤 이론 틀이 필요한지 등이 이 장에서 논의되고 있는 주제들이다.

이기적이고 합리적인 경제주체들을 가정하는 경제이론이 예측하는 바와 달리, 현실에서는 상당한 수준의 협조적 행위들이 발견된다. 과연 사람들이 현실에서 협조적 태도를 보인다는 사실을 경제이론에 입각해서 설명할 수 있을까? 경제이론에 입각한 설명이란 바로 다음과 같은 전제에 입각해서 설명하려는 시도를 말한다. 그 전제란 1) 경제주체는 합리적이어서 주어진 상황에서 자신에게 가장 유리한 행동을 취한다는 것, 그리고 2) 경제주체는 이기적이어서 어떤 행동이 자기 자신에게 얼마나 유리한 것인가만을 고려할 뿐, 타인이나 자신이 속한 집단에 대한 고려는 하지 않는다는 것이다. 과연 이러한 전제하에서 사람들의 협조적 행위를 설명할 수 있는지를 검토해보는 것이 바로 이 장의 목적이 된다.

1회적 공공재 게임에서 사람들이 협조적 행위를 하는 이유가 사람들이 게임 구조에 익숙하지 않아서 나타나는 일시적인 현상이며, 따라서 반복을 통해 게임에 익숙해지면 경제이론에 부합하는 행동을 할 것이라는 주장이나(학습 가설), 혹은 정해진 회수로 반복 게임을 할 때 게임 구조에 익숙하지 못한 상대방으로부터 협조를 끌어내기 위해서는 협조를 하는 것이 더 나은 전략일 수 있다는 주장(전략 가설) 등은 협조적 행위의 존재에 대한 전형적인 경제학적 설명 방식이다. 학습이 충분히 진행되면 사람들은 경제이론의 예측대로 행동할 것이고, 상대가 합리적이지 않으면 상대방의 비합리성을 충분히 이용해서 이득을 챙기기 위해서 게임의 초반에는 협조적인 행동을 하는 것이 더 유리할 것이기 때문에, 공공재 게임에서 협조 행위를 한다는 사실이 경제주체의 합리성과 이기성을 가정하는 경제이론과 모순되지 않기 때문이다.

더 나아가 사람들이 현실에서 상대방에게 협조적 태도를 취하는 이유가, 그 상대방과의 상호작용이 충분히 오래 지속되는 경우, 그리고 자신의 무임승차가 이후 상대방의 보복(무임승차)을 촉발시킬 가능성이 있는 경우, 단 한 번의 무임승차로 단기적 이득을 챙기기보다는 단기적으로 조금 손해를 보더라도 협조를 하는 것이 장기적으로는 더 이득이 되기 때문이라는 주장(상호적 이타성 가설)도 경제주체의 합리성과 이기성을 가정하는 경제이론에 부합하는 설명이다.

이 장에서는 이러한 경제학적 설명들이 사람들의 협조적 태도를 잘 설명해주지 못한다는 것을 보여주는 여러 실험들을 소개하고 있다. 안드레오니의 실험들은 학습 가설, 전략 가설, 상호적 이타성 가설 등이 타당한 설명인지를 검정하기 위해 진행되었는데, 실험 결과에 따르면 이들 경제학적 설명에 기반한 가설들은 사람들의 협조적 태도를 설명하는 데 한계가 있음이 드러난다. 여기서 안드레오니가 이들 가설을 검정하기 위해 어떤 식으로 실험을 디자인했는지를 살펴보는 것도 흥미롭다.

마지막 부분에서 저자는 상대방의 성향을 사전에 선별해낼 수 있는 가능성, 그리고 의사소통과 집단적 정체성의 형성이 이 문제를 푸는 단서가 될 것임을 지적하고 있다. 〔옮긴이〕

「몬티 파이톤」(Monty Python)이라는 단편 코미디[1]가 생각난다. 한 등장인물은 은행원이었고(John Cleese 분), 다른 등장인물은 포드 씨(Terry Jones 분)였다. 포드 씨는 양철 깡통을 들고 자선단체의 기금을 모금하고 있다.

은행원: 안녕하세요. 저는 은행원입니다.

포드: 안녕하세요……. 성함이……?

은행원: 음…… 잠깐 제 이름을 잊어버렸네요. 아무튼 저는 은행원입니다.

포드: 네. 혹시 고아원에 기부를 좀 해주실 수 있으신지요? (깡통을 소리 나게 흔든다.)

은행원: 글쎄요. 제 속마음을 쉽게 드러내 보여드리고 싶지 않은데요. 그렇지만 사실 여기 슬레이터 나치에서는 고아원에 관심이 아주 많아요. 그러니까 고아원은 막 개발되고 있는 시장이니까요……. 얼마 정도를 원하세요?

포드: 글쎄요…… 음…… 당신은 부자니까…….

은행원: 물론이죠! 아주, 아주, 아주, 아주 부자지요.

포드: 그래요. 그렇다면 1파운드 정도가 어떨까요?

은행원: 1파운드. 좋습니다. 그럼 이 대출은 어떻게 보증되지요?

포드: 이건 대출이 아닌데요.

은행원: 뭐라고요?

포드: 대출이 아니라고요.

은행원: 아…… 그래요?

포드: 이 중에서 하나를 드릴게요. (그는 깃발을 건넨다.)

은행원: 이건 보증서치고는 좀 작지 않나요? 내 생각엔 이걸 우리 회사 법률 담당 부서에 넘기는 게 좋을 것 같은데요. 금요일 전에 한 번 더 들리실 수 있죠?

포드: 꼭 그렇게 하셔야겠습니까? 1파운드밖에 안 되는데 그냥 주시면 안 될까요?

은행원: 물론 법률 담당 부서에 넘겨야지요. 난 이 깃발이 뭐에 쓰이는지 모르겠거든요.

포드: 고아원을 위한 것이죠.

은행원: 뭐라고요?

포드: 선물이에요.

은행원: 뭐라고요?

포드: 선물이라고요.

은행원: 오…… 선물!

포드: 네.

은행원: 세금 회피를 위한?

포드: 아뇨, 아뇨.

은행원: 아니라고요? 글쎄요. 정말 죄송합니다만 저는 이해를 잘 못하겠네요. 당신이 원하는 게 정확히 뭔지 설명 좀 해주실래요?

포드: 저는 당신이 저에게 1파운드를 주시길 바랍니다. 그러면 제가 고아원에 가서 그걸 전달할 것입니다.

은행원: 그래요?

포드: 그럼요. 그게 다예요.

은행원: 아니, 아니에요. 전 납득할 수 없어요. 그러니까 제 말은, 나는 바보처럼 보이기는 싫지만 그러니까 내 생각에는 내가 1파운드를 내는 거래 같아 보이는데…….

포드: 네. 그런 거죠.

은행원: 그렇군요. 내가 당신에게 그 돈을 주고 얻는 게 뭐데요?

포드: 그야 뭐…… 고아원 아이들의 행복이겠죠.

은행원: (의아해하며) 행복……? 당신, 지금 상황을 제대로 이해하고 있는 거 맞나요?

포드: 물론이죠. 많은 사람들이 저에게 돈을 주는걸요.

은행원: 그냥 이런 식으로?

포드: 네.

은행원: 미치겠군. 당신 지금 당신에게 돈을 줬다는 그 사람들의 이름과 전화번호 목록을 내게 보여줄 있어요? 없지요?

포드: 네. 저는 그냥 거리에서 지나가는 사람들한테 돈을 달라고 하는걸요.

은행원: 세상에…… 올해 내가 들어본 이야기 중 가장 재미있는 이야기네요. 정말 단순하고 기발해요. 당신의 이 재미있는 아이디어는 1파운드의 가치는 되겠네요. (포드의 깡통을 받아든다.)

포드: 감사합니다.

은행원: 문제는 말이에요. 내가 돈을 주기 전에 당신이 그 생각을 말해버렸다는 거예요. 그리고 이건 괜찮은 거래가 아니에요.

포드: 아니라고요?

은행원: 네. 유감스럽게도 아닙니다. 그러니 나가주세요. (그는 레버를 당겨 포드 씨의 발밑에 있는 함정문을 연다. 포드 씨는 비명을 지르며 밑으로 떨어진다.) 반가웠습니다.

대부분의 경제학적 분석은——사실상 모든 게임이론이——사람들은 합리적이고 이기적이라는 두 개의 가정에서 시작한다. 유명한 '죄수의 딜레마'가 한 예이다(Rapoport and Chammah, 1965). 죄수의 딜레마 게임은 다음과 같은 구조로 이루어져 있다. 두 명의 경기자는 동시에 그리고 상대방 몰래 하나의 전략을 선택해야 한다. 그리고 대개는 다음과 같은 이야기가 전개된다. 두 경기자가 함께 범행을 저질렀는데, 두 사람이 따로따로 체포되어 각각 독방에 수감되었다. 만약 둘다 침묵을 지킨다면(협조한다면) 둘 다에게 경범죄만 적용되어 각각 1년씩 감옥에서 살게 된다. 만약 한 명만 자백하면(배반하면), 자백한 사람은 석방되고 나머지 한 명은 10년형을 선고받는다. 둘 다 자백할 경우에는 둘 다 5년형씩을 선고받는다. 이 게임이 흥미로운 이유는 자백하는 것이 우월한 전략으로 나오기 때문이다. 즉 상대방이 어떤 전략을 선택하든 자백을 하는 것이 유리하다. 만약 상대방이 침묵을 지키는 경우, 자기도 침묵을 지키면 감옥에서 5년을 살아야 하지만 자백을 하면 곧바로 석방된다. 한편, 상대방이 자백을 하는 경우에도, 침묵을 지키면 감옥에서 10년을 살아야 하지만 자백을 하면 5년만 살고 나올 수 있다. '사람들이란 합리적이고 이기적이다'라고 가정하면, 사람들이 이런 게임을 할 때 배반하는(즉 자백하는) 전략을 선택할 것이라는 예측이 나온다. 즉 여기서 사람들은 배반하는 것이 우월한 전략이라는 것을 알아낼 만큼 영리하다고 가정되고, 또한 다른 사람에게 생기는 결과에 대해서는 전혀 개의치 않는다고 가정된다. 더욱이 그들은 '옳은 행동'을 하지 않았다는 점에 대해서도 전혀 꺼림칙함을 느끼지 않는다.

경제학자들이 **공공재**라고 부르는 상황에도 이와 비슷한 분석이 응용된다. 공공재는 다음과 같은 두 가지 특성을 충족시키는 재화를 말한다. 1) 일단 누군가에게 제공되기만 하면, 다른 사람에게 제공될 때 추가적인 비용이 들지 않는다. 2) 대가를 지불하지 않은 사람이 재화를 사용하는 것을 막을 수 없다. 공공재의 대표적인 예로는 국방 서비스를 들 수 있다. 우리가 세금을 내지 않아도 여전히 군사적 보호를 받을 수 있기 때문이다. 다른 예로 공중파 라디오나 텔레비전이 있는데, 돈을 내지 않더라도 라디오를 듣거나 텔레비전을 볼 수 있다(* 미국에서는 공중파 텔레비전 시청료를 받지 않는다. 그리고 공중파 방송사들은 기부금을 받아서 운영된다). 이 경우에도 경제이론은 공공재가 있으면 사람들은 '무임승차'를 할 것이라고 예측한다. 즉, 사람들은 자신이 공중파 라디오를 듣는 것을 좋아하더라도 돈을 내려고 하지 않을 것이라는 것이다. 왜냐하면 그럴 만한 (이기적인) 이유가 없기 때문이다(공공재 이론을 둘러싼 최근 이론에 대해서는 Bergstrom, Blume, and Varian〔1986〕을 참조하라).

그러나 합리적인 이기심이라는 가정으로부터 도출된 이러한 예측들은 우리 주변에서 흔히 일어나는 상황들에 잘 들어맞지 않는다. 실제로 공중파 텔레비전은 시청자들로부터 방송을 하기에 충분한 돈을 기부받는다. 유나이티드 웨이(The United Way)를 비롯해 많은 자선단체들이 대부분은 아니더라도 상당수의 시민들로부터 많은 기부금을 받는다. 심지어 다시는 오지 않을 음식점에서 식사를 하더라도 손님들은 음식점 직원에게 팁을 준다. 또 사람들은 자신의 한 표가 당선 결과에 영향을 미칠 가능성이 거의 없는데도 투표에 참여한다. 잭 허쉬라이퍼(Jack Hirshleifer, 1985, p. 55)는 다음과 같이 말한다. "분석적으로 볼 때 불편한(하지만 인간적으로 보면 만족스러운) 현상이 여전히 남아 있다. 가장 원시적인 사회로부터 가장 근대화된 사회에 이르기까지 상당한 수준의 협조적 행위가 발생하고, 협조적 행위가 나타나는 수준은 이기적인 인간이 실용적 전략을 취한 결과로 설명할 수 있는 수준을 넘어선다. 왜 그럴까?"

이 장과 다음 장에서는 실험을 통해 나온 증거를 살펴봄으로써 언제 그리고 왜 사람들은 협조적 행위를 할까라는 문제를 다뤄보도록 할 것이다. 이 장에서는 공공재의 공급을 둘러싼 상황에서 사람들이 무임승차를 할 것인가 혹은 협조를 할 것인가라는 아주 중요한 문제를 살펴볼 것이다.

1회적 공공재 실험

왜 사람들이 협조를 하는지를 연구하기 위해서는 1회 게임과 반복 게임이라는 두 상황에서의 행동을 고찰해볼 필요가 있다. 통상적으로 공공재 실험은 다음과 같이 진행된다. 피실험자 집단(주로 대학생들)이 실험실로 들어온다. 집단의 크기는 다양한데 주로 4명에서 10명으로 이루어진다. 각각의 피실험자들에게는 일정액의 돈이 지급된다(예를 들어 5달러). 이 돈은 각자가 가질 수도 있고, 그 중 일부나 전부를 **집단교환**이라는 이름을 갖는 공공재에 투자할 수도 있다. n명의 참가자들이 공공재에 투자한 금액의 합은 k배가 된다. 이때 k는 1보다 크고 n보다 작다. 그리고 이렇게 투자되어 k배가 된 금액은 집단의 모든 구성원에게 동일하게 분배된다. 따라서 집단에 모인 재원의 총액은 각 개인의 기여금이 늘어남에 따라 증가하게 되며(k가 1보다 크기 때문), 각 개인에게 돌아가는 몫은 그가 기여한 금액보다는 적다(k가 n보다 작기 때문). 구체적인 예를 들어보자. k=2이고 n=4일 때, 모든 사람이 5달러 전부를 공공재에 기여한다면 각각 10달러씩 얻게 된다.• 이것이 유일한 파레토 효율적 배분이다. 즉 모든 사람이 동시에 지금보다 더 나은 결과를 얻을 가능성이 존재하지 않는다. 다른 한편 개개인은 아무것도 기여하지 않음으로써 더 나은 결과를 얻을 수 있다. 왜냐하면 한 경기자가 5달러를 기여할 때, 그가 기여한 5달러는 집단교환 계정에서 두 배가 되어 10달러로 불어나게 되는데, 이것이 네 명의 구성원들 사이에서 균등하게 분배되기 때문에, 불어난 10달러 중 그에게 돌아오는 몫은 2.5달러뿐이고, 나머지 7.5달러는 다른 경기자에게 돌아가기 때문이다. 이 게임에서 합리적이고 이기적인 전략은 다른 사람들이 공공재 생산에 돈을 기

• k=2이고 n=4일 때, 모든 사람이 5달러 전부를 공공재에 기여한다면, 집단교환 계정에는 20달러가 모이게 된다(5달러×4명). 이 금액이 두 배로 곱해져서 40달러가 된 후 네 명 모두에게 균등하게 분배되면 각자는 10달러씩을 갖게 된다.

부하기를 바라면서 본인은 아무런 기여도 하지 않는 것이다. 만약 다른 모든 사람들이 5달러씩 기여하는데 한 사람만 돈을 내지 않으면, 5달러씩 기여한 사람들은 경기가 끝난 후 7.5달러를 갖게 되고, 한 푼도 기여하지 않은 한 사람은 12.5달러를 갖게 된다.* 이로부터 소위 '사회적 딜레마'가 발생하게 되는 것이다.

경제이론은 이런 게임에서 어떤 일이 일어날 것이라고 예측할까? 먼저 모든 사람들이 우월한 전략을 선택할 것이라는 강한 무임승차자 가설(strong free rider hypothesis)에 따르면, 아무도 공공재에 기여를 하지 않을 것이다. 이는 이기적이고 합리적인 경제주체를 가정할 때 예측되는 결과이다. 이보다 덜 극단적인 예측, 즉 약한 무임승차자 가설(weak free rider hypothesis)에 따르면, 어떤 사람들은 무임승차를 하고 또 다른 사람들은 하지 않음으로써 공공재가 하나도 생산되지 않는 것은 아니지만 최적 상태보다는 부족한 양의 공공재가 생산된다는 것이다. 물론 약한 무임승차자 가설에 따르면 공공재 생산량에 대해 정확한 예측을 할 수는 없다.

1회적 공공재 게임의 결과는 강한 무임승차자 가설을 거의 지지하지 않는다. 모든 사람들이 기여하는 것은 아니지만 상당수의 기여자가 존재하고, 공공재는 보통 최적 수준(즉 모든 사람이 기여를 하는 경우)의 약 40~60%가 공급된다. 다시 말해, 평균적으로 사람들은 자기가 최초에 받은 금액의 40~60%가량을 기여하는 셈이다. 마웰과

• 만일 한 사람이 한 푼도 기여하지 않고 나머지 세 사람이 5달러씩 기여하게 되면, 집단교환 계정에 15달러가 모이게 된다(5달러×3명). 이 금액이 두 배로 곱해져서 30달러가 된 후 네 명 모두 사람에게 균등하게 분배되면, 5달러 전액을 기부한 사람들은 7.5달러를 벌게 되는 반면, 한 푼도 기여하지 않은 사람은 이렇게 얻은 7.5달러에 애초에 받은 5달러가 더해져 12.5달러를 벌게 된다.

에임스의 연구(Marwell and Ames, 1981)에 따르면, 다양하게 조건을 바꾸어 실험해도 여전히 동일한 결과가 나타났다. 피실험자가 이 게임을 처음 해보든 아니면 이전에 이 게임을 해본 경험이 있든 상관없이, 혹은 피실험자가 자신이 4명으로 구성된 집단에 속해 있다고 믿든 아니면 80명의 집단에 속해 있다고 믿든 상관없이, 혹은 게임 시작과 동시에 받게 되는 금액이 많든 적든 상관없이(물론 이 경우 큰 돈이 걸려 있는 경우에는 기여율이 다소 낮아지는 것은 사실이다) 유사한 결과를 얻었다. 마웰과 에임스는 이 40~60%라는 기여율이 나타나지 않는 단 하나의 예외를 발견했다. 피실험자 집단이 위스콘신대학교 경제학과 대학원생일 때 그 기여율이 20%로 떨어졌다. 이 결과를 보고 이들은 논문에 "경제학 전공자들은 무임승차한다. 다른 사람도 그럴까?"(Economists Free Ride: Does Anyone Else?)라는 제목을 달았다.[2] (재미있게도, 경제학자들에게 이 실험에서 얼마의 기여율이 나타날 것 같은지를 물었을 때, 이들은 약 20%의 기여율이 나타날 것이라고 예측했다. 그들이 가르치는 학생들에게서만 20%의 기여율이 나타날 것이라고 예측한 것이 아니라 일반인들에게서도 20%의 기여율이 나타날 것이라고 예측했다.)

반복 게임 실험

마웰과 에임스가 발견한 놀라울 정도로 높은 협조 수준을 보면, 자연스레 동일한 경기자가 이 게임을 몇 차례 반복적으로 할 때 어떤 일이 생기는가에 대해 질문하게 된다. 김과 워커의 연구(Kim and Walker, 1984), 아이작, 워커 그리고 토마스의 연구(Isaac, Walker, and Thomas, 1984), 그리고 아이작, 맥큐 그리고 플롯의 연구(Isaac, McCue, and Plott, 1985) 등이 바로 이 질문을 다루었다. 이들 논문에서의 실험

디자인은 게임을 열 번 반복한다는 것 외에는 마웰과 에임스가 취했던 방법과 유사하다. 결과를 보면, 첫째, 10회 반복 중 첫 번째 회에서의 협조 수준은 마웰과 에임스의 1회적 공공재 실험 때와 비슷한 비율로 나타났다. 예를 들어, 실험을 약간씩 다르게 디자인해서 각각 시행된 아홉 차례의 실험에서, 아이작, 맥큐 그리고 플롯은 10회 중 첫 번째 회에서의 공공재에 대한 기여율이 53% 정도 된다는 것을 발견할 수 있었다. 둘째, 회를 거듭해서 게임이 반복되면서 협조는 급격하게 감소했다. 5회가 지나자 공공재에 대한 기여는 최적 상태의 16% 수준으로 떨어졌다. 아이작, 워커, 토마스의 실험에서도 기여도가 시간이 지나면서 급격하지는 않지만 점점 감소한다는 결과를 얻었다.[3]

왜 게임이 반복되면 기여도가 낮아질까? 설득력 있는 추측 중의 하나는 피실험자들이 실험이 진행되는 동안 무언가를 배워서 무임승차라는 우월한 전략을 선택하도록 유도된다는 것이다. 어쩌면 피실험자들은 첫 번째 실험에서는 게임을 제대로 이해하지 못하고 있다가 게임이 어느 정도 진행되면서 무임승차가 우월한 전략이라는 것을 배워나갈 수도 있을 것이다. 그러나 이러한 추측은 다른 실험에서 얻어진 증거들을 볼 때 별로 근거가 없는 것 같다. 예를 들어 10회 중 첫 회에는 대개 약 50% 정도의 협조 비율이 나타나는데, 이미 이 게임을 경험해본 피실험자들, 즉 이미 다른 반복적 공공재 게임에 참가해본 경험이 있는 사람들 사이에서도 동일한 수준의 협조 비율이 나타났다(예를 들어, 아이작과 워커의 논문(Isaac and Walker, 1988)을 참조하라). 또한 안드레오니(Andreoni, 1987a)는 다음과 같이 실험을 재시작하는 간단한 방법을 통해 이러한 학습 가설이 타당한지를 조사했다. 피실험자들에게 그들이 게임을 10회 반복하게 될 것이라고 말한다. 그러고 나서 10회째 게임이 끝나면, 피실험자들에게 동일한 경기자들과 같은 게임을 10회 더 하게 될 것이라고 말한다. 안드레오니는 처음 10회 게임에서 이전의 연구자들과 같이 기여도가 감소하는 현상을 발견할 수 있었다. 그런데 동일한 게임을 한 번 더 반복할 때에도 다시 시작하는 1회째에는 기여도가 이전 10회 게임에서의 1회 때 얻어진 기여도와 같은 비율까지 상승한다는 것을 발견했다(그의 실험에서, 두 번째 10회 게임에서 1회 때 얻어진 기여율은 44%였고, 첫 번째 10회 게임의 1회 때 얻어진 기여율은 48%였다). 이러한 결과를 통해 볼 때, 피실험자가 게임을 제대로 이해하지 못했기 때문에 협조가 나타났다는 설명은 근거가 없어진다.[4]

상호적 이타성

실험실 안팎에서 어떻게 그렇게 높은 수준의 협조를 관찰할 수 있는지에 대해 여러 설명이 있지만, 현재까지 가장 인기 있는 설명은 상호적 이타성(reciprocal altruism)에 입각한 설명이다. 이 설명은 액설로드(Axelrod, 1984)가 가장 적극적으로 발전시켜 온 것인데, 사람들은 상호적으로 행동하는 경향(즉 친절함에는 친절함으로, 협조에는 협조로, 적의에는 적의로, 그리고 배반에는 배반으로 대응하는 경향)을 갖고 있다는 관찰에 기초하고 있다. 자신이 협조하거나 배반하는 것을 보고 상대방이 이후에 이에 대응하여 행동할 것이라는 점을 고려하게 되면, 무임승차자로 행동하는 것은 실제로 유익하지 않은 전략이 될지도 모른다. 협조적인 행동 그 자체(혹은 협조적인 사람이라는 평판)는 이후에 협조로 보답 받을 가능성이 높기 때문에 궁극적으로는 이로운 행동이 될 수 있기 때문이다.

상호적 이타성에 기초한 가장 충실한 전략은 아나톨 라포포트

(Anatol Rapoport)가 고안해낸 '눈에는 눈, 이에는 이' 전략(이후 TIT-FOR-TAT)이다. 즉, 협조 게임을 시작한 후 그 다음 회부터는 상대방이 이전 회에 사용했던 행동을 똑같이 따라하는 전략이다. 이 설명이 갖는 실질적인 강점은 이러한 상호성에 기반하여 행동하는 사람 혹은 집단이 그렇지 않은 사람들보다 '장기적인 관점에서' 더 높은 보수를 받는 경향이 있다는 것을 분석적으로도 보여줄 수 있고, 혹은 반복된 사회적 딜레마에 처해 있는 사람들 간의 상호작용을 컴퓨터로 시뮬레이션해봄으로써도 증명할 수 있다는 데 있다. 실제로 TIT-FOR-TAT 전략은 게임이론가들이 제안한 다양한 전략들을 가지고 두 쌍씩 짝을 지어 반복적으로 경기를 벌이게끔 액설로드(Axelrod)가 고안한 컴퓨터 리그전에서 '승리'했다. 진화는 상당히 장기적인 확률적 현상이므로 상호적인 사람들은 그렇지 않은 사람들보다 훨씬 높은 '포괄 적응도'(inclusive fitness)를 가지고 있다고 유추할 수 있다. 따라서 이러한 경향이 유전적인 기초를 가지는 한, 상호적인 성향은 틀림없이 사회에서 하나의 적응태로서 진화해왔을 것이다.

한편 상호적 이타성 가설에 따르면, 익명적인 상황이나 1회 게임에서 상호작용할 때처럼 다른 사람으로부터 미래에 보답을 받을 가능성이 없으면 개인은 딜레마적 상황에서 비협조적으로 행동할 것이라고 예측하게 된다. 그렇지만 우리는 이미 1회 게임에서조차도 50%의 협조 비율이 나타난다는 것을 확인했다. 그러므로 상호적 이타성 가설은 앞에서 소개한 실험 결과를 완전하게 설명해내지 못한다. 또한 두 사람 이상의 많은 사람들이 한꺼번에 반복적인 딜레마 상황에 연루된 경우에는 TIT-FOR-TAT 전략이나 상호적 이타성에 기초한 다른 전략들을 실제로 실행하기 어렵다. 만일 바로 전 회에 몇 명은 협조하고 다른 몇 명은 배반하는 전략을 취했다고 하자. 여기서 TIT-FOR-TAT 전략을 실행에 옮긴다면 이번 회에는 협조를 해야 할까 아니면 배반을 해야 할까?

반복 게임 실험에서 기여도가 점점 감소하는 현상을 설명하기 위해 크렙스, 밀그롬, 로버츠 그리고 윌슨(Kreps, Milgrom, Roberts, and Wilson, 1982)은 이와 다른 가설을 제시했다. 그들은 게임의 반복 회수가 유한하게 정해진 채 진행되는 반복적 죄수의 딜레마 실험에서 최적 전략이 무엇인지를 조사했다. 만약 두 경기자가 모두 합리적이라면 1회부터 매회 배반하는 것이 우월한 전략이 된다. 무한히 반복되는 죄수의 딜레마 게임(또는 매회 아주 작은 확률로 게임이 종료될 가능성을 부여한 채 반복되는 게임)에서라면 TIT-FOR-TAT 전략이 효과적인 전략으로 보이지만, 게임이 언제 끝날지가 경기자들에게 알려져 있는 게임에서는 그렇지 않다. 미리 정해진 회수로 반복되는 게임에서 경기자 둘 모두 마지막 회에는 배반하는 전략을 선택해야 한다는 것을 알고 있다. 그렇다면 마지막 회의 바로 전 회에도 협조할 이유가 없고, 마찬가지의 방식으로 역추론(backward induction)하면 협조하는 것은 언제라도 이득이 되지 않는다. 하지만 경기자들이 비합리적이라면 얘기가 달라진다. 크렙스 등의 연구가 보여주는 것은, 우리가 합리적이더라도 상대방이 비합리적일지도 모르는 상황에서는(예를 들어, 유한한 게임에서도 TIT-FOR-TAT 전략을 사용하는 상대라면) 게임의 초반부에는 협조하는 것이 합리적일지도 모른다는 것이다(비합리적일지도 모르는 상대편으로부터 협조를 유도해낼 수 있기 때문이다). 공공재 게임도 이와 비슷한 구조를 가지고 있기 때문에 크렙스 등이 말한 것과 같은 의미에서, 경기자들이 유한 반복 게임에서 협조를 하더라도 그것이 합리적으로 행동한 결과라고 주장할 수 있을지 모른다. 그러나 이번에도 실험 결과는 이 가설을 지지해주지 않는다. 협조하는 것이 어떤 경우에도 이기적으로 합리적일 수 없는 1회 게임 또는 미리 몇 회 동안 게임을 반복할 것인지를 알려주더라도 마지막 회에서도 협조는 0으로 떨어지지 않기 때문이다.

상호적 이타성 가설에 반하는 추가적인 증거가 있다. 안드레오니(Andreoni, 1988)가 디자인한 또 다른 실험을 보자. 15명의 피실험자가 다섯 명씩 한 집단이 되어 앞에서 설명한 것과 같이 경기를 반복했다. 그리고는 또 다른 20명의 피실험자들이 다섯 명씩 집단이 되어 동일한 경기를 하는데, 이 사람들에 대해서는 집단의 구성원을 각 회마다 다르게 했다. 즉 여기서 피실험자는 매회마다 나머지 19명 중 누구와 한 집단이 될지 알 수 없다. 이와 같은 조건에서는 본질적으로 매회 새로운 사람들을 상대로 경기를 하기 때문에, 이번 회에 같은 집단을 이룬 사람들을 상대로 협조를 해봤자 전략적인 이득이 없다. 따라서 이 경우에 만일 게임의 초반부에서 협조가 관찰되었다면, 그것은 상대방으로부터 협조를 끌어내기 위한 전략적 행동 때문은 아니게 된다. 안드레오니는 집단 구성원이 동일하게 유지되고 있는 조건에서보다 집단 구성이 매번 바뀌는 조건에서 오히려 협조가 조금 더 높게 나온다는 것을 발견했다(이 효과는 미약하지만 통계적으로 유의했다).

이러한 실험들로부터 얻을 수 있는 결론 중 하나는 사람들은 상대방이 자신의 선의를 악용하고 있음을 알게 되기 전까지는 상대방에게 협조하려는 경향이 있다는 것이다. 이러한 **협조의 규범**은 무한 반복 게임에서 나타나는 상호적 이타성과 비슷하다. 그러나 우리가 보았던 바와 같이 협조적 행동은 상호적 이타성이 나타나기 힘든 상황에서도 마찬가지로 관찰된다. 로버트 프랭크(Robert Frank, 1987)는 상호적 이타성과 다른 방식으로 협조 행위가 나타날 가능성을 다음과 같이 설명한다. 협조의 규범을 채택하는 사람들은 다른 사람들로부터 쉽게 협조를 끌어내고, 협조자들과 상호작용할 가능성을 높임으로써 협조의 규범을 채택하지 않은 사람들보다 좋은 성과를 낼 수 있다는 것이다. 프랭크 주장의 핵심은 누구도 오랫동안 협조적인 척 남을 속일 수는 없다는 것이다(너무 많은 거짓말을 하게 되면 타인에게 계속 믿음을 주기 어렵게 되는 것처럼).[5] 더 나아가 그의 가정에 의하면 협조자들은 다른 사람들이 협조적인지 아닌지를 파악해낼 수 있는 능력이 있기 때문에, 선별적으로 상호작용할 상대를 고를 수 있고, 또 배반하는 사람들과의 상호작용을 사전에 차단할 수 있다.

이타성

실험실에서나 현실세계에서 왜 사람들은 협조를 하는가에 대한 또 다른 설명이 있다. 하나는 사람들이 "다른 사람의 기쁨에서 기쁨을 얻음"으로써 동기를 부여받는다는 것이다. 안드레오니(1987b)에 의해 **순수한 이타성**(pure altruism)이라고 이름 붙여진 이 동기는 애덤 스미스의 저서인 『도덕 감정론』(The Theory of Moral Sentiments, 1759; 1976)에서도 잘 설명되어 있다. "사람들을 얼마나 이기적이라고 가정하든지 간에, 사람의 본성에는 몇 가지 원칙이 있는데 그것은 다른 사람의 운명에 관심을 갖고, 타인이 행복할 때 내가 얻게 되는 것은 그저 그의 행복을 바라보는 즐거움뿐인데도 타인의 행복이 자신에게 필요한 것으로 간주하는 것이다." 물론 상대방의 행복을 바라보는 즐거움 역시 '이기적'인 것으로 간주될 수 있을지도 모르지만(뭔가 아는 척하기 좋아하는 사람들은, 사람들이 '원하는 것'만 하기 때문에 이타성이란 정의상 불가능하다고 주장하기도 한다), 애덤 스미스의 언급은 사람들은 자신이 받게 되는 보수뿐 아니라 다른 사람들이 얻게 되는 양(+)의 보수에 의해서도 동기부여가 된다는 생각을 표현해주고 있다. 그렇다면 사람들은 협조적인 행동을 함으로써 타인에게 양의 보수를 주도록 동기부여가 될지도 모른다. 하지만 사람들이 공공재에 자발적으로 기여하는 이유가 이와 같은 순수한 이타성 때문이라는 주장에는 하나의 문제점이 있다. 이러한 기여 행위를 하는 이유가 상대방에게 가져다줄 효과 때문만은 아닐 수 있기 때문이다. 무슨 말이냐면, 만약 사람들이 공공재에 기여하는 것이 상대방들이 그로 인해 얻게 되는 효과로만 설명될 수 있다면, 예를 들어 공공재를 위한 자금이 어디에서 들어오든 일단 공공재가 공급된다는 점에서 타인이 얻게 되는 효과는 동일할 것이기 때문에, 공공재에 정부가 기여하게 되면 동일한 크기만큼 같은 목적의 민간 기여를 '구축'(crowd out)해야 할 것이다. 왜냐하면 정부가 기여하든 민간이 기여하든 공공재가 생산된다는 효과는 동일할 것이기 때문이다. 그러나 이러한 구축은 완전하게 나타나지 않는다. 실제로 계량경제학 연구 결과는 공공재에 대한 정부 기여가 민간 기여를 100%가 아닌 약 5~28% 정도만 감소시킨다는 것을 보여주고 있다(Abrams and Schmitz, 1978, 1984; Clotfelter, 1985).

협조를 설명하기 위해 또 다른 유형의 이타성이 제시되는데 그것은 협조적 행동 그 자체, 즉 협조적 행동이 가져올 효과와는 상관없이 협조하는 행동 그 자체를 대상으로 한다. '옳은(좋은, 명예로운……) 일을 하는 것'은 많은 사람들에게 명백한 동기로 작용한다. 이러한 유형의 이타성을 때로는 **불순한 이타성**(impure altruism)이라고 부르기도 하는데, 이것은 일반적으로 양심의 만족, 혹은 비도구적인(상벌에 의하지 않은) 도덕적 명령으로 설명된다.

순수한 이타성, 불순한 이타성, 그리고 협조를 가능하게 하는 다른 요인들(혹은 협조를 불가능하게 하는 요인들)이 어떤 역할을 수행하는지에 대해 지난 10년간 로빈 도스(Robyn Dawes), 존 오벨(John Orbell), 그리고 알폰스 반 드 크라크트(Alphons van de Kragt)가 함께 연구를 진행해왔다. 이들의 연구 중에는 사람들이 무임승차를 하게 되는 동기가 무엇인지를 알아보기 위해 행해진 실험 연구도 있다 (Dawes et al., 1986). 이 실험에서 게임은 다음과 같이 진행된다. 서로 모르는 사람 7명이 한 그룹을 이룬다. 이들에게 각각 5달러씩 주어진다. 이들은 받은 돈 5달러를 공공재 생산에 기여하든지 아니면 기여하지 않고 자기가 갖든지 둘 중에 하나를 선택할 수 있다. 7명 중 전액을 공공재 생산에 기여한 사람의 수가 일정 기준을 넘으면(이 기준은 실험에 따라 3명 혹은 5명으로 결정되어 있다), 그 집단 내에 있는 모든 사람이 그들의 기여 여부에 관계없이 10달러를 상으로 받게 된다. 따라서 충분한 수의 피실험자가 기여를 했다면, 기여한 사람들은 최종적으로 10달러를 얻게 되고, 기여하지 않은 사람들은 15달러를 얻게 될 것이다. 다른 한편 만약 기여자가 너무 적으면, 전액을 기여한 사람들은 그냥 5달러를 날리게 되어서 아무것도 받지 못하지만, 기여하지 않은 사람들은 원래의 5달러를 그대로 가질 수 있다. 그리고 피실험자들 간에 대화는 허용되지 않았다(이후 실험에서는 이 조건이 수정된다). 이 실험에서 알아보고자 했던 것은 사람들이 자신의 돈을 공공재 생산에 기여하지 않기로 결정한 경우, 어떤 이유 때문에 그렇게 했을까 하는 점이다. 사람들이 기여하지 않게 되는 두 가지 이유가 있을 수 있다. 첫째, 사람들은 자신이 기여를 했는데, 다른 사람들이 충분히 기여하지 않아서, 자신의 기여가 쓸모없게 되어 돈만 날리게 될까봐 두려워할 수 있다. 기여를 꺼리게 만드는 이러한 동기를 가리켜 '두려움'(fear)이라고 부를 수 있다. 둘째, 피실험자들은 자신은 기여하지 않지만, 충분한 수의 다른 사람들이 기여를 해서, 10달러가 아닌 15달러를 벌기를 바랄 수도 있을 것이다. 이러한 동기를 '탐욕' (greed)이라고 부르자. '두려움'과 '탐욕' 중 어떤 것이 더 중요하게 작용하는지를 알아보기 위해 게임의 규칙을 다음과 같이 수정했다.

즉 '탐욕' 동기를 제거하기 위해서, 기여자의 수가 충분할 때 모든 피실험자들이 최종적으로 10달러씩을 벌게끔 보수를 수정했다(기여자는 10달러, 무임승차자는 15달러가 아니라). 또 다른 조건의 실험에서는 '두려움' 동기를 제거하기 위해서 기여자들에게 '돈을 되돌려 받는다는 보장'을 해주었다. 이 경우 만약 피실험자가 기여를 했지만 다른 사람들이 충분히 기여하지 않아 상금을 받을 수 없다면 기여한 사람은 기여했던 돈을 다시 돌려받는다. 그리고 이 조건에서 충분한 수의 기여가 생겨 공공재가 제공된다면 기여자들은 10달러를 받지만 기여하지 않은 사람들은 15달러를 받게 된다. 이렇게 두 조건을 놓고 실험을 진행시킨 결과 두려움보다 탐욕이 무임승차를 유발하는 데 더 유력한 것으로 나타났다. 원래의 게임에서 기여율은 평균적으로 51%였다. 그런데 두려움이 제거된(돈을 되돌려 받는) 게임에서는 기여가 58%로 증가했고, 탐욕이 제거된 게임에서는 87%까지 증가했다.[6]

왜 탐욕이 무임승차를 유발하는 데 유력한 조건이 되는지를 둘러싸고 제시된 하나의 가능한 해석은, 탐욕이 제거된 조건에서는 일종의 안정적인 균형이 가능한 데 반해, 두려움이 제거된 조건은 안정적인 균형이 존재하지 않는다는 것이다. 탐욕이 제거된 조건하에 있는 피실험자가 어차피 최종적으로 10달러라는 똑같은 보수를 받게 되기 때문에, 보수 조건이 변화됨으로써 무임승차 동기가 없어져서 다른 사람들이 좀더 기여할 것이라고 믿게 된다면, 스스로의 기여 동기도 더욱 강화될 것이다. 왜냐하면 자신이 기여하지 않음으로써 기여자의 수가 충분하지 않다면 추가적인 보수를 얻지 못하게 되기 때문이다. 이와 대조적으로, 두려움이 제거된 조건하에서는, 두려움이 없어짐으로써 다른 사람들이 더 기여할 것이라고 생각하게 되면, 피실험자들은 무임승차할 유혹을 받게 된다. 무임승차함으로써 남들보다 더 큰 보수를 얻을 수 있기 때문이다. 그런데 이때 남들도 똑같이 추론을 할 것이기 때문에 자신과 마찬가지로 무임승차의 유혹을 받게 될 것이라고 예측할 수 있고, 그렇게 되면 기여자 수를 충분한 수로 만들기 위해서 자신들이라도 기여해야겠다는 결론을 내리게 될 것이다. 그런데, 이제 남들도 자신과 마찬가지의 이유에서 자신들이라도 기여해야겠다는 결론을 내리게 된다면, 이제 충분한 수가 기여를 할 것이기 때문에 이제 자신이 무임승차를 하는 것이 더 유리하다는 결론에 도달하게 된다. 말하자면, '두려움'이 제거된 조건하에서는 어떻게 행동해야 하는지를 둘러싼 각자의 추론은 이런 식으로 무한 순환 논법에 빠져버리게 된다.

이 게임에서 협조를 이끌어내는 가장 강력한 방법은 피실험자들 간에 대화를 허용하는 것이다. 12개의 집단을 만들고 앞서 설명한 바와 동일한 보수 구조를 갖는 게임을 하게 하되, 이번에는 집단 내부에서 토론을 허용하였다. 토론의 효과는 놀랄 만한 것이었다(van de Kragt et al., 1983). 모든 집단에서 충분한 수의 기여자를 확보하기 위해 반드시 기여해야 하는 사람들을 선정하는 토론이 이루어졌다. 누구누구를 의무적 기여자로 할 것인가를 결정하기 위해 사람들이 채택한 가장 일반적인 수단은 추첨이었다. 또 어떤 집단에서는 상대적인 '필요'를 결정하기 위해 개인 간의 효용을 비교하려고 시도하기도 했다. 집단이 어떤 방법을 사용하든지 간에 성공적이었다. 12개의 모든 집단에서 공공재가 제공되었고, 세 개의 집단에서는 필요한 수보다 많은 피실험자들이 기여했다. 이 결과는 앞에서 본 결과와 부합한다. 기여자로 지정된 피실험자들은 자신들이 기여를 안 하면 공공재가 전혀 생산되지 않게 되기 때문에(즉, 자신들의 기여가 보상을 받는 데 아주 결정적이기 때문에) 무임승차를 함으로써 더 많은 이득을 얻을 수 있다는 탐욕적인 기대를 하지 못한다(필요한 수보다 더 많은 기여자들이 나타난 세 개의 집단을 제외한 나머지 집단에서는 실제로 이들의 기여는 추가적인 보상을 받는 데 결정적이었다). 게다가 집단 내에서 의무적 기여자로 지정된 다른 사람들도 마찬가지의 이유에서 기여를 하게 될 것이라는 믿음은 각각의 지정된 기여자들이 실제로 기여 행위를 하도록 동기부여를 하게 된다.

왜 토론이 협조를 이끄는 데 유용할까에 대한 하나의 설명은, 토론이 '올바른' 행동을 함으로써 효용을 창출해낸다는 윤리적 개념을 '촉발'한다는 것이다(즉, 불순한 이타성). 예를 들면, 엘스터(Elster, 1986)는 이러한 상황에서 집단 토론이 이루어지면 그 과정에서 무엇이 집단을 위한 행동인가라는 논의가 진행되게 마련이라고 주장한다(집단 토론 중에 어떻게 해야 자신의 이기심을 충족시킬 수 있을지를 토론하기란 힘들지 않겠는가?). 그리고 토론 과정에서 그런 주장은 듣는 사람에게뿐만 아니라 그 주장을 하는 사람에게도 영향을 미친다고 한다. 그의 가설을 증명하기 위해, 일련의 새로운 실험이 진행되었다(van de Kragt et al., 1986). 이 실험에서 7명의 피실험자는 게임이 시작됨과 동시에 모두 각각 6달러씩을 받는다. 그들은 그 돈을 보유할 수도 있고 전액을 공공재에 기여할 수도 있다. 누군가가 6달러를 기여하면 그 결과 다른 6명에게 각각 2달러씩 돌아가게 보수 구조를 설정했다. 즉, 6달러 전액을 기여하면 나머지 6명에게 2달러씩 총 12달러만큼의 가치를 창출하게 된다. 물론 이 경우에도 6달러를 기부하지 않고 보유하는 것이 우월한 전략이다. 왜냐하면 기부하지 않은 사람은 자기 돈 6달러를 그대로 갖고, 혹시라도 돈을 낸 사람이 있다면 그로부터 2달러씩을 받기 때문이다.

이 실험은 다음과 같이 진행되었다. 피실험자들은 14명씩 한 조를 이루어 대기실에서 모인다. 여기서는 대화가 금지된다. 그리고 14명으로 이루어진 각 조를 무작위로 7명씩으로 구성된 두 개의 그룹으로 나눈다. 이렇게 나뉜 하나의 소그룹에서는 토론이 허용되고 나머지 하나의 소그룹에서는 토론이 허용되지 않게 했다. 그리고 또, 하나의 소그룹 구성원들에게는 개인이 기여를 하면 그 돈이 그 자신을 제외한 나머지 6명의 같은 집단 구성원들에게 돌아간다고 말해주고, 나머지 한 그룹에게는 개인이 낸 돈이 그 집단이 아닌 다른 집단에 속한 6명에게로 간다고 말해준다. 이로부터 1) 토론이 허용된 경우와 허용되지 않은 경우, 그리고 2) 돈이 집단 내에서 움직이는 경우와 다른 집단으로 이전되는 경우를 조합하여 4개의 조건을 만들 수 있다. 만일 토론의 효과가 토론을 함으로써 개인들이 이기적 보수 구조를 정확히 이해하는 데 도움을 주는 것이라면, 무임승차를 하는 것이 정답이 될 것이기 때문에 어떤 조건 하에서도 협조 비율은 증가하지 않아야 한다. 다른 한편, 만일 토론의 효과가 토론을 통해 협조하는 행동 자체의 효용을 증가시키는 데 있다면, 돈이 집단 내에서 움직이든 다른 집단으로 움직이든 결과는 동일해야 한다. 어찌되었든 참가자들은 동질적인 사람들이며, 무작위적으로 두 집단으로 나누기 전까지만 해도 서로 알지도 못하고 또 서로 아무런 구별도 되지 않는 사람들이었기 때문에 돈이 자기 집단 내의 다른 사람에게 가든지 다른 집단의 사람들에게 가든지 차이가 없어야 한다.

결과는 명쾌하게 나왔다. 토론이 없는 경우에는 피실험자들의 30%만 돈을 냈다. 이렇게 돈을 낸 사람들의 동기는 금전적 보상에 상관없이 '옳은 일을 하는 것'에 대한 신념일 것이다. 토론이 진행된 경우에는 각자가 기여한 돈이 자신이 속한 집단 구성원들에게 간다고 믿을 경우에만 기여율이 70%로 증가한다. 그렇지 않고 다른 집단 사람들에게 간다고 믿는 경우에는 기여율은 대개 30%보다도 적게 나왔다. 실제로 기여한 돈이 다른 집단으로 가게끔 설정된 게임에서 토론이 진행될 때, 사람들끼리 한 말들을 들어보면, 우리는 우리 돈을 기부하지 않고 그대로 갖고, 다른 집단 사람들이 기부한 돈이 우리에게 들어오는 게 우리로서는 '최선'의 결과라는 식의 이야기를 하는 것이 일반적이다(다시 한 번 강조하건대, 이 피실험자들은 불과 10분 전에 무작위로 분류된 사람들이고 그 전에는 아무런 구별도 없던 사람들이다).

따라서 집단의 정체성은 공공재 게임에서 우월 전략, 즉 무임승차를 막을 수 있는 중요한 요인이 된다. 이 결과는 10분간의 토론보다도 더 미약한 약간의 조작만으로도 사람들의 배분적 결정이 크게 달라진다는 '최소 집단'(minimal group) 패러다임을 둘러싼 사회심리학적 연구 결과와도 다르지 않다(예를 들어, Tajfel and Turner, 1979; Turner and Giles의 책〔1981〕에 포함된 논문들). 이를테면, 동전을 던져 그 결과에 따라 다른 크기의 보수를 받은 집단들은 일종의 '공동 운명'이라는 정체성을 갖게 되는데, 이로 말미암아 피실험자들은 협조율을 높임으로써 그들 집단 내에 있는 비협조자들이 야기한 손해를 "보상"하려고 하는 반면, 비협조자들이 다른 집단 내에 있다고 믿게 되면 협조를 감소시킨다(Kramer and Brewer, 1986).

토론이 허용된 집단에서는 사람들끼리 기부하자는 약속을 하는 것이 매우 일반적이다. 오벨, 도스 그리고 반 드 크라크트(Orbell, Dawes, and van de Kragt, 1988)는 과연 이러한 약속이 협조를 이끌어내는 데 중요한지를 조사했다. 아마도 사람들은 그들의 약속을 지켜야 한다는 구속감을 느낄 것이다. 혹은 다른 사람들도 마찬가지로 약속에 구속감을 느낄 것이라고 생각하기 때문에, 다른 사람들이 돈을 내겠다고 약속할 때 자신도 돈을 냄으로써 약속을 지켰다는 '만족감'이라는 보수를 얻게 될 것이라고 믿을지도 모른다. 이 실험에서 나타난 주요 결과 중 하나는 기여를 하겠다고 약속을 했을 때 그것이 실제 기여로 이어지는 것은 구성원 전체가 협조하겠다고 약속했을 때뿐이라는 것이다. 만장일치로 돈을 내겠다는 약속이 이루어진 집단에서의 협조 비율은 그렇지 않은 다른 집단에서의 협조 비율보다 실제로 더 높다. 협조에 대한 만장일치가 이루어지지 않은 집단에서는 개개인이 실제로 협조를 했는지 배반을 했는지의 여부와 그 사람이 협조를 하겠다고 약속을 했는지 안 했는지 여부 사이에, 그리고 개인이 실제로 협조를 했는지 배반을 했는지와 그 집단에서 자기 말고 얼마나 많은 사람들이 협조를 하겠다고 약속을 했는지 사이에 아무런 상관관계가 나타나지 않는다. 결과적으로 전체 그룹에서 약속을 한 사람의 수와 그 집단의 협조 비율은 아무 관련도 없는 것으로 나타난다. 이러한 결과는 만장일치로 약속을 함으로써 집단 정체성이 창출될 때만 집단 정체성은 중요해진다는 것을 보여준다.

보충설명

이타카 주변의 농촌 지역에서는 농부들이 도로변에 세워놓은 탁자 위에 신선한 농산물을 두고, 그 옆에 현금 상자를 둔다. 그 길을 지나다가 탁자 위의 농산물을 사가는 사람은 그 대가로 현금 상자에 돈을 넣고 가게 되어 있다. 상자에는 아주 작은 구멍이 뚫려 있어서 돈을 넣을 수는 있지만 다시 빼지는 못하게 되어 있다. 또 상자는 탁자에 붙어 있기 때문에 아무도 상자를 (쉽게) 가져갈 수는 없다. 우리는 이 시스템을 사용하는 농부들이 인간의 본성에 대해 올바른 가정을 하고 있다고 생각한다. 이 농부들은 대부분의 사람들이 자진해서 신선한 작물의 가치만큼 돈을 내고 갈 것이라고 생각하며, 다른 한편 누구나 쉽게 돈을 가져갈 수 있다면 또 그렇게 할 것임을 알고 있다.

이 농부들과는 반대로, 경제학자들은 인간의 본성에 대해 가치판단하지 않거나 혹은 지나치게 무자비해 보이는 가정을 하곤 한다.

물론 '무임승차자 문제'가 있는 것은 엄연한 사실이다. 모든 사람들이 대의를 위해 자발적으로 기부할 것을 기대할 수는 없으며, 자발적 기여에만 의존하는 시스템은 너무 적은 양의 공공재를 생산하게 될 것이다(또는 음[-]의 외부성이 있는 경우에는 너무 많은 공공악을 생산한다). 그럼에도 불구하고 강한 무임승차자 가설은 명백히 틀렸다. 모든 사람들이 항상 무임승차하는 것은 아니기 때문이다.

100% 무임승차를 하는 상황과 100% 기여를 하는 최적 상태 사이에는 커다란 영역이 존재한다. 공공재 등의 딜레마 상황이 보여주는 문제가 무엇인지를 이해하기 위해서는 경제학에서 일반적으로 무시되는 다음과 같은 주제들을 탐구하는 것이 중요하다. 예를 들어, 협조 비율을 결정하는 요인들은 무엇일까? 협조가 공공재에 대한 투자 수익과 양의 관계를 가진다는 것은 주목할 만하다. 집단이 협조를 통해 얻는 것이 많을수록, 더 많은 협조가 관찰된다. 즉 협조의 공급곡선은 우상향하는 기울기를 갖는다. 하지만 토론과 집단 정체성에 관련된 결과는 전통적인 경제학적 분석으로는 접근하기 어려운 부분이다(이러한 결과를 전통적 경제학 분석틀 내로 끌고 들어와 해석하려고 시도했던 경제학자 중 한 사람은 집단 토론이 무임승차가 가장 이익이 된다는 사실마저도 이해하지 못하게 될 정도로 실험 참가자들을 혼돈스럽게 만든다고 주장했다).

더욱 일반적으로, 이기성과 합리성이 경제학에서 수행하는 역할에 대한 주의 깊고 면밀한 조사가 필요하다. 아마티야 센(Amartya Sen, 1977)은 언제나 이기적이고 합리적이기만 한 인간을 "합리적인 바보"(rational fools)라고 묘사했다. 왜냐하면 이기적인 보수에 기초해서만 선택을 하게 되면, 모든 참가자들에게 최적에 못 미치는 결과만을 가져다주는 경우도 있기 때문이다. 아마도 우리는 이제 '똑똑한 협조'에 더욱 관심을 가져야 할 것 같다.

| 저자 미주 |

1 이 대화는 다음 책에서 허가를 받고 인용한 것이다. *The Complete Monty Python's Flying Circus: All the Words*, Vol. 2 (New York: Pantheon Books, 1989), pp. 92~94, Copyright Pythin Productions, 1989.

2 이 결과는 다른 연구를 통해서 재확인된 적은 없다. 따라서 이 결과는 예비적인 것으로 간주되어야 할 것이다. 하지만 우리는 경제학자들이 과연 다른 사람들과 다르게 행동할까에 대해서는 의문을 갖는다. 집단으로서의 경제학자들이 다른 집단들에 비해 과연 자선단체에 기부를 덜 할까? 이들은 정말 자신이 살고 있는 지역 밖에서는 레스토랑에서 팁을 잘 안 내는 경향이 있을까?

3 사람들이 기여한 금액에 몇 배를 곱해서 사람들에게 나누어주는지에 따라 결과가 다소 다르다. 큰 수가 곱해지면, 즉 공공재에 높은 수익률을 부가하면 최초의 기여율은 52%였다가 10회째가 되면 기여율은 32%로 떨어진다. 낮은 수익률을 부가하는 경우에 최초의 기여율은 40%였다가 최종회가 되면 기여율은 8%로 떨어진다.

4 고에츠와 오벨(Goetze and Orbell, 1988)도 이와 유사한 결론을 내리고 있다.

5 상원의원을 지냈던 고(故) 샘 어빈(Sam Ervin)이 말한 것과 같이 "거짓말을 할 때는 당신이 무엇을 말했었는지 완벽하게 기억하고 있어야 한다는 것이 관건이다." 우리 중 누구도 이렇게 하지 못한다. 사실 무슨 일이 일어났는지를 기억하는 것이 그나마 더 쉽다.

6 피실험자가 자신의 기여가 추가적인 보상을 받는 데 결정적이 될 확률, 즉 추가적 보상을 받는 데 필요한 기여자의 수를 M이라 할 때, 정확히 자신을 제외한 M-1명이 이미 기여 결정을 하고 있을 확률이 1/2보다 크다고 생각하는 경우에는 협조를 하는 것이 이기적인 동기로 보더라도 합리적임에 주목하라. 하지만 기여한 피실험자들은 일반적으로 자신의 기여가 이렇게 결정적일 것이라고 믿고 기여를 하는 것은 아니다. 실제로 어떤 기여자도 자신의 기여가 추가적인 보상을 받는 데 결정적일 확률을 0.5보다 크게 보지 않았다. 사실 모든 조건들을 통틀어, 기여한 사람들의 67%는 이미 기여자의 수가 충분해서 자신의 기여는 그냥 덧붙여지는 기여일 뿐일 것이라고 믿고 있었다.

7 유명한 동료 학자들을 대상으로 유사한 1회적 게임 실험(모의실험)을 해본 호프스테터(Hofsteadter, 1983)는 이들 사이에서도 이와 거의 비슷한 협조율이 나타난다는 것을 발견했다. 대부분은 무임승차를 했고, 일부가 협조를 했는데, 협조의 동기는 불순한 이타성이었다. 협조자로 밝혀진 터프스대학의 대니엘 데닛 교수는 다음과 같이 말했다. "나는 부르클린 다리를 파는 사람이 아니라 사는 사람이길 바랐다. 나는 무임승차해서 10달러를 챙기는 것보다 3달러를 내고 협조하는 편을 택하고 싶다"(호프스테터는 이를 딜레마 상황에서 협조를 하는 것에 대한 "잘못된 이유"라고 불렀지만, 앞에서 언급된 토론 없이 진행된 실험들에서 협조를 했던 피실험자들도 이와 비슷한 이유에서 협조를 했다고 말하곤 한다).

3

최후통첩 게임

❦ ❦ ❦

최후통첩 게임을 둘러싼 결과들을 소개하고 있는 이 장에서도 경제이론에 입각한 예측과 실제 사람들의 행동과의 어긋남이 다뤄지고 있다. 이 실험에서 제안자의 역할을 한 사람들은 상대방에게 상당히 큰 몫을 제안하는 넉넉함을 보이며, 수령자들은 0보다 큰 몫이 자신에게 제시되었더라도 그 몫의 배분이 공정치 못한 경우 그 배분 제안을 거부한다는 사실이 여러 차례 보고되고 있다. 이러한 결과는 합리적이고 이기적인 선호를 가진 경제주체를 가정하는 경제이론에 입각한 예측과 어긋나는 것이다. 경제이론에 입각하여 상황을 보면, 수령자의 입장에서는 제시되는 몫이 0보다 크기만 하면 거절해서 한 푼도 못 얻는 것보다는 제안을 수락하는 편이 더 낫기 때문에 이를 수락할 것이고, 이를 감안하여 제안자는 수령자에게 0에 가까운 분배 몫을 제안하는 것이 최적일 것이기 때문이다.

　최후통첩 게임으로부터 실제로 얻어진 결과는 사람들이 의사결정을 할 때 일종의 '공정함'에 대해서도 고려를 하고 있으며, 상대가 공정하지 않다는 것이 드러나면 강한 거부감을 나타낸다는 것(이 거부가 일종의 금전적 희생을 필요로 하더라도)을 보여주고 있다. 저자는 앞 장에서와 마찬가지로 이러한 결과를 경제이론과 모순되지 않은 방식으로 설명해나갈 수 있는지의 여부를 검토하고 있다. 작은 금액에서는 공정함이라는 게 중요하게 부각될지도 모르지만, 금액이 커지면 사람들은 경제이론의 예측과 동일하게 행동할 것이라는 견해, 그리고 이러한 결과가 사람들이 게임의 구조를 제대로 이해하지 못했기 때문에 나타난 결과일 수 있으며, 따라서 사람들이 게임의 구조를 제대로 이해하게 되는 순간 자신에게 유리한 전략이 무엇인지를 간파해낼 것이고 공정함에 대한 고려는 사라지게 될 것이라는 설명 등이 타당한지를 하나하나 검토하고 있다. 저자는 이러한 검토를 통해 현실의 경제주체들은 자신에게 돌아오는 이득 이외에도 공정성이나 정의에도 관심을 갖고 있으며, 이들을 합리적이고 이기적인 경제인(Homo economicus)으로 단순하게 유형화할 수 없음을 이야기하고 있다. 〔옮긴이〕

❦ ❦ ❦

어느 늦은 밤에 대학 수업을 마친 당신의 딸 매기가 전화해서 당신의 현명한 조언을 구했다. 그녀는 좀처럼 당신에게 조언을 구하지 않는데, 간혹 조언을 구할 때면 항상 밤늦게 전화한다. 이번 문제는 꽤 흥미로워 보였다. 그녀는 자신이 다니는 학교의 경제학과에서 실시하는 실험연구에 참가하기로 했다고 한다. 실험에 참가하는 사람들이 무엇을 선택할 것인지에 대해 깊이 생각할 수 있도록 실험 내용과 게임의 규칙이 사전에 공지됐다. 실험에는 두 명이 참가하여 협상을 벌이게 되는데, 매기는 첫 번째 경기자의 역할을 맡았다. 첫 번째 경기자인 매기에게 10달러가 주어지며, 그녀는 누군지 모르는 두 번째 경기자와 그 돈을 나누어가져야 한다. 매기가 두 번째 경기자에게 나누어줄 금액을 제시하면 두 번째 경기자는 그녀가 제시한 금액을 받아들이거나 거절할 수 있는데, 매기의 제안을 받아들이면 두 번째 경기자는 매기가 제시한 금액을 가질 수 있다. 그러나 두 번째 경기자가 매기의 제안을 거절하면 매기와 두 번째 경기자 둘 다 한 푼도 갖지 못한다. 현명한 경제학자인 당신에게 매기가 던진 질문은 내일 실험에서 과연 그녀가 '얼마를 제시해야 할 것인가'이다.

뭐라 대답해야 할지 몰라, 당신은 매기에게 조언을 해주기 전에 관련 자료를 찾아봐야겠다고 말하고, 다음날 아침 바로 도서관으로 향했다. 그리고 당신은 애리엘 루빈스타인(Ariel Rubinstein, 1982)의 논문에서 적절한 이론을 발견했다(슈탈(Stahl)의 1972년 논문도 참조할 수 있다). 루빈스타인은 이러한 협상에서 협상 당사자들이 모두 합리적으로 행동하는 경우에 어떤 일이 벌어질 것인가에 대해 오직 이론적으로만 접근하고 있다는 단서를 달고 논문을 시작하고 있었다. 그는 자신이 풀고자 하는 문제를 다음과 같이 명시적으로 구별하고 있었다. "(i) 실증적인 질문: 사람들이 이 게임을 할 때 실제로 어떤 합의점에 도달할까? (ii) 규범적인 질문: 어떻게 합의해야 하는 것일까?" (p. 97).

당신은 루빈스타인의 논문을 읽고 나서, 특히 그가 날아놓은 난서를 읽고 나서, 매기가 하게 될 간단한 게임을 이론적으로 푸는 것은 생각보다 훨씬 쉬운 일임을 알게 되었다. 즉 첫 번째 경기자는 두 번째 경기자에게 1센트를 제시하고, 두 번째 경기자는 그 금액을 받아들여야 한다. 왜냐하면 두 번째 경기자의 입장에서는 1센트라도 얻는 것이 아무것도 얻지 못하는 것보다는 낫기 때문이다. 그러나 당신은 곧바로 루빈스타인이 이 간단한 문제에 왜 그토록 신중하게 접근했는지도 깨닫게 되었다. 1센트만 제시하는 전략은 매우 위험한 전략이기 때문이다. 두 번째 경기자가 첫 번째 경기자가 그렇게 적은 금액을 제시하는 것을 모욕적인 행동이라고 생각하고 거절한다면 무례한 행동을 거절하는 데 따른 비용(거절함으로써 포기해야 하는 금액)은 오직 1센트에 불과할 것이다. 따라서 매기는 1센트보다 많은 돈을 제시해야 할 것이다. 그렇다면 얼마나 더 제시해야 할까? 당신은 매기에게 뭐라고 조언을 해주어야 할까?

매기에게 어떻게 설명해야 할지 곰곰이 생각하고 있는데, 지역 모텔 주인으로부터 자문 전화를 받았다. 그는 매기보다도 당신에게 조언을 구하는 일이 더 드문 사람이었다. 그는 당신이 살고 있는 대학가 마을에 모텔을 가지고 있었다. 그는 일 년에 몇 차례, 즉 졸업식이 있을 때나 홈커밍데이 같은 날에 모텔 방의 수요가 엄청나게 증가해 골치를 앓고 있었다. 졸업식이 있는 주말이면 부모들은 학교 주변의 숙소를 구하지 못해 50마일 정도 떨어진 호텔에 머물기도 한다. 그의 모텔의 평상시 요금은 하룻밤에 65달러이다. 지금까지의 이 지역 모텔들의 관행에 따라 그는 졸업 시즌에도 이 평상시 요금을 그대로 받는 대신 고객들에게는 최소 3일 동안 머물도록 요구해왔다. 그런데 그는 최소 3일을 머물러야 한다는 조건을 그대로 유지한 채, 하룻밤에 150달러의 요금을 받더라도 졸업 시즌 동안에는 모텔을 쉽게 채울 수 있을 것이라고 예측하고 있다. 그러나 그는 자신의 생각을 실행에 옮기는 데 약간 꺼림칙한 모양이다. 그는 '사기꾼'이라고 불리게 될까봐 걱정되었고, 이 평판이 평상시 경영에 차질을 가져오게 될지도 모른다고 생각했던 것이다. "당신은 경제학자이지 않습니까?" 그가 물었다. "제가 어떻게 해야 할까요?" 당신은 이 문제에 대해 생각하면서, 이 문제와 매기의 고민 사이에는 공통점이 있다는 것과 당신의 새로운 의뢰인들에게 답을 주기 위해서는 더 많은 경제이론을 알아야 할 필요가 있다는 것을 깨닫게 되었다. 그러나 무엇이 필요할까?

단순 최후통첩 게임

매기가 참가한 게임은 흔히 최후통첩 게임(Ultimatum Game)이라는 이름으로 알려진 게임이다. 이 게임을 이용한 첫 실험은 세 명의 독일 경제학자 귀트, 슈미트버거 그리고 슈바르츠(Güth, Schmittberger, and Schwarze, 1982. 이하 GSS로 씀)에 의해 시행되었다. 그들은 42명의 경제학과 학생 표본을 반으로 나누었다. 한 그룹(경기자 1)에게는 배분자의 역할을 부여하고, 나머지 그룹(경기자 2)에게는 수령자의 역할을 부여했다. 배분자들에게는 c마르크를 주고, 그 금액을 자신의 몫과 수령자의 몫으로 나누도록 요청한다. 만약 그가 수령자의 몫으로 제안한 x의 금액을 수령자가 받아들이면, 배분자는 $c-x$, 수령자는 x의 금액을 갖게 된다. 그러나 수령자가 제안을 거부하면, 두 경기자 모두 한 푼도 갖지 못한다. 배분되는 상금의 크기인 c는 4마르크에서 10마르크 사이에서 그때그때 다양하게 결정되었다. 일주일후, 동일한 참가자들이 이 게임을 다시 한 번 하게 되었다.

　루빈스타인의 모형이 좋은 실증 모형이라면(그가 붙인 단서 조항에도 불구하고), 두 가지 결과가 나와야 한다. 1) 배분자는 0에 가까운 금액을 제안해야 한다. 2) 수령자는 (+)의 값을 갖는 금액이 제안된다면 무조건 받아들여야 한다. 그런데 실험 결과는 이 두 개의 예측을 모두 빗나갔다. 첫 번째 실험에서(실험 경험이 없는 피험자들의 실험) 제안금액의 최빈값은 50%로 나왔다. 즉 21명의 배분자 중 7명이 주어진 금액의 절반가량을 수령자에게 나눠줬다. 평균제안금액은 매초에 나누기로 한 금액의 37% 정도였다(즉 $0.37 \times c$). c가 4마르크로 주어진 게임에서, c 전체를 본인이 갖기를 원한 학생이 두 명 있었는데, 이 제안 중 하나는 받아들여졌으나[1] 다른 하나는 거절당했다. 다른 모든 제안금액은 최소 1마르크를 넘었고, 1.20마르크를 제안했던 한 건은 거부되었다.

첫 번째 실험에 참가한 후 일주일 동안 생각할 시간을 갖게 한 후에 시행된 두 번째 게임에서는 배분자가 수령자의 몫으로 제안한 금액의 크기는 다소 적어졌지만 여전히 무시할 수 없을 정도로 꽤 큰 수준이었다. 평균제안금액은 $0.32 \times c$였고, 두 명의 경기자가 정확히 절반을 나누자고 제안했다. 여전히 1마르크보다 적은 제안은 하나뿐이었고, 그 제안은 거절당했다. 또한 1마르크를 제안한 세 건과 3마르크를 제안한 한 건이 거절되었다. 그렇게 해서 총 21개의 제안 중 5개가 거절당했다.

배분자와 수령자 양쪽 모두 이론과는 다른 행동을 취했지만, 둘 중에서 수령자의 행동은 좀 더 해석하기 쉽다. 수령자가 (+)의 값을 갖는 제안을 거절하는 것은 그의 효용함수가 비화폐적 요인을 가지고 있다는 것을 의미한다(그가 모욕감을 느꼈다는 의미이다). 전체 금액 중 수령자에게 10%가 제안된 경우, 제안금액 $0.1 \times c$를 거절함으로써 "차라리 $0.1 \times c$를 포기하는 것이 불공정한 배분을 받아들이는 것보다 낫다"고 이야기하고 있다. 이렇게 양의 값을 갖지만 불공정한 제안을 거절하려는 심리는 잠시 후에 다시 이야기하도록 하자. 배분자의 행동은 두 가지 동기 중 하나로 설명된다(혹은 두 가지 동기의 조합으로 설명된다). 수령자에게 큰 몫을 떼어주는 제안을 한 배분자는 공정함에 대한 선호 때문에 그랬을 수도 있고, 혹은 불공정한 배분을 제안하게 되면 (합리적으로 혹은 실수로) 거절당할지도 모른다는 점을 염려했기 때문일 수도 있다.

GSS는 수령자들의 행동을 좀더 깊이 연구하기 위해 37명의 새로운 피실험자들을 데리고 또 한 번의 실험을 했다. 이 연구에서는 피실험자들에게 게임이 2회 진행될 것이라고, 그리고 그들이 한 번은 배분자로 또 한 번은 수령자로 경기를 하게 될 것이라고 말해준다.

이 게임에서 나눠야 할 금액은 각 회마다 c=7마르크로 설정했다. 게임을 시작하기 전에 배분자 역할을 맡은 피실험자들에게는 얼마의 금액을 제안할 것인지와, 그리고 이와 함께 그들이 이후에 수령자가 되었을 때 수락할 만한 최소금액을 적어내도록 한다(이것은 가설적 질문에 대한 답이 아니라, 이들이 수령자로 게임을 하게 될 때에 실제로 그 금액을 적용하여 수락/거절 여부를 결정할 것임을 주지시켰다). 이 실험에서의 배분자들은 이전 실험에 비해 훨씬 관대해졌는데, 이들의 평균 제안금액이 0.45c나 되었다. 더욱 재미있는 것은 수령자로서의 이들의 반응이다. 두 명을 제외한 모두가 제안을 수락할 수 있는 최소금액으로 1마르크 이상을 적었으며, 중간값은 2.50마르크였다.

이와 관련된 두 개의 실험이 카너먼, 크넷쉬 그리고 세일러 (Kahneman, Knetsch, and Thaler, 1986b. 이하 KKT라고 씀)에 의해 진행되었다. 먼저, 브리티시컬럼비아대학교에서 진행된 실험에서는, GSS의 실험을 그대로 반복하면서 피실험자들이 상황을 제대로 이해하지 못해서 그런 결과가 나온 것인지 아닌지를 조사해보고자 했다. 나눠야 할 금액 c값은 10캐나다달러로 했다. 피실험자들은 이번에도 실제 게임을 하기 전 그들이 배분자와 수령자의 입장이 될 때 각각 어떻게 행동할 것인지를 미리 밝히도록 요구받았다. 그리고 피실험자가 과제를 정확히 이해했다는 것을 확인하기 위해 두 단계의 과정이 진행되었다. 첫 단계에서 피실험자들은 게임의 구조를 묻는 두 개의 예비 진단 질문을 받았다. 연구에 참여하는 137명의 피실험자들 중에 22명이 질문에 제대로 답을 하지 못해서 탈락했다. 두 번째 단계에서는 피실험자들에게 그들이 수령자의 입장이 될 때 제안을 수락할 만한 최소금액을 직접 진술하게 하지 않고, 그 대신 "상대방이 0.50달러를 제안하면 받아들일 것인가 아니면 거절할 것인가?"와 같은 질문을 50센트씩 금액을 증가시키면서 반복했고, 이에 대해

'예' 또는 '아니오'로 대답하게 했다. 세 번에 걸친 실험에서, 수령자로서 수락할 용의가 있는 제안금액의 최소값의 평균은 2.00달러와 2.59달러 사이에서 움직였다. 이 금액은 GSS가 얻은 결과와 비슷했다.[2]

두 번째 KKT 실험은 두 가지 의문점을 해결하기 위해 실시되었다. 하나는 수령자들이 제안을 거절할 수 없는 경우에도 배분자들이 공정하게 행동할까에 대한 것이고, 다른 하나는 피실험자들이 자기 말고 **다른 사람**에게 불공정한 배분을 제안한 배분자들을 응징하기 위해서 자신의 돈을 희생하려고 할까에 대한 것이다. 첫 번째 질문에 대한 답을 찾기 위해 코넬대학교 심리학과 학생들을 상대로 같은 학과에 있는 익명의 다른 누군가에게 20달러를 배분하도록 하는 실험을 진행했다. 그들은 배분에 대해 단 두 가지 선택만을 할 수 있는데, 자기 자신이 18달러를 가지고 상대방에게 2달러를 주거나, 또는 20달러를 절반으로 나누어 각각 10달러씩을 갖는 것이다(20달러라는 금액은 좀 커서, 실험 참가 인원이 대규모일 때 전부에게 돈을 주기가 힘들다. 따라서 피험자들에게 그들 중 여덟 쌍만이 무작위로 선택되어 돈을 받을 것이라고 미리 알려주었다). 이전 실험과는 달리 이 실험에서는 수령자들에게 거부권을 주지 않았고, 따라서 배분자들은 어떤 제안을 하더라도 자신들의 제안이 수령자들로부터 거절될 가능성이 없음을 알고 있었다. 그럼에도 불구하고 제안은 여전히 관대했다. 161명의 피험자들 중에 122명이(전체의 76%) 20달러를 공평하게 나누었다. 그러므로 최후통첩 게임에서 관찰된 배분자들의 관대한 제안은 배분자들이 거부를 두려워해서가 아니라 공정함을 선호하기 때문인 것으로 설명될 수 있다.

이 실험이 끝난 후 실험에 참가한 학생들을 대상으로 또 하나의 실험이 실시되었다. 그들은 이번에는 첫 번째 실험에서 돈을 받는 여덟 쌍에 들지 못한(즉, 첫 번째 게임에 참가했지만 실제로는 돈을 받지 못한) 나머지 학생들 중 두 사람을 상대로 게임을 하게 된다. 학생들이 게임을 하게 될 상대 두 사람 중 한 사람은 첫 번째 단계의 게임에서 자신이 18달러를 갖겠다고 했던 사람이고(이 사람을 'uneven'〔불공정한〕의 첫 자를 따서 U라고 지칭하자), 또 다른 한 사람은 첫 번째 단계의 게임에서 상대방과 반반씩 나누겠다고 했던 사람이다(이 사람을 'even'〔공정한〕의 첫 자를 따서 E라고 지칭하자). 학생들은 자신이 6달러를 갖고 U에게 6달러를 주거나 혹은 자신이 5달러를 갖고 E에게 5달러를 주는 것 중에서 하나를 선택하게 된다. 즉 학생들은 자신이 1달러를 더 갖는 대신 욕심꾸러기로 판명된 상대방(U)과 돈을 나눌 것인지 혹은 자신이 1달러를 덜 갖는 대신 공정하다고 판명된 상대방(E)과 돈을 나눌 것인지를 결정해야 하는 것이다. 과반수를 훨씬 넘는, 즉 74%의 학생이 자기가 돈을 덜 갖는 대신 E와 돈을 나누겠다고 결정했다.

2단계 협상 게임

GSS(1982, p. 385)는 게임이론이 "최후통첩 협상 행위를 설명하는 데 별로 도움이 되지 않는다"는 결론을 내린다. 게임이론의 명성이 위태로워지자(적어도 실제로 일어나는 일을 이론적으로 설명하지 못한다는 것이 문제가 되자), 게임이론가인 빈모어, 셰이크드 그리고 서튼(Binmore, Shaked, and Sutton, 1985. 이하 BSS로 씀)은 한 쌍의 실험을 실시했다. 이들은 두 번째 협상 단계를 추가하여 GSS의 실험 디자인을 수정하였고, 경기자들이 컴퓨터를 통해 서로 의사소통할 수 있도록 하였다. 그리고 이전 실험처럼 '경기자 1'에게 배분자의 역할을, 그리고 '경기자 2'에게 수령자의 역할을 부여했다. 이때, 나누어야 할 금액 c는 100펜스로 하고, 배분자가 x만큼을 수령자에게 제안하게 했다. 이 제안이 수락되면 배분자는 c−x를, 그리고 수령자는 x를 갖는 것으로 게임은 종료된다. 만약 수령자가 이 제안을 거절하면, 게임은 2단계로 넘어간다. 2단계에서는 두 경기자가 서로 역할을 바꿔서 경기에 임하게 되는데, 이때 나누어야 할 금액은 $\delta \times c$로 줄어든다(여기서 δ는 할인요인으로 이 실험에서 그 값은 0.25로 주어졌다). 즉 2단계는 나눠야 할 금액이 100펜스에서 25펜스로 줄어든 단순한 최후통첩 게임이 되는 셈이며, 이때는 '경기자 2'가 배분자의 역할을 맡게 된다. 이 게임의 균형(엄밀히 말하면 부분게임 완전균형)은 간단한 역추론을 통해 도출할 수 있다. 즉 게임이 2단계에 도달하게 되는 경우, '경기자 2'(배분자)는 '경기자 1'(수령자)에게 25펜스 중 1페니만을 주고 자신은 24펜스를 갖는 제안을 하게 될 것이고, 그때 이 제안은 '경기자 1'(수령자)에게 받아들여질 것이다. 2단계에서 일어날 이 결과를 감안하여, 1단계에서 '경기자 2'(수령자)는 자신에게 제안된 금액의 크기가 24펜스보다 많기만 하면 1단계에서 '경기자 1'(배분자)의 제안을 그대로 받아들이게 될 것이다. 그러므로 1단계에서 '경기자 1'(배분자)은 '경기자 2'(수령자)에게 25펜스를 제안하면 된다. 다시 말해, 게임은 1단계에서 '경기자 1'이 75펜스, '경기자 2'가 25펜스를 각각 얻는 것으로 종결될 것이다.

두 단계로 이어진 게임이 각각 두 차례씩 실행되었다. 첫 번째 실행에서는, 1단계에서의 배분자의 제안은 이전 실험의 결과와 비슷했다. 제안금액의 최빈값은 50펜스였고, 배분자의 10% 정도가 24~26펜스의 범위에서 제안을 했다. 또한 1단계 제안 중에서 15%가 거절되어, 게임이 2단계로 넘어갔다(우리가 방금 전 본 대로 역추론을 적용한다면 이론상 게임은 2단계까지 가지 않았어야 한다). 두 번째 실행에서는 첫 번째 실행에서 '경기자 2'의 역할을 했던 피실험자들을 다시 불러서 이번에는 이들에게 '경기자 1'의 역할을 부여한 후 또 다른 두 단계 최후통첩 게임을 벌이게 했다(이때 수령자들의 반응은 기록하지 않았다). 이번에는 피실험자들이 게임이론과 좀더 일치하는 방향으로 행동했다. 1단계에서의 배분자가 제안한 금액의 최빈값은 이론적으로 예측한 균형제안금액인 25펜스보다 약간 낮게 나왔다. 연구자들은 '공정함'에 대한 고려는 "일단 경기자가 게임의 구조를 제대로 이해하기만 하면 전략적 이득을 계산해냄으로써 쉽게 제거될 수 있는 것"으로 결론 내렸다(p. 1180). 그러나 BSS의 실험은 어떻게 그 결과를 해석하느냐에 따라 세 가지 측면에서 의문점을 갖게 한다.

첫째, 피실험자들은 첫 번째 실행이 끝날 때까지 게임이 한 번 더 진행될 것이라는 사실을 알지 못했다. 만일 첫 번째 실행에서 '경기자 2'의 역할을 했던 피실험자들이 이 게임이 한 번 더 반복되면서 그때는 자신이 '경기자 1'로 행동할 것이라는 것을 미리 알았더라면 어떻게 행동했을까? 아마도 두 번째 실행된 게임의 1단계에서 자신이 배분자로 행동함으로써 0.75c를 얻게 될 것이라는 것을 감안해서, 첫 번째 게임('경기자 2'로 행동했을 때)의 1단계에서 상대방이 0.75c를 갖고 자신에게 0.25c만을 배분하는 제안도 공정하다고 여겼을지도 모른다(두 게임을 통틀어보면 이렇게 해도 결과적으로는 50대 50 배분이 이루어질 수 있기 때문이다).

둘째, BSS는 실험을 진행하면서 이례적으로 피험자들에게 어떻게 행동해야 하는지 알려줬다. 피실험자들에게 나눠준 지시문에 다음과 같은 문구가 포함되어 있었다. **"우리는 여러분이 다음과 같이 게임을 하길 바랍니다. 자신의 이익을 극대화하는 행동을 해주시기 바랍니다"**(원문에는 모두 대문자로 쓰여 있었고, 강조되어 있었다). 이러한 지시문이 실험 결과에 어떤 영향을 미쳤을지에 대해서는 말하기 어렵다(1

단계의 결과가 GSS의 결과와 유사하게 나왔다는 것을 보면, 큰 영향은 없었을 것이라고 안심할 수 있을지 모르겠다). 그러나 다른 비슷한 상황에서는 지시문이 강력한 영향력을 갖는다는 사실이 확인된 바 있다. 호프만과 스피처(Hoffman and Spitzer, 1982)는 최후통첩 게임과 아주 유사한 실험을 한 적이 있다. 동전 던지기의 결과로 선정된 배분자는 다음 둘 중 하나를 선택할 수 있다. 자신이 12달러를 갖고 수령자에게는 한 푼도 주지 않거나, 혹은 두 경기자의 동의하에 14달러를 나눠 갖는 최후통첩 게임을 하는 것 중에서 하나를 선택해야 한다. 이 게임에 대해 경제이론이 예측하는 바는 이렇다. 배분자는 두 번째 안(案), 즉 14달러로 최후통첩 게임을 하는 것을 선택할 것이고, 이 최후통첩 게임에서는 배분자가 12달러 이상을 갖고 수령자에게 2달러 이하를 건네주며, 수령자는 이에 동의하는 것이다. 그러나 실제로 나온 결과를 보면 모든 경기자들이 14달러를 공정하게 반으로 나누는 것에, 즉 각각 7달러씩 갖는 데에 동의했다. 호프만과 스피처(Hoffman and Spitzer, 1985)는 두 번째 논문에서 왜 이런 일이 일어나는지를 규명하려고 했다. 그들은 다음과 같은 두 개의 조건을 조합하여 네 개의 조건을 만들었다. 1) 배분자의 역할을 동전 던지기로 결정하거나 혹은 간단한 게임의 승자가 배분자가 되는 방식으로 결정한다. 2) 동전 던지기를 통해 혹은 게임을 통해 배분자가 될 권리를 '획득했다'(earned)고 묘사하거나 혹은 배분자로 '지정되었다'(designated)고 묘사한다. 그런데 두 개의 조작 중 두 번째 조작이 더욱 영향력 있는 것으로 나타났다. 승자를 결정하는 게임을 거쳤는지 아니면 동전 던지기로 결정했는지 사이의 차이점은 유의미하지 않았다. 그러나 권리를 '획득했다'라고 묘사하는 경우 피실험자들은 자기 몫을 더 챙겼다. 이와 같이 상황을 어떻게 묘사하는가에 따라 배분 몫을 둘러싼 결정이 어떻게 달라지는지에 대한 좀더 깊은 연구가 필요하다.

셋째, BSS가 고안한 두 단계 게임은 한 가지 중요한 점에서 단순 최후통첩 게임과 차이가 있다. 여기서 균형제안금액은 25펜스가 되는데, 이 크기는 확실히 0보다 크다. 이것이 의미하는 바는 단순 최후통첩 게임과 비교했을 때, BSS의 두 단계 게임의 경우 수령자가 25펜스의 균형제안을 거절할 때 드는 비용이 더 크고 균형제안금액은 더욱 공정해진다는 것을 의미한다. 이러한 차이가 게임의 결과에 얼마나 중요한 영향을 미치는지를 살펴보기 위해, 귀트와 티에츠(Güth and Tietz, 1987)는 할인요인을 각각 0.1과 0.9로 놓고 두 단계 게임을 진행했다(이론적으로 예측해볼 때, $\delta=0.1$일 때 균형제안금액의 크기는 0.10c로 다소 불공정한 반면, $\delta=0.9$일 때의 균형제안금액의 크기는 0.90c〔이 경우 균형제안금액은 배분자 자신에게 전혀 공정하지 않게 된다!〕가 된다). 게임은 경기자들이 배분자와 수령자로서의 역할을 바꿔가며 두 차례씩 실시되었다.[3] 나눠야 할 금액은 5마르크, 15마르크, 또는 35마르크였다.

이 실험의 결과는 경기자들이 게임에 대해 생각할 기회를 갖는다면 합리적으로 행동할 것이라는 BSS의 결론을 지지해주지 않는다. 할인요인을 $\delta=0.1$로 놓고 실시한 실험에서는 1차 시행에서 2차 시행으로 가면서 배분자들의 제안금액이 (균형에서 벗어나는 방향으로) 증가했다(0.24c에서 0.33c로). $\delta=0.9$의 경우에도 역시 평균이 2차 시행에서 (이번에는 균형에 가까워지는 방향으로) 증가했다(0.37c에서 0.49c로). 모든 수준의 c에서 $\delta=0.1$에서의 제안금액의 평균은 0.28c인 반면, $\delta=0.9$에서의 평균은 0.43c였다. 둘 다 각각의 균형제안금액인 0.1c와 0.9c와는 거리가 멀었다. c값의 변화 또한 실험 결과에 영향을 미치지 못한다는 것을 보여준다. 만약 c값이 5마르크일 때와 35마르크일 때를 비교하면, 배분자들이 제안한 금액의 크기는 $\delta=0.1$

일 때 균형 수준으로 움직이고(0.33c[c=5마르크]에서 0.24c[c=35마르크]까지), δ=0.9일 때는 균형에서 서서히 멀어진다(0.36c[c=5마르크]에서 0.34c[c=35마르크]까지). 따라서 나눠야 할 금액의 크기를 올려도 게임이론에서의 예측과 사람들의 실제 행동과는 여전히 큰 차이를 보이고 있음을 알 수 있다.[4]

다단계 게임

최후통첩 게임을 둘러싼 또 하나의 연구는 니일린, 소넨샤인 그리고 슈피겔(Neelin, Sonnenschein, and Spiegel, 1987. 이하 NSS로 씀)에 의해 제시되었다. 이들은 프린스턴대학교의 중급 미시경제학 수업을 듣는 학생들을 대상으로 실험을 실시했다. 피실험자들은 게임을 2, 3, 5단계 중 하나로 결정된 다단계 게임을 벌였고(피실험자들에게는 그들이 몇 단계의 게임을 하게 될지를 게임 시작 전에 미리 알려주었다), 나눠야 할 금액 c값은 5달러로 했다. '경기자 1'은 홀수 단계에, '경기자 2'는 짝수 단계에 배분자 역할을 하도록 했다. 만약 마지막 단계에서 제안이 거절당하면 두 경기자는 아무것도 갖지 못한다. 할인율은 1단계에서 배분자의 균형제안금액이 항상 1.25 혹은 1.26달러가 되도록 조정했다. 즉 두 단계로 구성된 게임에서는 2단계가 되면 c가 1.25달러로 떨어지게끔, 그리고 세 단계로 구성된 게임에서는 2단계가 되면 c가 2.5달러로, 그리고 3단계로 들어서면 c가 1.25달러로 줄어들도록 할인율을 조정했다. 마찬가지 방식으로 하면 게임이 5단계까지 가게 되는 경우에는 각 단계에 들어서면서 c값을 1단계에서 5달러, 2단계에서 1.7달러, 3단계에서 0.58달러, 4단계에서 0.2달러 그리고 마지막으로 5단계에서는 0.07달러로 하면, 1단계에서의 배분자의 균형제안금액이 1.25c가 되도록 조정할 수 있다.[5] 피실험자들은 먼저 4단계로 구성된 연습 게임을 한 차례 시행한 다음, 실제 게임에 들어가서는 2단계, 3단계, 5단계 게임을 순서대로 한 차례씩 진행했다. 매번 시행에서 상대방 경기자가 계속 바뀌도록 했고, 일단 피실험자가 '경기자 1' 혹은 '경기자 2'로서의 역할을 맡게 되면 그 역할은 2단계, 3단계, 5단계 게임을 할 때도 그대로 유지되었다.

NSS 실험은 다양한 단계별로 나오는 결과를 비교할 수 있게 함으로써, 특정한 단계 수를 갖는 게임에서 얻어진 결과를 일반화하는 오류를 피할 수 있게 해준다. 이렇게 실험을 디자인했을 때 얻는 이점은 이 실험의 결과를 살펴보면 곧바로 드러난다. 2단계로 구성된 게임에서는 게임이론적인 예측이 꽤 잘 맞아떨어졌다. 50명의 배분자들(NSS가 "판매자"라고 부르는 사람들) 중 33명이 1.25달러와 1.50달러 사이의 금액을 제안했다(이론상 균형값은 1.26달러이다). 이러한 결과들은 BSS의 두 번째 실험 결과와 유사했다. 그러나 3단계로 구성된 게임에서의 결과는 사뭇 달랐다. 50명의 배분자들 중 28명이 공정하게 절반을 나누어 2.50달러를 제안했고, 다른 9명은 2.5달러의 ±0.50달러 범위 안에서 제안했다. 이 게임의 균형은 여전히 1.26달러라는 사실을 기억하라.

다섯 단계를 갖는 게임의 결과는 이와 또 달랐다. 1단계에서 제안금액의 최빈값이 1.70달러였고(14명), 50명 중 33명이 1.50달러와 2.00달러 사이의 금액을 제안했다. NSS는 1단계에서 배분자의 역할을 한 경기자들이 '경기자 2'에게, '경기자 2'가 2단계에서 나누게 될 상금을 제안하는 전략을 채택하고 있다는 것을 발견할 수 있었다. 이것은 2단계로 구성된 게임의 균형이지, 2단계 이상으로 반복되는 단계 수를 갖는 게임의 균형은 아니다. 경기자들이 근시안적이어서 바로 다음에 일어날 상황만을 고려하는 경우라면 이 전략이 선택될 수 있을 것이다. 그렇지 않다면, 이 전략이 선택된다는 것은 자신들의 상대방이 자신의 제안을 거절할지도 모르는 위험을 최소화하기를 바라고 보수적으로 임했기 때문일 것이다.

NSS는 피실험자들이 5단계로 구성된 게임을 네 차례 반복하도록 하고, 나눠야 할 금액을 세 배로 만들어(c=15달러) 추가적으로 실험해보았다. 결과는 크게 다르지 않았다. 70%에 해당하는 사람들이 5.00달러와 5.01달러 범위 안에서 제안을 했다(2단계에 들어서게 되면 나눠야 할 상금의 크기가 5.10달러가 되는데, 그렇게 보면 또 다시 경기자들은 마치 5단계가 아니라 2단계로 구성된 게임에서의 균형 전략을 선택하는 것처럼 보였다). 5단계로 구성된 게임에서의 이론상의 균형값인 3.67달러에 가까운 제안은 전혀 관찰되지 않았다. 네 차례 게임을 진행하면서 뭔가의 학습이 진행되는 것 같은 증거도 보이지 않았다. 즉, 네 차례의 시행을 거치면서 어떤 뚜렷한 경향은 발견되지 않았다.

지금까지 진행된 실험들 중 가장 야심찬 실험의 결과가 오크스와 로스(Ochs and Roth, 1988)에 의해 발표되었다. 그들은 기존의 실험을 다음과 같이 수정했다. 첫째, 피실험자들은 모든 변수들이 고정된 상태에서 차례대로 10회의 협상 게임을 벌인다(그러나 각 시행 때마다 상대는 달라진다).[6] 이렇게 함으로써 피실험자들이 실험을 반복하면서 경제학자처럼 추론할 수 있을 정도로 충분한 학습이 진행되는지를 테스트할 수 있게 해준다. 둘째, 할인율을 각 피실험자마다 독립적으로 부여했다. 피실험자들은 100개의 '칩'(chips)을 가지고 협상을 진행했다. 모든 게임의 첫 번째 단계에서 각 칩은 모든 경기자들에게 동일하게 0.30달러의 가치가 있었다(따라서 c=30달러가 된다). 2단계에 들어서면 칩 하나당 '경기자 1'에게는 $\delta_1 \times (0.30$달러$)$ 만큼의 가치, 그리고 '경기자 2'에게는 $\delta_2 \times (0.30$달러$)$ 만큼의 가치를 갖도록 δ_1과 δ_2를 변화시켰다. 3단계(마지막 단계)에 들어서면 2단계에서의 할인율을 제곱했다(* 즉 '경기자 1'과 '경기자 2'에게 3단계에서 적용되는 할인율은 각각 δ_1^2, δ_2^2이 된다). 피험자들에게 각자의 할인율뿐 아니라 상대방의 할인율까지도 모두 알려주어 할인율을 공통지식(common knowledge)이 되게끔 했고, 이때 두 사람에게 적용되는 할인율을 같게도 해보고 다르게도 해보았다. (δ_1, δ_2)의 조합을 실험마다 다양하게 변화시켜 (0.4, 0.4), (0.6, 0.4), (0.6, 0.6), (0.4, 0.6) 중에 하나를 적용시켰다. 그리고 이 네 개의 할인율 조합을 게임의 단계 수(2단계 혹은 3단계)와 교차조합시킴으로써 총 4×2개의 조건을 만들었다.

이들은 이렇게 다소 복잡하게 디자인된 실험을 통해 협상 이론에서의 두 개의 가설을 검정하고자 했다. 1) '경기자 1'의 할인율은 세 단계를 갖는 게임에서야 비로소 문제가 된다(왜 그런지는 역추론을 해보면 알 수 있다). 2) 할인율이 고정되면, '경기자 2'는 2단계로 구성된 게임에서보다 3단계로 구성된 게임에서 더 적은 보수를 얻게 된다(3단계 게임에서는 '경기자 1'이 첫 단계와 마지막 단계에 제안을 할 기회를 갖기 때문이다). 또한 이론적으로 위에서 말한 4×2개의 조건들 각각으로부터 어떤 결과가 나올지를 알 수 있고, 따라서 할인율의 차이가 낳는 효과와 게임이 몇 단계로 이루어지는가에 의한 효과를 비교·분석할 수 있다.

이 실험을 통해 얻은 결과는 게임이론의 예측과 크게 달랐고,* 마

• 오크스와 로스 실험에서의 게임이론의 예측표

할인율 조합	(0.4, 0.4)	(0.6, 0.4)	(0.6, 0.6)	(0.4, 0.6)
2단계 게임	(18달러, 12달러)	(18달러, 12달러)	(12달러, 18달러)	(12달러, 18달러)
3단계 게임	(22.8달러, 7.2달러)	(28.8달러, 1.2달러)	(22.8달러, 7.2달러)	(16.8달러, 13.2달러)

(*[x달러, y달러]로 표시된 각각의 조합에서 x는 1단계에서 배분자가 자신의 몫으로 남기는 금액이고 y는 수령자의 몫으로 제안하는 금액을 의미한다.)

지막 회에서조차도 게임이론에서의 예측에 부합하지 않았다. 8개 조건 중 1개에서만 이론과 일치하는 결과가 나왔고, 나머지 7개 조건에서는 이론적 평균이 실제 평균으로부터 표준편차의 두 배 범위에도 들지 않았다. 또 바로 앞 문단에서 언급된 추가적인 예측은 모두 빗나갔다. '경기자 1'의 할인율은 게임에서 문제가 되지 않아야 할 때 문제가 되었고, 문제가 되어야 할 때는 문제되지 않았다. 이론이 실험에서 얻은 결과를 제대로 설명하는지의 여부를 판단할 수 있는 간단한 방법으로, 오크스와 로스는 관측된 평균제안금액을 이론적으로 예측한 각 조건의 마지막 시행에서의 제안금액으로 회귀분석을 한 후 R^2값을 구해보았다. 얻어진 R^2값은 0.065에 불과했다.

오크스와 로스는 수령자가 양의 값을 갖는 불공정한 제안을 거절하는 것과 관련하여 GSS와 KKT의 발견이 자신들의 실험에서도 발견되는지를 확인하고자 했다. 이 게임에서 만일 경기자가 오직 화폐적 보수에만 신경을 쓴다면 '경기자 2'는 '경기자 1'의 초기 제안을 결코 거절하지 않을 것이고, 만일 '경기자 1'의 제안을 거절했다면, 자신이 제안할 차례가 되었을 때, 전 단계에서 자신이 제안받았던(그리고 거부했던) 금액보다 더 적은 금액을 자신의 몫으로 남기는 배분 제안은 하지 않을 것이다. 그러나 오크스와 로스는 '경기자 2'가 2단계에서 제안할 기회를 얻은 경우, 이들 중 81%가량이 '경기자 1'이 전 단계에 자신에게 제안했던 금액보다 더 적은 금액을 자신의 몫으로 남기는 배분 제안을 한다는 것을 발견했다. 피실험자의 효용함수가 화폐적 요인보다 다른 요인들에 의해 움직인다는 것이 다시 한번 확인된 것이다.

지금까지 우리는 게임이론이, 사람들이 실제로 어떻게 행동하는가를 보여주는 실증 모형으로서 만족스럽지 못하다는 것을 보아왔다. 또한 게임이론은 사람들이 어떻게 행동해야 하는가를 알려주는 처방의 도구로도 부족한 면이 있다. 오크스와 로스의 실험에서 피실험자들 중 어느 누구도 게임이론적으로 최적인 전략을 사용하지 못했고, 또 이 최적 전략과 가장 유사한 전략을 사용하는 사람들이 돈을 가장 많이 번 것도 아니었다. 사실, 8개의 조건 중 네 개의 조건에서 배분자 자신에게 가장 높은 평균 금액이 돌아가도록 제안을 한 사람들이 가장 낮은 평균 수입을 얻었다.

시장에서의 최후통첩

사람들에게 불공정한 배분자로 여겨지는 것을 싫어하는 심리가 있다는 사실은 협상 이론이 포착하고 있지 못한 측면을 지적해주고 있다. 독점가(또는 수요 독점가)가 가격(임금)을 설정할 때 가격은 최후통첩의 성격을 갖는다. 최후통첩 게임에서 수령자가 자신에게 0보다 큰 금액이 제안되더라도 그것이 불공정하다면 그 제안을 거부하는 것처럼, 구매자는 자신에게 너무 적은 소비자 잉여만이 남도록 잉여를 불공정하게 나누는 가격 수준에서는 제품을 구입하지 않으려 할지도 모른다. 경영자 교육 프로그램 참가자들을 두 집단으로 나누고, 각 집단별로 다음과 같은 문제를 제시했다. 한 집단은 둥근 괄호 안에 있는 구절을 받았고, 다른 집단은 꺾쇠괄호 안에 있는 구절을 받았다.

당신은 무더운 어느 날 해변에 누워 있습니다. 당신은 지금 무척이나 얼음물을 마시고 싶습니다. 지난 한 시간 동안 내내 당신은 평소에 가장 좋아하는 맥주를, 그것도 차고 맛있게 보관되어 있는 맥주 한 병을 마실 수 있다면 얼마나 행복할까 생각하고 있습니다. 당신의 동료가 근처에 있는 맥주 파는 곳(환상적인 리조트 호텔)〔작고 낡은 식료품 가게〕에 전화를 해서 맥주를 주문하겠다고 합니다. 그는 아마도 맥주가 꽤 비쌀 것 같다고 이야기하면서 당신이 맥주를 사기 위해 얼마나 낼 용의가 있는지를 묻습니다. 그는 맥주 값이 당신이 이야기한 가격보다 높지 않다면 맥주를 주문하겠다고 합니다. 하지만 맥주 값이 지나치게 높아서 당신이 말한 가격보다 비싸다면 맥주를 주문하지 않겠노라고 이야기합니다. 당신은 당신의 친구를 신뢰하며, 친구가 (바텐더와)〔가게 주인과〕 가격 협상을 할 가능성은 없습니다. 당신이라면 이 상황에서 얼마의 가격을 말하겠습니까? (Thaler, 1985)

여기에 있는 시나리오는 설문의 응답자가 수령자의 역할을 하고, 맥주집 주인이 제안자 역할을 하는 간단한 최후통첩 게임이라는 것에 주목하자. 사람들에게 맥주를 사기 위해 지불할 용의가 있는 가격을 물었을 때, 환상적인 리조트 호텔 버전의 중간값은 2.65달러였던 반면, 식료품 가게 버전의 중간값은 1.50달러였다. 호텔과 낡은 식료품 가게 사이의 비용 차이를 사람들이 인식하고 있기 때문에, 2.65달러의 맥주 가격은 리조트 호텔에는 공정한 가격일 수 있지만, 작고 낡은 식료품 가게에서는 '바가지요금'으로 보이게 된다.

일반적으로, 소비자들은 다른 사람이 잉여를 너무 많이 가져가도록 되어 있는 교환에 참여하려고 하지 않는다. 이것은 왜 어떤 시장(예를 들면, 슈퍼볼 티켓, 토요일 밤에 가장 인기 있는 음식점 예약, 브루스 스프링스틴의 콘서트 티켓 등)은 판매자가 공식적으로 설정해놓은 가격에서 초과수요가 존재하는데도 왜 가격이 더 올라가지 않는지를 설명할 수 있을지도 모른다. 판매자와 구매자의 관계가 지속되는 경우, 그리고 수요와 공급을 일치시킬 수 있는 가격 수준이 불공정하게 높다고 여겨지는 경우 판매자에게는 미래의 사업을 위해 시장균형가격 수준보다 낮게 가격을 유지시킬 유인이 있다(이 주제들은 Thaler 〔1985〕와 Kahneman, Knetsch, and Thaler〔1986a〕에서 더 자세히 논의된다).

보충설명

벨, 라이파 그리고 트버스키(Bell, Raiffa, and Tversky, 1988)는 불확실성 하에서의 의사결정에 관한 세 가지 종류의 이론을 각각 구별하는 것이 유용하다고 주장하고 있다. **규범적**(normative) 이론은 합리적인 주체가 어떻게 행동해야 하는지를 말해준다. **기술적**(descriptive) 이론은 주체가 실제로 어떻게 행동하는지를 묘사해준다. **처방적**(prescriptive) 이론은 우리가 스스로의 인식 상의 한계 등 여타 다른 한계를 갖고 있을 때 어떻게 행동해야 하는지 말해준다. 협상 게임에 대한 연구에도 이와 마찬가지로 규범적 게임이론, 기술적 게임이론, 처방적 게임이론 모두가 필요하다. 현재의 게임이론은 규범적인 이론이다. 즉 현재의 게임이론은 이기심과 합리성이 게임 참가자들 모두에게 공통지식이 되어 있을 때, 각 참가자들이 어떻게 행동해야 최적으로 행동할 수 있는지를 보여준다. 반면에 실험연구는 사람들이 실제로 어떻게 행동하는지를 묘사해줄 수 있는 좋은 기술적 이론을 만드는 데 필요한 증거들을 제공하고 있다. 하지만 처방적 게임이론을 갖추기에는 아직 우리에게 연구가 많이 부족한 상태이다. 매기가 당신에게 전화로 물어본 문제를 분석함으로써 이 부족함이 구체적으로 무엇인지를 알 수 있다. 매기의 소득을 극대화해줄 수 있는 제안금액이 얼마인지를 풀어내기 위해서는 상대방 수령자의 수락함수(acceptance function)를 파악할 수 있어야 한다. 각각 주어진 제안금액에 대해서 그 제안이 수령자에 의해 거부될 확률은 무엇인가?

다단계 게임에서 최적 전략이 무엇인가는 훨씬 더 명확하지 않다. NSS가 시행했던 c값이 15달러인 5단계 게임을 생각해보자. 두 번째에서 다섯 번째 단계에 이르면서 c의 가치는 5.10달러, 1.74달러, 0.60달러, 그리고 0.21달러로 변한다. 1단계에서 배분자의 최적제안금액은 얼마가 될까? 규범적 이론이 아닌, 처방적 이론으로서의 게임이론을 완성하기 위해서는 다음의 두 가지 요인을 고려해야 한다. 1) '경기자 2'는 어떤 제안을 공정하다고 생각할까? 2) '경기자 2'는 게임을 제대로 이해하고 있을까? 이 두 가지 요인 모두 중요하다. 두 번째 요인이 어떤 역할을 하는지를 알아보기 위해 나는 코넬대학교 MBA 과정의 '가격과 전략론' 기말고사에 다음과 같은 문제를 냈다. 이 과목을 수강한 학생들은 중급 미시경제학을 선수 과목으로 들었고, 수업 중에 게임이론, 역추론, 간단한 최후통첩 게임에 대해 배운 적이 있다. 시험은 여덟 문제 중 다섯 문제에만 답하면 되었다. 문제는 NSS의 5단계 게임에 대한 설명에서부터 시작했다. 학생들에게 두 경기자는 모두 합리적이고, 이 게임에서 벌 수 있는 돈을 극대화하려 한다고 가정하라고 말해주었다. 그 다음 그들에게 질문했다. 1단계 제안에서 '경기자 2'가 수락하게 될 '경기자 1'의 최소제안금액은 얼마인가?

30명의 학생 중에 13명만이 이 질문을 선택해서 답했고 그 중 9명만이 정답을 썼다. 이것은 클래스의 절반 이상이 이 질문의 답에 대한 확신이 없었고, 답을 알고 있다고 생각한 학생 중에는 30%가 잘못 알고 있었다는 것을 뜻한다. 확실히 이것은 쉬운 문제가 아니며, 역추론이 직관적으로 자명한 개념도 아니다. 이 문제가 왜 중요한지를 살펴보기 위해 '경기자 1'이 '경기자 2'에게 4.00달러를 제안하려고 한다고 해보자. '경기자 1'은 '경기자 2'가 이 제안을 받아들이면 4달러를 얻을 수 있지만 거부하면 이후에 어떻게 해도 그만큼을 얻을 수 없기 때문에, '경기자 2'가 자신이 제안한 4달러를 받아들이는 것이 합리적일 것이라고 예측할 수 있다. 하지만 정작 '경기자 2'는 이 제안을 거부함으로써 5.09달러를 얻을 수 있다고 잘못 생각한다면, 실수로 제안을 거부할 수도 있다.

따라서 만약 매기가 이 5단계 게임을 하게 된다면, 우리는 그녀에게 조언을 해주기 전에 그녀의 상대가 얼마나 똑똑한지부터 알아봐야 한다. 그가 게임이론을 공부한 적이 있는지, 그가 역추론을 실제로 할 수 있을 정도로 추상 능력을 갖고 있는지 등을 알아봐야 한다. 좀더 일반적으로 말해서, 처방적 게임이론을 발전시키기 위해서는 합리성과 부의 극대화가 공통지식이라는 가정을 수정해야 한다. 자기 스스로가 합리적이고 부를 극대화하는 사람이라고 하더라도 상대방은 그렇지 않을지도 모른다는 것을 깨닫고 그에 따라 자신의 전략을 적절하게 바꿔나가야 한다.[7] 처방적 게임이론을 발전시키기 위해서는 이론과 실증 연구가 모두 필요하다는 것에 주목하자. 이론만으로는 상대방의 효용함수에 어떤 요소가 들어 있는지, 또 그의 합리성에 어떠한 한계가 있는지 알 수 없다.

이러한 연구로부터 확실하게 알 수 있는 하나의 결론은 공정성이라는 개념이 협상의 결과를 결정하는 데 있어서 중요한 역할을 한다는 것이다. 하지만 공정성에 대한 관심[8]이 행동에 영향을 주는 다른 요인들(심지어 탐욕조차도)을 배제하는 것은 아니다. BSS는 그들의 논문에서 문제를 두 개의 극단적인 유형의 인간형 사이의 경쟁으로 제시했다. 그들은 모든 것을 동등하게 나누는 사람을 "공정한 사람"(fairman), 그리고 경제학이 묘사하는 것처럼 행동을 하는 사람, 즉 이기적이고 합리적으로 행동하는 사람을 "게임이론적 사람"(gamesman)으로 구분했다. 나는 이 두 가지 극단적인 인간형으로 모든 사람을 묘사할 수는 없다고 생각한다. 오히려 대부분의 사람들은 돈이 적은 것보다는 많은 것을 좋아하고, 공정한 대우를 받는 것을 좋아하며, 다른 사람을 공정하게 대우하는 것을 좋아한다. 이러한 의도들이 서로 모순되는 경우, 피실험자들은 어떤 의도를 희생하면서 다른 어떤 의도를 살리는 식으로 문제를 해결한다.[9] 사람들의 행동은 상황과 환경의 미묘한 차이에도 크게 영향을 받는다. 어떤 실험에서는 피실험자들이 정확하게 절반으로 나눠진 배분을 선택하지만, 또 다른 실험에서는 게임이론적인 배분을 선택하기도 한다. 앞으로는 어떤 하나의 행동 유형에만 국한하여 설명하거나 혹은 어떤 행동 유형이 절대적으로 우세한지를 증명하는 연구보다는 각각의 행동 유형을 발생시키는 요인에 대한 연구가 필요할 것이다.

피실험자들을 '공정한 사람' 혹은 '게임이론적 사람'이라고 유형화하는 것이 지나친 단순화인 것처럼 '딱딱한'(hard) 혹은 '무른'(soft)이라는 차원의 구분도 문제가 된다. 경제학자들은 자기들만 생각하는 경향이 있어서 그들의 모형 속에 있는 주체들이 딱딱한(hard) 마음(머리와 코나 다른 신체들처럼)을 가지고 있다고 여긴다. 호모 이코노미쿠스(*Homo economicus*)는 보통 공정성이나 정의보다 부에 더 관심을 갖는다고 가정된다. 많은 경제학자들은 다른 사회과학자들이(그리고 그들의 모형에 가정된 주체들도) '물러 터졌다'(softy)고 여긴다. 최후통첩 게임의 결과는 이러한 단순한 유형화와 모순된다. 응답자가 제안을 거부할 위험이 없을 때조차도 50 : 50의 배분을 선택하는 배분자들에게는 '무른' 경향이 보인다. 하지만 수령자의 행동은, 경제학 모형이 예측하는 것과 달리, 무척이나 단호한 구석이 있다. 요컨대 그들은 이렇게 말한다. "고작 그것만 줄 바에는, 그냥 그것 갖고 뒈져버려라!"("Take your offer of epsilon and shot it!")

1 우리는 0의 제안을 받아들인 수령자가 혼란을 느껴서 그랬는지, 관대해서 그랬는지 혹은 단순히 협상 이론을 아주 잘 이해하고 있어서 그랬는지 확신할 수 없다.

2 세 개의 실험은 각각 다른 학생 집단이 피실험자가 되었다. 모든 실험에서 피실험자에게 그들의 상대방은 다른 강의를 듣는 학생이라고 말해주었다. 배분자의 제안은 평균이 4.21달러와 4.76달러 사이에서 나타났던 귀트 등(Güth *et al.*)의 실험 결과와 유사했다. 재미있는 것은, 심리학 수업을 듣는 학생이 배분자의 역할을 하고, 그와 다른 심리학 수업을 듣는 학생을 수령자로 해서 제안을 한 경우에 제안금액이 가장 관대하게 나왔다. 심리학 수업을 듣는 학생들도 경상계열학과 수강생들에게는 덜 관대한 금액을 제안했는데, 경상계열학과 수강생들이 심리학 수업 수강생들에게 제안한 금액이 가장 적었다. 경상계열 수업을 듣는 학생들은 그들이 수락할 용의가 있는 최소제안금액의 크기도 가장 낮게 적었다.

3 여기에 추가적인 규칙이 있었다. '경기자 2'는 '경기자 1'의 제안을 거부한 후 자신에게 제안할 기회가 왔을 때 자신이 방금 전 자신의 몫으로 제안받았던 금액보다 더 적은 금액을 스스로에게 남기게끔 제안금액을 결정하면 안 된다는 것이다. 만일 '경기자 2'가 이전에 자신의 몫으로 제안되었던(그리고 스스로가 거절했던) 금액보다 적은 금액을 자신에게 남기도록 제시하는 경우, 그것은 합의가 안 된 것으로 간주, 두 경기자 모두 0의 보수를 얻게 된다는 것이다. 따라서 $\delta=0.1$일 때, '경기자 1'이 0.1c 이상을 제안한다면, 이 제안은 최후통첩의 의미를 갖는다. 왜냐하면 만일 '경기자 2'가 이 제안을 거부하는 경우, 자신이 배분 몫을 결정해야 할 때, 자신의 몫을 0.1c 이상이 되도록 남길 방법이 없기 때문이다. 따라서 이 경우 '경기자 2'의 제안 거부는 일종의 거절의 표시로 간주할 수 있게 된다. 이에 곧 논의하게 될 오크스와 로스(Ochs and Roth, 1988)의 실험에서는 이러한 룰이 가져오는 효과에 대해 논의하고 있다.

4 c값이 1,000달러, 혹은 100,000달러일 때는 어떤 일이 일어날까? 이 연구를 수행할 만한 자금을 조달하는 것이 불가능하기 때문에 우리는 추측만 할 수 있을 뿐이다. 내 추측을 말하자면 수령자의 수락할 용의가 있는 최소제안금액은 c의 크기가 클수록 증가할 것(하지만 선형으로 증가하는 것은 아닐 것) 같다. 대개의 경우 c값이 10달러일 때, 수락할 용의가 있는 최소제안금액의 중간값은 0.2c 정도로 나온다. 그렇다면 c값이 1,000달러일 때는 0.05c~0.1c(즉, 50~100달러 정도)의 범위에 있지 않을까 예상된다. 불공정한 것을 피하고자 하는 성향이 정상재의 성격을 갖는다면, 수락할 용의가 있는 최소제안금액 역시도 아마 부의 증가에 따라 높아질 것이다.

5 1단계만 존재하는 단순 최후통첩 게임에서 배분자의 균형제안금액을 도출할 때 필요했던 역추론은 세 단계 혹은 다섯 단계를 포함하는 최후통첩 게임에서는 좀더 복잡해진다. 5단계 게임에서는 만약 게임이 단계 5까지 진행되었다면, 단계 5에서는 '경기자 1'이 배분자가 되는데, 마지막 단계이므로 '경기자 1'은 '경기자 2'에게 1페니를 제안할 것이고, 그 결과 '경기자 1'은 여기에서 6센트를 얻게 된다. 이것은 단계 4에서는 '경기자 2'가 '경기자 1'에게 적어도 6센트를 제안하고 자신은 14센트를 갖도록 제안해야 함을 의미한다.

6 피험자에게는 실험이 완료되면 실험의 한 회가 무작위로 선택되어 그 회의 성적에 근거하여 돈을 지급받는다고 말해준다.

7 이러한 분석은 브릿지 게임에서도 종종 나타난다. 다른 경쟁적 상황과 달리 브릿지 토너먼트에서는 전문가와 비전문가 사이에 게임이 벌어지곤 한다. 최적 전략은 종종 비전문가인 상대방이 실수할 기회를 많이 주는 것일 수도 있다.

8 공정성에 대한 논의는 매우 복잡하다는 것이 강조되어야 한다. 종종 경제학자들은 공정성에 대한 인식을 자연스러운 것으로 여기지 않는다. 예를 들어 카너먼, 크넷쉬 그리고 세일러(1986a)는 사람들이 초과수요가 있을 때 가격이 상승하는 것보다는 오히려 초과수요 상태에서 제품의 추가 공급을 줄여서 기다리는 쪽을 더 공정하다고 믿는다는 것을 발견했다. 그리고 야리와 바-힐렐(Yaari and Bar-Hillel, 1984)은 사람들이 정의로움을 판단할 때 '필요'(needs)와 '바람'(wants)을 구분한다는 것을 발견했다. 공정성에 대한 언급은 협상 과정에서 흔하게 나온다. 협상자들은 자신의 이득을 높이기 위해서 공정성이라는 논리를 내세우기도 하며("나는 내가 좀더 가져야 한다고 생각해. 왜냐하면 그게 공정하니까⋯⋯"), 그러한 논리는 효과적일 수 있다(Roth, 1987 참조).

9 카너먼 등이 수행한 실험에서는 배분자들은 20달러를 상대방과 나눠가지는데, 18:2와 10:10의 배분 중 하나를 선택해야 했다. 대부분이 10:10, 즉 공정한 배분을 선택했다. 그러나 12:8과 같은 중간적인 제3의 대안을 추가하자, 배분자들은 이 배분을 선택했다.

4

산업 간 임금격차

꧁ ꧁ ꧁

노동자들이 똑같은 일을 하는 직종에 종사하더라도, 어떤 산업 부문에서 일하는가에 따라 임금 수준이 다르게 나타나는데, 그 이유가 무엇인지를 살펴보려는 것이 이 장의 주제이다. 기업 규모별 임금격차(즉, 동일한 일에 대해 대기업과 중소기업의 임금수준이 다르다는 것)와 함께 산업별 임금 격차의 존재는 노동시장에서 나타나는 대표적인 이상현상으로서 간주되어왔다. 이 장에서는 소위 산업효과라고 불리는 이 현상을 어떻게 해석할 것인가를 둘러싸고 진행된 논의들을 하나씩 살펴본다.

산업효과가 데이터에서는 나타나지 않는 산업별 노동조건이나 노동자들의 질적인 속성 때문에 나타나는 것이라는 설명은 전형적인 경제학적 설명이다. 예를 들어 A산업이 B산업에 비해 열악한 노동조건을 갖고 있어서 노동자들에게는 높은 임금으로 열악한 노동조건에 대한 보상을 해주고 있는 경우, 그러한 노동조건의 차이가 데이터상에는 드러나지 않을 수 있다. 그렇다면 A산업에 종사하는 노동자들이 높은 임금을 받고 있다고 해서 이상할 것은 하나도 없다. 또한 갑과 을이라는 두 명의 노동자가 있는데, 갑은 업무수행에 적합한 어떤 속성(예컨대 성실함, 충성심, 자신의 의견을 효과적으로 전달하는 능력, 빠른 업무 처리 속도, 새로운 일에 대한 빠른 학습 능력 등)을 갖고 있고, 을은 그렇지 않다고 하자. 그런데 이러한 속성들은 데이터에는 드러나지 않을 수 있다. 데이터를 통해 드러날 수 있는 개별 노동자의 속성은 이들의 나이, 연령, 성별, 종교, 학력, 경력 정도일 것이다. 반면 방금 위에서 지적한 정작 필요한 자질들은 데이터상으로는 드러나지 않고 심층 인터뷰를 통해서만 알 수 있거나 심지어 실제로 일을 시켜봐야 알 수 있게 된다. 바로 이러한 자질들을 가리켜 "관측되지 않는 자질" (unobservable quality)이라고 부른다. A산업이 B산업보다 더 높은 자질(관측되지 않는)을 갖는 노동자들을 고용하고 있어서 그들에게 높은 임금을 주고 있다면, 산업 간 임금격차라는 이상현상은 데이터상에서만 나타나는 이상현상일 뿐 실제로는 하나도 이상하지 않은 현상이 될 것이다.

저자는 여러 연구를 검토함으로써, 산업 간 임금격차는 산업별 노동조건의 차이나 산업별로 고용된 노동자들의 관측되지 않은 자질 때문에 발생한 것이 아니라는 것을 보여주고 있다. 그리고 저자가 이 장에서 인용된 여러 연구들에서 이러한 견해를 어떻게 논리적으로 반박하고 있는지를 살펴보는 것도 이 장을 흥미롭게 읽어나갈 수 있는 방법이다.

저자는 아울러 산업 간 지불 능력의 차이(즉, 수익성의 차이)나 산업 간 노동조합의 위협 정도의 차이 등이 산업 간 임금격차를 설명해줄 수 있는지를 비판적으로 검토하고 있으며, 마지막으로는 네 가지 버전으로 해석된 효율성 임금 가설의 타당성을 검토하고 있다. 효율성 임금 가설의 경우 아직 실증을 통해 검정되기 힘든 측면이 있지만, 그 중 하나의 버전인 아켈로프 등의 선물교환 가설은 산업 간 임금격차를 설명해줄 수 있는 전망이 있는 이론으로 간주하고 있다. 〔옮긴이〕

꧁ ꧁ ꧁

수년 전 내가 몸담고 있는 학과에서 여비서 한 명을 채용했다. 그녀는 똑똑했고, 일처리가 깔끔해서 우리 모두는 그녀를 잘 뽑았다고 생각하고 있었다. 그런데 실망스럽게도 몇 달이 채 지나기도 전에 그녀는 인근 도시에 있는 IBM사(社)로부터 입사 제안을 받아 회사를 옮기기로 했다. 그녀는 그녀가 IBM 대기자 명단에 일 년가량 있었고, IBM이 인근의 어느 기업보다도 높은 보수를 지급하기 때문에 제안을 거절하는 건 바보 같은 일일 것이라고 이야기하면서 양해를 구했다. 나는 그녀가 우리 학과 교수들의 논문을 워드 작업하고 학술지 심사평 원고를 교정해주는 일을 하는 것보다 IBM에서 서류 타이핑 작업을 하는 것이 더 가치 있어서 그녀가 IBM에서 돈을 더 받게 되는 것인지, 아니면 IBM은 다른 기업들보다 직원들에게 그저 더 높은 임금을 지급함으로써 뭔가 더 높은 수익을 얻을 수 있다고 생각하는 것인지를 잠시 고민하게 되었다.

미시경제학에서 가장 중요한 원칙 중 하나는 일물일가(一物一價)의 원칙이다. 만일 시장이 제대로 작동하고, 거래비용이나 운송비용이 없다면, 똑같은 재화는 다른 가격에 거래될 수 없다. 왜냐하면 똑같은 재화에 대해 다른 가격이 매겨진다면, 구매자들 모두 낮은 가격으로 그 재화를 판매하는 시장으로 몰려가서 그 재화를 구매하려 할 것이며, 반대로 모든 판매자들은 더 높은 가격으로 그 재화가 팔리고 있는 시장에 재화를 팔고자 할 것이기 때문이다. 이런 과정을 거치면 조만간 가격 차이는 사라지게 될 것이다. 금융시장과 같은 시장에서는 일물일가 원칙은 비교적 잘 지켜진다. 금이 거래되는 곳이라면 세계 어디에서든 금 가격의 차이는 불과 몇십 원에 지나지 않는다. 재화시장에서는 시장 간 가격의 차이가 이보다는 크다(Pratt, Wise and Zeckhauser, 1979). 물론 시장 간 가격 차이를 제공되는 서비스의 차이로 설명할 수 있는 경우도 많다. 예를 들어 음식 조리 기구를 블루밍데일(* 뉴욕시에 있는 고급 백화점)에서 구입했다면 아마도 K-마트(* 동네의 저가 대형 마트)에서 그 물건을 구매한 경우보다 뭔가 고급스런 쇼핑 분위기를 체험했을 것이고, 이러한 분위기를 가치가 있다고 생각하고 그러한 분위기에 혹은 공손한 점원들과 친절한 제품 설명 등의 서비스에 추가적인 가격을 지불할 용의가 있다면, 백화점과 할인 매장에서 다른 가격으로 상품이 팔린다 해서 이상할 것은 없다.

하지만 앞에서 든 비서의 예는 노동시장의 경우에는 일물일가의 원칙이 잘 지켜지지 않을 수 있음을 말해주고 있다. 실제로 신문에 나는 구인 광고나 직업소개소 게시판에 붙은 구인 공고를 얼핏 훑어보기만 해도 앞에서의 우리 학과 비서의 예가 결코 예외적이지 않다는 것을 알게 될 것이다. 비서직이나, 자료 정리 혹은 '통신판매원' 등 엇비슷한 작업에 필요한 사람들을 고용하겠다는 광고에 제시된 임금수준은 기업들마다 크게 다르다. 코넬대학교 MBA 과정의 학생들은 졸업하면서 여러 기업들로부터 일자리를 제시받는데 이 기업들이 똑같은 도시에 자리 잡고 있는데도 이들로부터 제시되는 임금수준은 큰 차이를 보인다. 실제로 최근 졸업한 한 학생의 경우, 뉴욕시에 있는 두 금융회사로부터 취직 제의를 받았는데, 이 두 회사에서 제시된 연봉의 차이는 45,000달러에 달했다. 이와 같은 임금수준의 격차는 분명 일물일가의 원칙에 심각히 위배되는 것처럼 보인다. 얼핏 보아서만 그렇게 느껴지는 것이 아니다. 실제로 엄밀히 조사하더라도 임금수준은 여전히 큰 격차를 보인다. 어떤 산업들은 고용한 노동의 질(질적 차이가 측정 가능한 경우)이 크게 다르지 않음에도 불구하고 다른 산업에서보다 더 높은 임금을 지불한다. 산업 간 임금격차는 직종 간 임금격차로 이어진다. 예를 들어 어떤 산업의 한 직종에 고임금이 지불되고 있으면, 그 산업의 다른 직종들의 임금수준도 높은 경향이 있다. 왜 그럴까?

사실들

산업 간 임금격차가 존재한다는 것을 증명하고, 그 격차가 얼마나 큰지를 측정할 수 있는 간단한 방법이 있다. 미국 상시인구조사(Current Population Survey, CPS) 등과 같이 노동자들의 개인별 특성과 소득에 대한 믿을 만한 정보를 담고 있는 데이터를 구한다. 이 자료를 토대로 각 개인의 임금률의 로그값을 좌변에 놓고, 우변에는 나이, 학력, 직업, 성별, 인종, 조합 가입 여부, 결혼 여부, 종교 등 노동자들 개개인의 특성들에 대한 정보를 담은 변수들을 놓은 후 회귀분석을 한다. 이제 산업별 더미변수를 회귀식에 추가한 후 그 결과를 본다.

크루거와 서머스(Krueger and Summers, 1988), 그리고 디킨스와 카츠(Dickens and Katz, 1987a)가 CPS 데이터를 가지고 바로 이렇게 분석을 한 적이 있다. 두 팀 모두 산업효과(즉, 다른 모든 가능한 요소를 통제한 후 특정 산업의 임금이 평균 임금보다 얼마나 더 높은지를 보여주는 수치)가 무척 크고, 이 효과의 대부분은 상당히 통계적으로 유의미하다는 것을 발견했다. 예를 들어 크루거와 서머스의 연구에 나타난 1984년도 산업효과의 크기는 다음과 같다. 광업 +24%, 자동차산업 +24%, 가죽산업 -8%, 석유산업 +38%, 교육서비스 -19%(이런!) 등. 피고용자의 수를 가중치로 사용해서 얻어진 산업 간 임금격차의 표준편차는 15%였다. 디킨스와 카츠의 연구에서도 이와 비슷한 결과가 얻어졌는데, 노동조합에 가입한 노동자들과 미가입 노동자들

간의 임금격차는 그렇게 크지 않았다. 이러한 산업효과는 개별 노동자들의 특성들을 모두 통제한 후에 얻어진 것임을 기억하라.

산업 간 임금격차는 최근에 나타난 현상도, 일시적인 현상도 아니다. 슬리히터(Slichter, 1950)의 연구를 보면 1923년과 1946년 사이 산업 간 임금격차의 안정적인 패턴이 발견된다는 것을 알 수 있다. 이 기간 동안 산업별 임금의 순위상관은 0.73이었다. 크루거와 서머스는 1984년 데이터를 사용하여 슬리히터가 1923년에 제시한 패턴과 비교했는데, 이들은 다음과 같은 결론을 내렸다. "자동차 제조업과 같은 1923년 당시 고임금 산업이 1983년에도 여전히 고임금 산업으로 남아 있었고, 장화 및 신발 산업과 같이 1923년 당시 저임금 산업이었던 곳은 1984년에도 여전히 저임금 산업으로 남아 있었다. 1984년과 1923년 산업별 임금수준 사이의 상관계수는 0.56에 달한다. 그동안 산업 구분이 바뀌고, 데이터 샘플링 에러가 있었음을 감안할 때 이 상관계수는 아마도 저평가되었을 가능성이 크다. 따라서 산업 간 임금구조는 오랜 기간 동안 상대적으로 안정적으로 유지되어 있다고 생각할 수 있다."(Krueger and Summers, 1987, p. 22)

산업별 임금 패턴은 국제적으로도 나타난다. 크루거와 서머스(1987)는 1982년 제조업 임금을 가지고 14개의 국가들 사이의 상관계수 행렬을 만들었다. 상관계수들은 특히 선진 자본주의 국가들 사이에서 높았다. 예를 들어 미국의 산업별 임금구조와 캐나다, 프랑스, 일본, 독일, 한국, 스웨덴 그리고 영국의 산업별 임금구조 간의 상관계수를 각각 구해보면, 모든 쌍에서 0.8을 초과했다. 미국의 산업별 임금구조와 폴란드의 산업별 임금구조 사이의 상관계수는 0.7이었고, 미국과 유고슬라비아 사이의 산업별 임금구조의 상관계수는 0.79였다.

산업별 임금 패턴에서 가장 놀라운 사실은 그 산업별 패턴이 각 직업들 사이에서도 안정적으로 나타난다는 것이다. 카츠와 서머스 (Katz and Summers, 1989)는 비서직, 건물 청소부, 그리고 관리자들의 임금이 산업별로 차이가 나는지를 연구했다. 이들은 동일한 일을 하는 노동자들 사이에서도 어느 산업에서 일을 하는가에 따른 임금격차, 즉 산업별 임금격차가 상당하다는 사실을 발견했다. 예를 들어 광업 부문에 종사하는 비서들은 가죽산업에 종사하는 비서들보다 약 23%가량 높은 임금을 받고 있었고, 가죽산업에 종사하는 비서들은 비서 임금의 전 산업의 평균치보다 15% 낮은 임금을 받고 있었다. 이러한 동일 직종의 임금이 산업별로 왜 차이가 나는지를 설명하는 것이야말로 산업별 임금구조 이론에 중요한 열쇠가 된다.

가능한 알리바이

산업 간 임금격차를 이상현상으로 간주하려면, 임금격차의 이유를 둘러싼 다음 두 개의 설명들이 타당하지 않다는 것을 보여야만 한다. 다음 두 가지 설명이 옳다면 임금격차의 존재는 이상현상은 아니게 된다. 첫째, 높은 임금은 고임금 산업의 노동조건상의 열악한, 하지만 측정될 수 없는 측면들을 보상해주는 것일 수도 있다. 예를 들어 광업 분야에서 고임금이 관찰되는 이유는 광산 작업의 노동 환경이 쾌적하지 못하고 안전하지 않기 때문에 이에 대한 부분적인 보상일 수 있다는 것이다. 둘째, 고임금 산업에는 더 나은 노동자들이 고용되어 있을 가능성이 있다. CPS에서 노동의 질을 나타내주는 데이터는 사실 그렇게 많지 않다. 이러한 이슈들을 더 상세하게 다루기 전에 일단 동일한 직업에 종사하는 노동자들 임금이 산업별로 차이를 보인다는 사실은 두 가설의 타당성을 떨어뜨린다는 점을 지적

할 수 있다. 어떤 산업의 일부 직종에서 기술 특성상 더 나은 노동자들을 고용하고자 할 수는 있겠지만, 그 산업의 모든 직종에서도 그럴까? 같은 이유로, 고임금 산업에서 몇몇 직종의 노동조건이 열악할 수 있다. 그렇다면 그 산업 내에서 노동조건이 그렇게 열악하지는 않은 비서들이나 관리자들은 왜 높은 임금을 받는가?

물론 노동조건상의 차이나 노동자들의 질적 차이가 있는 경우 이를 임금으로 보상해주는 것(임금보상 가설)은 산업별 임금격차의 중요한 결정 요인 중 하나임은 의심의 여지가 없다(Rosen, 1986). 하지만 이 가설이 앞서 살펴본 산업별 임금격차를 깔끔하게 설명해주는 것 같지는 않다. 노동조건상의 차이나 노동자들의 질적 차이들이 갖는 중요성을 검정하기 위해, 크루거와 서머스(1988)는 1977년 '고용의 질적 환경 서베이'(Quality of Employment Survey)를 이용하여 임금 추정 방정식에 열 가지 작업별 특성을 나타내주는 변수를 추가해보았다. 여기에 추가된 작업별 특성에는 주간 노동시간, 교대제 여부, 작업의 위험성 정도, 노동조건 등이 포함되어 있었다. 이러한 작업별 특성을 나타내주는 변수를 추가했음에도 불구하고 측정된 산업 간 임금격차의 크기는 유의미하게 변하지 않았다.

퇴직률 데이터를 가지고 분석을 하면 임금보상 가설을 좀더 설득력 있게 비판할 수 있다. 고임금 산업의 고임금이 쾌적하지 않은 노동조건에 대한 보상의 일환으로 지불되는 것이라면, 고용주들이 노동자들의 이직을 막는 데 필요한 수준 이상으로 임금을 지불할 이유는 없다. 이는 노동자들의 퇴직률을 조사함으로써 살펴볼 수 있다. 만일 고임금 산업이 쾌적하지 않은 노동조건을 보상할 수 있는 수준보다 높은 임금을 지불한다면, 노동자들은 자신들의 일자리를 그만두려 하지 않을 것이다. 실제로 연구자들은 고임금 산업에서 퇴직률이 낮은 경향이 있다는 사실을 발견했다(Katz and Summers, 1989;

Akerlof, Rose, and Yellen, 1988). 이것이 의미하는 바는 고임금 산업의 노동자들은 그들이 이 산업에서 일을 하는 데 대한 기회비용을 넘어서는 고임금을 받고 있다고 느낀다는 것이다.

관측되지 않는 노동의 질적 요인들 때문에 높은 임금이 지불된다는 설명은 평가하기가 더 힘들다. 이 문제를 다루기 위해 크루거와 서머스(1988)는 두 가지 방법을 사용했다. 첫째, 이들은 노동의 질적 요인들을 통제한 임금 추정 회귀분석 결과와 통제하지 않은 채 진행한 회귀분석 결과를 비교했다. 이들은 측정되지 않은 노동의 질적 요인들은 측정된 노동의 질적 요인들과 상관관계에 있을 것이라고 주장했다. 만일 이들의 주장이 받아들여질 수 있는 것이라면, 그리고 산업 간 임금격차가 측정되지 않은 노동자들의 질적인 차이에 기인한 것이라면, 노동의 질적 요인들을 나타내주는 변수를 임금 회귀식에 추가하게 됨에 따라 산업 간 임금 효과는 크게 감소되어 나타나야 할 것이다. 하지만, 이들이 교육, 재직경력, 그리고 나이(인적 자본에 대한 정제되지 않은 측정치들)를 추가했을 때에도, 산업 간 임금격차의 표준편차는 오직 1% 포인트만 하락했다. 이들은 다음과 같이 결론을 내렸다. "측정되지 않아 회귀식에 추가하지 못한 노동의 질적 요소들이 나이, 재직경력, 학력 등(측정 가능한 질적 요소들)보다 훨씬 더 중요하다고 믿지 않는 한, 이들 증거는 산업 간 임금의 차이가 노동의 질적 차이에 기인한 것이라고 보기 어렵게 만든다"(p. 13). 머피와 토펠(Murphy and Topel, 1987)과 같이 관측되지 않는 노동의 질적 차이를 강조하는 사람들은 앞서의 인용문이 조롱하고 있는 견해를 아주 지지하게 받아들이고 있다. 이들은 임금 방정식은 임금수준의 분산의 아주 작은 부분만을 설명할 따름이며, 분산 중 설명되지 않는 대부분은 아마도 관측되지 않는 노동의 질적인 능력상의 차이로부터 기인한다고 주장한다. 이들은 자신들의 주장을 굽히지 않고,

산업 간 임금수준의 차이는 관측된 노동의 질적 요소에 대한 측정치들과 양의 상관관계를 갖고 **있으며**, 또한 관측되지 않은 노동의 질적인 차이는 아마도 관측된 질적 차이와 양의 상관관계를 가질 것이라고 주장하고 있다.

관측되지 않는 노동의 질적인 차이라는 문제를 다룰 수 있는 또 하나의 방법은 한 산업에서 다른 산업으로 이직을 한 노동자들을 분석하는 것이다. 이들 노동자들이 이직을 하는 동안 이들의 노동의 질이 변화했을 리가 없으므로, 산업 간 임금격차가 관측되지 않는 노동의 질적 차이에서 유래한 것인지에 대해 답하는 데 중요한 증거가 될 수 있다. 하지만 이 작업은 보기보다 쉽지 않다. 측정오류(measurment error)와 선택 바이어스(selectivity bias)라는 아주 복잡한 문제가 생긴다. 측정오류란 일부 노동자들의 경우 데이터상으로는 산업 간 이직을 단행한 것으로 나타나지만 실제로 이직을 한 것이 아니고 자료 수집 인터뷰 때 생긴 오류로 인해 동일한 산업에 계속 종사하고 있는데도 마치 한 산업에서 다른 산업으로 이직을 한 것처럼 자료에 나타나는 문제를 가리킨다. 크루거와 서머스는 이와 같은 분류상의 문제를 교정하기 위해 다른 방식으로 얻어진 직접적 데이터들을 추가로 이용했다. 선택 바이어스는 더 나은 노동자들일수록 저임금 산업에서 고임금 산업으로 이직하는 경향이 있기 때문에 일어난다. 선택 바이어스는 임금격차의 추정치에 양(+)의 바이어스를 발생시킨다(즉, 질적인 요인들을 감안한 상태였더라면 얻어질 수 있었을 진짜 임금격차의 크기보다 추정된 크기가 더 크게 나타나게 만든다). 왜냐하면 더 나은 노동자들이 고임금 산업으로 이직하는 경향이 있다면 이직을 한 노동자들은 눈에 보이지 않는 (그래서 측정이 안 되는) 자질을 갖고 있었을 텐데, 그러한 질적인 차이가 산업 간 임금격차와 양의 상관관계를 가질 것이기 때문이다.[1]

이러한 문제점들 때문에 크루거와 서머스는 1984년 CPS 서베이에 등장하는 해고 노동자들 데이터를 사용하여 이들에게 나타나는 임금의 변화를 추정하려고 시도했다. 크루거와 서머스는 비자발적으로 직장을 떠나게 된 노동자만을 대상으로 분석을 시도함으로써 방금 언급한 선택 바이어스 문제를 해결하고자 했다(＊ 비자발적으로 직장을 떠나게 된 노동자들이 고임금 산업으로 이직을 하는 데 성공하는 경우, 그것은 이들이 그만큼 남들보다 잘났기 때문이 아니며, 그 결과 얻게 되는 고임금도 이들이 남들보다 나은 자질을 갖고 있기 때문에 주어지는 것이 아니게 된다. 그리고 반대 방향으로의 이직도 마찬가지이다). 아울러 이들은 노동자들을 산업별로 구분할 때 발생할 수 있는 오류를 가능한 한 수정하려고 했다. 이들은 이 분석으로부터 단순한 횡단면 분석에서 나타났던 산업효과와 거의 동일한 크기의 산업효과가 여전히 나타난다는 사실을 발견했다. 이들은 이로부터 산업 간 임금격차는 측정되지 않는 노동의 질적인 편차 때문일 가능성이 상당히 희박하다는 결론을 내리게 된다. 기본스와 카츠(Gibbons and Katz, 1987), 그리고 블랙번과 뉴마크(Blackburn and Neumark, 1987)도 이와 유사한 결과를 얻었다. 하지만 이와 반대로 머피와 토펠(Murphy and Topel)은 다른 CPS 데이터를 이용하고, 산업 구분상의 오류 수정 방법을 달리함으로써 이들과는 다른 결론을 얻었다. 머피와 토펠의 결과를 보면, 산업 간에 이직을 단행한 노동자들만을 대상으로 해서 얻어진 산업별 임금격차, 즉 이들이 기존 산업에서 얻은 임금과 이직 후 얻은 임금의 격차는 이전 분석들에서 보고된 산업 간 임금격차의 오직 1/3에 불과한 것으로 나온다. 이로부터 이들은 자신들이 얻은 결과가 그동안 자신들이 주장했던 견해, 즉 산업효과가 주요하게 관측되지 않은 노동자들의 자질상의 차이에 기인한다는 자신들의 견해를 지지해준다고 주장했다.

이러한 상반된 결과들은 임금격차가 과연 관측되지 않는 노동의 질적 차이에 기인하는지를 평가하기 힘들게 만든다. 산업 간 임금 패턴이 관측되지 않는 노동의 질적인 차이를 반영하는 것이라면, 산업 간 임금격차는 IQ 등 다른 질적인 측정치들과도 양의 상관관계를 보여야 할 것이다. 블랙번과 뉴마크(1987)는 '젊은 층 대상 추적 조사 자료'(National Longitudinal Study Young Men's Cohort)에 보고된 개인들의 IQ 자료를 이용하여 이를 검정하고자 했다. 이들이 발견한 것은 교육과 같이 통상적으로 관측이 가능한 질적인 척도들을 통제하고 나면, 산업의 임금과 노동자들의 평균 IQ는 음의 상관관계를 갖는다는 것이었다. 물론 고임금 산업에 필요한 노동자들의 자질이 IQ와 관계가 없을 수도 있지만, 이 연구의 결과를 액면 그대로 받아들이게 되면 노동의 질적 차이 가설은 심각한 타격을 입은 셈이 된다.

어떤 산업이 높은 임금을 지불하는가, 그리고 왜 그런가?

지금까지 살펴본 산업 간 임금격차에 얽힌 미스터리를 풀기 위해서 연구자들은 임금수준에 관련된다고 믿어지는 네 가지 산업별 변수를 뽑아냈다. 기업 규모, 이윤 및 시장 지배력, 자본집중도, 그리고 노동조합 가입률이 그것이다.

산업 간 임금격차만큼이나 강하게 나타나면서도 이해가 쉽지 않은 현상은 대기업이 소규모 기업보다 높은 임금을 지불한다는 사실이다. 브라운과 메도프(Brown and Medoff, 1989)는 작업장 규모(plant size)나 기업 전체 규모(firm size) 둘 다, 노동자들의 특성들과 작업 환경 모두를 통제하고 나서도 임금수준에 강한 영향을 끼친다는 것을 확인할 수 있었다. 그렇게 보면 작업장 규모가 대체로 큰 산업이 고임금 산업이 되는 경향이 있다는 것은 그리 놀라운 일은 아닐 것이다. 하지만 기업 규모의 효과를 보면, 기업 규모는 산업 간 임금격차보다 산업 내 임금격차에 아주 강한 설명력을 갖는다.[2] 실제로 기업 규모는 임금의 산업 간 격차를 더 크게 나타나게끔 만들어주는 요인이 되는 것 같다.

일부 연구자들이 발견한 두 번째 요인은 기업의 시장 지배력 혹은 수익성 등으로 측정되는 기업의 '지불 능력'이다. 시장 지배력의 척도 중 하나는 4-기업 집중도(한 산업에서 상위 네 기업의 시장 매출 비중)이다. 아마도 시장집중이 크게 나타나는 산업일수록 수익성도 높을 것이고, 따라서 높은 임금을 지불할 능력이 있는 것은 당연한 것일 수 있다. 하지만 연구 결과들을 보면 시장집중도와 임금수준 사이의 관계는 다소 혼재되어 나타난다. 어떤 연구 결과에서는 시장집중도가 임금을 높이는 경향이 있음을 보여주는 반면, 다른 연구에서는 노동의 질적인 척도를 통제하게 되면 시장집중도의 영향은 유의하지 않게 되어버리는 것으로 드러난다.

지불 능력에 대한 보다 직접적인 척도는 수익성이다. 하지만 수익성이라는 변수 자체에 결점이 있다. 회귀분석에 이용할 수 있는 이윤 데이터는 기업이 스스로 보고한 것이다. 우선 이렇게 보고된 이윤은 진정한 경제적 이윤에 대한 이론적으로 정확한 척도는 아니다. 그리고 기업에 의해 다소 조작되었을 가능성도 부인할 수 없다. 그리고 이윤율은 임금수준과 음의 상관관계를 가질 가능성도 있다. 다른 조건이 일정할 때 임금을 1원 올려주면, 이윤은 그만큼 떨어질 것이기 때문이다. 그럼에도 불구하고 수익률이란 산업 간 임금격차를 예측할 수 있게 해주는 (특히 노조로 조직되어 있지 않은 노동자들의 임금의 산업 간 격차의 경우) 신뢰할 만한 척도라고 간주되어왔다.

자본집중도와 임금 간의 관계는 슬리히터(Slichter, 1950)에 의해 처음 연구되었다. 그는 한 산업에서의 노동자의 임금과 한 산업에서 노동비용이 전체 비용에서 차지하는 비율 간의 관계를 연구했다. 그의 연구에서는 고임금은 노동비용이 차지하는 비중을 높게 만드는 요인일 것임에도 불구하고, 그 관계는 음으로 나왔다. 이와 비슷하게 로렌스와 로렌스(Lawrence and Lawrence, 1985), 그리고 디킨스와 카츠(Dickens and Katz, 1987a)의 연구도 높은 자본-노동 비율을 갖는 산업이 높은 임금을 지불하는 경향이 있음을 발견했다. 보통 이런 경우 인과관계를 아주 잘 해석해야 한다. 고도로 자본집약적인 기업의 기술에 뭔가가 있어서 기업이 노동자들에게 높은 임금을 지불하게끔 만드는 것일까, 아니면 기업이 고임금을 지불해야 하기 때문에 노동 대신 자본을 사용함으로써 자본-노동 비율을 높게 만드는 것은 아닌가?

산업 간 임금격차와 상관관계가 있다고 믿어지는 마지막 요소는 노동조합 가입률(한 산업에서 노동조합에 소속되어 있는 노동자들의 비중)이다. 대부분의 연구들이 노동조합 가입률이 높을수록 노조 가입자와 비가입자를 불문하고 임금을 높이는 경향이 있음을 보여주고 있다(프리만과 메도프(Freeman and Medoff, 1984)의 연구는 예외이다. 이들의 연구에서는 노동조합 가입률이 비가입자의 임금수준에는 아무런 영향을 주지 않는 것으로 나타난다). 해석이 또 분분해진다. 노조는 임금을 상승시키는가? 아니면 노조가 고임금 산업에 설립되는 경향이 높은 것인가? 여기에 대해서는 잠시 후 다시 얘기하도록 하자.

이론적 설명들

산업 간 임금격차의 존재를 둘러싼 퍼즐은, 일부 산업 부문에서는 동일한 질의 노동 한 단위에 대해 더 많은 임금을 지불한다는 사실에서 출발한다. 왜 그런가? 크루거와 서머스(1987)가 지적하듯이 다음과 같은 두 부류의 설명만이 사실과 부합되는 것으로 보인다. 하나는 기업들이 이윤을 극대화하지 않을 수도 있다는 것이고, 다른하나는 고임금을 지불하는 기업의 경우 임금을 낮추는 것이 자신들의 이윤을 오히려 감소시킬 수 있다고 생각할지도 모른다는 것이다. 첫 번째 설명에 근거해서 임금격차를 설명하기 위해서는, 왜 경영자들이 이윤을 극대화시켜주는 임금수준보다 더 높은 임금을 지불하려고 할까를 설명할 수 있어야 한다. 기회비용 수준을 상회하는 수준의 임금을 지불하는 것이 이윤극대화 원칙에 부합되려면, 고임금이 생산을 증가시킨다고 가정하거나('효율성 임금' 모형처럼), 아니면노동조합의 집단행동의 위협 때문에 임금을 높여주는 것이 합리적이라고 가정해야만 한다.

기업이 이윤을 극대화하지 않는다고 주장하는 것이 이단적이라고 간주되었던 적이 있었다. 하지만 최근 들어 경영자의 재량(managerial discretion)이라는 낡은 개념에 대리인 이론(agency theory)이라는 좀더 그럴듯한 이름이 붙여졌고, 경영자들이 주주의 이익을극대화하지 않을 수도 있다는 주장이 더 이상 파문거리로 간주되지않기에 이르렀다. 물론 여전히 경제학자들 사이에서도 대리인 이론을, 경영자들이 주주의 이익을 극대화시키지 않는 이유가 **자신들**의이익을 극대화시키기 위해서라는 식으로 해석하는 게 유행인 듯 보이는 것도 사실이다. 경영자들이 피고용인들을 위해서 이윤을 희생시키고자 할지도 모른다는 식의 사고는, 특히 경영자들과 상당히 거리가 있는 육체노동자들의 경우를 보았을 때 수수께끼 같은 얘기가된다. 아마도 이러한 이유 때문에 적어도 내가 아는 한, 경영자가 이윤과 고임금을 받는 피고용자들 모두를 위해서 일하고자 하는 선호를 갖고 있다는 식으로 해석된 대리인 모형을 가지고 산업 간 임금 격차를 설명하려는 시도는 엄밀하게 진행된 적이 없다. 그럼에도 불구하고 앞에서 살펴본 사례들은 대리인 가설이 어느 정도 설득력이 있음을 보여주고 있다. 크루거와 서머스가 강조하듯이 고임금은 이윤이 높고 임금 분배 몫이 낮은 산업에서 관찰되는데, 그러한 산업들은 그런 현상이 나타날 것이라고 예상할 수 있는 산업들이다.

산업 간 임금격차의 문제를 둘러싸고 가장 많은 관심의 대상이 된 이론이 '효율성 임금 모형'이다. 이 모형에 따르면 높은 임금을 주는 것이 이윤을 높이는 데 유리하다는 것이다.[3] 효율성 임금 모형의 기본적인 아이디어는 다음과 같다. 기업의 생산량은 노동자들의 노력지출 정도에 의존하고, 노동자들의 노력지출 정도는 다시 임금수준에 의존한다. 기업가가 임금을 더 많이 줄수록, 기업가는 노동자들로부터 더 많은 노력을 뽑아낼 수 있다. 이 모형에는 노력지출과 임금 사이의 양의 상관관계의 원천이 어디에 있다고 보는가에 따라 여러 개의 버전이 있다.

1. 태만방지 모형(shirking models)

대부분의 작업에서 노동자들은 자신들이 얼마나 일을 열심히 할 것인가에 대해 어느 정도까지는 스스로 조절할 수 있다. 개수임금제(* 노동자들이 생산한 제품의 개수에 따라 임금이 지불되는 일종의 성과급제)는 한 노동자가 실제로 생산해낸 양, 즉 '개수'를 세기 힘들다는 점에서, 그리고 모니터링에 비용이 많이 든다는 이유에서 현실성이 다소 떨어진다. 태만방지 효율성 임금 모형(Shapiro and Stiglitz, 1984)에 따르면, 기업은 시장임금을 상회하는 임금을 지불하고, 약간의 모니터링만을 사용하며, 태만이 발각되는 노동자들은 즉시 해고하는 정책을 편다. 그렇게 되면 시장임금을 상회하는 임금을 지불함으로써 기업은 노동자들의 태만 유인을 줄일 수 있다. 왜냐하면 태만이 발각되는 즉시 높은 임금이라는 지대를 상실하게 될 것이기 때문이다. 태만방지 모형에 따르면, 고임금 산업들은 모니터링 비용이 높은 산업, 그리고 노동자들의 태만으로 발생하는 비용 부담이 상대적으로 높은 산업들일 것이다.

2. 이직 모형(turnover models)

기업은 노동자들의 이직을 줄이기 위해서 시장청산 임금수준(* 시장에서 수요와 공급이 일치하여 초과수요나 초과공급이 없게 만들어주는 균형임금수준)보다 높은 임금을 지불하려는 유인이 있다. 이러한 가정에 기초한 모형(Salop, 1979; Stiglitz, 1974)은 태만방지 모형과 비슷하다(사실 수학적으로는 거의 동일하다). 이직 모형의 기본적인 아이디어는 이직을 막기 위해 고임금을 지불한다는 것이다. 이직 모형에 따르면 고임금이 지불되는 산업 부문은 노동자들의 이직이 기업에게 높은 비용을 야기하는 부문들이 된다.

3. 역선택 모형(adverse selection models)

이 모형(Stiglitz, 1976; Weiss, 1980)은 고용주들이 노동자들을 고용하는 시점에는 혹은 작업 현장에서조차도 노동자들의 능력을 쉽게 간파해내지 못한다고 가정한다. 그리고 높은 임금을 지급하면 그만큼 더 높은 자질을 가진 노동자들이 이 기업에 들어오고 싶어하게 될 것이라고, 즉 기업에 취업하고자 하는 노동자들의 평균적 자질은 이 기업이 지급하는 임금수준이 높아질수록 함께 높아진다고 가정한다. 이 모형에 의하면 노동자들의 자질의 차이가 아주 중요해지는 산업들, 혹은 노동자들이 갖고 있는 자질의 차이를 쉽게 알아내기 힘든 산업들에서 고임금이 지불되는 경향이 있다.

4. 공정임금 모형(fair-wage models)

공정임금 모형(Akerlof, 1982, 1984: Akerlof and Yellen, 1988, Solow, 1979)의 기본적인 가정은 노동자들은 자신들이 공정한 임금을 받고 있다고 생각할 때 더 높은 노력을 지출하려고 한다는 것이다. 이 가정에 따르면 노동자들이 공정하다고 생각하는 임금수준이 경쟁임금을 초과하는 경우, 기업은 노동자들에게 경쟁임금보다 높은 수준의 임금을 지불할 유인이 있다. 이 모형에 입각해서 볼 때, 노동자들이 기업이 획득한 지대를 피고용자들과 나누는 것이 공정하다고 믿는다면(이에 대한 증거로는 Kahneman, Knetsch and Thaler(1986a)를 참고하라), 높은 이윤을 얻은 산업 부문은 고임금을 지불하는 경향이 있을 것이다. 또한 이 모형에 따르면 팀워크와 노동자들 간의 협조가 중요한 산업들일수록 고임금을 지불할 가능성이 높다고 예측하게 된다.

효율성 임금 모형을 이렇게 나눈다고 해서 각 모형들이 서로 배타적이라고 생각해서는 안 된다. 기업은 태만을 방지하고, 이직률을 낮추며, 더 나은 노동자들을 고용하고 또 노동자들의 사기를 진작시키기 위해 경쟁임금수준을 상회하는 높은 임금을 지불할 수 있다. 즉 위의 모든 설명들은 다 그럴듯하며, 나름대로의 이론적 유효성을 갖는다. 여기서 문제가 되는 것은 이들 모형들이 산업 간 임금격차를 얼마나 잘 설명할 수 있는가이다. 태만, 이직률, 그리고 역선택에 주목하게 되면 고임금 산업에서 비서직과 건물 관리인들에게 높은 임금이 지불되는 이유를 제대로 설명하지 못한다. 이 점에서는 공정임금 모형이 설득력이 있는 편이다. 만일 어떤 산업에서 어떤 외생적인 이유로 인해 특정 임무에 종사하는 노동자들에게 높은 임금이 지불되고 있다면(예를 들어, 광산 노동자들에게 열악한 노동조건을 보상하는 의미에서 높은 임금이 지급되고 있다고 한다면), '내부적인 공정함'을 위해 다른 노동자들에게도 높은 임금을 지불해야 할지 모른다. 공정임금 모형은 산업의 임금수준과 수익성과의 상관관계에 대해서도 일관된 설명을 제시해주고(왜냐하면 지대가 발생했을 때 이를 나누는 것은 공정하니까), 오랜 시간이 흐른 뒤에서 산업 간의 임금격차가 계속 남아있는 이유도 설명할 수 있다(일단 고임금이 일종의 규범〔norm〕이 되었다면). 하지만 공정임금 모형은 어떤 산업에 고임금의 경향이 있고, 어떤 산업에 저임금의 경향이 있다는 현상이 국제 간에도 동일한 패턴으로 존재한다는 사실(특히 동유럽 국가들에게서 나타나는 산업 간 임금격차의 유사성)을 설명하지 못할 것 같다.

기업이 경쟁임금수준보다 높은 임금을 지불하는 이유가 노동자들의 집단행동의 위협 때문이라는 설명도 있다(Dickens, 1986). 디킨스의 모형에서 비조합 노동자들은 노동조합의 존재로부터 이득을 얻게 된다. 이 모형은 노동조합의 집단행동의 위협이 높은 산업(예를 들어, 노동자들이 노조 친화적인 산업, 노조 설립이 법적으로 보다 자유로운 산업, 그리고 기업들이 노동자들과 나눌 만큼 지대가 충분히 발생하는 산업)에서 고임금이 지불될 가능성이 높다고 예측한다.

산업 간 임금격차를 보여주는 증거들 중 일부는 노조의 위협 모형에 잘 들어맞는다. 미국의 임금수준은 노조 조직률, 산업의 이윤율과 밀접한 관련을 갖는데, 이는 노조의 위협 모형에서 예측하는 바에 부합한다. 하지만 크루거와 서머스(1987, p. 36)는 이 모형을 다음과 같이 비판한 바 있다.

역사적 경험은 고임금 산업들의 경우 대규모 노조화가 일어나기 이전부터 상대적으로 높은 임금을 지불해왔다는 것을 보여준다. 예를 들어 미국의 3대 자동차 제조사들의 경우, 제너럴모터스와 크라이슬러에서 노조가 설립된 1937년, 그리고 포드에서 노조가 설립된 1941년 이전에 이미 고임금을 지급하기 시작했다. 더 나아가 노조는 이윤이 높아 고임금을 지불할 능력이 있는 산업에 조직화 노력을 집중하는 경향을 보인다. 따라서 이들 산업들에서는 발생한 지대를 어떤 방식으로든 비조직화된 노동자들과도 나누게 되는 것 같다. 마지막으로 국제 간 비교를 보면 노조가 강해 집단 협상이 진행되는 나라들과 노조의 위협이 그렇게 강하지 않은 나라들을 비교할 때조차도, 이 둘 간의 산업별 임금구조는 유사하게 나온다. 이러한 것들을 종합해볼 때 노조 조직률은 산업 간 임금격차와 상관관계를 보이지만, 산업 간 임금구조의 결정인자는 아닌 것 같다.

보충설명

1

이 장에서 소개된 실증 자료들은 놀랄 만한 것인가? 이 장의 초고를 읽고 코멘트해준 분들 중 몇 분은 학계 노동시장의 예를 들어 '산업 간' 임금격차가 결코 이상한 현상이 아닐 수도 있다는 지적을 해주셨다. 학계를 연구 중심 대학과 강의 중심 대학이라는 두 개의 '산업' 부문으로 나누어보자. 두 산업에 종사하는 교수들 대부분이 박사학위 소지자일 것이고, 임금격차를 연구하는 데 사용되는 데이터상에서는 이들의 능력의 차이가 드러나지 않을 것이다. 이제 '산업' 변수를 추가하여 모든 교수들의 임금수준을 회귀분석해보자. 아마도 연구 중심 대학의 교수들이 더 높은 임금을 받고 있다는 사실이 드러날 것이다. 이때 교수들이 어떤 '산업'에 종사하는지의 여부가 임금수준 차이의 많은 부분을 설명해줄 수 있다는 사실을 보고 놀랄 사람이 있을까? 그렇지 않을 것이다. 이렇게 보면 산업별 변수들이 임금수준 결정에 유의미하게 영향을 준다는 사실이 노동시장을 경쟁적이지 않다고 볼 근거가 될 수는 없는 것처럼 보이기도 한다.

나는 이러한 예가 적절치 않다고 생각한다. 우선 학계 노동시장을 두 개의 '산업' 부문으로 나눈다는 것 자체가 작위적이다. 물론 학계 노동시장이 부분적으로 이 부문 노동자들을 능력에 따라 분류하고 있다고 믿을 만한 충분한 이유는 있다(최소한 연구 업적을 기초로 해서 이야기할 때는 그렇다. 하지만 강의를 잘하는 것도 능력이라고 보면 완전 다른 이야기가 된다). 하지만 이 이야기가 사실이라고 하더라도, 그로부터 자동차산업의 노동자들이 가죽산업의 노동자들보다 더 능력이 있다는 가정을 합리화할 수는 없다. 더 나아가 위의 예는 산업 부문 간 임금격차가 산업 내 서로 다른 직종들에게까지 적용된다는 사실에는 적용되지 않는다. 연구 중심 대학에 종사하는 건물 관리자가 강의 중심 대학의 건물 관리자보다 더 높은 임금을 받을 것이라고 기대할 수 있는가? 만에 하나 그렇더라도 그들이 더 능력 있는 건물 관리자라서 그렇다고 말할 수 있는가? 마지막으로 학계 노동시장에 존재하는 임금격차에 대해 내가 생각하기에 더 설득력 있는 예를 제시해보겠다. 같은 경제학자라도 그가 경제학과에 근무하는 경우와 경영학과에 근무하는 경우, 그리고 법학대학원에 근무하는 경우에 임금이 어떻게 차이가 날지를 생각해보자. 경영학과나 법대는 경제학과보다 더 높은 임금을 지불하고(능력의 차이를 있다면 이를 감안하더라도) 이 임금 프리미엄은 최근 몇 년간 증가 추세였다. 물론 이 프리미엄이 노동조건의 차이에 대한 보상일 수도 있지만, 경영학과나 법대에 있는 경제학자들이 열악한 노동조건에 못 이겨 경제학과로 전직을 요구했다는 얘기는 거의 들어보지 못했다. 오히려 내가 생각하기에 경영학과나 법대에 근무하는 경제학자들이 높은 임금을 받는 이유는 내부적 공정성에 대한 고려 때문인 듯하다. 같은 경영학과 내에서 경제학을 전공한 정교수에게 이제 막 임용된 회계학 전공 조

교수보다 낮은 임금을 지불한다는 것은 공정치 못한 것처럼 보이기 때문이다! 물론 고임금은 능력 있는 사람들을 끌어 모으는 데 유용한 수단이 될 수 있다. 그리고 오랜 시간이 지나면 경영대학원이나 법학대학원에 근무하는 경제학자들의 평균적인 자질이 점차 상승하게 될 수도 있다. 하지만 여기서 초점은 선후관계이다. 즉 높은 임금이 먼저이고, 높은 임금의 배후에는 공정성에 대한 고려가 있다. 내가 이해하는 한 경제학과에 비해 경영대학원이나 법학대학원이 더 높은 자질을 소유한 경제학자들을 뽑기 원해야 하는지(혹은 실제로 더 높은 자질을 소유한 사람들을 뽑고 있는지)에 대한 이유는 존재하지 않는다.

산업 간의 임금격차가 노동자들의 자질의 차이로 설명될 수 있는지에 대한 논쟁은 현재 존재하는 산업 간 임금 패턴이 이상현상인가의 여부를 둘러싼 논쟁만큼이나 내게는 충격적이다. 높은 임금을 지불하는 산업에는 높은 자질을 갖는 건물 관리인이나 비서들이 고용되어 있다는 것이 사실이라면, 경쟁노동시장 이론은 타당성을 유지할 수도 있으나 자동차산업의 경영자들이 가죽산업에서 일하는 경영자들보다 더 깨끗한 사무실을 갖고 더 나은 비서를 고용하는 것이 어떻게 이윤을 극대화하는 것에 도움이 되는지는 여전히 의문으로 남는다.

2

산업 간 임금격차를 설명하고자 경합하는 이론들의 타당성을 평가하면서 "허버트 사이먼의 비애"(Herb Simon's Lament)라고 불리는 현상이 얼마나 적확한 지적인지에 놀라곤 한다. 수년 동안 사이먼은 경제학자들이 경제주체의 경제적 의사결정 과정을 실제로 관찰하는 데 소극적이라고 비판해왔다. 의사결정 과정을 직접적으로 관찰하지 않으면, 경제이론들의 타당성을 가늠하기 힘들다. 태만방지 모형을 예로 들어보자. 피고용자들은 높은 임금을 받는 직업을 잃을 위험이 있다고 느낄 때 더 열심히 일을 하는가? 혹은 단도직입적으로 묻는다면 그들은 고임금을 정당화할 정도로 충분히 열심히 일하는가? 고임금을 지불하는 기업들은 노동자들이 노력지출을 늘리는 것으로부터 실제로 이득을 얻고 있는가? 내가 알기로 태만방지 모형이 맞는 모형인지를 평가할 만한 실증적 기초는 거의 존재하지 않는다.

이직 모형을 평가하는 경우에 상황은 좀 낫다. 이직률 관련 데이터가 있기 때문에 높은 임금을 지불하는 경우 정말로 이직률이 낮아지는지를 살펴볼 수 있다(실제로 낮아지는 것으로 드러난다). 그러나 우리가 임금과 이직률 간의 관계가 이윤극대화 원리에 잘 들어맞는지를 알고 싶다면, 우리는 산업마다 노동자들이 이직을 하게 되면 기업이 얼마의 손실을 입게 되는지를 알 수 있어야 한다. 고임금을 지불하는 산업에서 정말로 기업이 부담하게 될 이직비용이 높은지, 이걸 어떻게 알겠는가?

공정임금 모형도 실증 데이터에 가장 잘 들어맞는 것처럼 보일지 몰라도, 이 모형을 지지해주는 직접적인 경험 증거가 부족하긴 마찬가지이다. 노동자들은 사기가 높을 때 더 생산적이 될까? 상식적으로 생각해봐도 그렇고, 실제 '형평성 이론'(equity theory)을 둘러싼 사회심리학 연구도 그렇고, 이 효과는 실제로 있는 것 같기는 하다. 하지만 기업이 사기를 진작시킴으로써 얻게 되는 한계이득과 그렇게 하는 데 따른 한계비용이 일치하는 지점을 찾아서 그 점에서 효율성 임금을 책정하게 되는지를 검증할 길은 없다.[4]

이러한 문제들을 다루기 위해서는 미미시경제학(혹은 나노미시경제학?)이라고 불릴 만한 연구 방법이 필요하다. 경제학자들은 경제조직의 실제 운영방식을 보여주는 데이터를 모으는 데 분주히 손을 놀려야 할 것이다. 엄청나게 시간 소모적일 수밖에 없는 이러한 연구들에 가치를 부여하지 않는 한 수많은 흥미진진한 질문들은 풀리지 못한 채 남아 있게 될 것이다.

3

애컬로프(Akerlof)와 옐렌(Yellen)의 공정임금 모형과 앞의 두 장에서 살펴본 주제 사이에는 흥미로운 관련성이 있다. '협조'를 다룬 제2장에서 논의된 이상현상은, 이기적인 행동전략이 우세하게 되는 죄수의 딜레마 혹은 공공재 게임적인 상황에서 사람들이 종종 협조적인 행동을 한다는 사실에 대한 것이었다. 더 나아가 협조적 행동은 참여자들 간에 대화가 가능하거나 집단 정체감이 생기는 상황에서 더더욱 두드러지게 나타난다는 것을 보았다. 제3장에서는 최후통첩 게임으로부터 얻어진 증거들을 제시했었다. 이 게임에서는 두 종류의 이상한 행동들이 관찰되었다. 그 중 하나는 배분자들이 너그러운 제안을 한다는 것(때때로 제안 비율은 50대 50에 달했다), 둘째는 응답자들은 모욕적이라고 느낄 정도로 적은 금액이 제시되면 그 제안을 거부하는 경우가 종종 있다는 것이었다.

이 두 연구 패러다임을 결합시켜보면 어떨까? 예컨대 두 사람이 서로 최후통첩 게임을 한 번 하고, 그러고 나서 1회 죄수의 딜레마 게임을 한다고 해보자. 최후통첩 게임에서 공정치 못하다고 여겨지는 제안을 그대로 받아들인 수령자들은 이후 벌어질 죄수의 딜레마 게임에서 협조 행위를 할 가능성이 확연히 낮을 것이라고 예측할 수 있다. 좀더 일반적으로 말해서 최후통첩 게임에서 1원을 제안한 다음 죄수의 딜레마 게임에서 상대방으로부터 호의를 얻을 것으로 기대하기는 힘들다는 것이다.

한 지역에 나란히 공장을 가지고 있는 두 개의 큰 기업이 있다고 해보자. 두 기업 모두 사무직원들을 고용하고 있는데, 이들이 하는 일은 동일하다. H기업은 고임금 산업 부문에 속하는데 이들 사무직원들에게 W_H의 임금을 지불한다고 하자. 반면 L기업은 저임금 산업 부문에 속하며 이들이 사무직원들에게 지급하는 임금은 W_L이라고 하자(단 $W_L < W_H$). H기업이 사무직원들의 임금을 W_L로 삭감함으로써 비용 절감을 시도한다고 하자. 이러한 시도가 과연 H기업의 수익성을 높여줄 수 있을까? 결과는 사무직원들의 반응에 달렸다. 노동자들이 기존 임금수준(이 기업이 다른 직원들의 수준에 맞춰 사무직원들의 임금을 주는 경우의 임금수준)을 공정한 것이라고 생각하고 있었다면, 노동자들은 이런저런 방식으로 임금 삭감에 저항하게 될 것인데, 그 대응 방식 중 하나가 덜 협조적으로 업무에 임하는 것이 될 수도 있다. 노동자들의 협조 수준의 저하는 기업이 임금을 인하함으로써 얻게 되는 이득을 상쇄해버릴 수도 있다. 이와 유사한 논의가 린드벡과 스노워(Lindbeck and Snower, 1988)에 의해 제시된 적이 있다.

요약하자면, 산업 간 임금격차의 존재는 기업이 임금수준을 결정할 때 노동자들에게 감지되는 공정성에 주목한다고 가정하지 않는 이상 이해하기 힘든 현상이 된다. 그리고 기업이 공정성 문제에 주목한다고 보는 것이 문제라고 생각하는 사람들은 경제학자들뿐이다.

1 하지만 이와 다른 방향으로 작용하게 만드는 요인도 있다. 저임금 산업에 종사하는 노동자들은 고임금 산업으로 진입하기 위해 연공서열에 따른 근속급을 포기할 의향이 있었을지도 모른다. 이러한 이직자들의 존재는 산업 간 임금격차를 진정한 가치보다 작게 나타나게 만드는 요인으로 작용하게 된다.

2 그로센(Groshen, 1988) 역시 작업장 규모가 산업 내 임금격차에 유의미한 변수가 된다는 것을 발견했다. 실제로 작업장 규모가 얼마나 큰가는 노동자들이 어떤 산업에 종사하는가 만큼이나 임금수준에 영향을 미치는 것으로 나타난다.

3 이 모델에 대한 간략한 소개는 재닛 옐렌(Janet Yellen, 1984)의 논문에서 찾을 수 있다. 좀 더 포괄적이고 상세한 소개, 특히 산업 간 임금격차와 관련된 논의를 보고 싶다면 카츠(Katz, 1986)를 보라. 스티글리츠(Stiglitz, 1987)도 이 모델을 소개하고 있는데, 이 논문은 이론적인 부분에 강조를 두고 전개되고 있다.

4 이와 관련해서 흥미로운 연구 중 하나는 포드사(社)가 1913년 임금을 두 배 인상하기로 결정한 사례를 분석하고 있는 래프와 서머스(Raff and Summers, 1987)의 연구이다.

5

승자의 저주

이 장에서는 '승자의 저주'라는 독특한(하지만 전형적인) 이상현상을 다루고 있다. 저자는 현실의 경매 과정에서, 그리고 실험실에서 이루어진 모의 경매 실험에서 승자의 저주가 예외적으로 나타나는 현상이 아니라 오히려 일반적인 현상임을 보이고 있다. 저자는 승자의 저주 현상이 일관되게 나타난다는 것은, 현실의 경제주체가 경제학자들이 가정하는 것처럼 완벽한 존재가 아니라는 것을 아주 잘 보여주는 예가 된다고 주장한다. 그리고 승자의 저주 현상이 존재한다는 사실은 이제 경제학자들도 인지환상의 존재, 즉 수많은 참가자들로 하여금 동일한 실수를 계속 반복하게끔 만드는 심리적 과정에 대한 연구를 시작해야 한다는 것을 제시해주는 것이라고 주장한다. 저자는 아울러 심리학과 미시경제학의 결합으로 등장한 행동경제학적 접근이 이를 가능케 해줄 것이라고 주장한다. 〔옮긴이〕

하루저녁 시내 관광을 하고 싶은데 돈이 조금 모자란다면 동네 술집에 가서 사람들을 상대로 다음과 같은 실험을 한번 해보라. 안이 들여다보이는 조그만 단지 하나를 구해 거기에 동전을 가득 채워 넣고, 얼마의 동전을 넣었는지를 기억하라. 이제 술집에 모인 사람들을 상대로 동전이 가득 담긴 단지를 경매 형식으로 팔아보라(동전이 거추장스럽다고 생각하는 사람들이 있을지 모르므로, 경매에서 이긴 사람에게는 단지에 담긴 동전에 해당하는 금액만큼을 지폐로 준다고 이야기하는 게 좋을지도 모르겠다). 그러면 아마도 다음과 같은 결과가 나올 가능성이 아주 높을 것이다.

1) 사람들이 부르는 값의 평균은 단지에 담긴 실제 동전의 가치에 비해 턱없이 낮을 것이다(즉, 경매에 참가하는 사람들의 위험기피적 성향을 발견할 수 있을 것이다).

2) 경매에서 가장 높은 가격을 불러 이 단지를 얻게 되는 사람이 부른 값은 이 단지에 담긴 동전의 가치를 초과할 것이다.

이제 경매를 마치면 당신의 주머니에는 하루저녁 시내에 나가서 즐기기에 충분한 자금이 들어올 것이다. 술집을 나서면서 사람들에게 고맙다는 말과 함께, 지금 거기 모인 사람들을 상대로 '승자의 저주'(winner's curse)*라는 현상을 설명해줘도 좋을 것이다.

'승자의 저주'는 케이펜, 클랩 그리고 캠벨(Capen, Clapp, and Campbell, 1971)이라는 애틀랜틱리치필드사(社)에 근무하는 세 명의 기술자들이 1971년에 발표한 논문에 처음 등장한 개념이다. 여기에

---

* 'winner's curse'는 승자가 저주를 하는 것이 아니라 승자에게 저주가 내려진다는 의미이다. 즉, 여기서 '승자'는 저주를 내리는 주체가 아니라 저주가 내려지는 대상으로 해석된다.

담긴 아이디어는 간단하다. 많은 석유회사들이 어떤 지역에서 석유 시추권을 획득하려고 경쟁하는 상황을 그려보자. 이 시추권의 실제 가치(즉, 시추권을 따냄으로써 미래에 얻을 수 있는 수익)는 경매에 참여할 모든 기업들에게 동일하다고 가정하자. 즉 공통가치 경매(common value auction)의 상황을 가정하자. 또 경매에 참여하는 각 기업들은 전문가들을 고용해서, 이 시추권이 얼마의 가치가 있을지에 대한 추정치를 보고받을 수 있다고 하자. 이렇게 각 기업의 전문가들이 제시하게 될 추정치들의 평균값은 불편추정량(unbiased estimator), 즉 그 추정치들의 평균값은 시추권을 따냈을 때 실제 얻게 될 가치와 일치할 것이라고 가정하자. 이제 경매가 실제로 진행된다면 어떤 결과가 나올까? 특정한 지점으로부터 정확히 얼마의 원유를 추출할 수 있을지를 추정해내는 것은 어렵기 때문에, 전문가들마다 누구는 아주 높게 혹은 누구는 아주 낮게 추정치를 제시할 것이다. 즉 전문가들은 서로 상당히 다른 추정치들을 제시하게 될 것이다. 기업들이 전문가들이 제시하는 가치보다 입찰가격을 좀더 낮춰 부르더라도, 전문가들이 시추권의 가치를 높게 예측한 기업은 그렇지 않은 기업들보다 높은 가격을 부를 것이다. 고용한 전문가가 가장 높게 가치를 추정한 기업은 다른 기업에 비해 그만큼 높은 가격을 제시할 것이고, 따라서 이 기업이 경매에서 이기게 될 것이다. 그렇게 된다면 경매에서의 승자는 실제로 패배자가 될 가능성이 높다. 경매에서의 승자는 다음과 같은 두 가지 중 하나의 방식으로 '저주를 받게 된다'고 말할 수 있다. 1) 경매에서 이겨 시추권을 따낸 기업은 경매에서는 이겼지만, 경매에서 가격을 너무 높이 부르는 바람에 시추권의 확보를 통해 얻게 될 실제가치를 초과하여 가격을 지불하게 되며, 따라서 금전적 손실을 입게 된다. 2) 경매에서 이겨 시추권을 따낸 기업이 금전적 손실을 입지는 않지만, 경매에서 가격을 너무 높이 부르는 바람에 시추권의 실제가치가 전문가의 추정치에 미달하게 되고, 따라서 그 결과에 실망하게 된다. 이를 각각 승자의 저주의 '버전 1', '버전 2'로 부르도록 하자. '버전 2'의 저주는 좀더 약한 버전으로서, 운 좋게 실제가치보다 낮은 가격으로 시추권을 땄지만, 이후 실제 얻어진 이윤의 크기가 전문가 예측에 기초한 예상 이윤의 크기에 미달하게 됨으로써 기업이 느끼는 상실감을 표현해주고 있다. 어떤 버전으로 보더라도 승자는 결과에 만족하지 않을 것이다. 따라서 '버전 1'과 '버전 2' 모두를 승자의 저주라고 부르는 것은 적절한 것 같다.

'승자의 저주'는 모든 경매 참가자들이 합리적이라면 발생하지 않아야 한다(Cox and Isaac[1984]을 보라). 따라서 시장거래의 결과 승자의 저주가 나타난다는 것은 일종의 이상현상이 된다. 하지만 공통가치 경매에서 합리적으로 행동하기란 쉽지 않다. 합리적으로 입찰가격을 제시하려면 다음 두 가지를 구별해야 한다. 우선 사전에 이용 가능한 정보에만 기초하여 예측한 경매물의 예상가치와, 경매에서 승리하여 물건을 획득했다는 전제하에서 그로부터 얻게 될 예상가치를 구별할 수 있어야 한다. 하지만 입찰자가 이를 이해하여 '버전 1'의 저주를 피할 수 있다고 하더라도, '버전 2'의 저주는 여전히 일어날 수 있다. 다른 입찰자들의 존재를 감안하여 낮춰야 하는 입찰액의 크기를 과소평가할 수 있기 때문이다.

통상적인 방식의 경매에서는 최고액 입찰자가 승자가 되고, 그는 그가 입찰할 때 제시한 가격에 따라 대금을 지불하게 된다. 이때 서로 다른 방향으로 움직이는 두 요인을 고려해야 한다. 우선 경매에 참여하는 입찰자들의 수가 많다면 경매에서 이기기 위해서는 공세적으로 입찰가격을 제시해야 한다. 하지만 입찰자의 수가 많을 때 공세적으로 입찰가격을 제시하여 이긴다는 것은, 다른 각도에서 보면, 물건의 가치에 대해 과대평가를 했다는 것을 의미하게 된다. 그렇다면 손실을 적게 하기 위해서는 덜 공세적으로 입찰가격을 제시할 필요가 있다.[1] 따라서 최적의 입찰가격을 결정하는 문제는 결코 쉽지 않다. 실제로 경매에서 이긴 사람들이 제대로 된 가격을 지불한 것인지 혹은 저주를 받은 것인지는 실증을 해봐야 답할 수 있는 문제이다. 나는 여기서 실험을 통해, 그리고 실제 사례 연구를 통해 얻은 여러 증거들을 제시할 것인데, 이들 증거들은 승자의 저주가 대체로 일반적인 현상임을 보여주고 있다.

실험으로부터 얻어진 증거들

이 장을 시작하면서 이야기한 동전 단지의 예는 맥스 베이저만과 윌리엄 새뮤얼슨(Max Bazerman and William Samuelson, 1982)이 실제로 실험한 것이다. 이들은 보스턴대학교에서 미시경제학 수업을 듣는 MBA 학생들을 대상으로 동전 단지 실험을 시행했었다. 실제로 동전 단지를 이용하기도 했고, 개당 4센트씩 하는 종이클립을 통에 담아 이용한 적도 있었다. 각 단지에 담긴 동전 혹은 클립의 총 가치는 8달러였는데, 피실험자들에게는 정확한 값을 알려주지 않았다. 학생들은 자신의 입찰가격을 적은 후 남이 안 보게 자신의 봉투에 넣어 제출했고, 가장 높은 가격을 적은 학생이 〔단지의 실제가치ー그 학생이 적어낸 가격〕만큼을 받는 것으로(이 값이 음수이면 그 학생이 차액만큼을 지불하는 것으로) 경매가 이루어졌다. 12개 강의에서 각각 4차례씩 총 48회의 경매가 이루어졌다. 모든 경매가 끝날 때까지는 경매의 결과를 알려주지 않았다. 경매와 별도로 학생들에게 단지의 가치가 얼마라고 생각하는지를 물어보고, 각 반에서 가장 근접한 추정치를 제시한 학생에게는 2달러를 상으로 주었다.

학생들의 추정치 평균은 5.13달러로, 실제가치인 8달러를 크게 밑돌았다. 이처럼 과소평가된 추정치는 위험기피와 더불어 승자가 받게 될 저주의 발생을 막는 요인으로 작용했을 것이다. 그럼에도 불구하고 각 경매에서 승자들이 제시한 최고 입찰액의 평균은 10.01달러였으니 승자들은 평균적으로 2.01달러만큼 손해를 본 셈이다. 이런 실험만 한다면 실험자가 실험할 때마다 돈을 벌게 되는 셈이니, 굳이 NSF에 큰 액수의 실험 연구비를 신청하지 않아도 될 것 같다.

새뮤얼슨과 베이저만(Samuelson and Bazerman, 1885)은 조금 다른 맥락에서 몇 차례 승자의 저주 실험을 했다. 이야기를 진행하기 전에 독자 여러분도 다음 지시 사항을 읽고 어떻게 행동할 것인지를 생각해보길 바란다.

다음 실험에서 당신은 지금 A기업(인수자)을 대표하여 T기업을 인수하려고 합니다. T기업의 주식을 100% 현찰로 구입하려고 하는데, 이 주식의 가격이 얼마가 될지 현재로서는 알 수 없습니다. 이 기업 주식의 미래가치는 T기업이 추진하고 있던 석유시추사업의 성과에 달려 있습니다.

T기업 주가가 석유시추사업의 결과에 의존하고 있기 때문에 현재로서 T기업을 인수해서 얼마의 수익을 얻을 수 있을지는 불확실합니다. T기업을 지금 경영진이 그대로 운영한다면, 최악의 경우(시추사업이 완전히 실패하면) 이 기업의 가치는 0이 될 것이고, 최상의 경우(시추사업이 완전한 성공으로 판명되면) 기업의 가치는 한 주당 100달러가 될 것입니다. 시추사업의 결과는 최악과 최상의 결과 사이에서 결정될 것이므로 주식의 가치는 0달러와 100달러 사이에서 결정될 것인데, 0과 100 사이에서 각각의 값이 실현될 확률은 모두 같습니다. 모든 전문가들이 예측하건대, T기업의 가치는 A기업이 인수하게 되면 훨씬 높아질 것이라고 합니다. 즉 시추 결과가 어떻게 나오든 간에 A기업이 T기업을 인수하면 이 기업

의 가치는 50%가량 상승할 것으로 예상하고 있습니다.

A기업 회장이 당신에게 T기업을 인수하기 위해 주당 얼마의 가격을 지불하면 적절할 것 같은지를 묻고 있습니다. 시추 결과가 나오기 전인 지금 당장 대답을 해주셔야 합니다.

따라서 당신은 시추의 결과가 어떻게 나올지를 모르는 상황에서 인수 가격을 제시해야 합니다. 하지만 T기업이 인수 가격을 제시받고 인수 제안을 받아들일 지 말지를 결정하게 되는 시점은 시추 결과가 나온 이후입니다. T기업은 A기업이 제시한 인수 제안 가격이 인수 전 기업의 가치보다 최소한 작지 않으면 인수 제안 을 받아들일 것입니다.

A기업의 대표로서 이제 주당 0달러와 150달러 사이에서 어떤 가격을 제시해 야 할지를 결정해야 합니다. 어떻게 하시겠습니까?

이 실험에 참가한 사람들 대부분은 이 문제를 다음과 같이 생각한 다. 시추 결과가 나온 후 T기업이 갖게 될 가치의 기댓값은 50달러 가 될 것이므로, A기업이 이 기업을 인수하게 되면 T기업의 주식 가 치는 50% 주가 상승을 반영하여 주당 75달러가 될 것이다. 그렇다 면 T기업은 50달러 이상이 제시되어야 제안을 받아들일 것이고, A 기업은 75달러 이상을 제안해서는 안 될 것이므로, 제시 가격은 50 달러와 75달러 사이가 되어야 T기업은 인수 제안을 수락하고 A기업 은 인수를 통해 뭔가 얻을 수 있을 것이다. 하지만 이러한 추론은 이 문제에 숨어 있는 정보의 비대칭성을 고려하지 못하고 있다(* 즉, A기 업은 시추 작업의 결과를 모르고 제안을 하지만, T기업은 시추 작업의 결과를 보고 제안을 받아들일지를 결정하게 되는 비대칭성). 정확히 분석하기 위해 서는 A기업이 제안한 인수 가격을 T기업이 받아들인다는 전제하에 서 기업의 기대가치를 계산해야 한다. 이 말이 무엇을 의미하는지를 이해하기 위해서 다음과 같은 예를 들어보자. 만일 당신이 60달러를 제안했다고 하자. T기업이 이 제안을 받아들인다면 그것은 시추 작업의 결과가 나온 후 이 기업의 가치가 60달러 이하가 되었기 때문일 것이다. 따라서 이를 전제한다면 T기업의 기대가치는 30달러가 될 것이고, 이 기업을 인수하게 되었을 때의 기대가치는 45달러가 된다. 따라서 당신은 주당 15달러의 손해를 보게 된다. 실제로 어떤 가격을 제시하더라도(이 가격을 B라 하자), 그 가격이 0보다 큰 이상 당신은 주당 0.25B만큼의 손해를 입게 된다. 따라서 이 실험은 0보다 큰 어떠한 인수 가격을 제시하더라도 인수자가 손해를 입게 되는 승자의 저주의 극단적인 형태의 예가 된다.

이 실험을 실제 돈을 가지고 진행해보고(금전적 인센티브가 있는 경우), 돈 없이 가상적인 상황만을 놓고도(금전적 인센티브가 없는 경우) 진행해보았다. 〈표 5-1〉에서 보듯이 어떠한 조건하에서 실험을 진행하더라도, 실제 돈을 놓고 진행한 실험에서 인수 가격이 조금 낮게 나온 점을 제외하면, 결과는 거의 유사하게 나왔다. 두 조건 모두에게서 90% 이상의 참가자들이 0보다 큰 인수 가격을 제시했으며 대부분의 참가자들은 50달러와 75달러 사이에서 입찰가격을 제시했다.

〈표 5-1〉

입찰가	금전적 인센티브가 없는 경우 (응답자 수=123)	금전적 인센티브가 있는 경우 (응답자 수=66)
0	9%	8%
1~49	16%	29%
50~59	37%	26%
60·69	15%	13%
70~79	22%	20%
80+	1%	4%

* 자료: Samuelson and Bazerman(1985).

이 결과를 놓고, 경제학자들은 참가자들이 한두 차례는 혼동을 하겠지만 동일한 실험을 수차례 반복하면 이 문제의 함정을 간파하게 될 것이라는 가설을 내곤 한다. 셰릴 바이너, 맥스 베이저만 그리고 존 캐럴(Sheryl Weiner, Max Bazerman and John Carroll, 1987) 세 사람은 가설이 맞는지를 테스트하기 위해, 노스웨스턴대학교 MBA 학생 69 명을 대상으로 컴퓨터를 이용해 위의 기업 인수 상황 실험을 했다. 모든 참가자들은 금전적 인센티브가 부여된 상황에서 이 실험을 20회 반복했다. 매회 실험 후 어떤 결과가 나왔는지를 참가자들에게 알려주고 다음 실험을 진행하는 식으로 20회를 진행했다. 매회 실험후 참가자들에게 T기업의 실제가치가 얼마로 결정되었는지, 참가자들 각각의 인수 제안이 받아들여졌는지, 그리고 각 참가자들이 결과적으로 얼마를 벌거나 손해를 보았는지를 알려주었다. 69명의 참여 학생 중 5명만이 실험이 진행되면서 인수 제안 가격은 1달러 이하가 되어야 한다는 것을 알아냈다. 이들 5명의 학생이 1달러 이하의 가격을 제시하기 시작한 시점은 평균적으로 8회째부터였다. 나머지 학생들로부터는 1달러 이하를 제시해야 한다는 것을 알아냈다는 어떠한 증거도 발견되지 않았다. 오히려 제안 가격은 마지막 몇 회를 남기고는 상승하기까지 했다. 매회 결과를 알려줌으로써, 이 문제에 도사리고 있는 저주를 회피할 수 있는 방법을 알아낼 기회를 줬는데도, 학습은 그리 쉽게 일어나지도 그리고 빨리 진행되지도 않았다.

휴스턴대학교의 존 케이글(John Kagel)과 그의 동료들은 이와 유사한 실험을 수차례 진행했다. 이들의 실험은 다음과 같이 진행되었다. 어떤 물건이 봉인봉투경매(* sealed-bid auction: 입찰가격을 봉투에 넣어 남들이 보지 못하게 봉인한 후 제출하는 방식으로 경매가 이루어지는 것) 방식으로 경매에 붙여진다. 이 물건의 실제가치는 X^*인데 이 실제가치는 X_L과 X_H 사이에서 실현된다. 입찰가격을 제시하기 전에 참가자들은 이 물건의 실제가치에 대한 단서를 제공받게 된다. 즉 참가자들은 실제값의 단서로서 X_i를 받는데, 참가자들은 이 값이 실제가치 X^*를 중심으로 $X^* - e$와 $X^* + e$ 사이에 균일분포(* uniform distribution: 일정 구간 사이에서 어떤 값이 실현될 확률이 모두 같게 되는 분포)한다는 것을 안다. 그리고 실제가치인 X^*와 e값은 매 실험마다 다르게 결정된다. 즉 참가자들은 $X^* \pm e$ 사이의 한 값으로 X_i값을 단서로 제공받는데, X_i는 우리가 앞에서 예로 든 석유 시추권 경매에서 석유 시추권의 가치에 대한 전문가들의 추정치와 같은 역할을 한다. 이제 경매가 시작되고, 각 참가자들이 적어낸 입찰가격이 공시된다. 승자가 결정되면 승자의 계정에서 이윤 혹은 손실액이 가감된다(참가자들의 계정에는 실험이 시작되는 시점에 초기 자본으로 10달러가 부여되는데, 계정 잔액이 0이 되면 더 이상 입찰에 참가할 수 없다). 실험은 e값과 N(참가자의 수)을 달리하면서 진행되었다. 그리고 경매는 최고가격낙찰경매, 2등가격낙찰경매, 그리고 저가낙찰경매 등 방식을 달리하면서 진행되었다.[2] 실험참가자들은 우선 3명에서 5명으로 구성된 소규모 집단에서 진행된 경매에 참여하고 나서, 6명에서 7명으로 구성된 '큰' 집단에서 동일한 경매에 참여한다. 이 실험의 이점 중 하나는 매회 경매 실험에서 모두가 합리적으로 입찰가격을 적는다고 가정할 때 나타나게 될 결과를 예측할 수 있고, 따라서 그 예측과 실제 결과를 비교할 수 있다는 데 있다. 저자들은 모두가 합리적으로 입찰가격을 결정할 때 나타나게 되는 결과를 가리켜 위험중립적 내쉬 균형(risk neutral Nash equilibrium, 즉 RNNE)이라고 부르고 있다.[3]

케이글과 레빈(Kagel and Levin, 1986)은 최고가격낙찰경매 방식을 쓰면서 실험참가자들의 수를 변화시켜보았다. 소집단에서 진행된 경매 실험에서는 대개 승자들이 이윤을 챙겼는데, 이윤의 크기는 평균적으로 RNNE 모형에서 예측한 이윤의 크기의 65.1% 정도였다.

하지만 큰 집단에서 RNNE 모형의 예측치는 4.68달러 정도의 이윤을 얻는 것이었음에도 불구하고 실제 경매에서의 승자들은 매회 평균적으로 0.88달러 정도의 손해를 보았다. 즉 승자의 저주 현상은 주로 큰 집단에서 발생했다. 그 이유는 RNNE 모형에 따르면 집단의 규모가 커짐에 따라 참가자들은 더 보수적으로 입찰가격을 결정해야 하는데, 실제로 큰 집단에서 경매가 진행되는 경우 참가자들이 더 공세적으로 경매에 임했기 때문이다.

이 결과는 2등가격낙찰경매 방식을 사용한 케이글, 레빈 그리고 하스타드(Kagel, Levin, and Harstad, 1987)의 실험에서도 마찬가지로 나타났다. 여기서도 소집단에서는 이윤이 발생했는데, 그 크기는 RNNE 모형에서 예측하는 이윤의 크기의 52.8% 정도에 불과했다. 반면 큰 집단에서는 평균적으로 매회 2.15달러가량의 손실이 발생했는데, RNNE 모형의 예측대로라면 손실이 아니라 이윤이 3.95달러 발생했어야 했다.

마지막으로 다이어, 케이글 그리고 레빈(Dyer, Kagel, and Levin, 1987)은 저가낙찰 방식의 경매에서 나타난 결과를 보고했다. 이 방식의 경매 실험에서는 소규모 집단, 큰 집단 모두에게서 손실이 발생했다. 이들의 연구에서 흥미로운 점은 이 실험에 건설회사 경영자들을 참가시켰다는 것이다. 실험의 결과가 경제이론에 의한 예측과 다를 때마다 실험경제학에 대해 가해지는 비판은 대부분 "장난감 문제나 풀던 대학생들을 대상으로 실험을 했기 때문에 이론에서의 예측과 다른 결과가 나온 것이며, 현실 세계에서 전문가들이라면 학생들처럼 그런 멍청한 실수는 하지 않을 것"이라는 식으로 제기되었다. 그렇다면 현실 세계에서의 전문가인 건설회사 경영자들은 어떻게 행동할까? 실험을 하기 전 실험을 진행하는 사람들은 이들 전문가들(즉, 경영자들)이 실험 자금을 몽땅 따 갈까봐 걱정했지만 실제 나타난 결과는 전문가들이라 해서 학생들보다 나을 게 없다는 것이었다. 건설회사들이 실제로 현실에서 항상 저가낙찰경매에 참여하고 있다는 것을 고려하면 이와 같은 결과는 놀랄 만한 것이었다. 이들이 실제로도 이렇게 행동한다면 승자의 저주라는 덫에 걸려 파산하는 건 아닐까? 다이어 등은 이들 경영자들이 적절한 이론보다는 상황에 따라 그때그때 주먹구구식으로 학습을 했기 때문일 것이라고 이 결과를 해석하고 있다(pp. 23~24).

> 이 전문가들은 그때그때 상황에 맞는 주먹구구 방식을 터득해왔으며, 이 주먹구구 방식을 사용해서 그럭저럭 승자의 저주를 피해왔을 텐데, 실험실에서 이 방법을 적용하는 데에 실패한 것 같다. 〔중략〕 실험 상황이 이들에게 익숙한 실제 경매 상황과 구조적으로는 유사할지 몰라도 정작 참가자들에게는, 실험 상황이 실제 경매 상황과 유사하기 때문에 실제 상황에서처럼 행동해야 한다는 생각을 가질 정도로 실험 상황을 익숙하게 느끼지 않았던 것 같고, 그 결과 이들이 현실에서 터득한 주먹구구 방식을 실험 상황에 적용하지 못했던 것 같다. 사람들은 자신들이 통상적으로 자극을 받던 환경과 전혀 다른 새로운 환경에 놓이게 되면, 그 상황에서 어떻게 행동해야 하는지를 새롭게 배워나간다. 기존에 가지고 있던 이론을 새로운 상황에 적용하지 못한다면, 이전 경험이 전달해줄 수 있는 것은 아무것도 없게 되기 때문이다.

사례 연구

실험을 통해 얻은 증거들은 승자의 저주를 피하기가 쉽지 않다는 것을 보여주고 있다. 현실에서 유사한 경험을 많이 한 사람들조차도 기업 인수 실험에서 적절한 해법을 찾아내지 못했고, 경매 참가자들의 수가 증가함에 따라 점점 더 보수적으로 입찰에 임해야 한다는 것을 깨닫지 못했다. 그렇다면 '현실 세계'에서 큰돈이 걸려 있는 경매에서도 마찬가지로 동일한 실수가 나타날까? 많은 연구들이 현실의 시장에서도 승자의 저주 현상을 찾을 수 있다고 주장한다. 예를 들어 디사우어(Dessauer, 1981, p. 33)는 출판 분야의 예를 들면서 "경매를 통해 출판권을 얻은 책들 대부분이 출판권을 사들이는 데 지불한 선수금 이상을 벌지 못하고 있으며, 많은 경우 이들 책들은 참담한 패배로 이어지게 된다"고 보고하고 있다.[4] 캐싱과 더글라스(Cassing and Douglas, 1980)는 프로야구의 자유계약 선수 시장을 조사하면서 자유계약 선수들이 실제 자신들의 가치보다 더 높은 금액을 받고 계약하고 있음을 발견할 수 있었다. 메이저리그 구단주들도 이와 동일한 결론을 내리고 있는 것 같은데, 이러한 문제에 대응하기 위해 이들은 효과적인 담합 전술을 펴고 있다.[5] 여기서 나는 이와 다른 두 사례를 통해 승자에게 가해지는 저주 현상의 증거를 제시하도록 하겠다. 하나는 대륙붕에서의 석유 및 천연가스 시추권 임대를 둘러싼 사례이고 다른 하나는 기업 인수 사례이다.

우선 석유가스 시추권을 둘러싼 입찰에서 나타난 사례들을 가지고 이야기를 시작하는 것이 적절할 것 같다. 왜냐하면 바로 이 사례가 승자의 저주라는 개념을 처음 언급한 케이펜 등(Capen *et al.*, 1971)의 훌륭한 논문을 촉발시켰기 때문이다. 이들은 다음과 같이 언급하면서 논문을 시작하고 있다(p. 641).

최근 몇 년간 대형 정유사들은 봉인경쟁입찰(sealed competitive bidding) 방식으로 시추권이 임대되었던 지역에서의 기록을 자세히 검토해왔다. 이들 지역 중가장 주목할 만하고 또 흥미로운 지역이 멕시코 만(灣)이었다. 대부분 분석가들은 상당히 충격적인 결론에 도달했는데, 그것은 이 지역에 석유와 가스가 풍부했음에도 불구하고 이 산업이 애초에 의도했던 것만큼 투자에 따른 수익을 얻지 못하고 있다는 것이었다. 실제로 우리는 이 지역 땅값이 엄청나게 쌌던 1950년 이전 시기를 제외하게 되면 멕시코 만에서의 석유추출산업이 이 지역의 신용협동조합보다도 돈벌이를 못했음을 발견할 수 있었다.

저자들은 자신들의 주장을 뒷받침해줄 수 있는 몇몇 사례 연구를 인용하면서, 자신들이 갖고 있는 아주 흥미로운 입찰금액의 분포 자료를 보여주었다. 이 자료에 따르면 이들이 "진지한 경쟁자들"이라고 부른 사람들로부터 제시된 최고입찰가격과 최저입찰가격의 비율은 대부분 5에서 10 정도였는데 때때로 이 비율은 100에 달하기도 했다. 몇몇 기업이 다른 경쟁자들이 입찰에 참여하지 않았기를 바라면서 턱없이 낮은 금액을 입찰희망가격으로 적었기 때문일 수도 있겠지만(실제로 케이펜 등이 분석한 샘플 중 15개의 경우가 이에 해당한다), 저자들은 이와 다른 아주 흥미로운 데이터를 제시했다. 1969년 알래스카 노스 슬로프(Alaska North Slope) 지역 구매 건의 경우 낙찰가는 9억 달러였는데, 두 번째로 높은 입찰금액은 겨우 3억 7천만 달러에 불과했다. 전체 입찰 대상 지역 중 26%에 해당하는 지역에서 최고입찰금액과 두 번째로 높은 입찰금액 간의 차이는 4배 이상 차이가 났으며, 전체의 77%에 해당하는 지역에서도 그 차이는 최소한 두 배 이상이었다. 이 수치들이 누군가가 비합리적으로 행동하고 있음을 실제로 증명하고 있는 것은 아니지만, 승자의 저주라는 시나리오에 부합되는 뭔가를 보여주고 있는 것만은 분명하다.

케이펜 클랩 그리고 캠벨(Capen, Clapp, and Campbell)의 1971년 논문은 맥시코 만의 임대를 둘러싼 모든 결과가 나오기 전에 출판되었다. 하지만 월터 미드, 아즈비욘 모세이디욜드 그리고 필립 소렌슨(Walter Mead, Asbjorn Moseidjord, and Philip Sorensen, 1983) 이 세 사람은 멕시코 만의 석유 시추권 임대 이후에 어떤 일이 일어났는지를 살펴보았다. 이들은 1954년에서 1969년 사이 멕시코 만에서 이루어진 1,223개의 임대 건에 대한 세전 수익률을 계산했다. 이 시기는 케이펜 등의 연구 결과가 논문으로 발표되기 바로 전이다. 이들은 다음과 같이 보고하고 있다(p. 42).

1,223개의 임대 건 전체에 12.5%의 할인율을 적용했을 때, 기업이 입은 건당 손실의 현재가치는 평균 192,128달러에 달했다.[6] 우리의 데이터상의 전체 임대 건수의 62%에 해당하는 시추 지역에서는 석유가 전혀 발견되지 않았다. 따라서 이들 임대에서는 아무런 수익이 발생하지 않았으며, 시추 비용이나 임대료, 보너스 지급액 등을 충당할 수 없었다. 임대 건수의 16%에 해당하는 지역으로부터는 어느 정도 석유가 나왔지만 세후로 계산했을 때 수익성이 없었다. 전체 임대의 22%만이 수익성이 있었고, 이 경우 세후 수익률은 18.74% 정도였다.

이 결과는 최소한 승자의 저주의 '버전 2'에는 부합하는 것 같다. 즉 이들이 얻은 수익률은 애초 입찰에 참여했을 때 기대했던 수익률에 턱없이 못 미친다. 또한 일부가 얻은 양(+)의 수익률도 대부분 입찰 당시에는 전혀 예기치 못했던 1970년에서 1981년 사이에 배럴당 3달러에서 35달러로 원유 가격이 급등했기 때문에 가능했던 것이다. 수익률이 왜 이렇게 낮은가에 대해서 저자들이 내린 결론은 다음과 같다(p. 45). "(1954년 10월 13일에서 1959년 8월 11일까지의) 최초 다섯 건의 임대 지역에서 낮은 때로는 음의 값을 갖는 수익률이 얻어진 이유는 석유 매장량에 대한 과도한 기대 때문이었던 것 같다."

헨드릭스, 포터 그리고 부드로(Hendricks, Porter, and Boudreau, 1987)도 동일한 임대 건에 대해 분석을 했다. 이들은 석유회사들이 OPEC 오일쇼크를 예측할 수 없었다는 가정을 한 상태에서, 5%의 실질 할인율을 사용하여 실질 가격이 어떻게 움직였을 것인지를 계산했다. 이들은 미드 등의 연구와 다른 몇 개의 가정을 추가했다. 그 결과 미드 등의 연구에서 얻어진 결론과 달리 시추권 임대에 참여한 기업들은 석유의 실질가격이 변하지 않았더라도 이윤을 얻을 수 있었을 것이라는 결론에 도달하게 되었다. 그럼에도 불구하고 이들의 데이터에서도 승자의 저주 현상이 나타났음을 보여주는 몇몇 증거들을 찾을 수 있었다. 상당히 많은 건수의 임대에 참여한 18개의 개별 기업 및 컨소시엄(이들은 평균적으로 225건의 입찰에 참여했다)을 대상으로 헨드릭스 등은 만일 다른 기업들이 입찰금액을 그대로 유지한다는 전제하에 자신의 입찰금액을 θ배하게 되면 얼마의 사후 이윤율을 얻을 수 있었을지를 계산해보았다. 그리고는 이윤을 극대화시켜 줄 수 있는 θ값, 즉 θ^*를 구했다. 만일 모든 기업들이 위험중립 내쉬균형에 따라 입찰금액을 결정했다면 θ^*는 1이 될 것이다. 하지만 18개의 기업들 중 12개의 기업에게서 θ^*은 1보다 작게 나왔고, θ^*의 중간값은 0.68이었다. 텍사코(Texaco)의 경우 저주의 정도가 컸는데, θ^*은 0.15에 불과했다. 즉 이 기업이 이윤을 극대화하기 위해서는 입찰액을 7배가량 낮췄어야 했다는 말이다. 대부분의 기업들에게서 실제 이들이 벌어들인 이윤과 최적 입찰가격을 제시했더라면 얻어졌을 이윤의 차이는 수백만 달러에 달했다. 그래서 저자들은 다음과 같은 결론을 내렸다(p. 529). "이 결과는 일부 기업들이 시추권의 가치를 과대평가했으며 '승자의 저주'의 효과에 대해 충분히 주의를 기울이지 못했음을 보여준다."

리처드 롤(Richard Roll, 1986)은 승자의 저주라는 개념을 기업 인수를 둘러싼 수수께끼 같은 현상에 적용했다. 그 수수께끼는 바로, 왜 기업이 다른 기업을 인수하기 위해 시장가치에 막대한 프리미엄을 붙여 값을 지불하려고 할까에 대한 것이다. 실증 연구들에서 얻어진 증거에 따르면 인수 대상 기업의 주주들은 그 기업이 인수될 때 막대한 이익을 얻게 되는 반면, 정작 인수자가 얻는 이익은 거의 없다는 것이다. 그렇다면 왜 인수합병이 일어날까? 롤은 설득력 있는 설명의 하나로 소위 교만 가설(hubris hypothesis)이란 것을 제시한다. 교만 가설에 따르면, 인수를 계획하는 기업은 대체로 현금이 넘쳐나기 때문에,[7] 대상 기업을 물색하고 후보 기업의 가치를 추정한 후 예측가치가 시장가치를 초과하기만 하면 무조건 인수 작업에 돌입한다는 것이다. 롤은 효율적 시장 가설의 신봉자이기 때문에,[8] (시너지 효과나 내부자 정보가 존재하지 않는다면) 인수자가 기업 가치가 시장가치를 초과할 것이라고 추정했다면 그것은 실수였을 것이라고 본다. 롤은 다음과 같이 지적한다(1986, p. 201).

인수 현상에 대한 대부분의 설명들은 최소한 일시적으로나마 시장에 존재하는 비효율성의 존재를 전제하고 있다. 인수에 참여하는 기업들이 갖고 있는 적절한 정보가 금융시장에서는 유통되지 않거나, 생산물 시장이 비효율적으로 조직되어 있기 때문에 잠재적인 시너지 효과나 독점 혹은 조세 감면 혜택 등이 적절히 이용되지 못한 채로 남아 있거나(최소한 일시적으로나마), 혹은 노동시장이 비효율적이어서 열등한 경영자들을 대체하지 못해 잠재적 이득 실현 기회를 놓치고 있다는 것이다.

교만 가설을 실험해보기 위해 롤은 인수 입찰에 참여한 기업들과 인수 대상 기업의 주가가 인수 결정 시점 전후로 어떻게 움직였는지를 보여주는 데이터를 조사했다. 교만 가설이 맞다면 인수 기업과 대상 기업의 결합 주가는 거래비용을 감안해서 다소 하락해야 하고, 대상 기업의 주가는 상승해야 하며 인수 기업의 주가는 하락해야 한다.[9] 그는 실제 데이터가 이 가설을 지지하고 있다고 해석하면서 다음과 같이 결론을 내린다(p. 213).

지금 이 결과들로부터 도출할 수 있는 결론은, 이들 결과들이 모든 시장은 완벽하게 효율적으로 작동하며 개별 인수 기업들이 때때로 실수를 한다는 식의 극단적인 형태의 교만 가설조차도 기각할 만한 어떠한 설득력 있는 증거를 제공하지 못한다는 것이다. 인수 기업들은 기업 인수가 이득을 가져다줄 것이라고 예측하는 듯한데, 체계적인 연구는 이러한 믿음이 근거 없다는 것을 보여주고 있다.

여기서 롤이 이야기하고자 하는 것은 이러한 분석이 맞는지 틀리는지를 평가하는 것이 얼마나 힘든지에 대한 것이지만, 이 말 속에서도 드러나듯이 인수 기업들이 인수를 통해 그다지 큰 이득을 얻고 있지 못하다는 것만은 분명한 것 같다. 이번에도 저주의 '버전 2'가 데이터를 통해 확인되는 것 같다.

보충설명

석유 시추권 임대와 기업 인수에 대한 문헌들을 내가 제대로 해석하고 있는 것이라면, 즉 승자의 저주 현상이 실제로 이들 시장에 존재하는 것이라면, 이로부터 경제학자들은 충격을 받을까? 승자의 저주의 존재가 경제학 패러다임에 던져주는 숙제는 무엇일까? 맥아피와 맥밀런(McAfee and McMillan, 1987, p. 721)은 경매와 입찰에 대한 연구를 살펴보면서 "승자의 저주에 대한 진술들을 보면[예컨대 앞에서 인용되었던 디사우어가 출판 분야에서의 승자에 가해지는 저주 현상을 분석하면서 했던 말을 다시 확인해보라] 대부분 입찰자들은 결과를 보고 충격을 받는다고 단언을 하고 있는데, 이러한 언급은 합리성이라는 기본적인 개념과 어긋난다"고 이야기한다. 이들의 주장은 다음과 같이 바꿔 얘기할 수 있다. "승자의 저주에 대한 진술들을 보면 입찰자들이 계속 체계적인 실수를 한다고 이야기하고 있는데, 경제이론은 사람들이 동일한 실수를 반복하지는 않는다고 가정한다. 따라서 이러한 진술들은 참이 아니다." 이 주장의 논리에는 문제가 있다. 합리성은 경제학의 가정일 뿐이지 증명된 사실이 아니라는 점을 상기할 필요가 있다. 이들 실험 연구들의 결과를 볼 때, 경매에서 입찰자들은 동일한 실수를 반복하고 있지 않았는가?

대다수 경제학자들에게는 독특한 경향이 있는 것 같다. 한 경제학자가 오랫동안 어떤 문제를 가지고 씨름을 한 후 결국 경제학자들이 이전에는 알지 못했던 새로운 직관에 도달할 수 있었다고 하자. 이제 이 경제학자는 경제모형을 짤 때 모형에서의 경제주체가 지금 방금 자신이 그토록 어렵게 얻어낸 직관을 이미 이해하고 있다고 가정한다. 자신이 그토록 오랫동안 씨름했던 문제를 모형 내의 경제주체는 직관적으로 이해하고 있다고 가정하는 것은 이 경제학자의 겸손함을 보여주는 것일 수도 있지만, 그게 아니라면 그가 자신의 모형에 등장하는 경제주체에게 너무 많은 합리성을 부여하는 오류를 범하고 있음을 뜻하는 것이 된다. 케네스 애로우(Kenneth Arrow, 1986, p. 391)가 말했듯이 "우리는 과학적으로 분석한다는 것과 경제주체가 과학적으로 행동한다는 것을 동일시하는 아주 이상한 실수를 범하고 있다. 이것은 논리적 모순은 아닐지 몰라도 무한 회귀에 이르는 논리 구조를 갖는 듯하다."

경매에서 다른 참가자들이 최적이 아닌 행동 양태를 보일 가능성은 경제이론에서 좀처럼 다뤄지지 않는 주제이다. 즉 당신의 경쟁자들이 실수를 하고 있다는 것을 인식한다면 (* 합리적인) 당신은 어떻게 행동해야 하는가? 입찰을 이론적으로 분석할 때 통상적으로 입찰자들은 합리적이며 다른 입찰자들의 합리성이 공통지식(common knowledge)으로 성립한다는 것을 가정한다.[10] 당신이 케이펜과 그의 동료 중 한 사람이라고 해보자. 방금 당신은 승자의 저주라는 현상을 발견하고 이를 개념화하는 데 성공했다. 이제 당신은 다른 석유회사들에 비해 우위를 점하게 된다. 그렇다면 이렇게 얻게 된 새로운 경쟁 우위를 어떻게 활용해야 할까? 승자에게 가해지는 저주로부터 얻은 교훈대로 입찰가격을 낮춘다면, 시추권 획득을 위해 너무 많은 비용을 지불할 위험은 피할 수 있을지 모른다. 하지만 다른 사람들이 모두 비합리적으로 행동한다면 경매에서 승리할 가능성은 거의 없어지게 된다. 그렇다면 차라리 경매에 참여하지 않는 것이 합리적일까? 다른 사업을 할 것이 아니라면 이러한 해결책은 만족스러운 해결책이 아니다. 혹은 다른 경쟁자들이 경매에서 이기도록 내버려둔 다음에 이들 기업의 주가가 떨어지고 나면 헐값에 주식을 매입함으로써 얼마의 수익을 챙길 수 있을지도 모른다. 하지만 이 전략도 상당히 불확실하다. 석유 시추권의 경우 유가가 급상승하면 석유회사들의 주식도 동반 상승할 것이므로, 아주 높은 가격으로 시추권을 따낸 기업의 주식마저도 아울러 상승할 가능성이 있기 때문이다. 좀더 나은 해결책은 당신이 발견한 이 지식을 경쟁자들과 공유함으로써 경쟁자들도 입찰가격을 낮추도록 유도하는 것일지도 모른다.[11] 그들이 당신의 말을 믿는다면 이 게임은 모든 입찰자들에게 좀더 이득을 주는 방향으로 전개될 것이다. 사실 이것이 바로 케이펜, 클랩, 그리고 캠벨이 승자의 저주라는 현상을 널리 알리면서 한 일이다. 좀더 일반적으로 말하면 상대방이 완전히 합리적이지 않은 상황에서 게임을 할 때 최적 전략이 무엇인가를 분석하는 것이야말로 경제학자들이 좀더 많은 관심을 쏟아야 할 주제라고 할 수 있다.

승자의 저주라는 개념을 이해했더라도 그것이 작동하는 미묘한 방법들 모두를 다 이해하기란 쉽지 않다. 예를 들어 해리슨과 마치 (Harrison and March, 1984)는 의사결정 이후의 충격(post-decision surprise)이라는 개념을 이야기하는데, 그 개념은 의사결정자들이 그들이 예측했던 것보다 나쁜 결과가 계속 관찰된다는 '버전 2'로 해석된 승자의 저주와 유사한 개념이다. 해리슨과 마치는 대안이 많고 불확실한 상황에서 내리게 되는 의사결정에서는 항상 의사결정 이후의 충격이 따르게 된다는 것을 보여주고 있다. 그렇다면 다음과 같은 현상이 일어나야 한다. 새로운 직원을 고용하려는 기업이 더 많은 지원자들을 인터뷰할수록 더 나은 지원자를 채용할 가능성이 높아지지만 동시에 그 지원자가 기업의 기대에 못 미칠 가능성도 점점 높아진다. 이와 유사하게 브라운(Brown, 1974)은 기업 내부에서의 자본투자 계획의 경우를 예로 든다. 수많은 프로젝트가 고려되고 이 중 몇 개만이 선정된다고 할 때, 그렇게 함으로써 실제 발생하는 순수익은 예상했던 것에 못 미치는 경향이 있다는 것이다. 더 나아가 이러한 경향은 모든 가능한 프로젝트를 고려하고, 이에 입각한 수익률 예측에 바이어스가 없는 경우에조차 그렇다는 것이다.

승자의 저주 현상은 최근 인지심리학과 미시경제학이 결합하면서 등장한 행동경제학의 분석에 잘 들어맞는 전형적인 문제이다. 여기서의 열쇠는 인지환상의 존재, 즉 수많은 참가자들로 하여금 동일한 실수를 계속 반복하게끔 만드는 심리적 과정이다. 인지환상이 존재한다는 것은 케이펜 등의 연구를 통해서도 지적되었고, 베이저만과 새뮤얼슨의 연구, 그리고 케이글과 레빈의 연구의 의해서도 증명된 바 있다. 이러한 환상이 나타날 때마다, 시장이 가져오는 결과는 경제이론의 예측으로부터 벗어날 수 있다.

나는 케이펜과 그의 동료들의 논문에서 한 구절을 뽑아서 포춘 쿠키 안에 넣음으로써 이 장을 끝맺고자 한다. "상품 꾸러미가 가치 있을 것 같아서 입찰에 참가한다면, 언젠가는 빈털터리가 될 것이다"
(He who bids on a parcel what he thinks it is worth, will, in the long run, be
taken for a cleaning).

1 케이펜(Capen) 등이 지적하듯이 "두세 명이 참가한 경매에서 시추권을 따냈으면 그럭저럭 운이 좋아서 그랬다고 생각할 수도 있다. 하지만 50명이 참가한 경매에서 승리를 했다면 어떤 느낌이 들어야 할까? 망했다는 느낌"이 들지 않을까?(Capen et al., 1971, p. 645).

2 최고가격낙찰경매(first price auction)란 가장 높은 가격으로 입찰한 사람에게 낙찰되는 방식이며, 낙찰된 사람은 그가 적은 입찰금액만큼을 대금으로 지불하게 되는 방식의 경매이다. 2등가격낙찰경매(2nd price auction)란 물건은 최고가격을 적은 사람에게 낙찰되지만 낙찰자는 입찰가 중 두 번째로 높은 입찰금액만큼을 지불하게 되는 경매 방식이다. 마지막으로 저가낙찰경매(low price auction)란 건설 계약에 자주 사용되는 것으로서 가장 낮은 입찰금액을 적은 사람에게 물건이 돌아가게 되는 방식이다. 저가낙찰경매는 가장 낮은 입찰금액을 적은 사람이 승자가 되면서 자신이 적은 금액만큼을 지불하게 되는지 혹은 두 번째로 높게 제시된 입찰금액만큼을 지불하게 되는지에 따라 또다시 최저가격낙찰 방식과 2등가격낙찰 방식으로 나눌 수 있다.

3 경매에서 내쉬균형(Nash equilibrium)이란 다른 참가자들의 전략을 알게 되더라도 아무도 자신의 전략을 변경하기를 원치 않는 상태를 의미한다.

4 물론 판매 분포가 극도로 치우쳐 있다면 이는 '승자의 저주'의 증거가 되지 않을 수도 있다.

5 다이어 등의 실험에 참가한 건설회사 경영자들은 최적 입찰 전략을 찾아내는 것보다 카르텔 기술을 강조하는 실험에서 더 잘할 수 있을 것이라는 점이 지적되곤 한다.

6 이들은 비용과 판매 금액의 명목가치를 이용했다. 따라서 이 할인율은 합당한 것 같다.

7 애스퀴스(Asquith, 1983)는 성공적인 입찰자들은 합병 20일 이전까지 460일 동안 시장수익률보다 14.3% 높은 수익률을 얻었다고 보고하고 있다. 내가 생각하기에 교만 가설은 아마도 부분적으로는 "손맛" 현상을 지칭하는 게 아닌가 싶다. 대부분의 농구선수들과 농구팬들은 농구선수들의 숏 성공률에 강한 양의 계열상관이 있다고 믿는 경향이 있다. 즉 이전 숏을 성공했으면 다음 숏도 성공할 확률이 높다고 보는 것이다. 하지만 이러한 인상과는 다르게, 심리학자인 길로비치, 발론 그리고 트버스키(Gilovich, Vallone, and Tversky, 1985)는 실제 NBA 데이터를 이용하여 분석한 결과 농구선수들의 숏의 성공률에서 어떠한 계열상관관계도 찾아내지 못했다. 즉 손맛-교만 가설에 따르면, 최근 잘나갔던 기업들은 그것이 운이 좋은 결과였더라도 그들이 "손맛"이라고 생각하여 어떤 기업이라도 인수하면 기적 같은 성과를 낼 수 있다고 생각할 수 있다는 것이다.

8 효율적 시장 가설은 10~14장에서 논의될 것이다.

9 물론 주가가 합리적으로 움직인다는 것은 믿음이다. 실제로 밀러(Miller, 1977)가 주장하기를 주가는 일반적으로 승자의 저주 때문에 몸살을 앓곤 하는데, 투자자들이 그들이 보유하게 될 주식의 미래가치에 대해서 아주 낙관적으로 생각하기 때문이다. 따라서 합병의 경우 합병의 전망에 대해 낙관적인 전망을 갖는 투자자들이 결국 그 기업의 주식을 획득하게 된다. 물론 비관적 전망을 갖는 투자자들이 인수 대상 기업의 주식을 공매할 수 있기 때문에 저주가 항상 나타나지는 않는다. 그럼에도 불구하고 기관 투자가들이나 개인 투자가들이나 공매를 하는 경

우가 그리 많지는 않다. 따라서 현재 공매되고 있는 주식의 양이 승자의 저주를 막기 충분한 정도가 되는지는 여전히 실증을 통해 밝혀져야 하는 문제로 남아 있다.

10 만일 당신과 내가 게임을 할 때 합리성이 공통지식이라는 말은, 내가 합리적이고, 당신이 합리적이고, 내가 당신이 합리적이라는 사실을 알고, 당신은 내가 그것을 알고 있다는 것을 알고, 나는 내가 그것을 알고 있다는 것을 당신이 알고 있다는 것을 알고 등등을 모두 알고 있다는 말이다. 이러한 가정에 입각한 입찰 이론은 윌슨(Wilson, 1977), 밀그롬과 웨버(Milgrom and Weber, 1982)를 참조하고 최근 이론에 대한 연구는 맥아피와 맥밀런(McAfee and McMillan, 1987)을 보라.

11 이 점을 지적해준 줄리아 그랜트에게 감사의 말을 전한다.

6

초기부존 효과,
손실회피,
그리고 현상유지 바이어스

* 대니얼 카너먼(Daniel Kahneman), 잭 크넷쉬(Jack L. Knetsch)와 함께 씀.

꒰ꞏꞏ꒱ ꒰ꞏꞏ꒱ ꒰ꞏꞏ꒱

이 장은 2002년 노벨경제학상 수상자인 대니얼 카너먼의 연구들을 소개하고 있다. 경제이론에
서는 경제주체가 어떤 물건을 얻기 위해 지불할 용의가 있는 최대금액의 크기는 그 물건을 보유
하고 있을 때 그 물건을 팔기 위해 받아야 한다고 생각하는 최소금액 크기와 같아야 한다고 보
고 있다. 하지만 여러 실험을 통해서 드러난 결과에 따르면 후자의 크기는 전자의 크기의 수 배
이상이 된다. 이 장에서는 초기부존 효과(endowment effect), 현상유지 바이어스(status quo bias),
손실회피(loss aversion), 준거점 효과(reference point effect) 등 다양한 개념을 통해 위에서 언급
한 가격의 차이를 설명하고자 한다. 이 장에서 소개되는 초기부존 효과, 현상유지 바이어스, 그
리고 손실회피 등은 지금까지 살펴본 다른 이상현상들과 달리 표준적인 경제이론으로부터 그
리 멀리 떨어져 있지 않은 것처럼 보인다. 실제로 이들 개념들은 이미 경제이론에 성공적으로
받아들여지고 있으며, 그 과정에서 경제이론을 좀더 풍부하게 만드는 데 공헌하고 있다고 평가
되고 있다. 〔옮긴이〕

꒰ꞏꞏ꒱ ꒰ꞏꞏ꒱ ꒰ꞏꞏ꒱

와인을 끔찍이 사랑하는 한 경제학자가 몇 년 전에 아주 좋은 보르도 와인을 몇 병 구입했다. 10달러도 안 되는 돈으로 구입했던 그 와인의 가치는 점점 높아져 지금은 경매시장에 내놓으면 200달러를 호가할 정도가 되었다. 그런데 이 경제학자는 이 와인을 가끔씩 꺼내 마실 뿐 이 와인을 경매시장에 내다 팔 생각은 전혀 하지 않는다. 그렇다고 경매에서 와인을 몇 병 더 구입해놓을 생각이 있는 것도 아니다.

사람들은 자신들이 가지고 있는 재화를 남에게 팔고자 할 때 자신이 그 재화를 갖기 위해 지불할 용의가 있는 가격을 넘는 금액을 요구하는 경우가 많은데, 이러한 현상을 가리켜 초기부존 효과(endowment effect)라고 부른다(Thaler, 1980). 이를 새뮤얼슨과 제크하우저(Samuelson and Zeckhauser, 1988)는 현상유지 바이어스(status quo bias)라 불렀는데, 현재의 상태를 너무 좋아한 나머지 자신의 와인을 팔 생각도 아니면 몇 병 더 사놓을 생각도 못하는 위의 경제학자의 예에 잘 들어맞는 개념이라 할 수 있다. 이러한 이상현상은 카너먼과 트버스키(Kahneman and Tversky, 1984)가 손실회피(loss aversion)라고 부른 가치의 비대칭성을 잘 보여준다. 손실회피란 어떤 대상을 획득함으로써 얻게 되는 효용보다 그 대상을 잃게 됨으로써 느끼게 되는 비효용의 크기가 훨씬 크다는 것을 의미한다. 이 장에서는 초기부존 효과와 현상유지 바이어스를 보여주는 많은 증거들을 제시하고 이러한 현상과 손실회피와의 관련성에 대해 논의해보도록 하겠다.

초기부존 효과

크넷쉬와 신덴(Knetsch and Sinden, 1984)은 일찍이 실험을 통해 초기
부존 효과를 증명해 보인 바 있다. 이 연구에 참가한 피실험자들은
복권 혹은 2달러 현금 중 하나를 초기부존으로 받았다. 얼마 후 복권
을 받은 피실험자들에게는 그 복권을 2달러 현금과 바꿀 기회를 주
었고, 처음 2달러 현금을 받은 피실험자들에게는 그것을 복권과 바
꿀 기회를 주었다. 이때 자신이 처음에 받은 것을 새로운 것으로 바
꾸겠다고 응답한 사람들은 극소수였다. 애초에 복권을 받은 사람들
은 애초에 2달러를 받은 사람들보다 복권을 더 좋아하고 있는 것처
럼 보였다.

이 연구와 이후 계속된 이와 유사한 연구들(Knetsch[1989]를 보라)
은 놀라운 결과들이기는 하지만 경제학자들에게 쉽게 받아들여지지
는 않았다. 일부 경제학자들은 피실험자들이 시장 환경에 노출되어
충분한 학습 기회가 보장된다면 이러한 행동 패턴은 사라질 것이라
고 주장했다. 예를 들어 크네즈, 스미스 그리고 윌리엄스(Knez, Smith
and Williams, 1985)는 판매가격과 구매가격의 차이가 나타나는 것은
보통 사람들이 협상에 임할 때 가져야 한다고 생각하고 있는 태도를
아무 생각 없이 적용한 결과에 다름 아니라고 주장했다. 다시 말해
사람들이 통상적으로 협상에 임할 때 어떤 재화에 대해 자신이 진정
으로 지불할 용의가 있는 금액(willingness to pay, 이후 WTP로 씀)은 낮
게 이야기하고, 자신이 판매 제의를 받아들일 수 있는 최저수락가격
(즉, 판매할 용의가 있는 최저가격, willingness to accept, 이후 WTA로 씀)은
높게 이야기하게 마련이라는 것이다. 코울시, 호비스 그리고 슐츠
(Coursey, Hovis and Schulze, 1987)는 사람들이 시장거래의 경험이 많
아지면 WTP와 WTA 간의 차이는 감소하는 경향을 보인다고 보고하

고 있다(물론 크넷쉬와 신덴[Knetsch and Sinden, 1987]에 따르면 그 차이는 완전히 소멸되지는 않는다). 이 문제를 좀더 명확히 하기 위해서 카너먼, 크넷쉬 그리고 세일러(Kahneman, Knetsch and Thaler, 1990)는 새로운 실험을 실시했다. 피실험자들이 시장 규율을 경험하고, 시장 규율을 학습할 기회가 있는 경우에도 여전히 초기부존 효과가 남아 있게 되는지를 알아보고자 하는 실험이었다. 여기서는 이들이 실시한 실험 중 두 가지만 소개하도록 하겠다.

첫 번째 실험에서는 코넬대학교의 학부 3, 4학년을 대상으로 개설된 경제학 과목 수강생들을 (모의) 시장 활동에 참여시켰다. 첫 번째 세 개의 모의시장에서 거래되는 대상은 "이미 가치가 정해져 있는 토큰"(induced value tokens)이었다. 이 시장에서 모든 참가자들은 토큰이 자신들에게 각각 얼마의 가치가 있는가를 정해주는 설명서를 받았다. 설명서에 따르면 각 피실험자들이 받은 토큰의 가치는 서로 달랐다. 또 피실험자들의 절반은 토큰을 소유했고, 다른 절반은 토큰을 소유하지 않았다. 모의시장에서의 이들의 거래를 토대로 토큰의 수요곡선과 공급곡선이 만들어졌다.

피실험자들은 세 개의 연속된 시장거래에서 판매자의 역할과 구매자의 역할을 번갈아 수행하였고, 매 시행 때마다 각자에게 토큰의 가치는 다르게 설정되었다. 실험주관자는 매 시행 때마다 피실험자들에게 여러 가격대가 적힌 종이 용지를 주었고, 각 가격대에서 피실험자들이 각 가격대에서 토큰을 팔 용의가 있는지(토큰 소유자 역할이라면) 혹은 토큰을 살 용의가 있는지(구매자 역할이라면)를 적어 제출하게 했다. 그리고 그렇게 수집된 자료를 토대로 시장청산가격과, 시장청산가격하에서의 균형거래량을 계산하여 발표하였다. 이어 세 명의 판매자와 세 명의 구매자를 임의로 선출하여 그들이 용지에 적어낸 내용에 따라 실제로 거래를 진행하도록 하였다.

이들 시장으로부터 나온 결과에는 문제될 만한 것이 없었다. 매 번 시행에서 시장청산가격은 사전적으로 결정된 공급곡선과 수요 곡선이 교차하는 점에서 그대로 결정되었으며, 균형거래량도 이로 부터 예측된 거래량에서 토큰 한 개 크기의 오차 내에서 결정되었 다. 실험 결과는 피실험자들이 자신들의 임무를 잘 이해하고 있었 으며, 시장 메커니즘에 높은 거래비용이 발생하지 않았음을 보여준 셈이다.

이 실험을 치룬 후 곧바로 피실험자들은 한 명 걸러 한 명씩 코넬 대학교의 상징이 인쇄되어 있는 커피 머그잔을 받았다. 그 잔은 학 교 매점에서 6달러에 팔고 있는 것이었다. 실험주관자는 피실험자들 에게 그들이 머그잔을 받았으면 자신들의 머그잔을, 받지 않았으면 옆자리에 앉은 학생의 머그잔을 살펴볼 시간을 주었다. 실험주관자 는 이후 피실험자들에게 앞으로 네 차례 머그잔을 사고파는 시장이 열릴 것이고, 시장에서 거래되는 방식은 앞서 "이미 가치가 정해져 있는 토큰"을 가지고 거래했던 것과 동일할 것이라고 알려주었다. 머그잔을 사고파는 시장거래는 앞서의 거래 방식과 단 두 가지 점에 서만 달랐다. 1) 시장거래 실험은 연속적으로 네 차례 실시되는데, 그 중 한 차례의 거래 실험을 무작위적으로 선택하여, 그 실험에서 는 실제로 사고파는 거래가 이루어질 것이라는 점, 그리고 2) 앞서의 토큰 거래에서는 일부의 실험자들을 무작위적으로 선택하여 그들에 한해서만 실제 거래를 하게 했지만, 여기서는 연속된 네 차례 시장 거래 중 한 차례의 시장거래가 선택되면, 모든 참가자들이 실제로 거래를 하게 될 것이라는 점이 다른 점이었다. 여기서는 초기에 부 여된 판매자와 구매자의 역할이 네 차례 이루어지게 될 시장 실험에 서 바뀌지 않은 채 유지되었다. 매 회 시장청산가격과 균형거래량이 발표되었고, 네 차례 시행 중 몇 번째 시행의 결과에 따라 실제로 거

래가 이루어질 것인지는 네 차례의 실험 거래가 모두 끝난 후 발표
되었다. 이에 따라 즉각적으로 실제 거래가 이루어지게 되는데, 그
시행에서 결정된 시장청산가격에서 자신의 머그잔을 팔 의향이 있
다고 밝힌 모든 판매자들은 자신들의 머그잔을 그 시장청산가격에
해당하는 금액과 맞바꾸게 되었다. 그리고 시장청산가격에서 자신
이 머그잔을 살 용의가 있다고 답한 구매자들은 시장청산가격만큼
을 지불하고 머그잔을 구입했다. 이렇게 실험을 고안함으로써 피실
험자들은 연속된 시장거래 실험을 통해 시장거래를 경험할 기회를
가질 수 있었다. 그리고 나서 학교 매점에서 판매하는 3.98달러짜리
가격표가 붙은 볼펜을 가지고 또다시 동일한 방식으로 네 번의 시장
거래 실험을 진행했다. 이번에는 방금 전 머그잔 실험에서 구매자였
던 학생들에게 볼펜을 지급하여 판매자로 행동하게끔 했다.

이들 머그잔과 볼펜 시장에서 어떤 일이 벌어질지에 대해 경제이
론은 어떻게 예측하고 있을까? 가치가 결정되어 있는 토큰을 가지
고 한 실험에서는 거래비용이 그다지 크게 나타나지 않았고, 또 소
득 효과도 미미했기 때문에 명확한 예측이 가능하다. 즉 시장이 청
산되면 재화는 그 재화에 대해 더 높은 가치를 부여하는 사람에게
돌아가게 될 것이라는 예측을 할 수 있다. 실험참가자 중 머그잔을
좋아하는 순서대로 상위 50%에 해당하는 학생들을 "머그잔 애호가"
라고 부르고, 하위 50%를 "머그잔 기피자"라고 부르자. 머그잔은 실
험의 시작과 동시에 무작위적으로 배분되었기 때문에 반수가량의
머그잔 애호가들은 머그잔을 실제로 지급받았을 것이고, 나머지 반
은 지급받지 못했을 것이다. 그렇다면 머그잔을 지급받지 못한 머그
잔 애호가들은 머그잔 기피자 중에서 머그잔을 지급받은 사람들과
의 실제 거래를 통해 머그잔을 획득할 수 있게 될 것이다(그렇게 되면
배분된 전체 물량 중 약 50%가 거래될 것으로 예측할 수 있다).

하지만 이렇게 예측된 거래량의 오직 50%만이 실제로 거래되었다. 22개의 머그잔과 22개의 펜이 각각 사용되었으므로 약 11개의 머그잔과 11개의 볼펜이 각각 거래되었어야 했다. 네 번에 걸친 머그잔 시장거래 실험에서 거래량은 각각 4, 1, 2, 2개뿐이었다. 볼펜 시장에서도 거래량은 약 4~5개에 지나지 않았다. 두 시장 어느 곳에서도 네 번의 시행을 거치면서 예측 거래량으로 수렴해가는 경향은 보이지 않았다. 판매자와 구매자의 잠재가격(reservation price)을 기초로 계산해보니 예측 거래량은 낮게 나왔다. 머그잔 실험에서 머그잔 소유자들이 판매할 용의가 있는 최저가격의 중위값은 5.25달러가 나왔다. 즉 중위판매자의 경우 5.25달러보다 낮은 가격에서는 머그잔을 팔지 않으려 할 것이다. 구매자의 경우 구매할 때 지불할 용의가 있는 최고가격의 중위값은 2.25달러와 2.75달러 사이인 것으로 나타났다. 즉 중위구매자의 경우 이보다 가격이 낮아야 머그잔을 구입할 것이다. 실험에서 시장균형가격은 4.25달러와 4.75달러 사이에서 결정되었다. 볼펜 시장에서 중위자의 판매수락가격과 구매가격의 비율은 2대 1에 달했다. 실험은 수차례 반복되어 시행되었는데, 항상 결과는 유사하게 나왔다. 즉 중위자들의 경우 판매자들의 판매할 용의가 있는 최저가격은 구매자들의 구매시 지불할 용의가 있는 최고가격의 두 배에 달했고, 거래량은 예측된 거래량의 절반에 미치지 못했다.

예상치보다 낮은 거래량이 구매를 기피하려는 성향 때문에 발생한 것인지 아니면 판매를 기피하려는 성향 때문에 발생한 것이지를 알아보기 위해 또 다른 실험이 실시되었다. 사이먼프레이저대학교(Simon Fraser University)에 다니는 77명의 학생들은 다음과 같은 세 가지 통제 그룹에 무작위적으로 할당되었다. 첫 번째 그룹은 판매자 역할 그룹이었다. 이들은 SFU라는 로고가 찍힌 머그잔을 받았고,

0.25달러에서 9.25달러까지의 가격대를 놓고 각각의 가격대에서 머그잔을 팔 의향이 있는지 없는지를 밝히도록 요청받았다. 두 번째 그룹은 구매자 역할 그룹이었다. 이들도 마찬가지로 0.25달러에서 9.25달러까지의 가격대를 놓고 각각의 가격대에서 머그잔을 살 의향이 있는지를 질문받았다. 마지막 세 번째 그룹은 선택자 그룹이라고 불렸는데, 이들은 머그잔을 받지 않은 상태에서 각각의 가격대에서 머그잔을 선택할지 아니면 그 가격에 해당하는 돈을 받을지를 결정해달라는 부탁을 받았다.

여기서 판매자 그룹과 선택자 그룹은 객관적으로 완전히 동일한 상황에서 의사결정을 내리고 있음에 주목하자. 이들 모두 각각의 가격대에서 머그잔을 선택할 것인지 아니면 그 가격에 해당하는 돈을 선택할 것인지 사이에서 결정을 내리고 있다. 그럼에도 불구하고 선택자 그룹은 판매자 그룹보다는 구매자 그룹과 유사한 행동 패턴을 드러내고 있었다. 머그잔에 대한 잠재가격의 중간값은 판매자 그룹의 경우 7.12달러, 선택자 그룹의 경우 3.12달러, 그리고 구매자 그룹의 경우 2.87달러로 각각 나타났다. 이 결과가 말해주는 것은 실제 거래량이 예측치보다 낮게 이루어지는 이유는 구매자들이 자신이 가지고 있는 돈을 쓰기 싫어서 나타난 것이라기보다는 판매자(소유자)들이 자신의 초기부존을 잃고 싶지 않기 때문이라는 것이다.

◆ 교차하는 무차별곡선

미시경제학 강의를 들으면 초반부에 배우는 내용 중 하나가 서로 다른 두 개의 무차별곡선이 서로 교차하지 않는다는 것이다. 이는 무차별곡선들이 가역적(reversible)이라는 암묵적 가정에 의존하고 있다. 즉 x를 소유하고 있는 개인이 x를 그대로 갖고 있는 경우와 x를 y와 교환하는 경우를 무차별하다고 느낀다면, y를 소유하고 있는 경우에도 y를 그대로 갖고 있는 경우와 y를 x로 맞바꾸는 경우도 무차별하다고 느낀다는 것이다. 하지만 손실회피가 존재하는 경우에는 이러한 의미에서의 가역성은 더 이상 성립하지 않는다. 크넷쉬(1990)는 실험을 통해 이를 입증한 바 있다. 피실험자 한 그룹은 다섯 자루의 펜을 받았고, 다른 그룹의 피실험자들은 현금 4.50달러를 받았다. 이제 이들에게 가상으로 일련의 거래 제의를 했고, 피실험자들이 거래 제의를 받아들이거나 거부할 수 있도록 했다(* 예를 들어 x달러를 주면 팔 용의가 있느냐? 혹은 x달러라면 살 용의가 있느냐 등). 이러한 거래 제의는 이를 통해 무차별곡선을 도출하기 위해 고안된 것이었다. 예를 들어 펜을 갖고 있는 사람에게 1달러를 주면 펜 한 자루를 팔 용의가 있는지를 묻는 식으로 구매 및 판매 의향을 조사하였다. 실험이 다 끝나면 수락된 거래 중 하나를 무작위로 골라서, 실제 거래가 이루어지도록 했다. 수락된 제의와 거절된 제의 사이에 점을 찍어 연결함으로써 크넷쉬는 각 피실험자들의 무차별곡선을 도출해낼 수 있었다. 이어 크넷쉬는 각 개별 무차별곡선들의 평균으로 두 집단(펜을 받은 집단과 돈을 받은 집단) 각각의 무차별곡선을 그려보았다. 이렇게 도출된 무차별곡선이 〈그림 6-1〉에 나타나 있다. 두 무차별곡선은 상당히 다른 모습을 띤다. 펜을 지급받고 실험을 시작한 집단 구성원들은 돈을 지급받고 시작한 구성원들보다 펜을 훨씬 더 중요하게 여기는 것처럼 나타난다. 결과적으로 두 무차별곡선은 서로 교차하게 된다.[1]

이러한 "순간적인 초기부존 효과"는 어디에서 기인한 것일까? 선물을 받은 피실험자들은 그렇지 못한 사람들보다 그 선물에 대해 실제로 더 높은 가치를 부여하는 것일까? 로웬스타인과 카너먼(Loewenstein and Kahneman, 1991)의 이후 연구는 이 문제를 다루고 있다. 63명으로 구성된 한 학급에서 절반의 학생이 펜 한 자루씩을

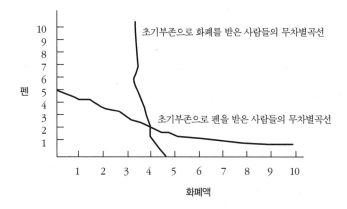

〈그림 6-1〉 교차하는 무차별곡선

초기부존으로 화폐를 받은 사람들의 무차별곡선

펜

초기부존으로 펜을 받은 사람들의 무차별곡선

화폐액

지급받았고, 나머지는 돈으로 환산되는 토큰을 받았다. 피실험자들은 이후 실험에 사용하려 하는 여섯 개의 경품(펜도 이 중 하나이다)들을 각자의 선호도에 따라 순위를 매기도록 요구받았다. 마지막으로 피실험자들은 펜 한 자루와 초코바 두 개 중 어떤 것이 더 좋은지를 판단하도록 요구받았다. 앞서의 실험에서와 마찬가지로 여기서도 초기부존 효과가 뚜렷이 나타났다. 펜을 지급받은 학생들 중 초코바보다 펜이 좋다고 응답한 학생들의 비율은 56%였지만 토큰을 지급받은 학생들 중 그렇게 대답한 사람은 오직 24%에 불과했다. 하지만, 여섯 개의 경품을 놓고 각자의 선호도에 따라 순위를 매긴 결과를 보면, 펜을 지급받은 학생들이라고 해서 펜에 대해 특별히 높은 선호도를 갖는 것은 아닌 것으로 드러났다. 이를 보면 초기부존 효과란 어떤 재화를 소유했다고 해서 그 재화의 매력이 증대된다는 것이 아니라, 단순히 그것을 포기하려 하지 않으려는 성향일 뿐임을 알 수 있다.

현상유지 바이어스

손실회피가 의미하는 바 중 하나는 개인들은 현재의 상태에 머물고 자 하는 강한 바람을 갖고 있다는 것이다. 현재의 상태에서 벗어날 때 얻게 되는 불이익이 그렇게 함으로써 얻게 되는 이익보다 크다고 생각하기 때문에 이러한 현상이 나타난다. 새뮤얼슨과 제크하우저 (Samuelson and Zeckhauser, 1988)는 이 효과를 실험을 통해 증명한 바 있는데, 이들은 이 효과를 현상유지 바이어스(status quo bias)라고 불 렀다. 이 실험에서 일부 피실험자들은 어떠한 '현재 상태'(status quo)• 도 없는 상황, 즉 '중립적' 상황에서 다음과 같은 가상적인 임무를 부여받았다.

당신은 신문의 금융면을 매일 읽고 있지만 최근까지 투자할 만큼의 돈은 없었다. 그러던 차에 큰할아버지로부터 거액의 유산을 상속받게 되었다. 당신은 이제 다 양한 포트폴리오를 놓고 고민할 수 있게 되었다. 투자할 수 있는 대상은 중간 정 도의 위험을 갖고 있는 기업 주식, 위험도가 높은 기업 주식, 국무성 채권, 그리고 지방 채권 중 하나이다.

또 다른 참가자들에게도 동일한 지문을 제시했는데, 이번에는 이 중 하나를 현재 상태로 지정해주었다. 즉 지문의 첫 부분은 똑같고, 뒷부분이 조금 추가되어 있는데, 그 뒷부분은 다음과 같다.

• 최초 상황이 A로 주어졌다가 이후 상황이 B로 변화했을 때, 최초의 상황 A를 '현 재 상태'(status quo)라고 부른다. '초기 상태' 혹은 '기준 상태'로 번역되어도 무방하 지만 통례에 따라 현재 상태(現在 狀態)라고 쓰겠다.

그러던 차에 큰 할아버지로부터 거액의 유산을 상속받게 되었다. 유산은 현금과 증권으로 이루어져 있고, 이 포트폴리오의 상당 부분은 중간 정도의 위험을 갖고 있는 기업에 투자되어 있다. 〔생략〕(세금의 크기나 중개수수료 등은 무시해도 좋을 정도로 작다고 하자).

새뮤얼슨과 제크하우저는 이 실험을 다음과 같은 다양한 시나리오하에서 진행해보았다. 이들은 각각의 시나리오하에서 실험참가자들의 답변을 모아서, 1) 어떤 특정한 선택옵션을 현재 상태로 지정해주었을 때, 2) 그 옵션말고 다른 선택옵션을 현재 상태로 지정해주었을 때, 3) 현재 상태로 지정된 옵션이 아예 존재하지 않을 때 각각에 대해 실험참가자들이 이 특정한 선택옵션을 선택할 확률을 추정해 낼 수 있었다. 이들이 얻은 결론은 선택옵션은 그것이 현재 상태로 지정되었을 때 선택될 확률이 훨씬 더(유의미하게) 커진다는 것이다. 또한 경합하는 다른 선택옵션의 수가 많아짐에 따라 현재 상태로 설정된 옵션이 주는 매력도 같이 증가하게 된다.

캘리포니아 전력 소비자들을 상대로 한 서베이 자료를 토대로 해서 하트만, 도안 그리고 우(Hartman, Doane, and Woo, 1991) 세 사람은 현상유지 바이어스가 실제 사례에서도 나타나는지를 살펴보았다. 서베이에서 조사 대상 소비자들은 전력 회사의 정책 결정에 토대가 될 수 있도록 서비스의 안정성 및 요금에 대한 만족도를 평가하도록 요청을 받았다. 응답자들은 두 집단으로 나뉘어졌는데, 한 집단은 다른 집단보다 비싼 대신 좀더 안정적인 서비스를 받는 집단이었다. 이 두 집단에 속한 소비자들을 대상으로 각기 다른 서비스의 안정성과 요금 체계로 이루어진 6개의 조합(combination)에 대해 선호를 밝혀달라고 부탁을 했다. 이 조합들 중 하나는 응답자들이 현재 사용하는 조합으로, 그 조합이 응답자들에게는 현재 상태의 역할을 했다. 이 조사 자료에서 얻을 수 있는 결과는 뚜렷한 현상유지 바이어스가 존재한다는 것이었다. 즉 안정성이 높은 서비스를 받고 있던 집단에 속한 소비자 중 60.2%가 현재 자신들이 사용하고 있는 안정성-가격 조합을 1순위로 꼽았고, 5.7%만이 서비스 안정성이 낮은 대신 요금이 30%가량 저렴한 다른 대안으로의 변경을 원했다. 안정성이 낮은 서비스를 받고 있던 집단에서도 58.3%에 달하는 소비자들이 현재 자신들이 사용하고 있는 안정성-가격 조합을 1순위로 꼽았고, 5.8%만이 요금이 30% 인상되는 대신 좀더 안정적인 서비스로의 변경을 원했다.[2]

현상유지 바이어스를 둘러싼 큰 규모의 실험이 뉴저지와 펜실베이니아 두 주에서 벌어진 적이 있다. 이들 두 주에서는 소비자들을 상대로 두 가지 유형의 자동차보험 사이에서 선택을 하도록 했다. 하나는 낮은 보험료를 내는 대신 소송권이 기본옵션에 포함되어 있지 않은 보험이었고, 다른 하나는 보험료가 비싼 대신 소송권이 기본옵션에 포함되어 있는 보험이었다. 뉴저지에서는 낮은 보험료의 보험이 기본옵션이었고, 여기에 추가 보험료를 내면 무한 소송권을 추가할 수 있었다. 1988년부터 이 추가옵션을 이용할 수 있었는데, 뉴저지 운전자 83%가 소송권 없는 기본옵션을 선택했다. 이와 반대로 펜실베이니아의 1990년 법은 비싼 보험료를 내는 대신 무한 소송권을 갖는 보험을 기본옵션으로 했고, 이때 보험 계약시에 무한 소송권을 제외시키면 보험료가 싸지는 옵션을 따로 마련했었다. 이 법이 갖는 잠재적 프레이밍 효과를 허시, 존슨, 메자로스 그리고 로빈슨(Hershey, Johnson, Meszaros and Robinson, 1990)이 연구한 바 있다. 이들은 실험에 참가한 사람들을 두 집단으로 나눈 후 앞서의 두 가지 보험설계 중 하나를 선택하도록 했다. 한 집단에는 뉴저지 보험설계를 기본으로 제시한 후 추가 프리미엄을 지불하고 소송권을 포함시킬 것인지를 물었고, 다른 집단에게는 펜실베이니아 보험설계를 기본으로 제시한 후 보험료를 인하시키는 대신 소송권을 제거할 것인지를 물었다. 뉴저지 보험설계를 기본으로 제시했던 집단에서는 오직 23%만이 소송권을 포함시키겠다고 답한 반면, 펜실베이니아 보험설계가 기본이었던 집단에서는 53%가량이 소송권을 그대로 유지하겠다고 밝혔다. 이 연구를 기초로 저자들은 펜실베이니아에서 1990년 법이 시행되면 대부분의 사람들이 기본옵션에 포함되어 있는 소송권을 그대로 보유하려 할 것이라는 예측을 했다.

현상유지 바이어스의 존재를 보여주는 마지막 예를 *Journal of Economic Perspectives*(* 미국에서 발행되는 저명한 학술지. 지금 이 책에 있는 논문들은 모두 이 학술지에 "이상현상"이라는 제목의 특집으로 실린 글들이다) 관계자의 도움으로 얻을 수 있었다. 지금 이 학술지에 이상현상을 주제로 실리고 있는 논문들에 대해 칼 사피로(Carl Shapiro)는 다음과 같은 이야기를 해준 적이 있다. "당신이 흥미로워할 이야기를 하나 전해드리지요. 지금까지 미국경제학회는 학회원들에게 가입과 동시에 세 개의 학술지 구독권을 줘왔는데, 이 중 하나의 학술지를 선택해서 빼달라고 하면 빼주는 대신 그만큼 돈으로 환불해주는 정책을 도입할 것인지를 놓고 토의 중입니다. 이 결정 과정에 아주 유명한 경제학자들이 참여하고 있는데, 이들은 지금 현재의 정책이 세 개의 학술지의 구독권을 받는 것이므로 여기서 학술지 하나를 빼고 그만큼 돈으로 환불받고자 하는 사람은 거의 없을 것 같다는 견해를 취하고 있습니다. 다른 사람들도 아니고 경제학자들이 이런 얘기를 하더란 말입니다."

손실회피

지금까지 우리가 살펴본 현상들은 손실회피(risk aversion)라는 개념을 통해서도 설명할 수 있다. 불확실성하에서의 선택을 둘러싼 지금까지의 연구에서 내려진 주요 결론 중 하나는, 효용을 결정하는 주요 요인이 현재의 부(富)나 현재의 후생 상태가 아니라 중립적인 준거점(reference point)으로부터의 상대적 변화라고 가정할 때, 불확실성하에서의 선택을 가장 잘 설명할 수 있다는 것이다. 또 하나의 주요 결론은 사람들은 상황이 악화되는 방향으로의 변화를 상황이 개선되는 방향으로의 변화보다 훨씬 더 민감하게 느낀다는 것이다. 관련 데이터를 보면 가치함수의 기울기가 원점 부근에서 급격하게 변화한다는 것을 알 수 있다. 현재까지의 증거를 보면 이득을 표현하는 곳에서의 가치함수의 기울기와 손실을 표현하는 곳에서의 가치함수의 기울기가 다른데, 그 기울기의 비율은 1대 2 정도 된다 (Tversky and Kahneman, 1991). 이것이 맞다면 가치함수는 〈그림 6-2〉에서 나타난 것과 같은 모양이 될 것이다.

이러한 생각을 무위험하에서의 선택의 문제에까지 확장해보면,

〈그림 6-2〉 전형적인 가치 함수

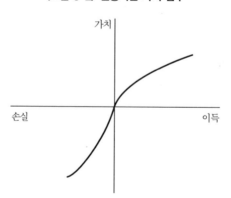

특정한 옵션이 주는 매력은 그 옵션을 선택함으로써 현재의 중립적인 준거점과 비교했을 때 상대적으로 이득이 되는지 손해가 되는지를 통해서 평가할 수 있다. 이것이 〈그림 6-3〉에 나타나 있다. 재화 Y가 재화 X보다 더 많은 상황을 상황 A라고 하고, 반대의 상황, 즉 재화 X가 재화 Y보다 더 많은 상황을 상황 D라고 하자. 그리고 의사 결정자가 상황 A와 상황 D 중 하나를 선택하게 되는 상황을 그려보자. 그림에는 네 개의 서로 다른 준거점이 표시되어 있다. 준거점이 상황 C였다면 개인은 상황 A로 가든 상황 D로 가든 모두 이득이 발생하게 되며, 준거점이 상황 B였다면 개인은 상황 A로 가든 상황 D로 가든 모두 손해가 발생하게 된다. 이와 달리 준거점이 상황 A나 상황 D였다면 한 재화가 늘어나면 다른 한 재화는 줄어드는 상황, 말하자면 교환의 상황에 처하게 된다. 예를 들어 Y재가 머그잔이고 X재가 돈이라면 머그잔 실험에서의 판매자와 선택자의 준거점은 각각 A점과 C점이 될 것이다. 손실회피란 머그잔을 갖고 있는 상황과 갖고 있지 않은 상황 간의 차이가 C점(머그잔을 갖고 있지 않을 때)에 있을 때보다 A점(머그잔을 갖고 있을 때)에 있을 때 더 크다는 것을 의

〈그림 6-3〉 A와 D 사이의 선택에 영향을 줄 수 있는 다중의 준거점들

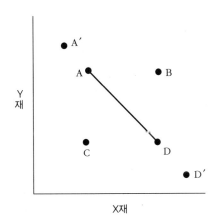

미한다. 즉 최초의 출발점(즉, 준거점)이 어디였는가가 머그잔에 대해 얼마나 높은 가치를 부여하는가에 영향을 준다는 것이다.[3] (준거점 개념과 손실회피 개념을 토대로 소비자 이론을 정립하려는 본격적인 시도는 트버스키와 카너먼(Tversky and Kahneman, 1991)을 참조하라.)

일반적으로 두 개의 옵션을 비교할 때, 두 옵션 각각이 갖고 있는 좋은 점의 차이보다 두 옵션이 갖는 나쁜 점의 차이가 더 크게 느껴진다. 현상유지 바이어스는 이러한 비대칭성의 자연적인 결과라고 할 수 있다. 어떤 변화가 가져다주는 손해가 그 변화로 야기되는 이득보다 더 크게 느껴진다. 하지만 이득보다 손해에 더 큰 가중치가 부여되는 경향은 현상유지 바이어스가 없는 경우에 조차도 드러난다. 예를 들어 다음과 같은 질문을 고려해보자(이 질문은 트버스키와 카너먼의 연구(Tversky and Kahneman, 1991)에서 그대로 가져온 것이다).

직업훈련의 일환으로 인턴 일을 했다고 하자. 이제 인턴 훈련을 마칠 때가 되어서 새 직장을 찾아야 한다. 당신은 두 개의 직장을 놓고 고민하고 있다. 어떤 직장을 선택하든 하는 일은 인턴 일을 했을 때와 거의 동일한데, 차이점은 오직 일을 하면서 사람들과 어울릴 수 있는 기회를 얼마나 많이 가질 수 있는지의 여부와 통근하는 데 얼마나 시간이 걸리는지 뿐이라고 하자. 이 두 직장을 비교하기 위해서 다음과 같은 표를 만들었다.

직장	사람들과 어울릴 수 있는 기회	통근시간
현재 인턴일(준거점)	사람 만날 일이 없음	10분
직장 A	사람들과 어울릴 기회가 적음	20분
직장 D	사람들과 어울릴 기회가 꽤 많음	60분

현재의 준거점으로부터 직장 A와 D를 각각 평가할 수 있다. A, D와 비교했을 때, 준거점이 되는 현재의 인턴 일은 통근시간 면에서는 가장 좋지만 사람들과 어울릴 기회가 없다는 점에서 나쁘다(《그림 6-3》의 점 A′과 같은 점이라고 볼 수 있다). 이 문제의 다른 버전으로, 다른 선택 대안들(직장 A와 직장 D)은 그대로 두고, 준거점이 되는 현재의 인턴 일을 "사회적인 상호작용 면에서는 제일 낮지만 출근에 드는 시간이 80분으로 가장 나쁜 상태", 즉 그림의 상황 D′에 해당하는 점으로 바꿔볼 수 있다. 첫 번째 버전으로 실험을 한 결과 참가자들 중 70%가 직장 A를 선택했는데, 두 번째 버전으로 실험을 한 결과 오직 33%만 직장 A를 선택했다. 즉 참가자들은 자신들의 준거점과 비교했을 때 좋은 쪽으로의 변화보다는 나쁜 쪽으로의 변화를 더 민감하게 받아들였다.

◆ 증가된 손실회피

구매가격과 판매가격 사이의 비대칭성이 보통의 손실회피로는 설명될 수 없을 정도로 큰 경우가 있다. 세일러(Thaler, 1980)는 실험참가자들을 대상으로, 이들이 아주 희귀하지만 아주 치명적인 질병에 걸릴 가능성에 노출되어 있는데 이 병에 걸리면 0.001의 확률로 2주 안에 죽게 되는 상황(죽을 때의 고통은 없다고 하고)을 상정해놓고 실험을 진행한 적이 있었다. 먼저 실험참가자들에게 이 병에 대한 백신을 지금 당장 구매해야 한다면 이 백신에 얼마의 돈을 지불할 용의가 있는지를 물었다. 동일한 참가자들을 상대로 이번에는 0.001의 확률로 죽을 가능성이 있는 의학실험(이 경우에도 죽게 되면 고통 없이 죽는다고 하자)에 참가하게 된다면 그 대가로 얼마의 돈을 받아야 한다고 생각하는지를 물었다. 대부분의 참가자들에게서 이 두 질문에 대한 답으로 나온 가격의 크기는 두 배 이상 차이가 났다.

비스쿠이시, 매갓 그리고 후버(Viscuisi, Magat and Huber, 1987)는 좀더 현실에 가까운 상황을 상정해놓고 이와 유사한 효과가 나타나는지를 조사했다. 이들은 쇼핑몰과 대형 철물점에서 쇼핑하는 사람들을 실험참가자로 삼았다. 참가자들에게 캔에 담긴 가짜 살충제를 보여주면서 그 사용법을 읽어보라고 했다. 캔에 씌어 있는 이 살충제의 가격은 10달러였다. 참가자들에게 모든 살충제는 잘못 사용하게 되면 호흡 곤란이나 피부염 등의 해를 입힐 수 있다는 사실을 알려주었다(아이가 있는 사람들에게는 피부염 대신 아이들에게 유독하다고 쓰인 주의사항을 읽게 했다). 위험도는 10,000개의 캔당 15명의 피해 사례가 보고되는 정도였다. 이제 참가자들에게 이 위험을 줄이거나 혹은 완전히 없앨 수 있다면 그 대가로 캔당 얼마의 돈을 지불할 용의가 있는지를 물었다. 아이가 없는 사람들에게 이 두 위험을 없앤다면 살충제 한 캔당 얼마를 더 지불할 용의가 있는가를 물었을 때, 이들이 대답한 평균값은 3.78달러였다. 그리고는 반대로 각 위험 가능성이 1/10,000만큼 늘어난다면 얼마나 가격이 인하되어야 할지를 물었다. 그 결과는 충격적이었다. 응답자의 77%가 가격수준과 상관없이 이 살충제를 절대 구입하지 않겠다고 대답했다.

위험을 없애기 위해서 지불할 용의가 있는 가격(WTA)과 위험이 증가하는 것을 용인하기 위해 받아야 한다고 생각하는 가격(WTP) 사이의 엄청난 격차는, 존재하는 위험을 줄이거나 없애지 못해 느끼게 되는 책임감이 주는 비용과 추가적인 비용을 자발적으로 부담해야 하는 경우에 느끼게 되는 책임감이 주는 비용 사이의 차이를 반영하는 것일지도 모른다. 심리학 분야에서도, 법의 원칙 중 작위에 의한 죄와 부작위에 의한 죄 사이의 비대칭성, 그리고 이 비대칭성이 판결에 미치는 영향 등이 연구된 바 있다(Ritov and Baron, 1992). 이 비대칭성은 잘못을 저지른 후에 느끼게 되는 후회와 이에 대한 비난 모두에 영향을 미치며, 이러한 비난과 후회에 대한 예상이 또 다시 행동에 영향을 미치게 된다.

도덕적 판단이 구매가격과 판매가격 사이의 차이에 영향을 미치는 경우가 있다. 비용-편익 분석을 통해 환경영향 평가를 하는 경우가 그렇다. 예를 들어 디즈니사(社)에서 그랜드캐니언을 매입하여 그곳에 지상 최대의 워터 슬라이드를 갖춘 수상공원을 만들 계획을 갖고 있다고 하자. 이 계획을 놓고 비용편익 분석을 한다면 이 사업에서 편익이 비용보다 클지 작을지를 어떻게 확인할 수 있을까? 이 문제를 놓고 여론조사를 할 때 어떤 상황을 현재 상태로 놓는가에 따라 두 가지 형태로 질문을 할 수 있다. 우선 수상공원이 없는 상황을 현재 상태로 놓고 사람들에게 수상공원을 설립하는 데 동의하기 위해서는 얼마를 받아야 한다고 생각하는가 하고 물을 수 있다(즉 WTA를 묻는다). 이와 달리 디즈니사에서 수상공원 설립권을 가지고 있는 상태를 현재 상태로 놓고 수상공원의 설립을 막기 위해 이 설립권을 디즈니사로부터 되사기 위해서 얼마를 지불할 용의가 있는가를 물어볼 수 있다(즉 WTP를 묻는다). 공기가 맑고 잘 관리되고 있는 국립공원을 예로 해서 이 두 유형의 질문에 답하게 하는 방식으로 몇 차례의 조사가 이루어졌다. 대부분의 연구에서 WTA는 WTP를 크게 상회하는 것으로 나타났다(Cummings, Brookshire, and Schulze [1986]를 보라). 사람들의 응답에서 이러한 차이가 발견된다는 것이 지금 하려는 이야기의 전부가 아니다. 이 연구를 자세히 관찰한 후 미첼과 카슨(Mitchell and Carson, 1989, p. 34)은 다음과 같이 지적했다. "WTA를 물어보는 연구를 하다 보면 '난 절대 안 팔 거야'라든가, '여기에 동의하기 위해서는 무한대의 보상 혹은 엄청난 양의 보상을 해야 할 거야' 등등의 저항 섞인 대답이 많이 나온다. 그리고 이처럼 반대의 정도가 극단적인 응답 비율이 50% 이상이 된다." 이와 같은 극단적인 대답에는 핵발전소의 설치나 오수 처리시설의 설치 등 새로운 위험을 받아들이는 것에 대한 지역주민들의 반발에서 볼 수 있는 분노 등과 같은 감정이 반영되어 있다(Kunreuther et al., 1990). 이때 지역에 어떤 보상을 제의하는 것은 문제를 해결하는 데 아무런 도움이 되지 못하는데, 이런 경우 지역 주민들은 이 보상을 일종의 뇌물로 인식하곤 하기 때문이다.[4]

공정성과 정의에 대한 판단

초기부존 효과가 존재한다는 것이 의미하는 바 중 하나는 사람들이 기회비용을 실제비용과 다르게 취급한다는 것이다. 즉 이득을 볼 기회를 잃어버림으로써 느껴지는 상실감이 같은 크기의 실제 발생한 손해보다 덜 고통스럽다는 것이다. 이러한 인식은 사람들이 어떤 행동이 공정한 행동인가를 판단할 때 아주 강하게 나타나곤 한다. 카너먼, 크넷쉬 그리고 세일러(Kahneman, Knetsch, and Thaler, 1986a)는 이 가설을 지지해주는 증거를 제시한다. 토론토와 밴쿠버 지역 주민들에게 전화 문의를 통해 특정한 경제적 행위가 '공정한지'의 여부를 판단하게 하는 실험을 했다. 몇몇 경우에는 동일한 문제를 약간 다른 버전으로 바꾸어서 각각의 집단에게 물어보기도 했다. 각 문제들에 대해 응답자들은 묘사된 행동이 '완전히 공정하다', '받아들일 만하다', '조금 불공정하다' 혹은 '아주 불공정하다' 중 하나로 평가하게끔 되어 있었다. 답변 항목 중 처음 두 항목의 대답이 나오면 이는 '받아들일 만하다'는 범주로 묶었고, 마지막 두 항목의 대답이 나오면 '불공정하다'는 범주로 묶었다. 질문이 이득 볼 기회의 상실로 묘사되는지 실제의 손해로 묘사되는지에 따라 사람들의 공정성에 대한 인식은 다르게 나타났다. 예를 들면 다음과 같다.

질문 1a: 자동차 모델이 너무 잘 팔려 공급 부족 상황이 되어 소비자들은 차를 인도받기까지 두 달을 기다려야 한다. 판매 대리점에서는 지금까지 카탈로그에 표시된 가격으로 차를 팔았는데, 이제 그 가격에 200달러를 덧붙여 가격을 매기려고 한다.

응답자 수 = 130   받아들일 만하다 : 29%   불공정하다 : 71%

질문 1b: 자동차 모델이 너무 잘 팔려 공급 부족 상황이 되어 소비자들은 차를 인도받기까지 두 달을 기다려야 한다. 판매 대리점에서는 지금까지 카탈로그에 표시된 가격에서 200달러만큼 할인된 가격으로 차를 팔았는데, 이제 할인을 중단하고 카탈로그 표시 가격을 그대로 받기로 결정했다.

응답자 수 = 123   받아들일 만하다 : 58%   불공정하다 : 42%

가격을 올리는 것(이는 손실로 인식된다)은 할인을 중단하는 것(이는 이득 기회의 상실로 인식된다)보다 더 불공정한 것으로 고려된다. 이 차이는 왜 기업이 현찰로 대금을 지급할 때보다 신용카드로 대금을 지급할 때 높은 가격을 부여하면서 신용카드를 사용하는 경우 추가 금액을 내야 한다고 말하지 않고 현찰로 대금을 지급하면 추가 할인이 가능하다는 식으로 말을 하는지에 대한 이유가 된다(Thaler, 1980).

실제 일어난 손실과 이득 기회의 상실에 대해 사람들의 반응이 다르다는 것으로부터 왜 기업이 인플레이션 시기에 실질임금을 삭감하기가 더 쉬운지를 이해할 수 있다

질문 2a: 한 기업이 약간의 이윤을 얻고 있다. 같은 지역의 다른 기업들은 불황을 겪고 있으며 그 결과 이 지역의 실업률이 상당히 높은 수준으로 유지되고 있다.

그러나 인플레이션은 없다. 이 기업은 이 상황에서 올해 임금을 7% 삭감하기로 결정했다.

응답자 수 = 125　　　받아들일 만하다 : 37%　　　불공정하다 : 63%

질문 2b: 한 기업이 약간의 이윤을 얻고 있다. 같은 지역의 다른 기업들은 불황을 겪고 있으며 그 결과 이 지역의 실업률이 상당히 높은 수준으로 유지되고 있다. 현재 인플레이션율은 12%이다. 이 기업은 올해 임금을 5% 인상하기로 결정했다.

응답자 수 = 129　　　받아들일 만하다 : 78%　　　불공정하다 : 22%

두 번째 질문에서 7%의 실질임금 삭감은 명목임금의 상승으로 표현되면서 공정한 것으로 받아들여진다. 하지만 사람들은 실질임금의 삭감이 명목임금의 삭감으로 이해되는 첫 번째 상황은 불공정하다고 여긴다.

이러한 답변들에는 사람들이 어떠한 행동을 공정하다고 여기고 또 어떤 행동을 그렇지 않다고 여기는지가 잘 드러난다. 이와 유사한 관점이 사법 판결에서도 많이 발견된다. 미국 연방대법원 대법관 올리버 웬들 홈스(Oliver Wendell Holmes, 1897)는 다음과 같은 말을 남긴 바 있다.

그것은 사람들의 본래 마음속에 있다. 오랫동안 당신이 소유하고 즐겨 사용했던 것은 그것이 소유물이든 견해이든 간에 당신 안에 깊이 뿌리박고 있으며 그것을 잃게 되면 분노하게 된다. 그래서 그것을 지키려고 노력하게 된다. 법보다 이와 같은 사람들의 깊은 본성이 더 중요할 수 있다.

코헨과 크넷쉬(Cohen and Knetsch, 1990)는 "소유는 법의 10분의 9

이다"라는 오래된 표현 속에 담겨 있는 이 원리가 수많은 사법적 견해에도 반영되어 있음을 보여주고 있다. 예를 들어 손해배상법에서도 "지출에 의한 손실과 이득의 상실"을 구별하고 있다. 한 판결의 내용을 보면, 피고의 트럭에서 짐짝이 떨어져 나와 전신주를 들이받으면서 원고의 공장에 전력 공급이 일시적으로 중단된 적이 있었는데, 원고는 판결을 통해 "명시적 지출"(positive outlays)로 간주된 근로자들에 대한 임금 지급분은 배상받을 수 있었지만 "단지 소득을 벌 기회를 상실했다는 암묵적 손해"(negative losses)에 대해서는 배상받지 못했다(p. 18). 계약법에서도 이와 유사한 구별이 존재한다. 사전에 예상하지 못한 이득을 취하기 위해서 계약을 위반한 경우와, 손실을 회피하기 위해서 계약을 위반한 경우 중 전자에 큰 책임을 물리는 경향이 있다.

보충설명

경제이론과 어긋난 현상이 일어난다는 것이 바로 경제적 이상현상의 본질이다. 그렇다면 그 다음 질문은 이 문제를 어떻게 다루어야 하는가이다. 많은 경우 경제이론을 어떻게 수정해서 사실과 부합하게 만들 것인가에 대한 명시적인 해결책은 없다. 우리에게 알려진 것이 너무 적기 때문일 수도 있고, 혹은 그러한 이론상의 변화가 이론을 너무 복잡하게 만들어 이론의 예측력을 심각하게 떨어뜨릴 수 있기 때문일 수도 있다. 초기부존 효과, 현상유지 바이어스, 그리고 손실회피 등으로 불리는 이상현상은 이런 점에서 예외적인 편이다. 왜냐하면 이 현상들을 둘러싸고는 이론의 수정이 가능하고 또 어떻게 수정해야 하는지도 분명하기 때문이다.

그렇다고 해서 사소한 정도로 이론적 수정이 이루어진다는 것은 아니다. 안정적 선호체계라는 개념은 폐기되어야 하며 선호란 현재 상태 혹은 준거점에 의존한다는 것이 받아들여져야 한다. 이렇게 수정된 선호 이론은 현재 상태에 특별한 역할을 부여하게 될 것이고, 지금껏 데이터와 부합하지 않던 선호의 안정성, 대칭성, 그리고 가역성 등의 표준적 가정들은 폐기되어야 할 것이다. 하지만 이러한 작업은 그럭저럭 할 만한 작업이다. 또한 이러한 선호 이론을 무차별곡선을 이용하여 설명하기 위해서는 각 준거점별로 무차별곡선을 그리면 될 것이다. 즉 무엇을 어떻게 해야 할지 뚜렷하다(Tversky and Kahneman, 1991). 결과를 평가할 때 어떤 요인들이 준거점을 결정하게 되는지도 상당히 잘 알려져 있다. 현재 상태의 역할, 소유의 역할, 그리고 기대의 역할 등은 아주 잘 정립되어 있어서, 분석마다 적절한 준거점의 위치를 규정하는 데에 적절히 사용되고 있다.

새뮤얼슨과 제크하우저가 지적하듯이 현재 상태의 역할을 무시하는 합리적 모델은 "실제 세계에서 관측되는 것보다 더 큰 불확실성"을 예측하는 경향이 있다. 마찬가지로 손실회피를 무시하는 모형은 현실에서 관측되는 것보다 대칭성과 가역성은 더 클 것으로 예측하고, 이득과 손해에 대한 반응의 크기가 다를 것이라는 사실은 무시한다. 예를 들어 가격의 상승에 대한 경제주체의 반응과 가격의 하락에 대한 경제주체의 반응은 항상 거울 이미지처럼 서로 대칭적으로 나타지 않을 수도 있는데, 경제이론에서는 이 점이 무시되는 경향이 있다. 손실회피 효과가 가리키는 바를 좀더 일반적으로 표현하면 경제변수들의 **변화**에 대한 반응을 다룰 때 좋은 방향으로의 변화와 나쁜 방향으로의 변화를 따로 나누어서 분석해야 한다는 것이다. 이러한 구별을 도입함으로써 이론상 복잡성이 조금 증가할지는 모르지만 그 대가로 예측력을 크게 개선시킬 수 있을 것이다.

이 주제를 둘러싼 연구가 10년 넘게 진행되면서 우리는 점점 초기부존 효과, 현상유지 바이어스, 그리고 손실회피 효과가 중요하고 결코 예외적인 현상이 아니라는 확신을 갖게 되었다. 이제 우리는 이 아이디어가 우리의 지적 초기부존의 일부가 되고 있음을 받아들여야 할 것이고, 우리는 본성에 따라 그 아이디어를 획득할 때보다 더 많은 노력을 기울여 그 아이디어를 지키고자 할 것이다.

| 저자 미주 |

1 이 두 무차별곡선은 서로 다른 개인들로부터 얻어진 것이다. 하지만 피실험자들이 두 그룹에 무작위적으로 배치된 것이기 때문에 교차하는 두 개의 무차별곡선 모두를 한 명의 대표적 개인의 것으로 가정해도 무리가 없다.

2 이 두 집단들 사이에 소득 및 전력 소비의 차이는 미미했으며, 그 차이는 결과에 통계적으로 유의미할 정도로 영향을 미치지 않는 것으로 드러났다. 이 결과를 학습 혹은 습관화 과정으로 설명할 수 있을까? 다시 말해 전력 공급이 다소 불안정한 서비스를 받고 있던 집단은 이미 잦은 정전 사고에 대비하는 방법을 체득하고 있거나 혹은 저녁식사 때에 촛불을 켜면 더 로맨틱하다는 것을 발견한 것은 아닐까? 이러한 가능성도 배제할 수는 없다. 하지만 여기서 강조되어야 하는 것은 앞서 살펴본 새뮤얼슨과 제크하우저의 머그잔 실험 결과를 학습 혹은 습관화 과정으로 설명할 수는 없다는 것이다. 즉 관측된 효과 중 최소한 일부는 순수한 현상유지 바이어스 때문인 것으로 보인다.

3 손실회피가 모든 거래에 다 적용되는 것은 아니다. 보통의 상업 거래에서 판매자가 재화를 판매할 때, 그 재화가 없어졌다는 것으로부터 상실감을 느끼거나 하지는 않는다. 더 나아가 구매자들이 재화를 구입하는 데 쓴 돈을 손실이라고 여기는 것도 아니다. 손실회피란 재화의 소유자가 그 재화를 재판매를 위해서가 아니라 자신이 사용하고자 구입한 경우에, 그 재화의 소유자에게 나타나리라 예측되는 현상을 말한다.

4 이론과 사람들이 실제 중시하는 것이 크게 어긋나는 상황이다. 가치평가를 하는 사람들이 현장 사람들의 목소리보다는 이론이 뭐라 하는지에 더 관심을 기울이는 것도 흥미로운 현상이다(Cummings, Brookshire, and Schulze, 1986). 예를 들어 가치평가를 할 때, 소득 효과가 작다면 WTP와 WTA는 큰 차이가 없을 것이라는 이론적 주장에만 의존한 채, WTA는 묻지 않고 WTP가 얼마인가만을 물음으로써 가치를 평가하려고 시도하곤 한다.

7

선호역전

* 아모스 트버스키(Amos Tversky)와 함께 씀.

⚘ ⚘ ⚘

이길 확률이 높은 대신 상금이 낮은 A라는 도박과, 이길 확률은 낮지만 상금 액수가 큰 B라는 도박이 있다고 하자. 두 도박 중 하나를 선택하라고 하면 사람들은 대부분 승리 확률이 높은 도박을 선택하지만, A라는 도박과 B라는 도박을 할 권리에 대해 가격을 책정하라고 하면 상금 액수가 큰 B도박에 더 큰 가치를 부여한다. 이러한 현상을 가리켜 '선호역전'이라고 부른다. 이 장에서는 선호역전이 무엇 때문에 일어나는지에 대해 대표적으로 세 가지 견해를 검토하고 있다. 첫 번째 검토하게 될 견해는 선호역전이 사람들 선호체계에서 이행성이 충족되지 않기 때문에 발생하는 현상이라고 본다. 두 번째 견해는 선호역전이 이행성은 충족되지만 절차적 불변성이 충족되지 않기 때문에 발생하는 현상이라고 본다. 저자는 이 두 견해 모두 선호역전을 제대로 설명하지 못한다고 평가하고 있다. 저자가 가장 호의적으로 평가하는 세 번째 대안적 설명은 일치성 가설이라고 불리는 것이다. 일치성 가설에 의하면, 어떤 도박에 대한 평가 기준이 이길 확률과 상금의 크기 두 가지일 때, 가격을 책정하라고 물으면 가격과 동일한 단위를 갖는 상금의 크기에 더 주목하게 되어 더 큰 상금을 주는 도박에 더 높은 가격을 부여하는 경향이 있다는 것이다. 따라서 두 도박 중 하나를 선택하는 문제에서는 돈을 딸 확률이 높은 도박을 선택하고, 두 도박에 대해 가격을 부여하라는 문제에서는 상금이 큰 도박에 높은 가격을 부여하는 경향, 즉 선호역전이 발생하게 된다는 것이다. 이러한 결론이 주는 함의는 선호의 불변성이라는 경제이론의 전제와 달리, 선호란 사람들이 선택을 하는 과정에서 혹은 판단을 내리는 과정 중에 형성되며, 선택이나 판단을 내리게 되는 절차나 당시의 맥락에 의해 크게 영향을 받는다는 것이다. 이러한 견해는 "선호란 논의의 여지도 없다"(De Gustibus non est Disputandum)는 경제이론의 전제와 정면으로 부딪힌다. 최근 선호의 내생성이라는 주제의 연구와도 맥이 닿아 있는 논의인데, 경제학의 틀 내에서 이 문제가 어떻게 다루어질 것인지 관심이 간다. 〔옮긴이〕

⚘ ⚘ ⚘

당신에게 흥미로운 일거리가 하나 생겼다. 작은 중동 국가의 교통부장관이 두 개의 고속도로 안전 프로그램 중 어떤 것을 채택할 것인가와 관련하여 당신에게 조언을 구했다. 현재, 이 지역에는 1년에 600명이 교통사고로 사망하고 있다. 사상자 수를 줄이기 위해 두 개의 프로그램을 고려하고 있는데, 프로그램 A는 연간 사상자 수를 570명으로 줄일 것으로 기대되는데, 이에 따른 비용은 1,200만 달러가 들 것으로 추정된다. 프로그램 B는 연간 사상자 수를 500명으로 줄일 것으로 기대되고 비용은 5,500만 달러가 들 것으로 추정된다. 장관이 당신에게 묻고자 하는 것은 어떤 프로그램이 유권자들을 더 행복하게 만들 수 있겠냐는 것이었다.

당신은 두 개의 여론조사기관을 고용했다. 첫 번째 여론조사기관은 시민들에게 두 프로그램 중 어떤 프로그램이 더 나은지를 물어보았다. 응답자의 2/3가 비용이 더 크지만 사상자 수를 더 많이 감소시키는 프로그램 B가 더 좋다고 답했다. 두 번째 조사기관은 다음과 같은 '매칭' 절차(matching procedure)를 사용하여 분석을 시도했다. 즉 응답자에게 두 프로그램에 대해 그 효과와 비용에 대한 위와 같은 정보를 주면서도, 프로그램 B를 시행하는 데 드는 비용이 얼마인지는 알려주지 않았다. 그 대신 시민들에게 프로그램 B에 얼마의 비용이 들면 이 두 프로그램이 동일한 매력을 갖게 될 것인지를 물어보았다. 이 조사기관은 이 질문에 대한 그들의 대답으로부터 두 프로그램에 대한 응답자의 선호를 추론할 수 있을 것이라고 판단했다. 즉, 어떤 응답자가 프로그램 B를 시행하는 데 드는 비용이 5,500만 달러보다 적을 때 이두 프로그램이 무차별하다고 느낀다면, 그것은 그가 B보다는 A를 선호한다는 말이 될 것이다. 반면에, 두 프로그램이 동일한 매력을 주게끔 해주는 프로그램 B의 비용 수준이 5,500만 달러가 넘는다고 대답하는 응답자라면, 현재의 비용 조건에서는 A보다 B를 선호해야 할 것이다. 그런데 매칭 절차를 사용한 두 번째 여론조사기관의 결과에 따르면 90% 이상의 응답자가 5,500만 달러보다 적은 값을 제시했다. 그렇다면 사람들은 프로그램 B보다 A를 더 선호했다는 것을 뜻한다.

이것은 분명 이해가 가지 않는 결과이다. 사람들에게 두 개의 선택 사항을 제시하고 이 중 하나를 고르라고 했을 때는, 과반수를 넘는 사람들이 B를 선택했었다. 그러나 이 선택 사항들을 놓고 그 가격(즉, 비용)에 대해서 질문하자 과반수를 훨씬 넘는 수가 B보다 A가 더 좋다는 것을 암시하는 값을 제시했다. 실제로 첫 번째 기관이 실시한 간단한 선택으로부터 도출된 인간 생명의 암묵적 가치는 두 번째 기관이 사용한 매칭 과정으로부터 도출된 값의 두 배 이상이 된다.

이제 장관에게 뭐라 말할까? 당신은 이 결과를 어떻게 해석해야 하는지를 결정하기 위해 담당자 회의를 소집했다. 어쩌면 조사자 중 한 명이 실수를 했을지도 모른다. 아니면 특히 중동지방에서 사람들은 이 문제가 인간 생명과 직결된 문제라고 바로 생각하지 못했을지도 모른다. 그러나 담당자 한 사람이 두 개의 조사 결과가 모두 믿을 만한 것일 수 있다는 이야기를 하면서 일군의 심리학자들[1]의 연구를 소개했다. 그에 따르면 이 심리학자들은 지금 이야기하고 있는 바로 이와 유사한 결과가 직원 고용, 소비재 구입, 저축 계획 등의 보다 광범위한 영역에서도 마찬가지로 나타난다는 것을 보여주었다고 한다. 이 심리학자들은 현대 의사결정 이론이 전제하고 있는 선호의 개념은 경제학자들이 일반적으로 가정하는 것보다 더욱 복잡하다고 결론을 내렸다. 왜냐하면 질문 방식을 바꾸는 것이 때때로 완전히 다른 선호 순서를 낳기 때문이다. 글쎄? 어쨌든 장관은 당신의 조언을 기다리고 있다.

지난 20년간, 어떤 프로젝트가 위험을 수반할 때, 그 선택을 둘러싸고 나타나는 비일관성의 문제는 경제학자들과 심리학자들을 곤혹스럽게 해왔다. 피실험자들이 우선 거의 동일한 기대가치를 가지는 두 개의 도박 중 하나를 선택하도록 요구받는다고 하자. 하나는 H라고 불리는 것으로(이길 확률이 높다는 의미에서 High, 즉 H라고 쓰자) 이길 확률은 높지만 상금이 낮다(예컨대, 이길 확률 8/9에 상금 4달러). 반면에,

다른 도박은 L이라고 불리며(이길 확률이 낮다는 의미에서 Low, 즉 L이라고 쓰자) 이길 확률은 낮지만 상금이 높다(예컨대, 이길 확률 1/9에 상금 40달러). 실제로 대부분의 피실험자들은 상금이 적지만 이길 확률이 높은 H도박을 선택한다. 이번에는 피실험자에게 각 도박의 가격에 대한 질문을 한다. 즉 그들이 어떤 도박을 할 권리를 갖고 있다고 할 때, 최소 얼마의 금액이면 그 도박을 할 권리를 다른 사람에게 팔 마음이 생길지를 물어보는 것이다. 놀랍게도 대부분의 피실험자들은 L도박에 대해 더 높은 가격을 받고자 한다(최근 연구를 보면, 피실험자의 71%가 두 도박 중 하나를 선택하라는 질문에 대해서는 H를 선택했는데, 도박할 권리를 팔 마음이 생기는 가격이 얼마인가를 물었을 때는 67%가 H보다 L에 높은 가격을 매겼다). 이러한 패턴을 **선호역전**(preference reversal)이라고 한다. 새라 리히텐슈타인과 폴 슬로빅이 처음으로 이러한 역전 현상이 존재한다는 것을 증명했다(Sarah Lichtenstein and Paul Slovic, 1971, 1973). 이들 연구 중 하나는 라스베이거스의 '포 퀸스' 카지노에서 도박사와 함께 실제 돈을 가지고 시행된 것이었다.

리히텐슈타인과 슬로빅이 이 현상을 발견한 것은 우연이 아니었다. 이들은 이전의 연구에서도(Slovic and Lichtenstein, 1968), 도박할 권리를 사고팔 때의 가격을 결정하는 문제에서는 사람들이 이길 확률보다 도박의 상금(즉, 보수)을 더 중요하게 고려하지만, 두 도박 사이에 어떤 것을 선택할 것인가의 문제에서는 보수보다는 이기고 지는 확률을 더 중요하게 고려한다는 사실을 발견한 바 있었다. 이들은 이 결과를 다음과 같이 설명했다. 만약 선호를 도출하기 위해 어떤 방법을 사용하느냐에 따라, 사람들이 도박의 구성요소(이길 확률 혹은 보수)에 부여하는 상대적 가중치가 달라진다면, 같은 사람이 두 개의 도박 중 어느 하나를 선택했으면서도 가격을 매길 때는 다른 하나에 더 높은 가격을 매기는 것이 가능할 수도 있다는 것이다. 그리고 이러한 예측은 실험을 통해서도 확증되고 있다.

선호역전 현상은 경제학에서는 지금껏 거의 다루어지지 않았던 문제들, 즉 선호의 개념을 어떻게 실제의 분석에 이용할 수 있을까 등의 문제를 제기한다. 만약 B가 선택 가능한 데도 A가 선택되거나 혹은 B보다 A의 잠재가격(reservation price)이 더 높다면, 우리는 옵션 B보다 옵션 A가 더 선호된다고 말한다. 경제학에서는 선택을 둘러싼 의사결정 과정을 분석할 때, 무엇보다 무엇을 더 좋아한다는 선호의 순서는 변하지 않는다고 가정한다. 이를 절차적 불변성(procedure invariance)이라 부르는데, 절차적 불변성이란 가정을 명시적인 공리로 채택하고 있는 경우는 거의 없지만, 선호관계가 잘 정의되어 있다는 전제하에서 분석을 진행하기 위해서는 반드시 필요한 조건이다. 절차적 불변성 가정은 선호에 대한 연구에서만 유일한 것은 아니다. 예를 들어 질량을 측정할 때, 우리는 어떤 물체가 더 무거운지를 결정하기 위해 접시저울이나 스프링저울을 이용할 수 있는데, 어떤 방법으로 측정하든지 무거운 것에서 가벼운 것까지의 질량 순위는 변하지 않을 것이다. 그러나 질량이나 길이와 같은 물리적 특성을 측정하는 것과는 달리, 선호는 도출하는 방법에 따라 때때로 다른 선호 순서를 나타낸다는 것이 문제이다.

선호역전 현상은 데이비드 그레더와 찰스 플롯(David Grether and Charles Plott, 1979)에 의해 경제학자들에게 소개되었는데, 이들은 경제학 분야에 응용된 "심리학자들의 연구가 틀렸음을 보여주기 위해" 일련의 실험을 디자인한 것이었다(p. 623). 이들은 선호역전 현상이 경제이론에 부적절한 개념임을 보여줄 수 있다고 판단되는 13개의 사례 목록을 뽑는 것으로 시작했다. 그들의 목록에는 동기 부족(poor motivation), 소득 효과(income effect), 전략적 대답(strategic responding), 그리고 실험자들이 심리학자라는 사실(심리학자들의 실험이기 때문에 피실험자들이 실험에 대해 어떤 낌새를 눈치 챔으로써 평소와 다르게 희한하게 행동할 가능성) 등이 포함되어 있었다. 그레더와 플롯은 다양한 방법으로 선호역전을 제거하려고 하였으나(예를 들면, 특별한 인센티브 시스템을 도입한다든가 하는 방법으로) 소용이 없었다. 선호역전은 오히려 순수하게 가설적인 상황에서 질문에 답하도록 요구받은 통제 집단의 피실험자들보다 실제로 금전적 동기가 주어진 피실험자들 사이에서 더 일반적으로 나타났다. 그 후 계속해서 경제학자와 심리학자들은 절차에 변화를 주면 다른 행동이 나타나는지에 대한 연구를 진행했는데, 이들 연구에서도 앞서와 유사한 결론에 도달하게 되었다(초기 연구에 대한 소개로는 슬로빅과 리히텐슈타인의 논문[Slovic and Lichtenstein, 1983]을, 그리고 이후 연구에 대한 소개로는 트버스키, 슬로빅 그리고 카너먼의 논문[Tversky, Slovic, and Kahneman, 1990]을 보라).

실험 연구들을 통해 선호역전 현상의 유효성이 확립되고 그것이 우연적인 현상이 아니라는 것이 밝혀졌음에도 불구하고, 이에 대한 해석은 여전히 분분하다. 이 문제를 좀더 엄밀히 다루기 위해 몇 가지 기호를 사용하도록 하겠다. 일단 C_H와 C_L을 각각 H도박과 L도박의 현금등가치(cash equivalent), 즉 이 도박을 할 권리를 판다면 최소한 받아야 한다고 생각하는 금액을 의미하는 것으로 사용하자(여기서 H도박은 이길 확률이 높고, L도박은 이길 확률이 낮은 도박이었음을 기억하라). 그리고 >는 상대적으로 강한 선호, 그리고 ≈는 무차별함을 나타낸다고 하자. 선호역전이란 H가 L보다 선호되지만 H보다 L에 높은 가격이 책정되는 현상을 의미하므로, 이를 기호를 써서 표현하면, H>L이지만, C_L >C_H로 나타낼 수 있다. 여기서 >는 여러 대안들 사이의 어떤 것이 더 좋은지를 나타내주는 선호관계를 의미하는 반면에, >는 현금 총액의 대소관계를 나타낸다.[2] 이를 통해 선호역전이란 선호관계(즉 >)의 비이행성을 의미하거나 혹은 절차적 불변성이 성립하지 않는 것을 의미하는 것으로, 혹은 이 두 가지 모두를 의미하는 것으로 볼 수 있음을 쉽게 이해할 수 있다. 만약 절차적 불변성이 유지된다면 의사결정자가 도박 B와 현금 X를 무차별하게 느낀다는 말과 도박 B의 현금등가치가 현금 X와 같다는 말, 즉 $C_B = X$란 말은 동일한 말임을 기억하라. 따라서 절차적 불변성이 성립되는 데 선호역전이 일어났다면, 여기에는 반드시 다음과 같은 비이행적 선호 패턴이 있었기 때문일 것이다. (* 즉 선호역전 현상이 관찰되었다면 H>L이지만 CL > CH이었다는 말이고, 절차적 불변성이 성립하고 있다면 CH≈H, L≈CL이 성립해야 하므로 다음과 같은 비이행적 선호 패턴을 낳게 된다.)

$$C_H \approx H > C_L \approx L > C_H$$

여기서 선호부등호(>)는 우리가 관찰한 선호역전 현상을 나타내주고 있으며, 선호등호(≈)는 절차적 불변성 가정에 따른 것이다.

절차적 불변성은 당연히 성립하는 것으로 받아들여지기 때문에, 많은 연구자들이 선호역전을 비이행성의 문제로 해석하고 이를 다루기 위한 비이행적 선택 모형을 제시해왔다(룸스와 서그덴〔Loomes and Sugden, 1983〕, 피시번〔Fishburn, 1985〕을 참조하라). 그러나 선호역전은 비이행적 선호와 달리 순환적인 선택을 의미하지 않는다. 즉, 절차적 불변성이 지켜진다는 전제하에서 선호역전 현상을 비이행적 선호 때문에 나타난 것으로 해석할 수도 있지만, 우리가 절차적 불변성이란 가정만 버린다면 선호역전 현상은 이행성과 부합하는 것일 수도 있다. H와 L 중에 하나를 선택하라고 하면 H를 선택하지만, 각 도박에 대해 가격을 정하라고 물으면 L에 높은 가격을 부여한다는 의미에서, 선택과 가격 책정 사이의 불일치가 선호역전 현상[3]을 일으킨다. 이는 도박 L에 대해 과도히 높은 가격을 책정하거나 도박

H에 대해 지나치게 낮은 가격을 책정하기 때문이다. L의 가격을 과도하게 높게 책정한다는 것은, 의사결정자가 도박 L과 그 도박에 대한 잠재가격만큼의 현금 중에 하나를 선택할 때 도박 자체보다 그 도박의 잠재가격만큼의 현금을 더 선호한다는 것, 즉 $C_L > L$이라는 것을 의미한다. 마찬가지로 H의 가격을 과도하게 낮게 책정한다는 것은, 의사결정자가 도박 H와 그 도박에 대한 잠재가격에 해당하는 금액 중 하나를 선택할 때 그 도박을 그 도박의 잠재가격에 해당하는 금액보다 더 선호한다는 것, 즉 $H > C_H$이라는 것을 의미한다(가격을 지나치게 높게 책정하거나 가격을 지나치게 낮게 책정한다는 말은 단순히 가격 책정과 선택 사이의 불일치를 의미할 뿐이다. 이 말 자체는 선호역전이 '진정한' 선호의 표현이라는 말도 아니고, 잠재가격에는 바이어스가 내포되게 마련이라는 의미도 아니다).

이와 다르게, 선호역전 현상이 현금등가치를 도출하기 위해 사용된 보수체계 때문에 나타난다고 보는 견해도 있다. 피실험자들의 신뢰성 있는 응답을 유도하기 위해 연구자들은 베커, 디그루 그리고 마르샥의 연구(Becker, DeGroot, and Marschak, 1964)에서 처음 시도되었던 소위 BDM 절차(* 위 세 사람 이름의 첫 자를 따서 그렇게 부른다)라고 부르는 다음과 같은 보수체계를 이용하고 있다. 1) 피실험자들이 도박의 권리를 얼마에 팔고자 하는지, 즉 도박에 대한 판매용의가격이 얼마인지를 미리 말하게 한다. 2) 그런 후에 난수발생 절차를 통해 그 도박을 사겠다는 제안 금액을 만들어내서 피실험자에게 제시한다. 3) 피실험자들은 만약 그렇게 들어온 제안금액이 자신이 언급한 판매용의가격을 초과하면 제안을 받아들여 도박 권리를 팔지만, 언급한 가격이 제안금액을 초과하면 도박 권리를 팔지 않고 자신이 직접 도박을 하게 된다. 하지만 피실험자들에 의해 미리 언급된 가격은 피실험자가 직접 도박을 할 것인지 아니면 제안된 현금을 받고 도박할 권리를 남에게 팔 것인지를 결정할 뿐이지, 실제 판매용의금액을 의미하는 것은 아닐 수 있다는 것이 여러 학자들에 의해 제시된 바 있다. 만일 피실험자가 기대효용을 극대화하는 사람이라면 피실험자가 언급한 가격은 실제 그의 판매용의금액과 일치하게 된다. 다시 말해 피실험자가 기대효용을 극대화하는 사람이라면 그가 도박의 권리에 대한 판매용의가격을 이야기할 때 그 도박에 대한 실제 자신의 현금등가치와 다르게 이야기할 유인을 갖지 않는다는 말이다(이때 이 절차는 유인일치적이라고 이야기한다). 그러나 홀트(Holt, 1968), 카르니와 사프라(Karni and Safra, 1987), 그리고 시걸(Segal, 1988)이 밝힌 바와 같이, 만약 의사결정자가 기대효용 이론의 독립성 공리"를 지키지 않는다면, BDM 과정은 더 이상 피실험자가 언급한 판매가격이 도박의 현금등가치와 일치할 것이라는 보장을 하지 못한다. 실제로 카르니와 사프라는 BDM 과정에서 일어나는 선호역전 현상이 비선형확률을 사용한 일반화된 기대효용 이론 버전에 부합한다는 것을 보여주고 있다.

자, 지금까지 우리는 선호역전에 대해 세 가지 서로 다른 설명들을 살펴보았다. 즉 지금까지 살펴본 설명들에 따르면 선호역전은 1) 이행성이 위배되거나 2) 절차적 불변성이 위배되는 경우, 그리고 3) 마지막으로 독립성 공리가 위배되는 경우에 나타날 수 있다. 어떤 설명이 올바른지를 결정하기 위해 우리는 두 가지 과제를 해결해야 한다. 첫째, 어떤 문제가 나타났을 때 그것이 이행성이 지켜지지 않아서 나타난 것인지 아니면 절차적 불변성이 지켜지지 않아서 나타난 것인지를 구별해줄 수 있는 실험이 필요하다. 둘째, 기대효용 원리에 의존하지 않는 유인일치 보수체계가 필요하다는 것이다. 트버스키, 슬로빅 그리고 카너먼의 최근 연구(Tversky, Slovic, and Kahneman, 1990)는 바로 이 두 조건 모두를 충족시키면서 진행된 연구이다.

선호역전이 이행성이 위배되면서 나타나는 것인지 아니면 절차적 불변성이 위배되면서 나타나는 것인지를 구별하기 위해서, 이들은 원래의 실험디자인을 확장시켜 기존의 H와 L의 선택에 이와 비교할 수 있는 현금 X를 포함시켰다. 즉, 피실험자들이 서로 다른 {H, L, X} 조합들을 두 개씩 비교해서 각각의 조합들에 대한 선호 순서를 나타내도록 했다. 이제 다음과 같은 방법으로, 피실험자들은 각 도박의 현금가치 C_L과 C_H를 계산했다. 앞서 살펴본 것과 같이 전형적인 선호역전 패턴이 나타난다면, H>L이고 $C_L>C_H$일 것이기 때문에 $C_L>X>C_H$를 만족하는 X값이 반드시 존재할 것이다. 이를 이용하면 각각의 선호역전 현상이 비이행성 때문에 나타나는 것인지, 아니면 L에 대한 과도하게 높은 가격 설정과 H에 대한 과도하게 낮은 가격 설정 때문에 나타난 것인지, 아니면 둘 다 때문인지를 판단할 수 있다. 예를 들어, 만약 피실험자가 H와 L 사이의 비교에서는 H>L인데, X와 비교했을 때 L>X와 X>H의 선호를 나타내었다면 이 선호는 비이행적이라고 판단할 수 있다. 그러나 만약 이행성에는 문제가 없는데 절차적 불변성이 지켜지지 않아서, 다시 말해 피실험자가 L의 가격을 높게 책정했기 때문에 선호역전이 나타난 것이라면 그들의 응답 패턴은 X>L과 X>H이어야 할 것이다(피실험자는 X보다 L의 가격을 더 높게 산출하지만 X와 L 사이에서 하나를 고르라고 한다면 여전히 X를 선택한다). 이렇게 되면 이러한 패턴은 선호역전임에도 불구하고 이행적이라는 말이 된다.

이 연구의 결과는 매우 명확하다. 광범위한 범위의 보수들을 포괄하는 {H, L, X} 조합 18개를 이용하여 실험을 한 결과 40~50%에 달하는 선호역전을 발견할 수 있었는데, 그 중 10%만이 이행성을 위배한 것이었고, 나머지 90%는 절차적 불변성을 위배하는 것이었다. 따라서 드러난 선호역전의 거의 대부분은 도박 L의 가격을 과도하게 높게 매겼기 때문에 나타나는 것으로 드러났는데, 이 원인이 관찰된 패턴의 약 2/3를 설명해준다(만약 피실험자들이 아무 생각 없이 무작위적으로 선택한다면 이때 나타나게 될 선호역전 비율의 기대치는 25%가 될 것임을 기억해두자).

이제 비이행성이란 선호역전의 주요 원인이 되지 못한다는 것을 확인했으니, 다음으로 우리의 관심을 두 번째 문제인 보수체계의 효과로 돌려보자. 카르니와 사프라의 연구(Karni and Safra, 1987)는 기대효용 이론에 의존하지 않고 도박의 현금등가치를 유도할 수 있는 유인일치 보수체계를 고안하는 것은, 가능하더라도 매우 어려운 일임을 보여주고 있다. 다행히도 선호역전을 증명하는 데 실제 판매용의 가격을 도출할 필요는 없고, 그 가격들 간의 순서만 정할 수 있으면 충분한데, 순서를 정하는 것은 가격의 절대적 수준을 도출하는 것에 비해 훨씬 약한 조건하에서도 가능하다. 피실험자에게 다음의 두 과제가 제시되었다고 하자. 하나는 ① 각각의 도박에 대해 그 도박을 할 권리에 대해 가격을 결정하는 것, 그리고 ② 모든 도박을 두 개씩 짝지어, 각 쌍에 포함된 두 개의 도박 중 어떤 것이 좋은지를 선택하는 것이다. 아울러 피실험자에게는 실험의 마지막에 도박 쌍들 중 하나를 무작위로 선택하여 실제로 도박을 할 것이라고 말해준다. 어떤 도박을 실제로 할 것인지 결정하기 위해, 우선 난수발생장치를 이용하게 되는데, 이에 따라 피실험자들이 결정한 가격에 입각하여 도박을 하게 될지(즉, ①에서 답한 자료를 기초로), 아니면 쌍으로 이루어진 두 개의 도박 사이에서 어떤 것이 좋은지 선택한 이미 내린 결정에 따라 자신이 선택한 그 도박을 하게 될지(즉, ②에서 답한 자료를 기초로)를 무작위적으로 결정한다. 만일 ②에서 답한 자료를 기초로 도박을 하기로 결정된다면, 피실험자들은 앞의 과제에서 자신들이 어떤 도박이 더 좋은지를 선택한 결과에 따라 그 도박을 실제로 하게 될 것이다. 만일 ①에서 답한 자료를 기초로 도박을 하기로 결정된다면, 피실험자들은 자신들이 더 높은 가격을 책정한 도박을 실제로 하게 될 것이다.

서수적 보수체계(ordinal payoff scheme)라고 불리는 이 과정에서 피실험자가 제안한 가격은 쌍으로 이루어진 두 개의 도박 중에서 어떤 것에 더 높은 가격을 매겼는지에 따라 도박들 간에 순서를 정하는 수단으로만 사용된다(* 즉 피실험자가 결정한 가격의 절대적인 수준은 의미가 없고, 오직 어떤 도박에 더 높은 가격이 부여되었는지 그 상대적 수준만이 문제가 된다). 따라서 피실험자가 기대효용극대화를 하든 말든, 일관성을 가지기 위해서는 과제 ①에서 피실험자가 매긴 가격을 기초로 도박에 대해 선호의 순서를 매긴 결과와, 과제 ②에서 피실험자가 두 개의 도박 사이에서 어떤 것이 더 좋은지에 대한 선택을 기초로 도박에 대해 선호의 순서를 매긴 결과가 일치해야 한다. 따라서 만약 앞서 관찰된 선호역전이 기대효용 이론의 실패로 인한 것이라면, 서수적 보수체계하에서는 역전이 발생하지 않아야 한다. 이 예측은 명백하게 반증된다. 선호역전의 발생률은 실험자가 BDM을 사용할 때나, 위의 서수적 보수체계를 사용할 때, 심지어 보수체계를 전혀 사용하지 않을 때도 거의 같게 나타났다(40%에서 50%). 즉 선호역전이 BDM 과정 때문에 나타나는 것이 아니라는 것이다. 따라서 선호역전은 기대효용 이론의 독립성이 위배되기 때문에 나타난 것이 아니다.

트버스키, 슬로빅 그리고 카너먼이 수행한 연구의 결론은 다음과 같이 정리될 수 있을 것이다. 첫째, 이행성의 위배만으로는 오직 선호역전 패턴의 일부분밖에 설명할 수 없다. 둘째, 선호역전은 보수체계를 어떻게 짰는지에 의해서는 거의 영향을 받지 않는다. 따라서 기대효용 이론의 실패가 선호역전의 원인은 아니다. 셋째, 선호역전의 주요한 원인은 절차적 불변성의 실패, 특히 도박 L에 높은 가격을 책정하기 때문이다. 즉, L의 최소판매용의가격이(H와는 관계없이) 도박과 현금 사이의 선택과 비교해 너무 높게 매겨졌기 때문이다. 이러한 결론은 이들과 조금 다른 실험디자인을 사용한 보스틱, 헤른스타인 그리고 루스(Bostic, Herrnstein, and Luce, 1989)의 최근 연구에 의해서도 지지되고 있다.

그렇다면 이로부터 새로운 의문이 생긴다. 왜 사람들은 확률은 낮지만 보수가 높은 도박에 더 높은 가격을 매길까? 확실한 10달러가 1/3의 확률로 40달러를 따는 도박보다 더 좋다고 말하는 사람들이 왜 이 도박에 10달러보다 높은 현금등가치를 부여할까? 연구에 의하면, 얼핏 이해가지 않는 이 현상은 사람들의 판단과 선택에서 일치성 원리(principle of compatibility)가 중요한 역할을 하기 때문에 나타나는 결과라고 한다.

일치성 가설

자극-반응 일치성이라는 개념은 지각과 운동수행 능력에 대해 연구하던 학생들에 의해 소개되었다. 예를 들어, 가스레인지 위에 네 개의 버너가 정사각형 모양으로 배열되어 있는 경우에는, 불의 세기를 조절하는 조작손잡이들도 정사각형 모양으로 배열되어 있는 편이 일렬로 배열되어 있는 경우보다 사용하기 편리하다. 슬로빅, 그리핀 그리고 트버스키(Slovic, Griffin, and Tversky, 1990)는 이 개념을 확장시켜 판단이나 선택에 영향을 주는 자극의 가중치는 반응의 단위와 자극의 단위가 얼마나 일치하는가에 달려 있다고 주장했다. 이러한 주장을 가리켜 단위 일치성 가설(scale compatibility hypothesis)이라고 부르는데, 이러한 단위 일치성 가설은 다음과 같은 두 가지 의미를 갖고 있다. 첫째, 만약 자극의 단위와 반응의 단위가 서로 일치하지 않는다면 하나의 단위를 다른 하나의 단위와 관련짓기 위해서 추가적인 노력이 소요되어야 한다는 것이다. 그 과정에서 노력은 더 들어가지만 실패할 가능성도 높아져, 그 결과 자극의 효과를 감소시킬 수 있다. 둘째, 반응 모드는 자극에 주의를 기울일 때 단위가 일치하는 특성들에 좀더 주의를 집중시키는 경향이 있다. 일치성을 수식을 이용하여 정의할 길도 없고 그것을 측정하는 방법도 없기 때문에 일치성에 대한 분석은 엄밀하지도 않고 불완전하게 마련이다. 그럼에도 불구하고 많은 상황에서 일치성 요구는 충분히 명확히 존재하기 때문에 실험 연구가 가능하다.

슬로빅, 그리핀 그리고 트버스키(Slovic, Griffin, and Tversky)는 일치성 가설이 어떤 경우에 깔끔하고 정확한 예측력을 갖는지를 간단히 보여준 바 있다. 피실험자에게는 『비즈니스위크』가 선정한 상위 100개 기업 중 12개 대기업에 관해 두 가지 종류의 정보가 주어진다. 하나는 기업의 1986년 **시장가치**(10억 달러 단위로 표시된)에 대한 정보이고, 다른 하나는 1987년의 이윤을 기준으로 이들 기업이 몇 위에 올라 있는지의 **순위**에 대한 정보이다. 피실험자의 절반에게는 이와 같은 정보를 토대로 1987년의 기업의 시장가치를 10억 달러 단위로 예측할 것을 요구하고, 다른 절반에게는 같은 정보를 토대로 1987년의 예상시장가치에 근거해 기업의 순위를 예측할 것을 요구했다. 즉 절반의 피실험자들은 종속변수로서 같은 단위로 측정된 예측치를 갖게 되며(* 시장가치를 기초로 다음해 시장가치를 예측하게 되므로 정보와 예측이 모두 화폐액이라는 동일한 단위척도를 갖는다), 나머지 절반의 피실험자들은 다른 단위로 측정된 예측치를 갖게 된다(* 시장가치를 기초로 순위를 예측하는 것이므로 정보와 예측이, 하나는 화폐액 다른 하나는 순위라는 서로 다른 단위척도를 갖는다). 결과적으로 1986년 시장가치

정보에 부여하는 상대적 비중은 1987년 기업의 예상 **순위**를 매겨달라고 요청받은 사람들에 비해, 1987년 시장**가치**를 예측할 것을 요구받은 사람들에게서 두 배가량 높았다. 그 결과 응답을 토대로 다른 기업보다 순위상 상위에 위치한 기업이, 시장가치 예측치에서는 다른 기업보다 낮게 위치하게 되는 역전 현상이 많이 발견되었다.

일치성 가설이 의미하는 바에 따라 앞서 살펴본 선호역전 현상을 해석해보자. 이에 따르면, 도박의 현금등가치를 결정하는 문제에서는(현금등가치는 화폐액 단위로 표시된다) 도박에서 딸 확률과 상금이라는 도박의 두 구성요소 중 상금에 더 높은 가중치를 부여하게 된다는 것이다(상금 역시 마찬가지로 화폐액 단위로 표시되기 때문에). 다시 말해 도박에 대한 가격을 결정하는 문제에 직면하면, 두 도박 중 더 좋은 것을 선택해야 하는 문제에 직면했을 때에 비해, 같은 단위를 갖는 상금이라는 요소를 더 중시하게 되고, L도박의 보수가 H도박의 보수보다 훨씬 크기 때문에 일치성 바이어스의 결과로 L의 가격을 높게 책정하게 된다는 것이다. 따라서 일치성 가설은 선호역전의 주요한 원인이 무엇인지, 다시 말해 확률은 낮지만 보수는 높은 도박에 높은 가격을 매기는 이유를 설명해준다. 이 가설은 몇몇 추가적인 발견에 의해 더욱 힘을 얻고 있다. 슬로빅, 그리핀 그리고 트버스키(Slovic, Griffin, and Tversky)는 피실험자에게 시내에 있는 모든 극장을 일주일 동안 무료로 이용할 수 있는 관람권, 또는 고급 음식점의 2인 무료식사권 등과 같은 비화폐적인 결과를 주는 H도박과 L도박을 나누어주었다. 만일 선호역전이 일차적으로 달러로 표시된 가격과 달러로 표시된 보수의 단위척도 일치 때문에 나타나는 것이라면, 비화폐적인 방법으로 비교를 하게 하면 선호역전의 발생 비율이 상당히 감소해야만 한다. 이러한 예측은 정확히 맞아떨어졌다. 광범위하게 나타나던 선호역전이 거의 50%가량 감소한 것이다. 슈케이드

와 존슨(Schkade and Johnson, 1989)은 피실험자에게 각 도박의 구성
요소(딸 확률과 상금액)를 한 번에 하나씩만 볼 수 있도록 고안한 컴퓨
터 실험을 통해 선호역전에서 단위 일치성의 역할을 확증해줄 수 있
는 추가적인 증거를 발견했다. 두 도박을 놓고 그 중에서 더 선호하
는 도박을 선택하게끔 한 실험 과제에서보다, 각 도박에 대해 그 도
박이 얼마의 가치가 있는지에 대해서 물어보는 실험 과제에서 사람
들은 상금에 대한 정보를 더 오랫동안 살펴보더라는 것이다. 이와
같은 패턴은 피실험자가 선호가 역전된 반응을 보일 때 더 명확히
드러났으며, 선호역전이 일어나지 않는 일관된 반응을 할 때는 관찰
되지 않았다. 두 도박 사이에서 어떤 도박이 좋은지 선택해야 할 때
보다 도박에 대해 가격을 부여해야 할 때 보수(즉, 상금)에 더 주의를
기울인다는 것은 사람들이 반응의 단위와 일치하는 자극 요인에 좀
더 관심을 집중시킨다는 가설을 지지해준다.

지금까지는 일치성 가설이 도박이라는 불확실성하에서의 선택에
서 나타나는 선호역전을 잘 설명하고 있다는 것을 제시했는데, 일치
성 가설은 불확실성이 존재하지 않는 경우에도 적용될 수 있다. 실
제로 이 가설은 지연 납부(delayed payment)와 같이 화폐적 요인이 있
고 위험이 없는 대안에 대해, 두 대안들 중에서 하나를 선택할 때와
그 대안에 적절한 가격을 책정할 때 발생하는 불일치를 설명하는 데
에도 적용되고 있다. (X, T)를 지금부터 T년 후에 X달러를 주는 복
권이라고 하자. 여기에 장기복권 L(2,500달러, 지금부터 5년 후)과 단기
복권 S(1,600달러, 지금부터 1.5년 후)가 있다고 하자. 피실험자는 1)L과
S를 놓고 무엇이 더 좋은지 선택하고, 이와 별도로 2)두 복권을 지
금 당장 팔 마음이 생기게 하는 최소한의 가격을 언급하는 방법으로
가격을 매겼다. 일치성 가설에 따르면, 이 복권의 구성요소 X와 T
중 화폐적 요소인 X는, 두 복권 중 하나를 선택할 때보다 두 복권에

대해 가격을 매길 때 더 두드러진 역할을 하게 될 것이다. 일치성 가설이 맞다면, 피험자들은 두 복권 사이에 더 좋은 것을 선택할 때는 장기복권 S보다 단기복권 L을 선호하지만, 두 복권에 가격을 매길 때는 단기복권의 가격보다 장기복권의 가격을 높게 매기는 선호역전을 보여야 한다(즉, S>L이지만, $C_L > C_S$). 그리고 바로 이것이 정확히 트버스키, 슬로빅 그리고 카너먼(Tversky, Slovic and Kahneman, 1990)이 발견한 현상이다. 이들은 여러 명의 피실험자들에게 현재가치로 볼 때 비슷한 값을 갖는 S와 L 한 쌍을 주었다. 피실험자들은 앞서 말한 방식대로 두 복권 중에서 더 나은 복권 하나를 선택하고, 또 각 복권에 대해 개별적으로 가격을 매겼다. 피실험자들이 보여준 선호의 패턴은 우리가 일치성 가설에 따라 예측한 것과 같았다. 대체로 피험자들의 74%가 단기복권을 선택했고, 75%가 장기복권에 더 높은 가격을 책정했으며, 선호역전 비율은 50%를 초과했다. 반대 방향으로의 역전 현상도 발생했는데, 그 비율은 10% 이하였다. 추가적인 연구들이 진행되면서, 불확실성이 존재하는 경우뿐만 아니라 불확실성이 존재하지 않는 경우에도, 선호역전의 주요한 원인이 일치성 요구로 인해 장기복권에 대해 과도하게 높은 가격을 설정하기 때문이라는 것이 밝혀졌다. 지금까지의 발견들은 선호역전 현상이 도박과 같은 경우에만 발생하는 독특한 특징이 아니라 일반적으로 일어나는 현상이라는 것을 의미한다.

　실제로 선호역전 현상은 절차적 불변성이 지켜지지 않는 문제의 유일한 예가 아니다. 이 장의 도입 부분에서 고속도로 안전 프로그램의 선택의 예를 들면서 잠시 설명했듯이, 트버스키, 사타스 그리고 슬로빅(Tversky, Sattath, and Slovic, 1988)은 두 프로그램 사이에 하나를 선택하게 할 때와 B프로그램이 A프로그램과 동일한 매력을 주려면 B프로그램에 얼마의 비용을 소요되어야 할 것인가를 결정하도록 할 때(즉, 매칭 절차를 사용할 때) 나타나는 불일치를 증명해 보인 바 있다. 이들은 매칭 절차를 사용할 때보다는 프로그램 중 하나를 선택하는 문제를 고민할 때 중요성이 높은 요인이 더 심각하게 고려된다는 것을 발견했다. 예를 들어 고속도로 안전 문제에서는 인간의 생명이라는 요소는, 프로그램의 비용을 결정할 때보다 두 프로그램 중 하나를 선택하는 문제를 고민할 때 더 중요하게 고려되었다. 이 실험에서 피실험자들이 두 프로그램 중에 하나를 선택하는 문제에서는 생명을 더 많이 구하는 프로그램을 선택했지만, B프로그램에 대한 비용(즉, 가격)을 결정하는 문제에서는 덜 비싼 프로그램을 지지했다는 것을 기억하라. 즉, 대안들 사이에서의 선택은 매칭에 비해 좀더 사전편찬적(lexicographic)이다. 다시 말하면 매칭에 비해 직접 선택의 문제에서는 가장 중요하게 부각되는 요인에 훨씬 더 큰 가중치가 부여된다. 허시와 쇼메이커(Hershey and Schoemaker, 1985)는 위험이 있는 상황에서 절차적 불변성이 위배되는 다른 사례를 보고하고 있다. 우선 그들은 피실험자에게 100달러를 딸 확률이 50%인 도박을 놓고 확실등가 자산의 가치(* 즉, 위험이 없으면서 이 도박과 동일한 가치를 주는 금액)가 얼마인지를 물었다. 이에 피실험자가 40달러라고 답했다고 해보자. 그러고 나서 피실험자에게 100달러를 따는 도박이 확실한 40달러와 동일한 가치를 가지려면 몇 퍼센트의 승률이 부여되어야 할까를 물었다. 절차적 불변성이 지켜진다면, 피험자는 0.5라고 대답해야 한다. 하지만 피실험자들은 그렇게 대답하지 않았다. 그리고 이들의 답변은 절차적 불변성이 지켜졌을 때의 정답이 되는 0.5와 달랐고, 정답으로서의 이탈은 무작위적이지 않고 어떤 방향성을 갖고 있었다. 골드스타인과 아인호른(Goldstein and Einhorn, 1987)도 도박을 선택하는 문제와 도박의 순위를 결정하는 문제에서 보이는 절차적 불변성의 위배 사례를 보여주고 있다.

보충설명

〔선호역전을 보여주는〕데이터들은 선호 이론에 부합하지 않지만, 경제학에서 어떤 연구에 우선순위를 두어야 하는가를 결정하는 데 중요한 함의를 갖고 있다. 이처럼 이론과 현실 데이터가 부합하지 않는 현상은 단순한 이행성의 결함이나 확률적 이행성의 문제로만 설명하기에는 부족한 면이 있다. 이러한 현상은 사람들의 선택이 보여주는 단순성의 배후에는 어떠한 극대화의 원리도 없다는 것을 보여준다. 또한 그것은 시장에서의 사람들의 행동 배후에 존재하는 선택 행위상의 통일성은 우리가 일반적으로 받아들이고 있는 것과 완전히 다른 종류의 원리에 의해 나타나는 것임을 보여준다 (Grether and Plott, 1979, p. 623).

지난 20년간 선호역전 현상을 둘러싸고 수많은 연구들이 진행되어 왔다. 그러나 그 원인은 최근에 와서야 밝혀졌다. 비이행성이나 기대효용 이론의 독립성 공리 위배는 선호역전의 이유가 아닌 것 같다. 그보다는 둘 중에서 직접 선택을 할 때와 이 둘에 대해 가격을 결정할 때, 행동이 다르게 나타난다는 것에서 그 이유를 찾을 수 있으며, 이러한 선택과 가격의 불일치는 단위 일치성에 의해 야기되는 것 같다. 새로운 실험이 진행되면서 점차 이러한 가설이 힘을 얻고 있으며, 그 결과 시간 선호의 영역에서도 새로운 종류의 역전 현상에도 주목하기 시작했다. 그렇다면 선호역전이 경제학과 의사결정 이론에 갖는 함의는 무엇일까? 이 현상은 의사결정자가 고정불변의 선호 순서를 가지고 있다는 전통적인 가정에 대한 도전이고, 안정적인 선호 표출 절차를 통해 사람들의 선호 순서를 알아낼 수 있다는 믿음에 대한 도전이다. 우리는 B안보다 A안에 높은 가격이 매겨졌다고 해서, 이 둘을 직접 비교할 때도 항상 A가 B보다 선호된다고 가정할 수 없다. 사람들이 갖고 있는 선호를 표출시키기 위해 어떤 방법을 사용하는가에 따라 대안들이 갖고 있는 속성들에 부여하는 상대적 가중치가 달라지고, 그 결과 도출 방법에 따라 서로 다른 선호 순서가 나타나기도 한다.

이러한 발견들은 완전한 정보가 존재하고, 사람들은 마치 책을 뒤져 거기에 적혀 있는 대로 선호를 표출하는 것처럼 행동하고, 그리고 고정된 선호를 기초로 각각의 상황에 적절하게 반응을 한다고 가정하는 표준적인 경제이론의 설명과 잘 들어맞지 않는다. 가장 선호하는 것을 선택하고, 그것을 획득함으로써 얻을 수 있는 가치를 초과하지 않는 만큼의 대가를 지불하고, 가치보다 높은 가격이 제안되면 파는 등의 행동 양태를 항상 보여주는 것은 아니다. 절차적 불변성 원리는 다음 두 개의 조건이 충족되는 경우에만 지켜질 가능성이 있다. 첫째, 사람들이 미리 확고하게 결정되어 변하지 않는 선호를 갖고 있으면 된다. 예컨대 당신이 오페라보다 축구를 더 선호한다면, 당신이 직접 노래를 하거나 직접 축구경기를 하는 것 중에서 선택을 할 때든 오페라 표나 축구경기 표를 살 때든 동일한 선호가 나타나야 한다는 식으로 말이다. 다른 한편 절차적 불변성은 사람들이 그들의 선호가 미리 결정되어 있지 않은 경우에도 지켜질 수 있다. 우리는 $7 \times (8+9)$의 값을 즉각적으로 계산해낼 수 없지만, 곱셈을 하기 전에 덧셈을 하든, 곱셈을 한 후에 덧셈을 하든, 같은 답이 나온다는 것을 알고 있다. 이 책에 언급된 실험 결과들은 이 두 조건이 모두 지켜지지 않는다는 것을 보여준다. 먼저, 사람들은 미래에 일어날 모든 가능한 상황들에 대해, 이미 결정되어 있고 변하지 않는 선호 집합을 가지고 있는 것이 아니다. 오히려 선호는 선택을 하는 과정에서 혹은 판단을 내리는 과정 중에 형성된다. 둘째, 선택이나 판단을 내리게 되는 절차나 당시의 맥락이 선호에 영향을 준다. 좀 더 현실적인 용어로 이야기하자면 행동은 경제학자들이 동일하다고 간주하는 상황에 따라 다르게 나타날 수 있다는 것이다. 예를 들어, 경매가 진행되는 방식에 따라 이론적으로는 아무런 차이를 보이지 않을지 몰라도, 실제로 아주 다른 결과를 가져올 수 있다.

선호란 무엇인가, 그리고 가치란 어떤 지위를 갖는가를 둘러싼 논의는 다음과 같은 유명한 세 명의 야구 심판 이야기를 통해 설명될 수 있을 것 같다. 첫 번째 심판이 말했다. "내가 본 대로 심판할 거야." 두 번째 심판도 말했다. "있는 그대로 심판할 거야." 세 번째 심판은 아무에게도 동의하지 않고, "내가 심판할 때까지 그들은 아무 것도 한 게 아니야"라고 말했다. 이와 같이 우리는 가치의 본질과 관련된 세 가지 다른 시각을 묘사할 수 있다. 첫째, 가치란 마치 사람의 체온처럼 존재하는 것이며 사람들은 가능한 최선의 방법으로 그것을 인지하고 표현한다고 생각할 수 있다. 물론 그 과정에 바이어스가 개입될 수도 있겠지만 말이다(내가 본 대로 심판할 거야). 둘째, 사람들은 마치 구구단 표를 알고 있는 것과 마찬가지로 그들의 가치와 선호를 정확하게 알고 있다고 생각할 수 있다(있는 그대로 심판 할 거야). 셋째, 가치 또는 선호는 일반적으로 그것을 도출해내는 과정에서 형성된다고 볼 수도 있을 것이다(내가 심판할 때까지 그들은 아무것도 한 게 아니야). 이렇게 볼 때, 이 장에서 검토된 연구들은 선호에 대한 세 번째 시각과 가장 잘 맞아떨어진다. 즉 선호란 과정 속에서 구성되는 것이고, 맥락의존적인 과정이라는 것이다.

1 트버스키, 사타스 그리고 슬로빅(Tversky, Sattath, and Slovic, 1988)의 논문을 보라. 두 개의 고속도로 안전 프로그램에 관한 위의 수치들은 이 논문에 나와 있는 것을 옮긴 것이다.

2 확실하게 하기 위해 X와 Y가 모두 금액일 때는 X〉Y이면 X>Y이라는 것을 가정한다. 즉, 돈이 더 많은 것이 적은 것보다 선호된다.

3 이것은 전형적인 선호역전 현상 패턴이다. L을 선택하면서 H에 높은 가치를 매기는 식의 선호역전은 거의 관찰되지 않았다. 우리는 선호역전이라는 용어를 이러한 전형적인 패턴을 가리키는 데 사용한다.

4 독립성 공리에 대해 간략하게 말하면 다음과 같다. 만약 B보다 A를 선호하면, 당신은 p의 확률로 A를 갖는 기회를, 같은 p의 확률로 B를 갖는 것보다 더 선호해야 한다. 이 공리는 이론적으로는 매우 그럴듯하지만 그 적용이 명백할 경우에만 지켜진다. 실제로 사람들이 의사결정을 할 때 이 공리는 자주 위배된다.

8

시점 간 선택

* 조지 로웬스타인(George Loewenstein)과 함께 씀.

앞으로 적어도 1년을 사용하게 될 전기제품을 고를 때, 에너지효율적인 제품을 구매해서 1년간 절감되는 전기료의 액수가 저에너지효율 제품을 살 때 절약되는 구매비용의 크기보다 큰데도 후자의 제품을 사는 경우는 없는가? 지금으로부터 30일 이후 5시간에 마칠 수 있는 작업과 37일 이후 시작해서 6시간에 마칠 수 있는 작업 중 하나를 선택하라고 하면(5시간 내내 지루한 수학 문제를 푸는 작업이나 5시간 동안의 아주 더러운 화장실 청소를 생각하라), 대부분의 사람들은 30일 이후 시작해서 5시간에 마칠 수 있는 작업을 선택하겠다고 말할 것이다. 그렇다면 그 일을 지금 당장 시작해서 5시간에 마치는 경우와 지금으로부터 일주일 이후에 시작해서 6시간에 마칠 수 있는 경우 중 하나를 선택하라고 할 때에도 동일하게 당장 시작해서 5시간에 마칠 수 있는 경우를 선택할까? 담배를 끊으면 건강이 좋아지며, 여러 성인병에 걸릴 확률이 낮아진다는 사실을 알면서도, 오늘까지만 담배를 피우고 내일부터는 끊겠다는 결심이 매번 실패로 돌아가는 이유는 무엇일까? 다이어트 결심은 왜 매일 하루하루 미뤄지는 것일까? 이 장에서는 바로 이와 관련된 이야기가 전개된다.

현재는 미래보다 선호되며, 현재가 미래에 비해 얼마나 선호되는지를 나타내주는 할인율의 크기는 고정되어 있다는 것이 경제이론의 전제이다. 이 장에서는 일부 사람들은 비합리적이라고 여겨질 정도로 현재를 선호한다는 것, 현재를 선호하는 정도(즉, 할인율의 크기)는 다양한 변수들에 의해 영향을 받게 된다는 것, 그리고 할인율은 미래 어떤 일이 일어나는 시점으로부터 현재까지 얼마나 떨어져 있는가에 따라 그 크기가 달라진다는 것, 때로는 음(−)의 할인율을 암시하는 행동을 하기조차 한다는 것 등등의 사례 연구 결과가 제시되고 있다. 이러한 사례들은 1) 소비자들이 자신들에게 최선을 선택한다는 가정에 심각한 문제를 제기하고 있으며, 2) 소비자들의 선호(특히 시점 간의 선택 문제에 관해서는)는 경제이론의 가정과 달리 안정적이지 않기 때문에, 이 선호가 불변임을 가정한 채 정책을 입안하는 경우 의도치 않은 결과가 나올 가능성이 있음을 암시해주고 있다. 저자는 준거점 효과(제6장 참조) 및 자기통제라는 개념이 마이너스 할인율을 암시하는 선택을 이해할 수 있는 이론적 틀이 될 것이라고 보고 있다. 〔옮긴이〕

당신이 지역 신용협동조합에서 주최한 추첨에서 100달러짜리 복권에 당첨되었다는 전화 한 통을 받았다고 하자. 당신은 다음 두 가지 중 하나를 선택할 수 있다. 100달러를 지금 당장 받을 수도 있고, 좀더 있다가 이보다 조금 많은 돈을 받을 수도 있다. 한 달을 기다렸다가 받는 데 동의하려면 최소한 얼마의 돈을 더 받아야 할 것 같은가? 만일 일 년을 기다렸다 돈을 받는 데 동의한다면 최소한 얼마의 돈을 더 받아야 할 것 같은가? 만일 십 년을 더 기다려야 한다면? (위험은 없으며 기다리는 데 따른 비용도 전혀 없다고 가정하자.) 상금이 5,000달러라면 당신의 생각은 어떻게 달라질까? 이야기를 더 진행하기 전에 먼저 답을 결정하라.

5,000달러일 때를 놓고 대답한 금액은 100달러를 놓고 대답한 금액의 50배가 되는가? 두 개의 질문에 대한 대답이 그 기간 동안의 동일한 액수를 가지고 벌 수 있는 이자 총액과 같은가? 만약 그렇지 않다면, 당신은 시점 간 선택이라는 경제이론에 따라 행동하지 않고 있다.

시점 간 선택(intertemporal choice), 즉 비용과 편익이 한번 발생하고 마는 것이 아니라 미래에도 계속해서 발생하는 상황에서의 의사결정은 언제나 일어나고 있으며 동시에 또 중요하다. 성공하기 위해서 얼마나 교육을 받아야 할지, 누구와 결혼할지, 아이를 가져야 할지, 은퇴 이후를 대비해서 얼마나 저축을 해야 할지, 어떻게 투자할지, 집을 사야 할지, 사야 한다면 어떤 집을 사야 할지 등의 이 모든 중요한 결정들에는 시간적 요소가 강하게 내포되어 있다. 개인의 의사결정을 예로 들자면, 시점 간 선택의 문제는 특히 흥미로운데, 이 경우에는 적절한 경제학 이론을 가지고 이 이론이 제대로 예측을 하는지 그렇지 않은지 검정을 할 수 있기 때문이다. 개인의 행동을 설명하고자 하는 다른 경제이론들의 경우에는 이론이 맞는지 틀리는지 검정할 수 없는 경우도 많은데, 이 경우에는 그 이론을 통해 얻어낸 예측이 너무도 애매하기 때문이다. 어떠한 선택도, 그것이 아무리 엉뚱해 보여도, 그 선택이 최적 선택이 되게끔 해주는 효용함수를 만들어낼 수 있기 때문에 언제나 합리화될 수 있다. 이와 반대로, 시점을 달리해서 발생하는 돈의 수취와 지불을 둘러싼 경제이론의 경우 정확하고 검정 가능한 예측을 할 수 있다. 즉 시점 간 선택에 대한 경제이론에 의하면, 사람들은 미래에 발생할 돈의 흐름을 현행(세후) 시장 이자율(r)로 할인할 것이라고 예측하게 되는데, 우리는 이러한 예측이 맞는지 틀리는지는 검정해볼 수 있다.

자본시장의 존재는 소비자들에게 차익거래와 유사한 기회를 만들어준다. 예를 들어, 이자율이 10%이고, 소비자가 이 이자율로 대출을 받을 수 있다고 가정해보자. 만약 12%의 수익률이 발생하는 투자옵션이 있다면 소비자는 이 투자를 함으로써 더 높은 소비수준을 누릴 수 있게 되므로, 그 투자를 위해서 돈을 빌릴 것이다. 반대로, 수익률이 10% 이하인 투자옵션이 있다면, 그 옵션을 택하는 투자자는 없을 것이다. 왜냐하면 얻는 수익보다 차입비용이 더 크기 때문이다. 이는 소비자가 자신의 한계적 시간 선호율(marginal rate of time preference)이 이자율과 같게 하기 위하여 시점 간 교환을 해야 한다는 것을 의미한다. 또한 시점 간 선택 이론에 따르면 소비자는 시점 간 선택에 있어서 일관된 행동을 해야 하며, 할인율*은 상황과 시간에 관계없이 일정해야 한다고 가정된다. 그러나 시점 간의 선택을 둘러싼 여러 연구들이 보여주는 바는, 사람들의 실제 행동을 관찰했을 때, 이를 통해 엿볼 수 있는 연간 할인율은 상황에 따라 음의 값에서부터 몇백 퍼센트까지 다양하게 관찰된다는 것이다.

미국 납세자들의 대다수가 국세청으로부터 세금을 환급받는데, 이는 (−)의 할인율의 잘 알려진 예가 된다. 납세자들은 세금을 환급

받는 시점까지 자신들이 추가로 낸 세금만큼을 정부에 무이자로 대출을 해주는 셈인데, 납세자들은 사전에 원천징수율을 조정함으로써 이를 피할 수 있는데도 그렇게 하지 않는다. 이와 유사하게, 학교 교사들은 일 년 연봉을 9개월(9월에서 6월까지)에 나누어 받을 수도 있고, 12개월(9월에서 8월까지)에 나누어 받을 수도 있는데, 대부분의 교사들은 후자를 택한다. 마지막으로, 생애주기소비선택(life-cycle consumption choice)에 관한 연구에서는 소비가 퇴직 때까지 시간이 갈수록 증가하는 경향이 있다는 것이 밝혀지기도 했다. 구속력 있는 차입제약이 없는 상황에서, 이러한 패턴이 생애주기소비선택 이론과 부합하기 위해서는 사람들이 음의 할인율을 가지고 있어야만 한다(자세한 설명은 이 책 제9장을 보라).

극단적으로 높은 할인율의 예도 쉽게 찾아볼 수 있는데, 최근 웨스트버지니아 법이 바뀌면서 나타난 현상이 대표적 사례로 꼽힌다.

- 시점 간 선택에서 할인율이란 미래가치를 현재가치로 환산할 때 사용되는 비율이다. 사람들은 같은 돈이라면 미래에 얻는 것보다 현재에 얻는 것을 선호할 텐데, 미래에 얻게 될 소득을 지금 당장 얻을 수 있다면 그러기 위해 그 소득을 얼마까지 할인해서 받을 용의가 있는가의 문제이다. 예를 들어 1년 후 120원을 갖는 것과 현재 100원을 갖는 것을 동일하게 느끼는 소비자에게(즉, 미래 120원을 받는 대신 현재 돈을 받게 되면 20원까지 할인할 용의가 있는 소비자에게) 할인율은 20%가 된다. 마찬가지로 1년 후 120원을 갖는 것과 현재 120원을 갖는 것을 동일하다고 느끼는 소비자에게 할인율은 0이 될 것이다. 정확히 표현하자면, 미래가치를 Y라고 하고, 현재가치를 X라고 할 때, $X = \frac{1}{1+r} Y$를 만족시켜주는 r값이 할인율이 된다.

  할인율이 크다는 것은, 현재소비를 위해서 미래소비 중 많은 비율을 포기할 용의가 있다는 것을 의미하므로, 그만큼 미래보다 현재를 소중히 여긴다는 것을 뜻한다. 때로는 극단적으로 높은 할인율을 갖는 사람들을, 현재만을 너무 소중히 여긴다는 의미에서 '근시안적'이라고 표현하기도 한다. 더 나아가 할인율이 (−)라는 이야기는 이 소비자는 현재보다 미래를 더 소중히 여긴다는 말이 되므로, (−) 할인율이 관찰된다는 것은 경제이론에서 이상현상으로 간주되곤 한다.

이 바뀐 법에 따르면 18세 미만의 학생은 학교를 다니지 않으면 운전면허를 취소당한다. 법 시행 첫 해 고교 중퇴자 비율은 1/3가량 감소한 것으로 나타났다. 이 현상에 대해 1~2년간 운전할 수 있는 권리 상실 비용을 감안하여(더 정확히 표현하자면 이 기간 동안 불법적으로 운전할 때 치르게 될 기대비용을 감안하여), 고등학교를 졸업하는 쪽으로 합리적인 인적자본 투자 결정을 내리게 된 학생들의 비율이 1/3에 달한다는 식의 설명은 그다지 설득력이 없다. 이보다는 오히려 학생들의 행동은 극도로 근시안적 선호를 나타내고 있는 것으로 보인다. 근시안적 행동에 대한 예를 하나 더 든다면, 어떤 피부과 의사가 햇빛이 피부암의 원인이라고 경고하는 것에 대해서는 별 반응을 보이지 않던 환자들이 "햇빛이 모공을 확대시키고 기미의 원인이 된다고 하면 그때서야 직사광선을 피해야겠다고 생각한다"고 탄식 섞인 이야기를 한 적이 있는데, 이 환자들의 행동이 그렇다고 할 수 있다.

십대들과 햇빛 애호가들만 높은 할인율을 나타내는 것은 아니다. 주택 소유자들의 대부분은 지붕과 벽에 단열재를 너무 적게 사용하고, 좀더 비싸지만 에너지효율이 좋아 1년 만에 전력 절감을 통해 추가 비용을 모두 뽑아낼 수 있는 경우에조차도 비싸다는 이유로 그 제품을 사려고 하지 않는다. 하우스만(Hausman, 1979)은 소비자의 에어컨 구매 결정 과정에서 나타나는 소비자의 전자제품 구매가격과 에너지비용 절감 가능성 사이의 관계를 연구했는데, 이에 따르면 소비자는 약 25%가량의 할인율을 가지고 있는 것으로 추정되었다. 게이틀리(Gately, 1980)는 에너지효율과 구입가격에서 차이를 보이는 냉장고들을 둘러싼 소비자들의 구매 결정 과정을 살펴보았는데, 에너지효율이 낮은 대신 값싼 냉장고를 사는 소비자들의 구매행위를 통해 암묵적으로 드러난 할인율은 믿기 힘들 정도로 높았다. 시간당

1킬로와트를 사용할 때의 전기료가 3.8센트라고 가정하면 약 45~130%에 달하는 할인율이 나왔고, 시간당 1킬로와트를 사용할 때의 전기료가 10센트라고 가정하면 할인율은 120~300%였다. 최근에 루더만, 레바인 그리고 맥마흔(Ruderman, Levine, and McMahon, 1986)은 여러 종류의 전기제품들(시중에 판매되는 제품들 중 가장 에너지 효율적인 제품이 아니라 그저 평균적인 제품들)의 구입에서 암묵적으로 드러나는 할인율을 계산해보았다. 실내용 난방기·에어컨·온수기·냉장고·냉동고 구입 결정을 두고 계산을 해본 결과, 에어컨에서의 할인율은 17%로 하우스만의 추정치보다 다소 낮게 나왔지만, 다른 제품들에서의 할인율은 엄청나게 높았다. 예를 들어 가스온수기는 102%, 전기온수기는 243%, 냉장고는 138%로 나왔다. 에너지비효율적인 제품들에 대한 경제이론의 예측은 명확하다. 즉 그것들은 생산되지 않아야 한다. 하지만 이러한 제품들은 생산되고 또 누군가에 의해서 구매되고 있다.[1]

언제나처럼, 어떤 예측이 검정 가능하면, 거기에는 이상현상이 있게 마련이다. 이 장의 나머지 부분에서는 사람들이 미래의 화폐 흐름에 대해 시장 이자율을 가지고 할인을 하지 않는 것으로 보이는 여러 상황들에 대해 살펴볼 것이다. 실험실에서 그리고 실제 현실에서의 의사결정 과정을 살펴보게 되면, 할인율은 할인 대상 금액의 크기, 그것이 이득에 대해 할인하는 것인지 혹은 손실에 대해서 할인하는 것인지의 여부(즉, 할인되는 금액의 부호), 얼마나 먼 미래에 대해서 할인을 하는지, 선택이 어떤 맥락하에서 이루어지는지, 그리고 마지막으로 미래에 얻게 될 편익과 비용이 기다려지는 것인지 아니면 피하고 싶은 것인지의 여부 등에 따라 달라진다는 것을 알게 될 것이다.

개인들에게 나타나는 할인율의 변화

우선 할인되는 금액의 크기, 그것이 이득에 대해 할인하는 것인지 손실에 대해 할인하는 것인지, 그리고 얼마나 먼 미래의 일에 대해 할인을 하는 것인지에 따라 사람들의 할인율이 다르게 나타나는지를 알아보기 위해 세일러(Thaler, 1981)는 다음과 같은 실험을 진행한 적이 있었다. 피실험자들(대부분 학생)에게 은행에서 발행한 복권이 당첨되어 얼마의 돈을 벌었다고 상상하도록 요구했다. 그들은 지금 당장 돈을 받을 수도 있고, 좀더 기다렸다가 받을 수도 있다. 이때 당장 돈을 받지 않고, 기다렸다가 돈을 받는 데 동의하기 위해서는 최소 얼마나 받아야 할 것 같은지 물었다. 피실험자들에게 세 개의 금액(즉, 당장에 받을 수 있는 금액)과 세 개의 기간(좀더 기다려야 하는 기간)으로 이루어진 3×3 표를 주었고, 각 조합에 대해, 해당하는 금액을 해당하는 기간만큼 기다려야 한다고 할 때 얼마의 금액을 받아야 한다고 생각하는지를 써넣도록 했다. 이에 추가하여, 각 표는 네 가지 버전으로 작성되었다. 세 개는 수익과 관련된 것이고 나머지 하나는 손실과 관련된 것이었다. 손실 버전에서는 피실험자에게 교통 벌금이 부과되었는데 지금 당장 액면가치로 지불하거나, 혹은 나중에 더 늘어난 금액을 지불해야 하는 상황을 상상해보라고 했다. 모든 경우에 피실험자들이 기다림을 선택했을 때 이후 보상을 받게 되지 못할 위험(혹은 벌금을 피할 수 있게 될 가능성)은 전혀 없다고 주지시켰다.[2] 이와 같이 실험은 기다려야 하는 기간의 길이, 결과물의 크기, 결과물이 수익인지 손실인지의 여부 등 세 가지 변수를 변화시켜가면서 진행되었다.

피실험자의 응답에서 세 가지 강한 패턴을 발견할 수 있었다. 첫째, 할인율은 기다려야 하는 기간이 길어짐에 따라 급격히 감소하는 것으로 나타났는데, 이는 동물들을 상대로 얻어진 예전 연구에서의 결과와 유사하다(Herrnstein, 1961 : Ainslie, 1975). 둘째, 할인율은 또한 보상의 크기가 증가할 때 감소하는 것으로 나타났다. 적은 금액(100 달러 미만)에 대한 할인율은 매우 높았으나 큰 금액에 대한 할인율은 다소 합리적인 수준이었다. 셋째, 수익에 대한 할인율이 손실에 대한 할인율보다 훨씬 높았다. 피실험자는 보상이 지연되는 경우에는 그 대가로 많은 돈을 받기를 원했으나, 벌금을 늦게 내기 위해서는 그만큼 많은 돈을 내려고 하지 않았다.

이 세 가지 발견은 벤지온, 라포포트 그리고 야길(Benzion, Rapoport, and Yagil, 1989)의 실험에서도 마찬가지로 나타났다. 이 실험에서는 시간 지연(반년 후, 1년 후, 2년 후, 4년 후), 돈의 액수(40달러, 200달러, 1,000달러, 5,000달러), 시나리오(수익 지연, 손실 지연, 수익 앞당김, 손실 앞당김)로 조합한 4×4×4 디자인이 사용되었다. 피실험자는 이스라엘에 있는 두 대학교에 소속된 경제학과와 금융학과의 학부생과 대학원생들이었다. 결과는 〈그림 8-1〉에 나타나 있다(여기 나타난 결과는 네 가지 시나리오에 따른 평균이다). 그림에서 명확하게 드러나는 바와 같이 할인율은 시간과 상금의 크기가 증가할수록 급격하게 감소하고 있다.[3]

다음에서 우리는 할인율의 편차와 관련된 이 세 가지 강한 패턴에 대해 논의할 것이다.

◆ 동학적 비일관성

할인율과 지연 시간 사이의 음의 상관관계는 행위의 동학적 비일관성(dynamic consistency)이라는 문제를 낳는다. 〈그림 8-2〉에서 표현된 것과 같이, 다음 둘 중 하나의 보상을 선택해야 한다고 해보자. 하나는 보상액(S)은 작지만 보상 시기가 빠른(그림에서 t_1) 보상이고,

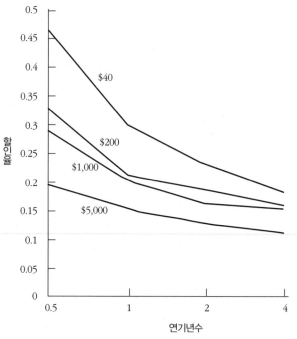

〈그림 8-1〉 시간 지연과 금액의 함수로 나타나는 할인율

할인율

$40

$200

$1,000

$5,000

0.5   1   2   4

연기년수

* 자료: Benzion *et al.*(1989).

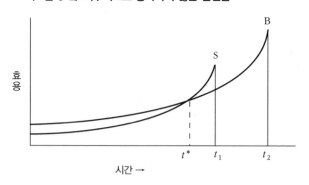

〈그림 8-2〉 지수적으로 증가하지 않는 할인율

효용

B

S

t^* t_1 t_2

시간 →

* 자료: Ainslie(1975).

다른 하나는 보상액(B)이 큰 대신 보상 시기가 늦은(그림에서 t_2) 보상이다.[4] 그래프에서 곡선은 두 개의 보상에 대해 각 시점에서 개인이 느끼는 보상의 효용(그 시점으로 현재가치화한)을 나타내는 점들을 이은 것이다. 만약 개인이 항상 고정된 비율로 미래를 할인한다면(즉, 지연 기간이 달라져도 할인율이 일정하다면) 그래프의 곡선은 절대로 교차하지 않아야 한다. 그러나 앞서 실험 연구에서 관찰된 것과 같이 할인율 자체가 지연 기간의 감소함수로 나타난다면, 곡선은 교차할수 있고, 그렇게 되면 결과적으로 선호역전이 나타나게 된다. 개인은 이 두 가지 보상 시점 모두 현재로부터 시간적으로 충분히 멀리 떨어져 있으면($t<t^*$ 즉, 현재시점이 t^*보다 빠르다면) B를 선호하지만, S를 보상받는 시점에 근접해갈수록 S의 상대적 가치가 빠르게 증가하여, 현재 시점이 t^*를 넘어서는 순간 현재가치로 계산한 S의 효용이 같은 시점에서 현재가치로 계산한 B의 효용을 압도하게 된다. 곡선이 교차한다는 것은 시간이 지남에 따라 사람들의 행동이 일관성이 없이 이랬다저랬다 한다는 것을 의미한다. 아침에 일어났을 때는 유혹이 멀리 떨어져 있으므로, 오늘 밤에는 일찍 자고, 다이어트 결심을 지키며, 술을 많이 안 마시겠다는 결심을 한다. 하지만 그날 밤 새벽 세시까지 바깥에서 초코바 두 개를 먹으면서, 노르웨이 레스토랑에 있는 아쿠아비트(* Aquavit: 감자를 재료로 써서 증류해 만든 스웨덴의 민속주)를 종류별로 다 마셔보곤 한다. 저축을 둘러싸고도 이와 동일한 현상이 나타난다. 만일 시간이 지남에 따라 할인율이 감소한다면, 스트로츠가 증명했듯이(Strotz, 1955) 사람들은 그들이 이전에 계획했던 것보다 항상 더 많이 소비하게 될 것이다.

동학적 비일관성(dynamic inconsistency)의 문제는 소비자 주권에 의문을 일으킨다. 자명종 시계를 일찍 울리도록 맞춰놓은 자아(自我)와 다음날 아침 자명종 울리는 시계를 꺼버리고 다시 잠들어버리는 자아 중에 누구에게 주권이 있는 것일까? 흔히 먼 미래를 내다보는 자아로 하여금 근시안적인 자아의 행동을 변화시키거나 제약할 수 있게 해야 한다는 말을 듣곤 한다. 다이어트를 하는 사람들은 음식을 적게 주겠다는 보장을 하는 비만자 감량 클럽에 들어가기 위해 돈을 지불한다. 또 알코올 중독자는 술을 마시면 구토를 유발하는 약을 먹고, 흡연자는 담배를 항상 한 갑씩만 산다(한 보루씩 사면 더 싼데도). 그리고 지금은 아니지만 미국에서 크리스마스클럽이라는 저축상품이 유행한 적이 있었다. 이러한 저축상품은 불편함(매주 직접 예금하러 가야 하는 것), 비유동성(11월 말 이전에는 찾을 수 없는 펀드), 낮은 이자율(때때로 0%의 이자율)의 조합으로 이루어져 있다. 물론, 이러한 비유동성이야말로 크리스마스클럽의 존재 이유가 된다. 왜냐하면 고객들이 크리스마스 선물을 살 돈을 모으기 위해 이 펀드에 가입했기 때문이다. 스스로의 행동을 제약할 필요, 그리고 개인의 내적 갈등의 여러 형태들을 고려하기에는 전통적인 의사결정 모형이 한계를 갖는다는 것을 인식했기 때문에, 수많은 학자들이 상충하는 선호를 놓고 갈등하는 다중자아 간의 내적 투쟁으로 경제적 행위를 바라볼 것을 제안해왔다(Ainslie, 1975, 1992; Elster, 1979; Schelling, 1984; Thaler and Shefrin, 1981; Winston, 1980).

◆ 금액 크기의 효과
할인 대상 금액의 크기가 할인율에 미치는 효과는 우리가 방금 살펴본 시간 지연이 할인율에 미치는 효과만큼이나 강하다. 세일러의 연구에서나 벤지온 등의 연구에서는 가상의 상황을 전제로 한 설문을 통해, 이들의 대답을 통해 엿볼 수 있는 할인율이 할인 대상 금액이 커짐에 따라 급격하게 감소한다는 것을 발견하였다. 홀캄과 넬슨은 5달러에서 17달러 정도의 실제 금액을 가지고 한 실험에서도 유사한 결과가 나타난다는 것을 발견했고(Holcomb and Nelson, 1989), 호로비츠는 가상적인 상황을 전제로 한 실험에서 상대적으로 작은 크기의 보수에 대해서는 상당히 높은 할인율이 발견된다는 것을 보고한 바 있다(Horowitz, 1988).

할인 대상 금액의 크기가 갖는 효과에 대해서는 두 가지 행동주의적 해석이 가능하다. 첫 번째 설명은 인지심리 혹은 정신물리학에 기초를 두고 있다. 이에 따르면 사람들은 금액의 상대적인 차이뿐 아니라 절대적인 차이에도 민감하게 반응한다는 것이다(Loewenstein and Prelec, 1989b). 예를 들면, 지금 당장의 100달러와 일 년 후의 150달러 사이의 차이가 지금 당장의 10달러와 일 년 후의 15달러 사이의 차이보다 크다고 느낀다는 것이다. 따라서 사람들은 전자의 상황에서는 50달러를 더 받기 위해 기다릴 의향이 있지만, 후자의 상황에서는 5달러를 더 받기 위해 기다리려 하지 않는다. 두 번째 설명은 심적회계(mental accounting)라는 개념을 사용한다(Shefrin and Thaler, 1988). 사람들이 심리적으로 보통예금과 저축예금, 두 개의 계정을 갖고 있다고 하자. 만일 뜻밖에 작은 액수의 불로소득이 생기면 그 소득은 심적 보통예금계정으로 들어가 이 중 대부분은 소비된다고 하자. 반면, 좀더 큰 금액은 심적 저축예금의 구좌로 들어가는데, 이 중에서는 오직 일부만 소비된다고 가정하자. 이때 심리적 보통예금 구좌에 들어오는 작은 액수의 불로소득을 받는 시점을 미래로 이전시키게 되면 그에 따른 비용은 소비의 상실로 느껴진다. 반면, 심리적 저축예금 구좌에 들어오는 큰 액수의 불로소득의 경우 그것을 받는 시점까지 기다리는 데 따른 비용은 단순히 이자소득의 상실로 느껴지게 된다. 만일 현재소비의 상실이 이자소득의 상실보다 더 크게 느껴진다면 금액 크기의 효과가 나타나게 된다.[5] (이 문제는 제9장에서 좀더 상세하게 논의될 것이다.)

◆ 부호의 효과

사람들이 미래를 현재로 할인할 때 강하게 나타나는 규칙성 중 세 번째는 수익에 대한 할인율이 손실에 대한 할인율보다 훨씬 더 크다는 것이다. 사람들은 (+)의 보상, 특히 크기가 작은 (+)의 보상을 받는 것에는 매우 조바심을 내지만 손실을 연기하는 것에는 덜 적극적이다. 이러한 선호는 부분적으로는 단순한 '부채회피'로 설명될 수 있다. 즉 사람들은 모기지론이나 학자금대출은 만기 이전에 빨리 갚아버리는 경향이 있다. 이들이 이러한 대출 때문에 지불해야 하는 이자가 안전한 투자를 통해 벌어들일 수 있는 이자 수입보다 작을 때조차도 말이다.

준거점

제6장에서 논의된 바와 같이 수익과 손실 사이의 구분은 불확실성 하에서의 의사결정 이론에서 상당히 주목받고 있다. 의사결정자들은 일반적인 기대효용 이론의 가정과는 달리, 결과를 현재의 부의 수준 혹은 현재의 소비수준과 결부지어서 판단하지 않는 것 같다. 그보다는, 개인은 어떤 자연적인 준거점(reference points)을 갖고 그 준거점으로부터의 상대적인 변화에 따라 결과를 판단하는 것 같다. 이는 마르코비츠(Markowitz, 1952)에 의해 제일 먼저 관찰되었고, 최근에는 카너먼과 트버스키(Kahneman and Tversky, 1979)에 의해서도 관찰 된 바 있다.

준거점은 시점 간 선택의 상황에서도 중요하다(Loewenstein and Prelec, 1989a). 로웬스타인(Loewenstein, 1988)은 준거점 효과를 다음과 같이 증명했다. 실험은 105명의 고등학교 2학년, 3학년 학생들을 대상으로 진행되었다. 모든 피실험자는 지역 레코드 가게에서 발행한 7달러짜리의 상품권을 받았다. 학생들이 받은 상품권에는 그것을 실제로 이용할 때까지 얼마나 기다려야 하는지가 적혀 있었는데, 그 기간은 1주, 4주, 8주 중 하나로 적혀 있었다. 그리고 학생들은 상품권을 원래 거기에 적혀 있는 시점까지 계속 가지고 있을지, 아니면 좀더 낮은 액수지만 더 일찍 상품으로 교환할 수 있는 상품권이나, 좀더 높은 액수지만 더 오래 기다려야 상품으로 교환할 수 있는 상품권으로 바꿀 것인지를 놓고 선택을 할 수 있었다. 예를 들어 4주 후에 상품으로 교환할 수 있는 7달러짜리 상품권을 받은 학생에게 7.10달러와 10.00달러 사이의 가치를 갖는 8주짜리 상품권과 맞바꿀 의향이 있는지를 물어보는 것이다. 학생들에게는 실험주관자가 그들의 선택 중 하나를 무작위로 골라서 실제로 실행할 것이라고 말해주었다.

이 실험은 준거점이 어떤 역할을 하는지를 테스트할 수 있게 해준다. 피실험자의 일부에게는 상품권의 교환 시점을 1주에서 4주로 연기하는 경우(delay) 보상액의 크기가 얼마가 되어야 하는지를 결정하도록 했고, 다른 피실험자들에게는 상품권 교환 시점을 4주에서 1주로 앞당기는 경우(speed-up) 상품권 액수를 얼마까지 줄일 의향이 있는지를 물었다. 만약 피실험자들이 준거점의 영향을 받지 않는다면 어떤 경우라도 대답은 같아야 한다. 실험 결과는 〈표 8-1〉에 나타나 있다. 이 표는 교환 시점을 앞당기기 위해 지불할 용의가 있는 금액의 크기와 교환 시기를 연기시키는 경우 받아야 한다고 생각하는 금액의 크기를 보여주고 있다. 이 표를 살펴보면 상품권 교환시점을 1주에서 4주로 연기하는 경우 학생들이 요구한 보상액 크기의 평균(평균 연기 프리미엄)은 4주에서 1주로 교환시점을 앞당기기 위해 줄일 의향이 있는 상품권 액수의 평균(평균 앞당김 비용)의 최소 두 배가

<표 8-1> 평균 연기 프리미엄과 평균 앞당김 비용

(7달러짜리 레코드가게 상품권을 대상으로 한 실험 결과)

구분	연기	앞당김	유의수준
1주에서 4주로	$1.09	$0.25	0.001
4주에서 8주로	$0.84	$0.37	0.005
1주에서 8주로	$1.76	$0.52	0.001

* 자료: Lowenstein(1988).

되고, 이 차이는 통계적으로 유의미하게 나타났다. 즉 피실험자들이 교환 시점을 연기하는 것에 동의하기 위해 요구하는 금액의 크기는, 교환 시점을 앞당기기 위해 지불할 용의가 있는 금액의 크기보다 더 크다(비슷한 결과가 벤지온 등의 연구에서도 발견되었다(Benzion et al., 1989)). 이 결과는 어떤 액수의 돈을 잃는 것에 따른 비효용은 절대값이 같은 금액의 수익을 얻을 때 얻게 되는 효용보다 훨씬 더 크다는 카너먼과 트버스키의 손실회피 개념(제6장에서 살펴본 바 있다)과도 일치한다.

손실회피로 말미암아 시간의 흐름에 따라 독특한 소비 패턴이 나타나게 된다. 과거의 소비수준이 미래소비의 준거점이 되는 경우, 개인들은 소비가 증가하는 것을 더 좋아하게 될 것이다. 그 예로 로웬스타인과 프레렉(Loewenstein and Prelec, 1989a)은 95명의 하버드대학교 학생들에게 다음 세 가지 질문을 했다. 우선 첫 번째 질문으로, 한 달 후 금요일 밤에 학생들에게 무료 식사 기회를 주려고 하는데 장소가 고급 프랑스 레스토랑이 좋을지 아니면 그 지역에 있는 그리스 레스토랑이 좋을지를 결정하게 했다. 대부분의 학생들은 안목이 높았고, 그 결과 고급 프랑스 레스토랑을 더 선호했다. 그 다음으로 두 번째 질문에서는, 그들에게 프랑스 레스토랑에서 한 달 뒤에 먹을 것인지 두 달 뒤에 먹을 것인지를 물어보았다. 처음 질문에서 프 랑스 음식점을 선택한 학생 중 80%가 두 달을 기다리는 것보다 한 달을 기다리는 것을 더 선호했다. 이것은 이들이 양(+)의 할인율을 갖고 있다는 것을 의미한다. 세 번째 질문에서는 피실험자들에게 한 달 후 그리고 두 달 후 연거푸 두 번의 가상의 식사를 제안한 뒤 프 랑스 레스토랑과 그리스 레스토랑을 어떤 순서로 선택할 것인지를 물어보았다. 즉, 한 달 후에 그리스 레스토랑에서 저녁을 먹고 두 달 후에 프랑스 레스토랑에서 저녁을 먹는 안(案)과, 한 달 후에 프랑스 레스토랑에서 저녁을 먹고 두 달 후에 그리스 레스토랑에서 저녁을 먹는 안(案) 중 하나를 선택하는 것이다. 여기에서는 처음 질문에서 프랑스 레스토랑을 선호했던 학생들의 57%가 그리스 음식점에서 먼저 먹는 것을 선택했다. 표준적인 효용 이론에 입각하여 이 결과 를 판단하게 되면, 이 응답은 시간선호에서의 음(−)의 할인율로밖 에 설명이 안 되며, 앞서 두 번째 대답과는 모순되게 된다. 그러나 만약 사람들이 현재의 소비를 과거소비에 비추어 평가하고 또 손실 을 회피한다고 보면, 이는 모순되는 것이 아니다. 그들은 단지 시간 이 지남에 따라 효용이 증가하는 쪽을 더 선호하는 것 뿐이다.

과거보다는 현재에, 그리고 현재보다는 미래에 소비가 증가하는 쪽을, 즉 시간의 흐름에 따라 소비가 증가 추세에 있게 되는 경우를 선호한다는 사실은, 노동시장에서의 이상현상을 설명하는 데도 도 움이 된다. 노동시장에서 나타나는 이상현상 중 하나는 생산성이 증 가하지 않는데도 연령이 높아짐에 따라 임금이 상승한다는 것이다 (Medoff and Abraham, 1980). 예를 들어 대부분의 대학에서 가장 나이 가 많은 교수들은 더 이상 생산성이 가장 높지 않은데도 가장 높은 보수를 받는다. 이러한 현상에 대한 표준적인 설명이 특수화된 인적 자본 이론과 대리인비용 이론이다. 특수화된 인적자본 이론에 따르면, 기업은 노동자들에게 입사 초기에 기업특수적 훈련을 시키는 데 들어간 비용을 뽑아낼 정도로 노동자들이 충분히 오랫동안 기업에 남아 있게 하기 위해서, 연령에 따라 수익을 증가시켜주는 일종의 연공서열제를 제공한다고 한다. 한편, 라지어(Lazear, 1981)가 제안하는 대리인비용 이론에 따르면 기업은 노동자들의 부정과 태만을 방지하기 위해 나이가 많은 노동자들에게 그들의 한계생산 이상의 임금을 제공한다는 것이다. 부정하고 태만하게 행동하다가 적발되어 해고되는 경우 미래에 받게 될 (생산성을 초과하는) 높은 보수를 못 받게 될 것이므로 젊었을 때 부정과 태만을 억제하는 유인이 된다는 것이다. 이 두 가지 해석이 잘 들어맞는 직종들이 있다. 하지만 프랭크와 허친스(Frank and Hutchens, 1990)는 이런 방식으로는 도저히 설명이 안 되는 두 직종, 즉 항공기 조종사와 시내버스 운전기사 직종에서도 동일한 임금 패턴이 나타난다는 사실을 발견했다. 항공기 조종사의 경우 연령이 높아질수록 생산성이 증가하지 않는 것이 분명한데도 임금은 상승한다. 그런데 조종사들의 업무에는 기업특수적 숙련은 필요하지 않고 모든 숙련이 어느 항공사에서든 통용되는 일반적인 것이라는 점, 그리고 안전조치를 잘 취하지 않는 등의 태만으로 사고가 나게 되는 경우 충분히 처벌받기 때문에 대리인비용 이론이 제시하는 것과 같은 별도의 태만 방지책을 가질 필요가 없다는 점 등을 볼 때, 이들에게서 연령이 높아질수록 생산성이 증가하는 패턴이 나타나는 것은 위의 두 이론으로는 설명이 안 된다. 그보다는 연령이 높아짐에 따라 임금이 증가하는 현상은 본질적으로 사람들이 시간이 지남에 따라 소득이 증가하는 것을 선호하기 때문이고, 기업 입장에서 이러한 선호에 맞춰 임금 계획을 잡기 때문일 것이다.

사람들이 시간이 지나면서 점점 소득 혹은 소비가 증가하는 쪽을 선호한다는 것은 시카고 과학산업박물관에서 100명의 성인에게 여론조사를 한 결과를 봐도 잘 나타난다(Loewenstein and Sicherman, 1989). 응답자들은 여러 개의 가상 일자리 중 하나를 선택해달라는 질문을 받았다. 이들 일자리들은 모두 6년 동안 일하게 되어 있었고 재직 기간 동안의 임금 프로파일을 제외하고는 모든 조건이 동일하게 맞춰져 있었다. 즉 각 일자리에 6년 동안 지급될 임금 총액은(할인되지 않은 상태에서) 모두 동일했지만, 언제 얼마만큼 받게 되는가만 달랐다. 한 일자리의 경우 임금이 초반에는 많이 지급되었지만 해가 갈수록 임금액이 감소했고, 또 다른 일자리에서는 매년 동일한 액수의 임금이 지불되었고, 나머지 다섯 개의 일자리에서는 임금이 시간이 지남에 따라 점점 증가하는 것으로 제시되었는데, 이 경우 첫해 임금 크기와 이후 증가 비율을 일자리마다 다르게 제시하였다. 이자율을 고려해도 그렇고, 이런저런 경제적 측면을 고려해보아도 그렇고, 일단 최초에 아주 높은 임금을 받고 이후 점점 급여액이 낮아지는 패턴이 선호되어야 했다. 예를 들어, 만약 피실험자가 직업이 마음에 들지 않아 그만두었거나 6년을 다 채우기 전에 해고되는 경우를 생각해보아도, 일단 초반에 많이 받고 이후에 임금이 감소하는 패턴이 피고용자에게는 더 유리할 것이다. 이와 같이 초반에 많이 받고 점차 임금이 감소하는 식의 임금 프로파일을 선택하는 것이 경제적으로는 가장 이득이 됨에도 불구하고, 그런 일자리를 선택한 피실험자는 전체의 12%에 불과했다. 또 다른 12%에 해당하는 응답자들은 6년 동안 동일한 임금을 받는 프로파일을 선호했으며, 나머지 모든 응답자들은 초반에 적게 받는 대신 나중에 점점 많이 받는 패턴의 프로파일을 가장 좋아한다고 대답했다.

이런 결과가 나타날 때마다 경제학자들은 피실험자들이 단지 혼동을 했기 때문에 그렇게 선택한 것이 아닌지 의심하곤 한다. 만약 피실험자들이 초반에 많이 받고 이후에 적게 받는 임금 프로파일을 선택해서 저축하게 되면 다른 일자리보다 훨씬 더 많은 소득을 얻을 수 있다는 경제적 논리를 제대로 이해하고 있었다고 해도 과연 그렇게 행동했을까? 사람들이 경제적 논리를 잘 몰라서, 즉 혼동을 해서 그렇게 선택을 한 것인지를 살펴보기 위해, 피실험자들에게 감소하는 임금 프로파일을 지지해야 하는 경제학적 주장과 증가하는 임금 프로파일을 지지해야 한다는 심리학적 주장을 모두 알려준 후, 앞서의 일자리들에 대한 선호를 재차 물어보았다. 그러나 이러한 설명의 효과는 미미했다. 설명을 충분히 듣고 난 이후에도, 증가하는 임금 프로파일을 지지하는 피실험자의 수는 76%에서 69%로 약간 떨어졌을 뿐이다.

시간이 지나면서 점점 증가하는 소득 흐름을 선호하는 현상은 지금까지 이야기한 바대로 손실회피와 자기통제의 개념을 통해 이해할 수 있다. 손실회피는 왜 노동자가 시간에 따라 점점 증가하는 **소비** 프로파일을 선호하는지를 설명해준다(현재소비로부터 얻게 되는 효용은 현재소비가 지난 시기 소비보다 늘었는지 줄었는지의 여부에 의존할 것이기 때문이다). 비용을 들여서까지 자기통제를 하려고 하는 성향으로, 왜 노동자들이 시간에 따라 점점 증가하는 **소득** 프로파일을 원하는지를 설명할 수 있다. 균일한(또는 감소하는) 소득 프로파일하에서는 그들이 바라는 바대로의 증가하는 소비 프로파일을 유지하기 위해서는 충분히 저축을 해야 하는데, 충분한 저축을 할 만큼 철저히 자기통제를 할 자신이 없기 때문이다.

미래는 즐거운가 암울한가

표준적인 효용 이론은 사람들이 고정된, 그리고 정상적인 경우라면

(+)의 값을 갖는 할인율을 갖고 있다고 가정한다. 그렇다면 사람들이 이득을 얻게 될 시점을 뒤로 미루거나 손실을 입게 될 시점을 앞당기고 싶어지는 상황은 없을까? 마셜(Marshall, 1981, p. 178)은 수익의 할인율에 대해 음(−)의 영향을 미칠 수 있는 가능성 하나를 제시한 바 있다. "미래수익의 할인율을 계산할 때, 우리는 그 수익을 기다리는 동안 얻게 되는 즐거움을 고려해야 한다." 우리는 **즐거움**(savoring)이라는 단어를 미래의 즐거운 결과를 기다리는 동안 얻게 되는 양(+)의 효용을 표현하는 데 사용하고, **침울함**(dread)이라는 단어로는 즐겁지 않은 결과를 예측하는 데 따른 비효용을 표현할 것이다.

이 즐거움과 침울함이 낳는 효과는 로웬스타인(Loewenstein, 1987)에 의해 실시된 다음과 같은 실험에서 잘 나타난다. 피실험자들에게 다음과 같은 다섯 가지 결과를 각각 지금 당장 얻기 위해(혹은 피하기 위해), 1일 후, 3일 후, 1년 후, 10년 후로 연기하기 위해 "얼마를 지불할 용의가 있는가?"를 물었다. 다섯 가지 결과란 4달러 수익, 4달러 손실, 1,000달러 손실, (치명적이지 않은) 110볼트의 전기 충격, 자신이 선택한 영화배우와의 키스였다. 결과는 〈그림 8-3〉에 나타나 있다.

경제학 모델에 의하면 수익이 주는 가치와 손실에 대한 혐오 정도는 해당 사건이 일어나는 시점이 뒤로 연기될수록 점점 감소해야만 한다. 즉 사람들은 가능하다면 수익은 빨리 얻고자 하고, 가능하다면 손실은 연기하려고 해야 한다. 하지만 그림에서 보이는 바와 같이 두 개의 비화폐적 결과물에 대해서는 이와 상당히 다른 시간선호 패턴이 만들어졌다. 피실험자들은 영화배우와의 키스의 경우 3일 이후로 연기하는 것을 가장 선호했다. 아마 그 상황을 기대하면서 음미하는 과정에서 얻게 되는 즐거움 때문일 것이다. 전기 충격의 경우, 피실험자들은 즉시 충격을 받는 것보다 10년 후로 연기하는 것

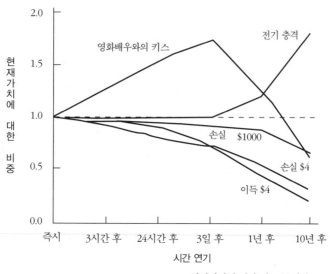

〈그림 8-3〉결과를 얻기 위해 지불하고자 하는 최대금액*

현재가치에 대한 비중

2.0

1.5

1.0

0.5

0.0

영화배우와의 키스

전기 충격

손실 $1000

손실 $4

이득 $4

즉시　3시간 후　24시간 후　3일 후　1년 후　10년 후

시간 연기

* 현재가치에 대한 비중(응답자 수=30)

** 자료: Loewenstein(1987).

에 더 많이 지불할 용의가 있었다. 이 경우 피실험자들은 일어날 사건에 대해 계속 걱정하는 것을 피하기 위해 아주 그 일을 잊어버릴 수 있을 정도의 먼 미래로 미뤄버리고자 했던 것 같다.

영화배우의 키스와 전기 충격이 다소 현실성이 떨어지는 상황이었다면, 로웬스타인은 다음과 같은 좀더 현실적인 실험을 통해서도 유사한 결과를 얻을 수 있다는 것을 보여주었다. 로웬스타인의 실험은 음미하는 과정 자체가 주는 효용이 있다는 것을 보여주고자 고안된 것이었는데, 이 실험에 참가한 학생 중 84%가 고급 프랑스 레스토랑에서 저녁을 먹을 기회가 주어진 경우, 그 시점을 바로 그 주의 주말보다는 2주 혹은 3주 후의 주말로 잡기를 바라는 것으로 드러났다. 다른 한편 침울함이 주는 비효용을 증명하기 위해서 피실험자들에게 다음과 같은 질문을 했다. "심리학과 동물 실험실에 있는 햄스터 집 100개를 청소해야 합니다. 다음과 같은 상황에 대해 얼마를 받으면 이 일을 하겠습니까? 〔중략〕 즐겁고 쾌적한 일은 아니지만, 이 일에는 세 시간밖에 걸리지 않습니다. 다음과 같은 각각의 경우에 대해 햄스터 집을 청소하는 대가로 당신은 얼마를 받고자 합니까? ①앞으로 7일 안에 한 번 청소를 하는 경우, ②지금부터 1년 후에 한 번 청소를 하는 경우."(p. 674) 다음 주 안에 청소를 해야 하는 경우 받아야 한다고 생각하는 임금수준의 평균은 30달러였던 반면, 1년 뒤에 청소하는 경우 받아야 한다고 생각하는 임금수준의 평균은 37달러였다. 실제로 37명의 피실험자 중 단 2명만이 질문 ①보다 질문 ②에 더 적은 금액으로 응답했다.

보충설명

1

이러한 종류의 연구가 갖는 정책적 함의는 흥미롭고 또 유익하다. 특정 상황(전자제품의 구매)이나 특정 집단(십대들)에서 관찰된 높은 할인율은 미시적 관점에서 볼 때 소비자의 합리성에 대한 심각한 의문을 던진다(위에서 언급한 바와 같이 자기통제가 필요한 시점 간 선택 상황에서, 개인은 합리적이고 장기적인 선택을 할 수 있는 **그들 자신의** 능력에 대해 의문을 갖는다). 다른 모델보다 50달러 싸지만 1년에 전기료가 50달러 이상 더 나오는 냉장고를 사는 소비자의 행동을 보고 합리적이라고 말할 수 있을까? 그렇다고 해서 당장 정부의 개입이 필요하다는 얘기를 하는 건 아니다. 이러한 사례가 말해주는 것은 소비자들이 자신들에게 최선인 것을 선택한다는 가정에 다소 문제가 있다는 것이다.

거시적 수준에서는 시점 간 선택의 심리학은 적절한 사회적 할인율(정부가 어떤 정책의 경제성을 평가하기 위해 미래의 비용과 편익을 현재가치로 할인해야 할 때 사용하는 할인율)이 무엇인가를 결정하는 것과 같은 이미 복잡한 문제를 더 복잡하게 만든다. 여기서 주류경제학적 관점에 의하면 조세에 의해 왜곡된 부분만 교정하면, 시장 이자율이야말로 개인들의 시간선호의 총합이 되고, 따라서 사회적 시간 할인율의 후보로서 적절하다고 한다. 그러나 조세에 의해 왜곡된 부분을 교정하는 것이 말처럼 쉬운 일이 아니며, 자본시장이 국제화됨에 따라 한 국가 내에서도 시장 이자율과 시간선호와의 관련성이 점점 희박해지게 되기 때문에, 상황은 훨씬 복잡하다. 린드(Lind, 1990)는 이렇게 복잡한 상황에서 사회적 할인율을 결정할 수 있는 유일한 방법은 개인적 수준에서의 시간선호를 도출하는 것밖에 없다고 주장한다. 그러나 만약 개인의 할인율이 상황에 따라 그때그때 다르게 나타난다면 어떤 할인율이 사회적 할인에 적절한 할인율이 될 수 있을까? 어떤 개인의 냉장고 구매를 살펴보니 그의 할인율이 50% 정도 되는 것으로 드러났다고 하자. 그렇다고 해서 이 사람이 인명을 구하는 프로그램에 대해서도 동일한 할인율을 적용할 것이라고 볼 수 있을까? 상황이 이러하다면 발전소 하나를 더 지을지 고속도로 안전 프로그램을 도입할지 고민하는 상황에서 어떤 결정을 내릴 수 있을까?

2

대부분의 경제학자들은 의사결정을 둘러싼 심리학적 연구를 일종의 방해물처럼 여긴다. 심리학 연구는 종종 개인들이 합리적 선택을 한다는 가정에 위배되는 행동 양태를 보이는 증거들을 제시하곤 하지만, 그렇다고 해서 경제적 모형에 쉽게 통합될 수 있는 어떤 대안을 제시해주지는 않는다. 그럼에도 불구하고 심리학은 방해물인 동시에 건설적일 수 있다. 시간에 따라 점점 증가하는 임금 프로파일의 사례를 보자. 사람들이 소득과 소비의 절대적 수준뿐 아니라 그 변화 방향에도 관심을 갖는다는 심리학적 발견——이 사실은 경제학자들은 선호에 대해서는 왈가왈부하지 않는 것을 원칙으로 삼고있기 때문에 논의의 여지도 없는 것이었다——은 사람들이 시간에 따라 점차 증가하는 임금 프로파일을 선호한다는 사실과 사람들이 미래를 할인한다는 전통 경제학적 가정을 융화시킬 수 있어 보인다. 실증 연구를 통해 효용 함수에 대해 어떤 수정을 가해야 함을 지적하는 경우, 이때 제안되는 효용함수의 수정이 그리 자의적이지는 않다. 예를 들면 콘스탄티니데스(Constantinides, 1988)가 자신의 논문 "증권 프리미엄 퍼즐"(왜 주식에서의 수익이 채권에서의 수익보다 클까?)에서 제시한 추론 방식이 하나의 예가 될 수 있을 것 같다. 그는 현재소비로부터 얻게 되는 효용의 크기는 과거의 소비수준, 혹은 그의 용어법에 의하면 습관 형성에 의존한다는 가정하에서 논의를 전개한다. 만약 당신이 효용함수를 가지고 이런저런 조작을 하게 되면 이 세상에 설명 못할 게 어디있겠느냐고 빈정댈 수도 있겠지만, 내가 보기에 이런 비판은 제대로 된 것이 아니다. 습관 형성이라는 가정은 행동에 대한 직관에 잘 들어맞을 뿐 아니라 실증 연구의 결과들과도 부합한다. 심지어 실험을 통해 검정해볼 수도 있다. 검정 가능한 가정들에 기초한 설명들은 검정 불가능한 가정에 서 있는 설명들보다 월등히 더 매력적이다.

1 사람들이 왜 에너지비효율적인 전자제품을 살까? 여기서 제시된 설명 말고 두 가지 정도 추가적인 설명이 있을 수 있다. 그 하나는 사람들이 무지하기 때문이라는 것이고 다른 하나는 사람들의 유동성에 제약이 있기 때문이라는 것이다. 무지 가설에 따르면, 소비자는 정부의 명령에 의해 상품 라벨에 에너지효율 정보가 분명히 표시되어 있음에도 불구하고, 비싸지만 더 효율적인 모델을 사는 것이 이득이라는 것을 모르고 있거나 아는 것조차 귀찮아한다는 것이다. 사람들이 그렇게 하는 이유가 비유동성 때문이라는 주장에 따르면, 소비자들은 현금이 너무 부족하기 때문에 더 효율적인 모델을 살 여력이 없다는 것이다. 대부분의 전자제품이 신용카드로 구매되고 에너지효율이 높은 제품을 살 때 더 지불해야 하는 금액의 크기는 상대적으로 그렇게 크지 않기 때문에, 돈이 없고 돈을 빌릴 수도 없어서 어쩔 수 없이 에너지비효율적이라도 싼 제품을 살 수밖에 없다는 식의 설명은 설득력이 없다.

2 이 연구와 여기에 소개된 다른 연구들에서 질문은 실제로 일어난 상황에 대한 것이 아니라 가상적으로 설정된 상황에 대한 것이다. 물론 동일한 조건에서라면 실제의 선택을 연구하는 것이 더 낫다. 그러나 가상적 방법이 실제 화폐를 사용하는 방법에 비해 항상 열등한 것은 아니다. 가상적 질문을 하게 되면, 피실험자에게 수익과 손실이 아주 큰 금액인 경우에 대해서도 고려하도록 할 수 있고, 1년 또는 그 이상의 시간 지연에 대해서도 고려하게 할 수 있다. 실제 실험에 현금을 사용하려면 상금의 크기와 지연 시간의 길이를 줄여야 하고, 이때 실제적인 손실을 측정하는 것도 어렵다. 또한 가상적 질문에서는 피험자에게 미래 지불과 관련된 위험이 없다고 가정하도록 할 수 있지만, 실제 상금을 가지고 실험하게 되면 피실험자들은 실험을 진행하는 사람의 신용도를 반드시 평가하고 실험에 참가해야 한다. 다행히 가상적 선택을 사용하여 발견된 현상이 실제 선택을 분석한 연구에서 그대로 재현된다는 것이 확인되었다. 그 예로 호로비츠(Horowitz, 1988), 홀캄과 넬슨(Holcomb and Nelson, 1989)을 참조하라.

3 선택의 패턴이 어떻든 간에, 이 실험에서 피험자들이 어떻게 반응했건 간에, 시장 이자율이 금액의 크기나 지연 시간에 (크게) 의존하지 않는다는 것은 분명하다. 그러나 이것은 실험 결과가 경제학에 적절치 않다는 것을 의미하는 것은 아니다. 경제학은 시장가격과 개인의 행동을 예측하는 것에 관심을 갖는다. 차익거래자가 한 달 만기 재무부 채권 열두 개를 사고파는 것이 1년짜리 채권 하나를 사고파는 것보다 이자를 더 받을 수 없다는 것을 잘 알고 있을지라도, 이것이 개인적 차원에서의 예측이 정확할 것이라는 것을 보장하지 않는다. 만약 자동차 구매자가 현찰로 구입하면 큰 폭으로 할인해주는 조건을 포기하고 할부 구입을 선택했더라도, 여기에 차익거래의 기회가 남아 있는 것은 아니다. 은행이 이 고객에게 은행으로부터 대출을 받아 그 돈으로 자동차를 할인 구입하게 되면 더 유리하다는 점을 설득시키려고 할지 모르겠지만, 그러한 광고는 일단 비용이 많이 들 뿐 아니라 소비자들은 은행의 조언을 의심하여 곧이곧대로 받아들이지 않으려는 경향이 있다.

4 이 분석은 애인슬리의 연구(Ainslie, 1975)에 기초한다.

5 소비재에 따라 각각 상이한 할인율이 적용된다고 생각할 수도 있을 것 같다. 낡은 난로가 제대로 작동하기만 한다면, 새 난로를 받기 위해 기다리는 것은 참을 만하지만, 새 차를 받기 위해 기다릴 때는 참을성이 없어진다. 이 질문에는 더 많은 연구가 필요하다.

208

9

저축, 대체가능성,
그리고 심적회계

예기치 않게 200만 원의 특별보너스가 지급되는 경우, 가지고 있는 주식 2,000주의 가격이 1,000원씩 올라 200만 원의 자본 이득이 생기는 경우, 로또복권이 당첨되어 200만 원의 수익이 생기는 경우, 혹은 주택 가격이 200만 원이 오르는 경우, 이에 따른 소비의 증가가 모든 경우에 동일한 크기로 나타날까? 어쨌든 200만 원이 늘었고, 따라서 어떤 경우에라도 증가되는 소비의 크기는 동일할 것이라고 생각한다면 이들 자산들이 모두 대체가능하다고 보는 것이다. 만일 각각의 경우 소비 증가분이 다를 것이라고 본다면 이들 자산이 대체가능하지 않다고 보는 것이다. 사람들이 전 생애에 걸쳐 어떤 식으로 소비를 계획하고 실행하는지를 설명해주는 생애주기 이론(life-cycle theory)에 따르면 주택자산, 연금자산, 미래소득 등의 자산들은 그 형태에 관계없이 서로 대체가능하다고 한다. 이 장에서는 사람들의 소비 패턴을 연구한 결과들로부터 이들 자산이 대체가능하지 않으며, 사람들은 생애주기 이론에서 예측하는 것과 상당히 다른 소비 패턴을 갖고 있다는 사실에 대해 이야기하고 있다.

생애주기 이론에 따르면 사람들은 일생 동안 소비수준을 일정하게 유지하고자 한다. 대개 소득은 젊었을 때는 다소 적지만 나이가 들면서 점점 증가하다가 퇴직 후에는 급격히 감소하는 패턴을 그리게 된다. 따라서 생애주기 이론에 따라 소비하려면 연령에 따른 소비 패턴은 연령에 따른 소득 패턴과 독립적으로 일정하게 유지되어야 한다. 즉, 젊었을 때는 소득보다 더 많이 소비하고(미래소득을 끌어다 쓰고), 장년기에는 소득보다 적게 소비하며(충분히 저축하며), 퇴직 후 노년기에는 소득보다 더 많이 소비해야 한다(장년기 저축분 중 남은 부분을 소비에 충당하게 된다). 이를 저축의 측면에서 보면, 전 생애에 걸쳐 소비를 일정한 수준으로 유지하기 위해서는 젊었을 때와 퇴직 후에는 음의 저축을 그리고 장년기에는 양의 저축을 해야만 한다. 하지만 실제로 사람들의 연령에 따른 소비 패턴은 연령에 따른 소득 패턴과 상당히 유사하게 나타난다.

이 장에서 지적하고자 하는 경제이론의 한계는 두 가지이다. 첫 번째 한계는 사람들의 연령에 따른 실제 소비 패턴은 생애주기 이론에서 예측하는 것과 다르게 나타난다는 것이고, 두 번째 한계는 경제이론에서는 모든 형태의 자산이(그것이 주택자산이건, 금융자산이건 상관없이) 완벽하게 대체가능하다고 보고 있지만, 실제 사람들은 어떤 형태의 자산이 증가했는지에 따라 그로부터 증가되는 소비분도 각각 다르게 나타난다는 것이다.

첫 번째 한계에 대한 전통적인 경제학적 설명은 다음과 같다. 즉 젊었을 때 소득보다 더 많이 소비함으로써 소비수준을 일정하게 하고 싶어도 금융시장이 완전하지 않아 미래소득을 담보로 현재 소비에 충분한 자금을 얻어내지 못하기 때문에, 젊었을 때의 소비수준은 생애주기 이론이 예측하는 수준보다 적게 된다는 것이다. 이를 유동성 제약이라고 부른다. 저자는 유동성 제약만으로는 사람들의 소비 패턴을 설명하는 데 한계가 있다는 것을 지적하면서, 이러한 현상에 대해 '심적회계'라는 개념을 도입한다. 더 나아가 사람들은 유동성 제약 때문에 어쩔 수 없이 전 생애 최적 수준보다 낮은 수준의 소비를 하는 측면도 있지만, 개인들 스스로가 만들어낸 자기통제로 인해 자발적으로 대출을 억제하기 때문이기도 하다. 저자는 이러한 분석을 위해서는 심리학적 연구의 성과가 도입되어야 한다고 주장하고 있다. 〔옮긴이〕

정초에 오렌지 볼(Orange Bowls) 대학축구 우승팀을 맞추는 내기에서 돈을 걸었다가 운 좋게 300달러를 땄다. 이제 이 수익을 어떻게 하면 현명하게 쓸 수 있을지를 결정하는 게 문제이다. 샴페인을 하나 사서 터뜨릴까? 뉴욕에서 연극을 보고 나서 근사하게 저녁을 먹을까? 그때 아들 그레그가 축하해주면서 한마디를 던진다. "우와 아빠, 정말 좋겠어요. 그걸로 아빠의 생애소비를 1년에 20달러는 증가시킬 수 있겠네요!" 그레그는 저축의 생애주기 이론을 배우고 있는 것 같아 보였다.

프랑코 모딜리아니(Franco Modigliani)는 **생애주기 이론**(life-cycle theory)이라고 불리는 저축 모형을 고안해낸 공로를 인정받아 노벨경제학상을 받았다.[1] 이 이론은 경제학에서 어떻게 이론이 만들어지는가를 아주 잘 보여주는 고전과 같다. 우선 최적화 문제를 설정하고 이를 풀어낸다. 그리고는 마치 사람들이 방금 그 문제를 풀어 그 해법을 아는 것처럼 행동할 것이라고 가정한다. 이 이론에서는 사람들이 유산을 남기는 데 관심이 없고, 매 시기 일정한 소비수준을 유지하고자 노력한다고 가정된다. 그렇다면 이 개인은 한 해 동안 얼마나 소비해야 할까? 이에 대한 답은 이렇다. 현재소득, 순자산, 그리고 미래소득의 기대가치를 모두 포함하여 부(富)의 현재가치를 계산하고, 그 돈으로 구매할 수 있는 연금 수령권의 가치 크기를 계산한다. 그리고 그로부터 매년 연금으로 받을 수 있는 금액만큼을 소비한다. 이 이론은 간단하고, 우아하며, 합리적인데, 바로 이러한 점들을 경제학자들이 높이 사고 있다. 하지만 불행히도 쿠란트, 그램리히 그리고 레이트너의 말대로(Courant, Gramlich, and Laitner, 1986, pp. 279~280), "이 모든 우아함과 합리성 때문에, 생애주기 모형은 지금껏 제대로 검정된 적이 없다."

소비를 둘러싸고 발견되는 이상현상들은 대략 두 가지 범주로 나뉜다. 첫째, 소비는 현재소득에 지나칠 정도로 민감한 것으로 나타난다. 전 생애를 통해 보면, 젊은 층과 노인층은 생애주기 이론에서의 예측에 비해 너무 적게 소비하며, 반면 중년층은 너무 많이 소비한다. 또한 연간 소비수준은 현재 소득수준과 너무 높은 상관관계를 보여 생애주기 모형에 부합하지 않는다. 둘째, 여러 형태의 부(富)들은 이론과 달리 서로 밀접한 대체재로 나타나지 않는다. 특히 가계는 다른 자산에 비해 연금자산이나 주택자산(* home equity: 주택 구입 가격에서 은행에서 집 담보로 대출받은 돈을 뺀 집의 가치)에 대해서 매우 낮은 한계소비 성향을 보인다.[2] 이렇듯 현실과 이론의 차이를 어떻게 볼 것인지를 둘러싸고 다양한 해석들이 제시되어왔다. 어쩌면 사람들은 자산의 현재가치와 연금액을 계산할 만큼 합리적이지 않을지도 모른다. 아니면 사람들은 초합리적이고 또 이타적이어서, 자기 자산의 현재가치뿐만 아니라 후손들의 부(富)까지 고려하는 것일지도 모른다. 또는 신용시장이 완전하지 않기 때문일 수도 있다. 즉, 만약 유동성 제약이 없었더라면 사람들은 생애주기 이론에 따라 소비를 했을지도 모르지만, 신용시장의 불완전성이 초래하는 유동성 제약이 이를 방해했을 수도 있다는 것이다. 저축 관련 논문들을 보면, 이러한 해석들을 지지하는 연구들도 있고, 또 비판하는 연구들도 있다. 그러나 이 장에서는 생애주기 모형을 살펴보면서, 지금까지 관심을 받지 못했던 가정 하나에 초점을 맞추고자 한다. 바로 **대체가능성**(fungibility)이라는 가정이다. 이 가정을 약간만 수정한다면, 지금껏 발견된 수많은 저축의 이상현상을 설명할 수 있을 것으로 보이기 때문이다.

대체가능성이란 간단히 말해 돈에는 딱지가 붙어 있지 않다는 말이다. 생애주기 이론의 맥락에서 보면, 대체가능성 가정이란 자산을 구성하는 모든 요소들은 액수만이 중요할 뿐이라는 얘기다. 생애주기 가설에 따르면, 어떤 사람에게 예기치 않은 300달러의 소득이 생겼을 때 그것이 현재소비에 미치는 영향은, 그 소득이 축구 내기에서 300달러를 따서 생긴 것이든, 현재 100주를 갖고 있는 주식의 가격이 3달러 상승해서 생긴 것이든, 아니면 연금 총액이 300달러 증가한 것이든 상관없이 동일해야 한다. 어떤 자산에 대한 한계소비성향(이후 MPC로 씀)은 그 자산이 어떤 형태를 갖든 상관없이 동일하다는 것이다.

사람들이 다양한 형태의 자산들을 갖고 있을 때, 정말로 자산의 종류와는 상관없이 그 자산의 액수만을 중요하다고 보고 행동하는지를 살펴볼 수 있는 간단한 방법이 있다. 가계가 심적회계 시스템을 가지고 있다고 가정하자. 현재소득계정(C), 자산계정(A), 그리고 미래소득계정(F)이 있다고 하면, C계정을 보통예금으로, 그리고 A계정은 저축예금으로 생각할 수 있다. 간단히 말해 C계정의 MPC는 1에 가깝고, F계정의 MPC는 0에 가까우며, A계정으로부터의 MPC는 0과 1 사이가 될 것이라고 생각할 수 있다. 생애주기 모형에 따르면 이 모든 형태의 자산에 대해 MPC가 모두 같아야 하니까, 이를 귀무가설로 놓고 검정을 할 수 있다.

심적회계시스템 가설에서는 각 계정으로부터의 MPC가 각각 다를 것이라고 예측하는데, 이에 따라 기본적인 생애주기 이론을 두 가지 측면에서 수정할 수 있다. 이 두 측면에 대해서는 제8장에서 시점 간 선택에 관해 논의할 때에도 잠시 언급한 바 있다. 첫째, 사람들은 참을성이 없다. 특히 단기에서는 사람들은 그들의 할인율이 이자율을 초과하는 것처럼 행동하기도 한다. 이와 같이 단기 할인율이 높다는 것은 두 번째 문제를 야기한다. 그것은 자기통제와 관련된 문제이다. 생애주기 이론에서 개인은 최적화 문제를 풀어 전 생애에 걸친 최적의 소비 계획을 세우고 그것을 불굴의 의지로 흔들림 없이 실행한다고 가정한다. 그러나 현실에서 사람들은 자기통제가 힘들다는 것을 알기 때문에, 자신들의 미래 행동을 제약하기 위한 조치를 취하기도 한다. 연금에 가입하거나 생명보험을 드는 것과 같이 나중에 가서도 철회할 수 없는 행동을 하는 것도 자기통제의 방법 중 하나이다. 어쩌면 이 시대의 가장 인기 있는 사회정책인 사회보장시스템은 입법화된 자기통제의 예가 될지도 모른다. 또 다른 방법은 자기 나름대로 주먹구구식 규칙을 정하고 이를 따르는 것이다. 두 달 동안의 소득을 자산계정에 보관해 넣어두겠다고 다짐하거나, 집, 자동차, 혹은 필수 가전제품과 같은 주요 내구재 구매를 할 때를 제외하고는 돈을 절대 빌리지 않겠다고 다짐하는 것 등이 그 예가 될 수 있다. 물론 가계가 이러한 규칙을 따르는 것은 이들이 **그렇게 하려고 해서가** 아니라 유동성 제약 때문에 어쩔 수 없이 **그렇게 할 수 밖에 없어서**일지도 모른다. 이 문제는 뒤에서 자세하게 다룰 것이다.

요약해보면, 우리가 지금 묘사하고 있는 가계는 다음과 같은 알뜰한 규칙을 지키고 있는 것으로 볼 수 있다.[3] 1) 자력으로 살아라. 실업과 같은 위기 기간을 제외하고는 현재의 소비를 늘리려는 목적으로 미래소득계정(F)이나 자산계정(A)에 있는 돈을 끌어다 쓰지 마라. 위기 기간일 때조차도 가능한 한 소비를 줄여라. 2) 만일의 경우를 대비한 예비계정을 만들어놓고, 소득의 일부를 거기에 보관하라. 위기 상황이 아니면 이 계정에 손대지 마라. 3) 자기통제가 필요 없는 방법을 찾아 퇴직을 대비한 저축을 하라. 이러한 규칙은 퇴직에 대비하여 미리 충분한 저축을 해놓는 데 실패할 가능성을 사전에 차단할 수 있는 현명한 해결책이다.

이 장에서는 저축에 관련된 실증 연구 중 극히 일부를 검토하게 될 텐데, 이를 통해서 대체가능성 가정이 현실에서 실제로 어떻게 위배되는지, 그리고 더욱 일반적으로는 자기통제가 저축 행동에서 어떤 역할을 하는지를 보게 될 것이다.

소비는 소득을 좇아가는 경향이 있다

소비가 현재의 소득에 너무 민감하게 반응하기 때문에, 항상소득 가설이 잘 들어맞지 않는 것 아니냐는 생각이 최근 경제학자들 사이에서도 나타나기 시작하는 것 같다. 이 관점을 지지해주는 증거가 많은데, 그것이 전 생애 소비곡선의 모양을 결정하는 것과 관계된 것이든 아니면 매년 소비를 안정적으로 유지시키려는 의사결정과 관련된 것이든 결론은 모두 동일하다.

◆ 전 생애 소비곡선

저축에 관한 생애주기 이론의 핵심은 연령에 따른 저축곡선을 그려보면 낙타 등 모양이 된다는 것이다. 젊은이들은 항상소득보다 현재 소득이 적기 때문에 소비를 위해 돈을 빌리게 되고, 중년들은 퇴직을 대비해 저축을 하게 되며, 노년에는 저축한 돈을 찾아 쓴다고 보면, 우리는 낙타 등 모양의 저축곡선을 얻게 된다. 셀 수 없을 만큼 많은 학자들이 전 생애에 걸친 소비곡선의 모양이 어떻게 생겼는지를 연구해왔는데, 이들이 내린 결론은 생애주기 이론과 합리적 기대이론에 부합하기에는 소비곡선의 모양이 소득곡선의 모양과 너무 비슷하다는 것이었다(Kotlikoff and Summers, 1981; Courant, Gramlich, and Laitner, 1986).

최근에 캐럴과 서머스(Carroll and Summers, 1989)는 국가 간 비교를 통해 생애주기 이론을 평가했다. 항상소득 모형에 따르면 어떤 국가의 소비성장률은 일차적으로 이자율에 의존해야 한다. 따라서 만약 전 세계의 이자율이 동일해진다면, 장기적인 소비성장률도 동일해져야 한다('기호'[즉 조급함의 정도]가 모든 국가에서 동일하다고 가정한다면). 그러나 캐럴과 서머스는 소비성장률이 소득성장률과 매우 높은 상관관계를 갖는다는 것을 발견했다. 그들은 이러한 결과가 국가의 성장률의 급격한 변동, 국가 간 자본시장의 불완전성, 혹은 국가별 기호(조급함의 정도)의 차이 때문에 나타난 것이 아닌가 하고 살펴보았는데, 그렇지는 않은 것 같다는 결론에 도달하게 되었다.

생애주기 이론에 따르면, 모든 조건이 동일할 때 연령에 따른 소비곡선의 모양이 소득곡선의 모양과 독립적이어야 한다. 그러나 현실에서는 이와 다르게 나타난다는 것을 간단히 확인할 수 있다. 주위의 대학원생들, 심지어 미래의 소득이 아주 높을 것으로 예상되는 의대생들조차도 그들이 대학원에 있는 동안은 그들의 항상소득에 비추어볼 때 훨씬 적게 소비하는 것을 쉽게 볼 수 있다. 실증 데이터를 봐도 그렇다. 캐럴과 서머스는 미국에서 각종 직업별 그리고 교육 수준별로 사람들의 나이에 따른 소비와 소득 패턴을 살펴보았는데, 나이에 따른 소비의 변화는 나이에 따른 소득의 변화에 크게 영향을 받는다는 사실을 발견할 수 있었다. 물론 이는 부분적으로는 유동성 제약 때문이다. 이제 이에 대해 살펴보자.

◆ 단기 저축

생애주기 이론과 항상소득 가설에 따르면, 소비는 현재소득이 아닌 항상소득에 비례하도록 일정하게 유지되어야 한다. 하지만 홀과 미슈킨(Hall and Mishkin, 1982)은 이러한 예측이 체계적으로 어긋나고 있음을 보여주었다. 특히, 소비는 현재소득에 너무 민감한 것으로 나타났다. 이 결과는 현대적이고 합리적인 항상소득기대 모형의 용어를 사용하여 묘사되었지만, 이 실증 결과는 소비함수에 대한 밀턴 프리드먼(Milton Friedman, 1957)의 최초의 연구에서 얻어진 결과와 매우 유사하다. 프리드먼은 소비자의 할인율이 0.33과 0.4 사이에 있다고 추정했는데, 이는 소비자들이 길어야 3년 정도를 내다보고 소비계획을 작성한다는 것을 의미하는 것이고, 따라서 소비함수는 현재소득수준에 의해 아주 강하게 영향을 받는다는 것을 의미하는 것이다.[4]

소비행위가 현재소득에 민감하게 반응한다는 것이 왜 중요한지를 보기 위해 두 가지 형태의 소비자가 있다고 가정해보자. 즉 항상소득 가설에 부합하는 소비행동을 하는 소비자와 "번 만큼 써라"라는 주먹구구식 법칙에 따라 소비행동을 하는 소비자가 있다고 하자. 캠벨과 맨큐(Campbell and Mankiw, 1989)가 추정한 바에 따르면 각 유형의 소비자 비율은 50대 50 정도였다.[5] 이렇게 보면 항상소득 모델에서 가정되는 소비자는 대표적 소비자로 간주될 수 없다(아울러 플래빈(Flavin, 1981)을 참조하라).

소비가 시계열적으로 어떤 특징을 나타내는가를 해석하는 것은 어려운 작업이다. 그러나 윌콕스(Wilcox, 1989)는 소비가 현재소득에 대해 지나치게 민감하다는 것을 간단명료하게 증명해 보였다. 그는 1965년에서 1985년까지의 월별 자료를 이용하여 소비자가 받는 사회보장수당의 변화가 소비자의 지출에 어떤 영향을 주는지를 조사했다. 이 기간 동안 17가지의 사회보장수당이 올랐다. 사회보장수당이 오를 것이라는 사실은 실제로 늘어난 수당을 받게 되는 날로부터 적어도 6~7주 전에 발표되었다. 생애주기 이론에 따르면 수당이 증가할 것이라는 사실이 발표되면 새로운 수준으로 상승된 항상소득에 반응하여 소비자 지출이 늘어나게 될 것으로 예측하게 된다.[6] 하지만 윌콕스가 발견한 것은 소비자 지출이 증가하기는 하지만 그것이 증가되는 시점은 변화가 발표되었을 때가 아니라 실제로 수당을 지급받았을 때라는 것이었다. 이 효과는 특히 내구재 판매에서 뚜렷이 드러났다.

◆ 소득의 원천, 보너스, 그리고 횡재소득

자산의 변화는 그 자산의 형태와 상관없이 단기 소비에 똑같은 영향을 줄까? 심적회계 가설은 횡재소득이 발생했을 때 그로 인해 증가하는 현재소비는 횡재소득의 크기에 따라 다를 것이라고 본다. 횡재소득의 크기가 현재소득에 비해 상대적으로 작으면, 그것은 현재소득으로 인식되어 지출된다. 다른 한편 횡재소득의 크기가 현재소득에 비해 크면 MPC가 다소 낮은 자산계정으로 들어간다. 그리고 자산 변화가 어디에서 기인한 것인지도 문제가 된다. 미실현 자본이득과 같은 횡재소득은 자연스럽게 자산계정의 변화로 취급된다. 증권판매 등으로 얻어진 소득의 변화는 현재소득의 변화로 취급할 수 있을 것이다. 이러한 구분은 실증 데이터를 통해서도 확인된다. 예를 들어 서머스와 캐럴(Summers and Carroll, 1987)은 주식시장에서 발생하는 자본이득에 대한 한계저축 성향은 거의 1에 가깝다고 보고하고 있다. 그러나 햇소폴로스, 크루그먼 그리고 포터바(Hatsopoulos, Krugman, and Poterba, 1989)는 기업 인수로 주주에게 **현금**이 생기면, 소비가 증가한다는 사실을 발견했다. 이들이 추정한 바에 따르면 기업 인수 후 세후 현금 수령액에 대한 MPC는 0.59였다(표준오차는 높았지만). 이는 가처분소득의 MPC인 0.83, 가계 순부의 MPC인 0.03과 비교될 만하다. 또한 아래에서 논의되겠지만 주택자산과 연금자산의 증가는 다른 형태의 저축을 증가시키는 특이한 효과를 갖는다.

만약 액수가 충분히 크다면 현금 수령액도 자산계정에 들어갈 수 있으며, 통상적인 소득으로 간주되지 않을 수 있다. 흥미로운 것은 보너스와 횡재소득에 관한 것이다. 완전히 예측할 수 있고 액수도 꽤 큰 보너스에 한정해서 살펴보도록 하자. 구체적으로 살펴보기 위해서 두 명의 교수가 있다고 하자. 존은 1년 동안 연봉 55,000달러를 매달 나누어 받는다. 조앤은 45,000달러의 기본 급여를 매달 나누어 받고, 추가적으로 10,000달러를 여름 보너스로 지급받기로 되어 있다. 항상소득 가설에 의하면 두 교수는 동일한 저축 계획을 세워야 한다. 그러나 심적회계 공식에 의하면 조앤이 두 가지 이유에서 더 많이 저축을 할 것이라고 예측할 수 있다. 첫째, 그녀는 '정규' 소득이 더 작기 때문에 그녀는 생활 방식을 이 정상소득수준에 맞추려고 할 것이다. 둘째 여름 보너스가 한꺼번에 들어온다면 그것은 MPC가 낮은 자산계정에 들어갈 것이다. 이러한 예측이 맞는지를 검정하기 위해 몇몇 학자들은 일본의 경우 보너스 지급이 저축에 어떤 효과를 미치는지를 분석해본 적이 있었다.[7] 일본에서 노동자들은 한 해 두 번 보너스를 받는데, 거의 대부분의 기업이 이 관행을 따르기 때문에 노동자들은 이 두 번의 보너스를 사전에 충분히 예측하고 있다고 보아도 무방하다. 이시가와와 우에다(Ishikawa and Ueda, 1984)는 평상시 소득에 대한 MPC와 보너스에 대한 MPC를 각각 추정했는데, 불황이 아닐 때는 평상시 소득의 경우 MPC가 0.685 정도인 반면, 보너스 소득의 경우 MPC는 0.437밖에 되지 않는다는 것을 알아냈다.[8] 그런데 1974년에서 1976년 석유파동으로 인한 불황 동안에는 보너스 소득의 MPC가 1.0으로 급등하였다. 이를 통해 알 수 있는 것은 보너스는 위급한 상황 동안에 일정 수준의 소비를 꾸준히 유지하는 데에 사용되더라는 것이다.

횡재소득이 생겼을 때 소비가 어떻게 변하는지를 조사한 또 하나의 자료는 랜즈버거의 연구에서 제시된 바 있다(Landsberger, 1966). 그는 제2차 세계대전 이후 독일이 이스라엘에 지급한 전후배상금에 대한 MPC를 구해보았다. 그는 다양한 액수의 배상금을 받은 297개 가구를 조사했는데, 가장 많은 배상금(연소득의 약 66% 정도의 액수)을 받은 집단에게서는 그 배상금으로 인한 횡재소득의 MPC가 23% 정도로 나타난 반면, 가장 적은 배상금(연소득의 약 7% 정도의 액수)을 받은 집단에게서는 이 횡재소득의 MPC가 2.0을 초과했다. 즉, 작은 횡재소득이 생기면, 그 액수의 두 배가량을 소비하더라는 것이다.

부는 대체가능한가

생애주기 모형은 강력한 이론인데, 그 이유는 이론에 입각하여 어떤 변수가 저축에 영향을 줘야 하고, 어떤 변수가 영향을 주지 않아야 하는지를 예측할 수 있게 해주기 때문이다. 가장 단순한 모형에서는 가계의 저축률에 영향을 주는 요인은 가족구성원의 연령, 가족의 전 생애 자산, 그리고 이자율뿐이라고 본다. 이때, 현재가치가 동일하다면, 자산의 **구성**(composition)은 저축에 아무런 영향을 주지 않는다고 가정된다. 대부분의 가계에서 자산은 세 가지 요소, 즉 미래소득, 연금과 사회보장자산, 그리고 주택자산으로 구성된다.[9] 생애주기 모형에 따르면, 유동성의 문제가 없다면, 이 세 가지 형태의 자산은 거의 완벽하게 대체되어야 한다.

◆ 연금자산
전 생애에 걸친 수익의 흐름이 동일한 두 사람이 있다고 하자. 그런데 한 사람은 10만 달러의 연금자산을 가지고 있고,[10] 다른 한 사람은 연금을 가지고 있지 않다고 하자. 생애주기 이론에 따르면 연금을 갖고 있지 않은 사람은 다른 형태의 저축계정에 10만 달러를 더 보유하고 있어야 한다. 즉 연금계정과 저축계정 사이에는 일대일의 대체관계가 있다고 가정된다. 이에 따르면 연금자산의 변화에 대한 재량적 저축의 변화 비율은 −1이 되어야 한다(* 즉, 연금자산이 1달러 늘어난다면 동일한 크기만큼 다른 형태의 저축이 줄어야 한다).

민간연금이 다른 형태의 저축에 어떤 영향을 끼치는지를 살펴본 최초의 연구는 케이건(Cagan, 1965)과 카토나(Katona, 1965)에 의해 이루어졌다. 그들은 다른 형태의 저축에 대한 민간연금의 효과가 −1이 아니라는 놀라운 결과를 얻었다. 오히려 그 효과는 (+)의 값이었다! 즉 연금자산 1달러가 더해지면 다른 저축도 미약하게나마 증가했다는 것이다. 이 결과를 선택 바이어스로 설명할 수 있을까? 다시 말해, 저축하는 것을 좋아하는 사람일수록 연금제도가 있는 회사에서 일하려고 하는 경향이 있기 때문에 이런 결과가 나온 것일까? 그린(Green, 1981)이 이 가설을 간접적으로 검정해보았다. 그는 연금을 가지고 있는 사람만으로 구성된 하위 샘플에서 과연 연금과 저축 간의 일대일 대체관계가 나타나는지를 추정해보았다. 그도 연금자산의 증가가 작게나마 저축의 증가로 나타난다는 것을 발견했다. 이 결과를 선택 바이어스로 설명할 수 있으려면, 저축 성향이 높은 사람들일수록 연금 혜택이 높은 기업에, 그렇지 않은 사람들은 연금 혜택이 낮은(혹은 연금이 보장되지 않은) 기업에 취직하는 경향이 있다는 것을 보일 수 있어야 하는데, 이는 별로 설득력이 없다. 저축 성향이 높은 사람이 있다면, 일단 가장 좋은 기업을 선택해 들어가고, 그 기업의 연금 정책에 따라 최적 수준으로 자신의 재량저축 수준을 맞추면 되는 것 아닌가? 다른 연구들에서는 연금과 저축 사이의 대체관계가 예상대로 음으로 나오기도 했지만, 어떤 결과에서도 그 크기가 −1에 가깝게 나오지는 않았다(Shefrin and Thaler, 1988). 즉 사람들은 연금자산을 다른 형태의 자산과 대체가능한 것으로 여기지 않는 것 같다.

유사한 현상이 개인퇴직계정(Individual Retirement Accounts, IRAs)에서도 나타나고 있다. 여기서의 논점은 IRAs가 실제로 '새로운' 저축으로 여겨지는지, 아니면 단지 다른 (과세 대상인) 형태의 저축계정으로부터 과세 없는 새로운 계정으로 '개편'된 것으로 여겨질 뿐인지이다. 벤티와 와이즈(Venti and Wise, 1987, p. 6)는 다음과 같이 지적한바 있다. "IRAs와 전통적인 저축계정을 동등한 자산으로, 즉 단순히가격만 다른 두 개의 상품으로 생각하려 할지도 모른다. 그렇게 된다면 IRAs를 어떤 한도 내에서 가격 보조를 받는, 즉 통상적인 저축에 대한 가격 보조 정도로만 생각하게 될지도 모른다. 〔중략〕하지만〔중략〕분석에 의하면 IRAs와 저축계정은 소비자들에게 완전히 다른자산으로 인식되고 있다." 벤티와 와이즈는 소비지출 조사 자료를사용하여 이를 분석해보았다. 그로부터 그들은 "대부분의 IRA는 다른 저축의 감소를 수반하지 않는 새로운 저축 수단으로 나타난다"는결론을 내리게 되었다(p. 38). 그들은 또한 대부분의 IRA 기부자들은IRA가 도입되기 전까지는 저축을 많이 하지 않은 사람들이었다는것도 발견할 수 있었다.

핀버그와 스키너(Feenberg and Skinner, 1989)도 납세소득신고 자료를 이용해 IRA가 '새로운' 저축인지 단순한 '개편'인지의 여부를 살펴보고자 했다. 만약 IRA가 단지 다른 저축으로부터 개편된 저축이라면, IRA를 사용하는 사람들은 그렇지 않은 사람들보다 과세 가능한 이자소득이 더 낮아야 한다(왜냐하면 IRA 사용자는 그들의 다른 저축을 IRA로 '개편'함으로써 그만큼 면세 혜택을 받았을 것이기 때문이다). 그러나 이 연구에서는 각각의 자산 수준에서 IRA 사용자들이 더 높은 과세 대상 이자소득을 가지고 있다는 것을 발견했다. 이것은 IRA와 여타 저축들 간의 대체비율이 위에서 소개된 연금 연구로부터 얻어진 것과 비슷하게 양의 값이 나온다는 것을 의미한다.

IRA를 둘러싸고 보고된 여러 사실들은 심적회계계정과 자기통제 요인이 매우 중요하다는 것을 보여준다. IRA가 이자 수익을 보호해 주기 때문에 합리적인 사람들이라면 그들의 수익을 가능한 한 오랫동안 보호하기 위해 최대한 빨리 IRA를 구매할 것이다. 이것은 특히 자산을 다른 과세 대상 계정에서 IRA로 바로 이전한 사람에게는 특별히 잘 들어맞는 사실일 것이다. 그러나 법률적으로 납세자는 회계연도 다음해 4월 15일까지 IRA를 구입하면 세금 공제 혜택을 받을 수 있다. 서머스(Summers, 1986a)는 회계연도가 1985년이라면 IRA 구매의 거의 절반이 1986년에 일어난다고 보고했다. 또 핀버그와 스키너는, 다른 모든 조건이 동일할 때, IRA를 구매하는 사람들은 대부분 IRA를 구매하지 않으면 국세청에 세금을 추가 납부해야 할 상황에 놓인 사람들이라는 것을 발견했다. 즉 국세청에 세금을 추가로 납부해야 하는 사람들이 세금을 환급받게 될 사람들보다 IRA를 구입할 가능성이 높다는 것이다. 이 결과는 심적회계로 잘 설명된다(즉 '나는 정부에 800달러를 지불하느니 IRA에 2,000달러를 넣어두겠다'). 또한 핀버그와 스키너는 소득보다 자산이 IRA 구매에 더 큰 영향을 미친다는 것을 발견했는데, 이는 유동자산을 보유하고 있는 가계일수록 IRAs를 구입하는 경향이 높다는 것을 의미한다.

만약 IRA 구매가 유동자산의 보유 여부에 의해 영향을 받는다면, 왜 IRA 구매가 총 저축을 증가시킬까? 이에 대한 이유 중 하나는 IRA계정에 있는 돈은 덜 유동적(만약 구매자가 59.5세가 되기 전에 해약한다면 10% 특별부과세 대상이 된다)이고 덜 매력적이라는 것이다. IRA의 기금은 긴박한 상황을 제외하고는 '사용 금지' 항목으로 간주된다. 벤티와 와이즈가 지적하듯이(Venti and Wise, 1989, p. 11), "물론 어떤 사람들은 IRA가 유동성이 떨어진다는 사실을 그 자산이 갖는 이점으로 간주할지도 모른다. IRA가 없었더라면 써버릴 수도 있었던 돈을 저축할 수 있기 때문이다. 즉 IRA는 자기통제의 수단이 된다."[11] 또 만약 가계의 자산계정 수준이 바람직한 수준에서 유지되고 있다면, IRA 구매는 그 자산계정 잔고를 일시적으로만 감소시킬 것이다. 비슷하게, IRA 구매를 위해 돈을 빌린 사람들도 상당히 빨리 (아무리 늦어도 그들이 퇴직하기 전에) 그 대출을 갚아버릴 것이므로, 결과적으로 순저축은 증가하게 된다.

◆ 주택자산

생애주기 이론은 연금자산처럼 주택자산도 다른 형태의 자산들과 대체가능하다고 가정한다. 이것이 맞는 말인지 확인하기 위해서 다음과 같은 몇 개의 간단한 사실들을 보는 것이 도움이 될 것이다. 크럼과 밀러(Krumm과 Miller, 1986)는 1970년에서 1979년까지의 소득 패널 서베이(Panel Survey of Income Dynamics) 데이터를 이용하여 주택소유권이 다른 저축에 미치는 영향을 알아보고자 했다. 이로부터 그들은 다음과 같은 패턴을 발견했다. 젊은 사람들은 그들의 첫 주택을 구입하는 데 필요한 계약금을 만들기 위해 유동자산을 축적하며, 주택을 살 때 그 자산을 사용한다. 그리고는 곧바로 다시 유동자산을 모으기 시작한다. 그와 동시에 모기지 대출금을 갚아 주택자산을 만들기 시작하면서, 주택으로부터의 자본 이득을 축적해나간다. 그들의 주택자산이 다른 저축과 대체될 수 있다면, 다른 조건이 동일할 때 주택 소유자는 다른 자산 형태의 저축을 적게 가지고 있을 것으로 예측할 수 있다. 그러나 사실은 예측과는 반대인 것으로 드러났다. 패널 데이터에서 1970년에서 1979년까지 계속 주택을 소유하고 있었던 사람과 단 한 번도 주택을 소유한 적이 없는 사람을 비교해보면, 다른 모든 조건이 동일할 때, 주택 소유자의 비주택자산 형태의 저축이 16,000달러나 높았다. 게다가 그들은 29,000달러의 주택자산을 보유하고 있었다(비슷한 결과로 Manchester and Poterba〔1989〕 참조).

대체가능성을 살펴보는 다른 방법은 주택자산으로부터 MPC를 도출하는 것이다. 스키너(Skinner, 1989)가 이 접근법을 사용했다. 그는 먼저 1976년부터 1981년까지의 실제 소비 변화가 그의 샘플 중 주택을 소유하고 이사하지 않은 사람들의 주택자산 변화를 통해 얼마나 설명될 수 있는지를 알아보기 위해 간단한 회귀분석을 했다. 측정된 상관계수는 0에서 크게 벗어나지 않았다. 좀더 복잡하게 짜인 모형에서는 회귀분석을 통해 작지만 유의한 효과가 발견되기도 했지만, 가족 간 개인별 차이를 수정한 샘플에서는 주택 가치의 변화가 소비에 아무런 영향을 주지 않는다는 것이 관찰되었다.

세대 간 이전 가설을 통해 이러한 결과를 해석하려는 시도도 있다. 만약 주택 가치가 상승한다면, 사람들은 그들의 자녀들이 집을 살 수 있도록 하기 위해 더 많은 돈을 저축하려고 할 것이다. 이를 증명하기 위해 스키너는 가족의 규모가 저축에 영향을 주는지 조사해보았고 결과는 그렇지 않다고 나왔다.[12] 또한 만약 세대 간 이전이 그렇게 중요하다면, 주택 가격이 상승할 때, 주택 소유자들뿐 아니라 모든 사람들이 그들의 자손을 위해 저축을 늘리는 것으로 반응해야 할 것인데, 그런 증거는 없다.

주택자산으로부터의 MPC가 낮다는 것은 또 다른 이상현상이다. 다시 말해 생애주기 이론에 견주어 볼 때, 노인들은 젊은 시절 저축으로 모아 둔 자산을 너무 적게 쓴다는 것이다. 이것은 앞서 설명한 소비가 소득을 좇아간다는 주제의 새로운 측면이다. 젊은 사람들과 노인들은 생애주기 이론에 비추어볼 때 매우 적게 소비한다. 젊은 사람들이 이론의 예측보다 소비를 적게 한다는 사실은 자본시장이 완벽하지 않아 돈을 끌어다 쓰기 힘들기 때문이라고 설명할 수 있지만, 노인들의 행동, 특히 주택을 소유한 노인들의 낮은 소비 성향은 여전히 설명되지 않는다. 65세 이상의 주택 소유자들은 모기지 부채를 거의 가지고 있지 않고, 따라서 주택자산의 크기는 상당히 큰 편이다. 벤티와 와이즈(Venti and Wise, 1989)의 "그러나 그들은 주택자산을 감소시키려 하지 않는다"(But They Don't Want to Reduce Housing Equity)라는 제목의 논문에서 밝힌 것과 같이 노인들이 주택자산을 쓰기 싫어하는 것은 어쩔 수 없어서가 아니라 자발적인 것이다.

벤티와 와이즈는 1969년에서 1979년까지의 여섯 차례의 '퇴직 이력 서베이'(Retirement History Survey) 데이터를 사용해서 이 문제를 연구했다. 그들은 샘플에서, 주택을 팔아 다른 주택을 산 사람들이라면 주택을 사고팖으로써 주택자산 수준을 바람직하다고 생각하는 수준으로 조정할 수 있을 것이라는 사실을 이용했다. 만일 그렇다면 이들의 행동을 살펴봄으로써 사람들이 생각하는 바람직한 주택자산 수준이란 어느 정도인지를 유추해낼 수 있다. 이렇게 이들의 행동을 관찰한 결과, 바람직한 주택자산과 실제 주택자산 사이의 차이는 평균 1,010달러 정도밖에 안 된다는 것을 알 수 있었다. 그리고 부에서 주택자산이 차지하는 비율의 바람직한 수준은 0.53 정도로 나타났다. 이때 바람직한 비율과 실제 비율의 차이는 0.0107이었다. 바람직한 주택자산의 크기에 연령은 아무런 영향을 주지 못하는 것으로 나타났고, 자녀가 있는지 없는지의 여부도 바람직한 주택자산의 크기에는 영향을 주지 못했다. 즉 자녀에게 유산을 남기기 위해서라는 설명은 타당하지 않은 것으로 드러났다. 벤티와 와이즈는 다음과 같은 결론을 내렸다. "대부분의 노인들에게는 유동성 제약이 없다. 그리고 생애주기 가설의 기본 공식과는 반대로 일반적인 노인들은 그들의 주택자산을 감소시키려 하지 않는다"(p. 23).

유동성 제약 혹은 부채회피?

가계소비 행태를 둘러싸고 제시된 다양한 증거들에 직면하면서, 많은 경제학자들은 인구의 대부분이 유동성 제약 하에 있다는 가정을 하고 모형을 전개해왔다. 유동성 제약이 있으면 소비수준을 일정하게 유지하기 위한 대출이 불가능하기 때문이다(Hayashi, 1985; Zeldes, 1989). 여기서 소개한 관점과 많은 공통점을 갖고 있는 개발도상국 모형을 제시하면서, 디튼(Deaton, 1989)은 가계는 참을성도 없고 대출을 얻기도 힘들다고 가정하고 있다. 이런 모형들은 매우 중요하고 설득력도 있다. 그러나 유동성 제약의 경우 이와 다른 중요한 원인이 있는데, 나는 그것이 단순히 부채를 싫어하는 사람들이 **스스로 정한**(self-imposed) 규칙 때문이라고 믿고 있다.

벤티와 와이즈에 의해 제시된 증거는 이러한 관점과 일치한다. 노인들은 가능하다면 새로운 모기지에 가입하려 하지 않는다. 역모기지(은행이 노인 가족에게서 주택을 산 다음 그들을 계속 그곳에 살게 하면서 그들에게 연금을 주는 방식)는 지금까지 매우 인기가 없었다. 나는 이것이 어느 정도는 모기지라는 이름 탓인 것으로 생각한다.

집단으로서의 주택 소유자들은 유동성 제약하에 있지 않다. 맨체스터와 포터바(Manchester and Poterba)는 1988년 당시 미국의 주택자산이 약 3조 달러 정도 될 것으로 추정했고, 좀더 엄격해진 새로운 세법하에서도 세금이 공제되는 대출을 받을 수 있는 금액의 크기는 2.5조 달러가 될 것으로 추정했다(이 숫자가 얼마나 큰 것인지 감을 잡기 위해 비교해보면, 1985년 당시 무담보부채 총액과 자동차 부채를 더한 총액은 4,050억 달러 정도였다). 맨체스터와 포터바는 사람들이 두 번째 모기지로 대출을 받을 때, 소비를 늘리기 위해서가 아니라 대개 투자를 하기 위해서 그렇게 한다고 보고하고 있다. 2차 모기지의 약 절반 정

도는 집수리 비용으로 쓰인다. 빌린 돈을 같은 심리계정의 하부 계정에 보유하는 셈이다.[13]

유동성 제약 연구에서 상대적으로 많이 다루어지지 않은 분야는 생명보험의 현금가치이다. 대부분의 생명보험 정책에는 보험계약자가 수혜액을 담보로 돈을 빌릴 수 있다는 조항이 있고, 과거 이 대출 이자율은 꽤 매력적인 편이다. 그 예로 1979년 재무부 증권의 단기 이자율 평균이 9.5%였는데 비해 보험증권 담보대출의 평균 이자율은 5.65%에 불과했었다. 보험계약자들은 그들의 보험증권을 담보로 대출을 해서 부자가 될 수는 없지만, 음의 실질 이자율로 대출을 받을 수 있는 것은 분명했다. 그러나 와쇼스키(Warshawsky, 1987)는 1979년 자료를 통해 보험증권 담보대출을 받을 자격이 있는 사람들 중 실제로 대출을 받는 사람은 10%도 안 된다는 것을 밝혀냈다. 그는 또한 사람들이 점점 차익 거래 기회도 알게 될 것이라는 가설을 검정하고자 했는데, 결론은 만약 보험계약자 사이에서 학습이 이루어지더라도 그 속도는 매우 느리다는 것이었다. 그의 계산에 따르면 보험계약자가 최적 수준의 대출액의 절반 수준에 도달하는 데에만 9년이 걸린다.

앞서의 언급은 유동성 제약이 중요하지 않다고 주장하는 것이 아니라 유동성 제약에는 두 개의 중요한 원인이 있다는 것을 주장하는 것이다. 하나는 자본시장에 의해 만들어진 것이고, 다른 하나는 개인 스스로가 만들어낸 것이다. 후자의 원인은 경제학 문헌의 관심을 받지 못하고 있지만, 차차 더욱 중요해질 것이다.

보충설명

이전 세대의 경제학자들은 저축 행동을 설명하기 위해 지금보다 훨씬 더 행동주의적 특성들에 관심을 기울였었다. 예를 들어, 어빙 피셔(Irving Fisher, 1930)는 전망, 자기통제, 그리고 습관의 역할을 역설했다. 심지어 프리드먼(Friedman, 1957)의 항상소득 가설조차도 합리적 기대이론과는 거리가 있다. 그는 "항상소득은 전 생애를 통해 얻게 될 수익의 기대치로 간주되어서는 안 된다. 〔중략〕 그것은 소비자 당사자에 의해 항상적이라고 간주되는 평균소득으로 해석되어야 한다"[14]고 말했다. 저축에 관한 현대적 이론은 대표적 소비자를 점점 더 영리하게 만들고 있다. 그들의 예측이 계량경제학자들의 정교한 예측과 같을 것이라고 간주하곤 한다.

문제는 경제학자들은 점점 더 약고 영리해지는데 소비자들은 여전히 매우 인간적이라는 것이다. 이것은 우리가 모형을 통해 분석하고자 하는 사람들의 행동에 의문점을 남겨둔다. 같은 맥락에서 2년 전 쯤 나는 NBER학회에서 로버트 배로(Robert Barro, 그 유명한 합리주의자)를 만난 적이 있는데, 그때 나는 그의 모형과 나의 모형의 차이점을 이렇게 설명했다. 배로는 그의 모델 속의 경제주체를 자기 자신처럼 영리하다고 가정했지만, 나는 사람들을 나처럼 바보 같다고 묘사한다고 했다. 배로도 이에 동의했다.

1 모딜리아니의 최근 관점을 알아보기 위해서는 모딜리아니의 최근 논문(Modigliani, 1988)을 보면 된다. 비슷한 이론이 또 다른 노벨상 수상자 밀턴 프리드먼(Milton Friedman)에 의해서 제시되었다. 프리드먼의 이론(1957)은 **항상소득 가설**(permanent income hypothesis)이라고 불린다. 이 두 이론 간의 차이가 없는 것은 아니지만 이 책에서는 별로 중요하지 않다.

2 한계소비 성향, 또는 MPC(the Marginal Propesity to Consume)란 증가된 달러 소득 중 저축되지 않고 소비지출된 부분을 의미한다. 만약 개인이 100달러의 횡재소득이 있었는데 95달러를 지출하고, 5달러를 저축했다면 그의 MPC는 0.95이다.

3 이 장의 내용은 내가 함께 참여한 허시 셰프린, 세일러 그리고 셰프린의 논문(Hersh Shefrin, Thaler and Shefrin, 1981), 셰프린과 세일러의 논문(Shefrin and Thaler, 1988)에서 심도 있게 다루고 있다. 심적회계와 자기통제에 근거한 저축행동 모형의 세부적인 내용은 두 번째 논문을 참조하라.

4 디튼(Deaton, 1987)은 그의 논문에서 다소 도발적으로 현재소비가 변화가 크기는커녕 실제로는 너무나도 안정적이라고 주장한다. 하지만 디튼 역시도 현재소비가 현재소득에 의해 너무 큰 영향을 받는다는 사실 자체에 대해서는 반대하지 않는다. 오히려 그는 노동소득의 변화는 항상소득 변화의 **과소평가치**이기 때문에, 소비의 변화가 노동소득의 변화보다 **커야 한다**고 주장한다. 이러한 해석이 나오는 이유는 소득 발생의 확률적 성격을 가정하기 때문이다.

5 그들의 모델에서 항상소득에 맞춰 행동하는 소비자들조차 시점 간 소비탄력성이 0에 가깝다는 것에 주목할 필요가 있다. 홀(Hall, 1988)은 항상소득 가설의 맥락에서 비슷한 결과를 제시하고 있다.

6 실제로 1975년부터 수당수준이 소비자물가지수(CPI)에 첨부되었기 때문에 수당의 증가는 발표 날짜 이전에 예측될 수 있었다.

7 연중에 소득이 들어오는 시점이 소비행동에 영향을 줄 것이라는 아이디어를 검정하는 것은 매우 어렵다. 경제이론이 소득이 들어오는 시점과 소비행동은 서로 관련이 없다고 예측하기 때문에 그런지 몰라도, 보너스와 같은 불규칙적인 소득의 크기나 규모에 대한 정보를 포함하고 있는 기본 자료가 없다.

8 연구자들은 보너스는 잘 예측되기 때문에 일시적인 수입으로 취급되지 말아야 한다고 주장한다. 그들은 또한 노동자들이 기대하지 않은 보너스는 기대된 보너스와 다르게 지출할 것이라는 가설을 검정하기 위해 기대소득 데이터를 사용했다. 그러나 이 가설을 지지하는 증거는 관찰되지 않았다.

9 대부분의 가계의 경우 가족구성원의 퇴직 시점에서조차 유동자산을 거의 갖지 않는다. 이 사실은 자기통제 문제가 저축을 연구하는 데 가장 중요하다는 것을 일깨워준다. 상당수의 가계가 실제로 장기적인 '재량' 저축을 하지 않는다.

10 미국에는 중요한 두 가지 연금자산이 있다. 사회보장자산과 민간연금이 그것이다. 각각의 영역에서 이 두 가지 형태의 자산과 저축이 일대일 대체관계가 있는지에 관한 많은 연구 자료들이 있다. 이 중 사회보장자산에 대해 대체비율을 측정하는 데에는 어려움이 따른다. 왜냐하면 개인의 사회보장자산은 연령과 이전 수익에 매우 밀접하게 연결되어 있기 때문이다. 그런

데 이 두 요인을 통제하면 사회보장자산의 횡단면 변화가 없어져버린다. 그러므로 여기에서는 민간연금에 관한 자료만 정리하도록 한다. 사회보장-저축 자료를 검토하기 위해서는 배로(Barro, 1978)를 참조하면 될 것이다.

11 401-k 과세유예 퇴직 플랜 실시의 경험을 보면, 사람들은 퇴직 저축의 경우 유동성이 떨어진다는 점을 오히려 장점으로 생각한다는 것을 보여준다. 어떤 플랜은 '긴급 상황'시에는 현금 인출을 허가하지만, 또 다른 플랜은 이를 허가하지 않는다. 정부회계사무소(The Government Accounting Office(GAO/PEMD-88-20FS))의 보고에 의하면, 현금 인출을 허용하지 않는 플랜에의 참가율이 더 높았다고 한다.

12 언젠가 내가 시카고대학교에서 세미나를 주재했을 때에도 이와 비슷한 논쟁이 제기되었다. 우리는 생애주기 이론에 따르면 저축률은 일정해야 하는데, 현실에서는 항상소득과 함께 급격히 증가한다는 결과를 놓고 토론하고 있었다. 세미나 참가자 중 한 명이 가난한 사람들은 실제로 저축에 관한 일반적인 자료에는 나타나지 않는 자녀의 인적 자본을 통해 저축하기 때문에(자녀를 대학에 보내는 방법으로) 이러한 결과가 나타났을 수도 있다고 주장했다. 나는 그렇다면 아이가 없는 가난한 사람들은 중간 정도의 저축률을 갖고 있다고 보아야 하느냐고 물었다. "그럴 필요는 없습니다." 그가 말했다. "자녀가 없는 가정에도 조카는 있습니다." 이 대답은 청중을 전혀 웃게 만들지 못했다.

13 나의 동료인 잭 크넷쉬(Jack Knetsch)가 내게 말해준 바에 따르면, 캐나다의 브리티시컬럼비아 주에서는, 65세 이상의 주택 소유자들은 그들이 원한다면 그들이 죽거나 집을 팔 때까지 부동산세의 납부를 연기할 수 있다고 한다. 즉 세금(시장 이자율보다 낮은 수준에서의 이자율을 포함하는)은 그때까지 부채 형태로 유예되는 셈이다. 많은 노인들이 현금제약하에 있는 것 같지만, 주택 가격이 최근 급상승한 밴쿠버 같은 곳에서도 납부 연기를 선택한 노인들의 비율은 1%도 안 된다. 크넷쉬는 만약 세제안을 조금만 다르게 묘사했더라도 이 계획은 훨씬 인기가 있었을 것이라고 주장했다. 즉 주택 소유자들에게 부동산세는 나중에 집을 **사는** 사람이 지불해야 한다는 식으로 설명하면 된다는 것이다. 나 역시도 이러한 묘사가 프레이밍 효과를 가져와 이 세제안을 선택하는 사람의 수를 늘릴 것이라는 쪽에 걸겠다. 나와 내기할 사람 없나?

14 캐럴과 서머스도 이 문장을 인용하면서 동일한 점을 강조했다(Carroll and Summers, 1989).

10
경마투표시장

* 윌리엄 지엠바(William Ziemba)와 함께 씀.

❧ ❧ ❧

경마장에서 경주마에 돈을 걸 때 승률이 높은 말에 돈을 걸겠는가? 아니면 승률이 낮은 말에 돈을 걸겠는가? 승률이 높은 말에는 많은 사람들이 돈을 걸 것이고 따라서 실제로 그 말이 우승을 하더라도 돌아오게 될 수익은 그리 높지 않을 것이다. 반면 승률이 낮은 말에는 사람들이 돈을 잘 걸려 하지 않을 것이고, 따라서 만일 우승만 한다면 돌아오게 될 수익은 아주 클 것이다. 하나는 우승 확률은 높은데 우승시 벌어들일 상금의 크기가 적고, 다른 하나는 우승 확률은 낮은데 우승시 벌어들일 상금의 크기가 크다. 이제 여러분이라면 어느 쪽에 돈을 걸겠는가?

경마시장이 효율적이라면 어떤 말에 돈을 걸더라도 건 돈에 대한 기대수익의 크기는 동일해야 한다. 만일 같지 않다면 기대수익이 큰 말에 돈을 거는 사람이 점점 더 많아질 것이므로 그 말이 우승했을 때 돌아오는 상금의 액수가 점점 작아질 것이다. 그 결과 그 말로부터 얻게 되는 기대수익의 크기는 다른 말로부터 얻게 되는 기대수익의 크기와 같아질 때까지 점점 감소하게 될 것이다. 하지만 경마내기에서 우승 확률이 높은 말에 돈을 걸면 다른 말에 비해 높은 기대수익을 얻을 수 있다는 것이 밝혀지고 있다. 즉 우승 확률이 높은 말에는 응당 걸려야 하는 액수보다 적은 액수의 돈이 걸린다는 말이다. 마찬가지로 연승식 시장에서도 기대수익이 더 높은 말, 즉 우승 확률에 비해 적게 돈이 걸린 말들을 찾아낼 수 있다.

로또복권도 마찬가지이다. 로또복권의 경우 모든 번호가 뽑힐 확률은 다 똑같은데도 사람들이 잘 선택하지 않는 번호의 조합들이 있는데, 이러한 번호 조합을 이용하면 그렇지 않은 경우에 비해 확실히 기대수익을 높일 수 있다.

이 장에서는 경마내기시장 및 로또복권시장이 효율적이지 않다는 것을 보여주는 여러 논문들을 소개한다. 만일 시장이 효율적이지 않다면, 비효율성을 이용해서 돈을 버는 전략을 세울 수 있는데, 이러한 가능성도 아울러 검토된다.

본문에서는 경마내기시장에 그리고 로또복권시장에 존재하는 비효율성을 이용하여 실제로 더 높은 수익을 얻을 수 있는지 여부를 검토하고 있지만, 저자가 관심을 갖는 것은 좀더 근본적인 것이다. 즉 경마시장에서 우승확률이 높은 말에 돈을 걸면 기대수익이 높다는 말은 사람들이 우승확률이 낮고 상금이 큰 말에 돈을 거는 경향이 많다는 것이다(말하자면 한탕주의). 로또복권의 경우에도 남들이 선택하지 않는 숫자만을 공략하면 더 높은 기대수익을 얻을 수 있는데도 이러한 숫자들은 계속 잘 선택되지 않는 숫자들로 남아 있는 것을 보면, 사람들은 높은 기대수익을 줄 수 있는 기회를 잘 활용하지 않는 것 같다. 그 이유가 무엇인지가 저자가 근원적으로 관심을 갖고 해답을 구하려는 질문이다. 불확실성(정확히 말하자면 위험)하에서의 선택과 관련지어서 기존의 경제학과는 다소 다른 접근이 필요하다는 것이 저자의 주장인데, 이 장의 마지막 부분에서 이에 대한 저자의 입장이 간단히 소개된다. [옮긴이]

❧ ❧ ❧

수차례의 시도 끝에 드디어 당신은 꿈에 그리던 그녀와 데이트를 하기로 했다. 당신은 그녀와 발레 공연(당신의 선택)을 보러 갈지 하키 게임(그녀의 선택)을 보러 갈지 의논하다가 결국 경마장에 가는 것으로 합의를 보았다. 누구나 그렇겠지만, 당신은 경마에 대한 해박한 지식과 베팅 전략을 과시할 목적으로 경마신문을 사서 열심히 공부했다. 그리고 당신은 배당률이 20대 1이나 되는 'This Old Cowboy'라는 복병마가 1등으로 들어오는 것에 10달러를 걸었다. 만약 이기게 되면 저녁식사 비용이 생기는 것이고, 지게 되더라도 적어도 남자다움을 과시할 수 있다는 게 당신의 속셈이었다. 당신이 경마신문을 보면서 연구하는 동안 그녀는 그저 햇볕만 쬐고 있었다. 그래서 당신은 당신이 건 말에 그녀가 돈을 좀 보탤 것인지 물었다. "아뇨." 그녀가 말했다. "1분 내로 어떤 말에 돈을 걸지 내가 결정할게요."

첫 번째 경기가 시작되기 5분 전이 되자 그녀는 경기장 중앙에 있는 '배당 전광판'을 응시하기 시작하더니 계산기를 꺼내 숫자를 몇 개 쳐 넣기 시작했다. 몇 분 후 그녀는 당신에게 돈을 건네면서 이렇게 말했다. "3번 말이 3등 안에 들어오는 데에 50달러 걸어주세요."

3번 말은 경마장에서 사람들이 가장 많이 돈을 건 말 중에 하나였다. 당신은 그녀에게 그런 말에 돈을 걸면 "돈을 따게 되더라도" 상금이 형편없을 것이라고 인내심을 가지고 설명해주었다. 그러자 그녀는 당신을 째려보았고, 하는 수 없이 당신은 그녀가 원하는 대로 돈을 걸어주었다.

당연하게도, 'This Old Cowboy'는 그의 이름에 걸맞게 꼴찌로 들어왔다. 반면에 3번 말은 2등을 했고, 그녀는 2.00달러당 2.80달러를 받았다. 즉 그녀가 건 돈으로 70달러를 벌었으니, 20달러의 이익을 남긴 것이다. 똑같은 일이 경기 시작 전마다 되풀이되었다. 그녀는 경기 시작 5분 전까지 경마신문이나 다른 어떤 것도 보지 않다가, 경기 시작 5분 전부터 계산기를 꺼내 숫자를 두드렸다. 그녀는 경기의 절반은 돈을 걸지 않았고, 절반은 인기마가 2등이나 3등에 들어오는 것에 돈을 걸었다. 하루가 끝날 때쯤, 그녀는 네 번 돈을 걸었고 모두 이겨서 75달러나 벌었다. 반면 당신은 저녁식사 장소로 생각해두었던 곳에 가서 현금 대신 신용카드를 긁을 수밖에 없었다.

　당신은 그녀에게 도대체 계산기로 뭘 했냐고 물었다. 그녀는 웃으며 커다란 가방에서 『Z박사의 경마 길라잡이』(Dr. Z's Beat the Race Track)라는 책을 꺼내들었다. 그녀가 말했다. "다음에 또 경마장에서 데이트하고 싶으면 이 책을 좀 읽어두셔야겠어요. 그건 그렇고 복권 뽑기는 좋아하나요?"

경제학자들은 효율성과 합리성을 실험하기 위해 주식시장에 엄청난 관심을 쏟고 있다. 다음 몇 장에서는 이들 시장에 대해 살펴볼 것이다. 월스트리트에 도전하기 전에 도박이나 내기시장을 둘러보는 것도 유용할 것이라 생각된다. 다음과 같은 이유에서 내기시장은 시장이 얼마나 잘 작동하는지 살펴보기에 적절하다. 내기시장의 장점은 모든 자산(즉, 내기에 건 돈)이 정확한 만기일(종결 시점)을 가지고 있고, 그 시점이 되면 자산(즉, 도박)의 가치가 확실해진다는 것이다. 주식시장에서 합리성을 테스트하기가 힘든 이유는 주식에는 이러한 속성이 없기 때문이다. 주식의 수명은 무한하고, 주식의 오늘 가치는 미래 현금 흐름의 현재가치 **그리고** 미래에 사람들이 증권에 대해 얼마나 높은 가격을 지불할 용의가 있는가에 의해 결정된다. 실제로 내기시장은 다른 시장에 비해 효율적으로 움직일 가능성이 더 높다. 왜냐하면 빠르고 반복적인 피드백이 가능하기 때문에, 학습을 빠르고 수월하게 만들 수 있기 때문이다. 하지만 실증 연구를 통해 드러난 바에 따르면 여기서도 몇 개의 흥미로운 이상현상이 나타나고 있다. 수많은 형태의 내기시장이 존재하겠지만(합법적이든 아니면 그렇지 않든), 이 장에서는 경마내기와 로또식 복권 게임에 초점을 맞추겠다.

경마내기시장

경마장에서의 '시장'은 매 경주 전 20~30분 동안 열리는데, 이때 참가자들은 경주에 뛰게 될 여섯 마리에서 열두 마리의 말들에게 돈을 걸게 된다. 일반적으로, 경마내기 참가자는 어떤 말이 1등을 하거나, 2등 안에 들어오거나, 혹은 3등 안에 들어오는 것에 돈을 걸 수 있다. 1등으로 들어오는 것에 돈을 걸면 그 말이 1등을 할 때만 돈을 딴다. 하지만 2착 내에 들어오는 것에 돈을 걸면 말이 1등 또는 2등을 할 경우에 돈을 따고, 3착 내 들어오는 것에 돈을 걸면 말이 1등, 2등 또는 3등을 하는 경우에 돈을 따게 된다. 각 승식에 걸린 돈은 승식별로 따로 보관된다. 보수는 내기에서 이긴 사람들이 진 사람들이 건 돈에서 거래비용을 제한 나머지를 나누어 가져가는 '패리뮤추얼'(* pari-mutuel, 혹은 '경마투표'라고 불리기도 한다) 방식으로 결정된다.[1] 거래비용은 고정된 백분율 t로 표시되는데, 여기에는 시설 및 트랙 보수비용이 포함된다. 그런데 여기에는 달러당 수익이 가까운 5, 10, 20센트로 내림되기 때문에 추가비용이 발생한다. 이들 거래비용은 상당히 높으며 일반적으로 내기의 형태와 내기가 벌어지는 지역에 따라 15~25% 사이에서 결정된다.

단승식*에 걸린 돈 총액에서 각각의 말들에 걸려 있는 돈의 상대적 비중은 그 말이 1등으로 들어올 것이라는 예측을 반영하는 **주관**

• **단승식과 연승식**: 경마에서 말이 1등으로 들어오는 것을 1착(着)으로 들어온다고 말하고, 2등 안으로 들어오는 것을 2착(着) 내(內)로 들어온다고 말한다. 마찬가지로 3등 안으로 들어오는 것을 3착(着) 내(內)로 들어온다고 말한다. 경마에 돈을 걸 때 1착으로 들어올 말을 맞추는 것을 단승식이라고 하고, 말이 2착 내로 들어오거나 3착 내로 들어오는 것을 맞추는 것을 연승식이라고 한다. 즉 연승식에는 2착 내로 들어오는 말을 맞추는 것과 3착 내로 들어오는 말을 맞추는 것 두 가지가 있다.

적 **확률**(subjective probability)로 해석할·수 있다. 많은 경주들을 종합
해보면, 이렇게 계산된 주관적 확률이 0.2에서 0.25 정도가 되는 말
이 실제 경주에서 1등으로 들어온 경우가 얼마나 되는지 알아낼 수
있다. 분석 결과는 매우 인상적이다. 관중들이 1등할 확률이 가장 높
다고 생각하는 말, 즉 '최고 인기마가 실제로도 자주 1등을 했다(경
주의 약 1/3 정도에서 1등을 했다). 따라서 주관적 확률과 객관적 확률
사이의 상관관계는 매우 높다.[2] 명백히 이 내기에 참가하는 사람들
은 모두 전문가들인 모양이다.

그렇다면 주관적 확률과 객관적 확률 사이에 높은 상관관계가 있
다는 사실이 경마시장이 효율적이라는 것을 의미할까? 그것은 시장
효율성을 어떻게 정의하느냐에 달려 있다. 만약 우리가 모든 내기
참가자들이 합리적 기대를 가지고 기대가치[3]를 극대화하는 사람이
라고 가정하면 시장효율성에 대해 다음과 같은 두 가지 정의를 내릴
수 있다.

> **시장효율성 조건 1**(약조건): 어떠한 내기도 양의 기대가치를 가질
> 수 없다.
> **시장효율성 조건 2**(강조건): 모든 내기의 기대가치는 같다.

경마시장은 상당히 효율적이기는 하지만, 위 두 조건이 위배된다
는 것을 보여주는 증거는 매우 많다. 거의 언제나 나타나는 이상현
상은 **인기마-비인기마 바이어스**(favorite-longshot bias)라고 불리는 현
상이다. 엄밀히 말하자면 내기의 달러당 기대수익이, 말이 1등할 확
률과 함께 단조적으로 증가하는 현상이다. 인기마는 주관적 확률에
비해 더 자주 1등으로 들어오고, 비인기마는 주관적 확률에 비해 더
적게 1등을 한다는 것이다. 즉 인기마에 거는 것이 비인기마에 거는

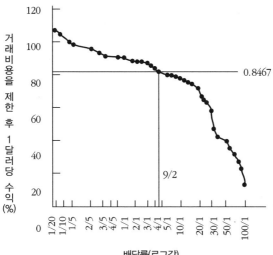

〈그림 10-1〉 캘리포니아 경마장에서의 다양한 배당률과
실제수익(거래비용을 제한 순수익)과의 관계

거래비용을 제한 후 1달러당 수익 (%)

0.8467

9/2

배당률(로그값)

* 자료: 지엠바와 하우쉬(Ziemba and Hausch, 1986).

것보다 더 괜찮은 내기라는 것을 의미한다. 실제로 배당률⁴이 3–10
보다 적은(1등할 주관적 확률이 70% 이상인) 극단적인 인기마는 실제로
조건 1을 위배하는 양의 기대가치를 가진다.

〈그림 10-1〉은 가장 최근에 발표된 자료를 사용하여 인기마–비
인기마 바이어스를 설명하고 있다(5만 번이 넘는 경주 자료를 토대로 그
려진 그림이다). 캘리포니아 주에서 적용되는 t=15.33%의 거래비용
을 사용하여, 각각의 배당률에 대응하는 달러당 수익을 표시했다.
그림에서 수평선은 수익의 기대치가 0.8467일 때를 의미한다. 이것
은 배당률⁰이 약 9–2일 때 발생한다(즉, 1등할 확률이 약 15%일 때). 배
당률이 18–1보다 높으면 각 배당률에 대응하는 기대수익이 급격히
하락해서 배당률이 100–1일 때는 달러당 수익은 13.7센트밖에 되지
않는다. 이것은 만약 당신이 100–1의 배당률을 갖는 말에 돈을 걸었

다면 그 말이 100경기당 한 경기 꼴로 우승을 하지 않고, 730경기당 단 한 경기에서만 우승할 것임을 의미한다! 배당률이 3-10보다 낮으면 기대수익이 양의 값을 가지며, 배당률이 가장 낮은 말의 경우 4~5% 정도의 기대수익을 낳는다(이것은 달러당 1.05달러 정도의 수익을 의미하는데, 이는 미국의 거의 모든 경마장에서 채택하고 있는 1등마에 대한 최저보상액 수준이다). 이러한 극단적인 인기마는 실제로 매우 드물기 때문에 흥미롭게 여겨지지 않는다. 다음에서는 이와 다른 베팅 전략이 논의될 것이다.

이 시장이 효율적인지를 테스트하는 또 다른 방법은 기대수익이 같은 두 개의 내기의 보수를 비교하는 것이다. 예를 들어 대부분의 경마장에서는 내기 참가자가 두 경주의 우승마를 모두 맞춰야 하는 **중승식**(* daily double, 이는 우리나라 경마에서는 시행되지 않는 방식이다)을 제공한다. 내기 참가자가 첫 번째 경주에서는 A말, 두 번째 경주에서는 B말이 우승하는 것에 돈을 거는 중승식 마권을 사려고 하고 있다고 가정해보자. 이제 이와 다른 대안적인 베팅 전략(팔레이〔Parlay〕라고 불림)으로 첫 번째 경주에서는 A말에 돈을 걸고, A말이 우승을 하면, 여기서 딴 상금을 두 번째 경주에서 B말에 거는 전략을 고려하자. 경마시장이 효율적이라면 A와 B의 중승식 보수는 A와 B의 팔레이 베팅으로부터 얻게 되는 보수와 같아야 한다. 앨리(Ali, 1979), 그리고 애쉬와 퀀트(Asch and Quandt, 1987)는 과연 그런지를 검정해

• 여기서 저자가 배당률을 표시하는 방식은 우리가 사용하는 방식과 약간 다르다. 즉 특정 말의 배당률이 9-2(9대 2라고 읽는다)라는 것은 11 중에서 2/11이 이 말에 걸리고 나머지 9/11가 이 말을 제외한 다른 말에 걸려 있다는 말이다. 따라서 배당률이 9-2인 말이 우승할 주관적 확률은 저자 미주 4에서와 같이 2/(2+9), 즉 2/11가 된다.

보았다. 데이터로부터 이들이 얻은 결론은 중승식 베팅으로부터 얻은 기대수익이 팔레이 베팅으로부터 얻은 기대수익보다 더 높다는 것이었다.

경마 참가자들이 경주에서 1등과 2등의 순서까지 정확하게 맞춰야 하는 **쌍승식**(exacta) 베팅을 이용하여도 비슷한 테스트를 할 수 있다. 단승식에서 각각의 말들에 걸린 상대적 금액으로 승률을 잠정적으로 예측할 수 있었던 것과 같이, 소위 **하빌 공식**(Harville formula)을 이용하여 쌍승식에서도 비슷한 계산을 할 수 있다(Harville, 1973). 쌍승식에서 만약 q_i가 i말이 우승할 확률이라면 i말이 1등, j말이 2등할 확률은 $q_i q_j/(1-q_i)$가 된다(비슷하게 i가 1등, j가 2등, k가 3등이 될 확률은 $q_i q_j q_k/(1-q_i)(1-q_i q_j)$가 된다.[5] 애쉬와 퀀트(Asch and Quandt, 1987)는 단승식과 쌍승식에 걸린 돈이 암시하는 주관적 승률을 비교하기 위해 하빌 공식을 사용했는데, 그들은 관중들이 수학적으로 일관성 있는 방식으로 돈을 걸지 않는다는 것을 발견했다. 어떤 말이 1등으로 들어올 주관적 확률의 크기는 때때로 두 가지 승식에서 큰 차이가 있는 것으로 드러났다.

◆ 베팅 전략

경마에서 베팅 전략은 주식시장에서처럼 근본적인 전략과 기술적인 전략으로 나눠볼 수 있다. 근본적인 전략이란 각 경주를 '핸디캐핑'(Handicapping)하는 데 사용되는 정보를 이용하여 돈을 거는 것을 말한다. 즉 근본적 전략을 이용한다는 말은 핸디캡 정보를 이용하여 계산된 승리 확률(혹은 2등 이내로 들어올 확률 혹은 3등 이내로 들어올 확률)과 시장에서의 배당률을 기초로 계산되는 주관적 승리 확률을 비교하여, 핸디캡 정보로 계산된 승리 확률이 주관적 승리 확률을 초과하는 말을 찾아 베팅한다는 말이다.[6] 반면 기술적 전략은 좀더 적은 정보, 즉 지금 경주에 걸린 베팅 금액 데이터만을 이용하는 전략이다. 기술적 전략은 시장이 제대로 작동하지 않아서 승률이 높은데도 돈이 적게 걸려 있는 '복병마'를 찾아 돈을 걸고자 하는 것이다. 대부분의 학문적 연구는 후자의 전략에 집중되어 있다.[7]

하우쉬, 지엠바 그리고 루빈스타인(Hausch, Ziemba, and Rubinstein, 1981, 이하 HZR로 씀)은 2등 안에 들어오는 말을 적중시키는 연승식이나, 3등 안에 들어오는 말을 적중시키는 연승식에서, 각 말에 걸려 있는 베팅 금액 데이터를 이용하여 베팅 전략을 개발, 시험해보았다. 그들은 단승식에 걸린 내기 금액에 하빌 공식을 적용해서, 각 경주마가 2등 안에 들어올 확률과 3등 안에 들어올 확률을 각각 계산했다. 이렇게 단승식에 걸린 돈의 비중으로 계산된 확률과 각 연승식에서 걸린 돈의 상대적 비율로 계산된 확률을 비교해보면, 단승식에 비해 연승식에서 돈이 적게 걸린 말들을 찾아낼 수 있다. 이들이 개발한 전략은 이렇다. 단승식에서 i번째 말에 걸린 금액이 차지하는 비중과 각 연승식에서 그 말에 걸린 금액이 차지하고 있는 비중을 비교한다. 예를 들어 만약 단승식에서 i번째 말에 전체 금액의 40%가 걸려 있는데, 연승식에서는 15%만 걸려 있다면, 이 경우 i번째 말이 2등으로 들어오는 것에 돈을 거는 것이 유리하다는 것이다. 이런 방식으로 이윤이 생기는 베팅 기회는 하루 동안 경주에서 보통두 번에서 네 번 정도 생긴다. 두 번의 경주 시즌의 자료를 가지고 실증해본 결과를 보면, 이런 베팅 전략을 사용하면, 연승식 시장에서 내기당 11%에 달하는 아주 높은 수익을 얻을 수 있는 것으로 나타난다.[8] 즉 이러한 결과는 시장효율성의 약조건에 위배된다. 더욱이 이러한 전략을 사람들에게 공개하더라도, 이에 따른 유리한 베팅기회가 없어지는 것도 아니었다.

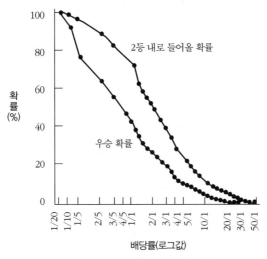

〈그림 10-2〉캘리포니아 경마장에서의
다양한 배당률에 대응하는 우승 확률 그리고 2착 내 확률

2등 내로 들어올 확률

우승 확률

확률(%)

배당률(로그값)

* 자료: 지엠바와 하우쉬(Ziemba and Hausch, 1986).

지엠바와 하우쉬(Ziemba and Hausch, 1986)는 쌍승식 시장(exacta market)에서 비효율성이 존재하는지, 그리고 비효율성이 있다면 그것을 자신에게 유리하게 이용할 수 있는 기술은 어떤 것인지를 연구한 결과, 위와 비슷한 베팅 전략을 개발할 수 있었다. 바로 최고 인기마가 2등을 하는 것에 돈을 거는 것이 가장 빈번하게 수익을 가져다준다는 것이다. 지엠바와 하우쉬(Ziemba and Hausch, 1986)는 〈그림 10-2〉에서처럼 각각의 배당률을 가진 말이 1등으로 들어올 확률과 2등 안으로 들어올 확률을 그려봤는데, 이를 보면 배당률이 낮은 말이 정확하게 2등 안으로 들어올 확률이 매우 높다는 것을 보여준다. 대중들은 이 기회를 쉽게 과소평가한다. 극단적인 인기마-비인기마 바이어스로부터도 또 다른 수익성 있는 내기의 가능성이 생긴다. 이에 따르면 극단적인 인기마가 1등하는 것에 베팅하는 내기도 수익성이 있다. 왜냐하면 대중들은 이 슈퍼경주마에 엄청난 액수의 돈을 걸고 있기는 하지만, 슈퍼경주마에 실제 걸린 금액은 그 말에 응당 걸려야 하는 금액(그래서 그 경주마의 기대수익을 0으로 만들 정도의 금액)에는 못 미치기 때문이다. 반면 배당률이 높은 말들을 조합해서 내기를 건다고 해서 결과가 좋은 것은 아니다. 이와 같은 내기에는 1달러를 투자했을 때 10~30센트밖에 돌아오지 않는다.

애쉬, 맬키엘 그리고 퀀트(Asch, Malkiel, and Quandt, 1984, 1986), 그리고 애쉬와 퀀트(Asch and Quandt, 1986)는 베팅 종료시점까지 기다렸다가 나중에 베팅을 하는 것이 내부 정보를 이용해서 양의 기대수익을 갖게 해주는 내기를 찾아내기 위해서인지를 조사하고자 했다. 전통적으로 보통 경마에서는 수익을 내는 돈은 내기에 늦게 들어온다는 말이 있다. 그리고 이것이 애쉬, 맬키엘 그리고 퀀트(Asch, Malkiel, and Quandt, 1982)에 의해 증명되었다. 애틀랜틱 경마장(Atlantic City Race Course)에서 벌어진 729번의 경주에서 베팅 기간 동안의 다양한 시점 데이터를 이용했다. 이들은 우승마의 경우, 베팅이 종결되는 시점에 부여된 최종 배당률은 당일 아침에 배포되는 예상 우승마 리스트에 제시된 '예상 배당률'(morning line odds, 핸디캐퍼가 예측한 배당률)보다 낮은 경향이 있는 반면, 돈을 따지 못한 말의 경우 그 말에 걸린 최종 배당률은 경마신문에서 제시한 예상 배당률보다 훨씬 높은 경향이 있다는 것을 발견했다. 베팅 종료시점에 가까울수록, 우승마에게 이 효과는 더욱더 뚜렷이 나타난다. 우승마의 경우, 최종 배당률은 당일 아침 우승마 리스트에 나타난 예상 배당률의 96% 정도였는데, 베팅 종료 직전 마지막 8분 동안의 한계 배당률은 당일 아침 예상 배당률의 82% 정도에 불과했고, 마지막 5분 동안에는 79%까지 떨어졌다. 갑자기 돈이 이 말에 몰렸다는 얘기다. 반면 순위에 들지 못한 말의 경우, 그 말에 걸린 최종 배당률은 경마신문에서 제시된 예상 배당률의 1.5배였다. 애쉬와 퀀트(Asch and

Quandt, 1986)는 특정한 말에 대한 마지막 몇 분 동안의 배당률 변화를 독립변수 중 하나로 놓고 그 말이 우승할 확률을 설명하는 로짓 (logit) 모델을 만들어 수익성 있는 투자 전략을 찾아내는 데 사용하고자 했다. 그들은 단승식에서는 이런 방식으로 수익성 있는 베팅 전략을 찾지 못했지만, 연승식에서는 찾을 수 있었다. 우승 예상마의 배당률이 마지막 몇 분 동안 하락할 때, 그 말이 2등 안에 혹은 3등 안에 들어오는 것에 돈을 걸면 약간의 수익을 얻을 수 있다. 이것은 연승식 시장에 비효율성이 있다고 주장한 지엠바와 하우쉬 (Ziemba and Hausch, 1987)의 결과와도 부합한다.

◆ 경마장 간 교차 베팅

최근 경마내기 참가자들은 자신의 지역 경마장에서도 다른 경마장에서 열리는 주요 서러브레드 경주에 돈을 걸 수 있게 되었다. 다른 경마장에서 벌어지는 경주에 베팅을 할 수 있게 되면서 시장효율성에 관한 새롭고 흥미로운 질문을 던질 수 있게 되었다. 경마장 간 교차 베팅은 거래비용이 높고 대부분의 경기장 안에는 공중전화기가 없기 때문에 차익 거래가 어렵지만, 어쨌든 합리적 기대에 따르면 모든 경마장에서의 배당률은 거의 같아야 할 것 같다. 그러나 실제 배당률은 경마장마다 대체로 엄청나게 다르다. 그 예로 1986년 켄터키 더비에서 우승한 페르디난드라는 말은 캘리포니아의 할리우드공원 경마장에서는 2달러당 16.80달러를 땄다. 이 경마장은 페르디난드가 직접 뛴 적도 있었고, 페르디난드가 유명세를 타고 있던 경마장이었다. 그러나 페르디난드에 걸린 돈의 수익률은 뉴욕의 애퀴덕트 경마장에서는 2달러당 37.40달러, 캐나다의 우드바인에서는 79.60달러, 플로리다의 하이얼리어에서는 63.20달러, 그리고 루이지애나의 에반젤린에서는 90.00달러에 달했다.

순수한 차익 추구의 기회는 갖기 어려울지 몰라도 이윤이 생기는 베팅 전략을 짜는 것은 가능하다. 하우쉬와 지엠바(Hausch와 Ziemba, 1987)는 각 경기장에서 승률을 계산하여 돈을 거는 시점에 맞춰 모든 경기장의 최종 배당률이 알려진다는 가정하에서, 경마장 간 최적 교차 베팅 전략을 개발했다. 홈 경기장의 배당률을 정확하게 계산하고 (인기마-비인기마 바이어스를 바로잡은 후), 비효율성 때문에 발생하는 수익을 뽑아낼 수 있도록 다른 경기장들에서 베팅 조합을 고른다고 가정하는 것이 이 모형의 핵심이다. 만약 각각의 경기장 간의 배당률 차이가 충분히 크다면(이런 경우가 몇 번 있었다), 배당률이 가장 좋은 경기장의 모든 말에 베팅을 걸어 차익을 남길 수도 있다. 불행히도 이를 가능케 하는 발달된 의사소통 시스템이 없기 때문에 이 전략은 현실에서 이용하기 힘들다(그리고 아마도 불법일 것이다). 그러나 시카고 지역 중개업자 한 사람이 휴대용 텔레비전을 이용하여 통합 트랙 시스템을 개발하여 수익을 얻은 적이 있었다. 경마 참가자들은 홈 경기장의 배당률이 텔레비전에 비춰지면 그것을 보고 나서 다른 경마장에서 과소 베팅된 복병마를 찾는 데 이용할 수 있다.

로또 게임

복권 게임의 역사는 최소한 구약성서 시기까지 거슬러 올라간다. 이스라엘은 뽑기 방식으로 7개 부족으로 나뉘어졌다. 그리스도의 성의는 추첨을 통해 당첨자에게 돌아갔는데, 그렇지 않았더라면 원하는 사람이 많아 잘려나갔을지도 모른다. 시스틴 성당과 그곳의 벽화는 복권으로 모은 자금으로 재원조달되었다. 이탈리아의 복권은 1530년 이후부터 지금까지 이어지고 있다. 복권사업을 실시하고 있는 나라는 현재 100개국이 넘는다. 북미에서의 복권의 역사는 신대륙으로의 순례자들의 이주 시기까지 거슬러 올라간다. 복권은 하버드, 프린스턴, 예일과 같은 새로운 학교를 지을 기금 마련을 위해 사용되기도 했었다. 그 후에는 돈을 불리는 데에도 사용되었고, 토마스 제퍼슨과 같은 명사의 부채를 갚아주기 위해 사용되기도 했다. 19세기 후반, 복권의 부패가 극심해지자 자취를 감췄고, 미국과 캐나다에서는 한동안 복권을 사고파는 것이 금지되기도 했다. 그러다 복권은 1964년 뉴햄프셔에서 다시 모습을 드러냈다. 캐나다에서는 1967년 몬트리올 엑스포를 개최하면서 생긴 부채를 갚기 위해 복권이 사용되었다. 그때부터 복권의 인기가 오르고 판매량은 급속히 성장하기 시작했다. 그럼에도 불구하고 복권의 기대수익을 계산해보면 1달러를 투자하면 40~60센트가 돌아올 정도이니, 대부분의 합리적인 투자자에게는 형편없는 투자이다.

이렇게 낮은 수익률에도 불구하고 복권 게임에서 양의 값을 가지는 기대가치를 얻는 방법이 있다. 모든 숫자가 사람들에게 똑같이 인기 있는 것이 아니기 때문이다. 체르노프(Chernoff, 1980)는 매사추세츠 숫자 복권(Massachuestss numbers game)에서 사람들에게 인기 없는 숫자를 공략해서 돈을 벌 가능성이 있다는 사실을 수식으로 만들어 보여주었다(그리고 그의 학생들을 대상으로 이를 테스트해보았다). 매사추세츠 숫자 복권은 0-0-0-0에서 9-9-9-9까지 중 네 개의 숫자로 이루어진 하나의 숫자열을 뽑는 것이다. 만약 선택한 네 자리 숫자가 추첨에서 뽑히게 되면 걸린 돈 전체에서 일부를 상금으로 가져간다. 만약 숫자 세 자리를 맞추면 아차상이 주어진다. 체르노프는 여기서 0과 9가 인기가 없으며, 8도 그만큼은 아니어도 꽤 인기 없는 숫자라는 것을 발견했다. 그의 이론적 분석에 따르면 양의 기대가치를 갖는 조합을 만들 수 있다. 그는 그의 학생들 중 일부로 하여금 체계적으로 인기가 없는 '좋은' 숫자에 돈을 걸도록 했다. 그러나 그 학생들은 상금을 잘 따지 못했다. 첫째, 시간이 지날수록 학습이 진행되고 평균으로의 회귀 때문에 인기 없는 숫자들로부터 얻는 이득이 점점 줄어들었기 때문이고. 둘째, 그 '좋은' 숫자들이 희생자들을 무서운 '도박자의 파멸'(gambler's ruin)로 밀어넣었기 때문이다. 학생들은 자금이 부족했기 때문에 이득을 얻을 정도로 충분히 많은 추첨이 진행될 때까지 기다릴 수 없었다. 마지막으로 그들에게 운도 따르지 않았다. 그래서인지 추첨에서 그 인기 없는 숫자들은 그 기댓값보다 적게 나왔다.

북미에서 가장 관심을 끈 로또 6/49라는 게임이 있다. 이 게임에서 참가자는 49개의 숫자 중에 6개를 선택해야 한다. 만약 여섯 개의 숫자를 골라, 추첨에서 뽑은 여섯 개의 숫자와 모두 일치하면 잭팟을 따게 된다. 또 6개 중 3에서 5개의 숫자를 맞추면 약간 적은 상금이 돌아간다. 이 게임에서 정확한 숫자 조합을 골라낼 확률은 1/13,983,816이다. 당신이 일주일에 이 게임을 두 번씩 한다면 기댓값으로 약 134,360년을 기다려야 한 번 당첨이 되는 꼴이다. 134,360년이란 합리적인 경제학자에게조차 긴 시간이다.

합리적인 투자자들이 이 게임에 흥미를 갖는 이유는 다음 두 가지 특징 때문이다. 첫째, 숫자 게임에서 어떤 숫자들은 다른 숫자들에 비해 훨씬 인기가 있다. 둘째, 주어진 회에 1등 당첨이 생기지 않는다면, 다음 주로 이월된다. 따라서 다음 주의 상금은 엄청난 액수가 된다.[9] 지엠바와 그의 동료들(Ziemba et al., 1986)은 이로부터 좀더 나은 투자 기회가 생길 수 있는지를 살펴보고자 했다. 우선 가장 좋은 숫자가 뭔지를 알아내기 위해 여러 가지 방법을 사용했다. 각 숫자들이 추첨에서 몇 번이나 뽑혔는지를 세어서 빈도를 계산하기도 하고, 1등 금액의 로그값을 1등 번호로 회귀해보기도 했고, 제약하의 최우추정량을 계산해보기도 했다. 이렇게 해서 얻은 결론은 모두 같았다. 꽤나 인기가 없는 숫자가 약 15~20개 정도 있었다. 더 나아가 이 인기 없는 숫자들은 실제로 매년 같은 숫자들이었다. 시간이 가면서 사람들이 이 숫자들에 돈을 거는 게 유리하다는 것을 깨달아감에 따라, 이 숫자들이 예전보다 다소 인기가 올라가야 정상이겠지만, 이 인기 없는 숫자들은 시간이 가도 내내 인기가 없었다. **이월이 없다고 가정했을 때조차** 기대수익이 1달러를 넘는 숫자 조합은 수천 개에 달했다. 인기가 없어 기대수익이 높은 숫자에 돈을 걸었을 때 기대수익은 상금이 이월될수록 커지고, 상금이 크게 걸려 있는 경우 1달러당 기대수익은 2.25달러에 달하기도 한다. 이들 숫자들은 보통 큰 경향이 있고(사람들은 대개 생일을 가리키는 숫자를 선택하는 경향이 있으므로, 생일을 나타내는 숫자가 될 수 없을 정도로 큰), 또한 끝자리가 0이나 9, 그리고 8로 끝나는 경향이 있다. 회귀분석 모델로 얻어진 12개의 가장 인기 없는 숫자는 32, 29, 10, 30, 40, 39, 48, 12, 42, 41, 38, 그리고 18이었는데, 이 숫자들은 평균보다 15~30% 정도 인기가 없는 숫자들이다. 한계적 접근을 이용했을 때는(이 숫자들은 평균보다 표준편차 두 배 이상으로 작은 빈도로 선택되었다) 40, 39, 20, 30, 41, 38, 42, 46, 29, 49, 48, 32, 10, 47, 1, 37, 28, 34, 45 이렇게 19개의 숫자가 가장 인기가 없었다. 이들 숫자들은 최대 26.7%, 최소 3.2% 정도 더 유리한 숫자들이다. 가장 인기 있는 숫자는 7로 평균적으로 선택되는 숫자들보다 50%나 더 빈번히 선택되었다.

여전히 의문은 남아 있다. 인기 없는 숫자들로 로또 게임을 해서 돈을 딸 수 있을까? 대답은 오직 조건부로만 그렇다이다. 당신이 1달러당 2달러에 가까운 기대수익을 얻을 수 있지만 그 대신 돈을 딸 확률이 너무 낮다. 당신이 가상의 카니발 게임(백만 개의 바퀴살을 갖는)을 한다고 하자. 즉 당신은 일과 백만 사이의 숫자 중 하나에 1달러를 걸고, 숫자를 맞추면 2백만 달러를 딴다고 하자. 이때 기대수익은 분명 1보다 크지만, 이길 기회가 너무 적기 때문에 당신이 잭팟을 따기 전에 파산할 가능성이 높다. 맥리언, 지엠바 그리고 블라젠코 (MacLean, Ziemba, and Blazenko, 1987)는 다음과 같은 질문에 답을 할 수 있는 모델을 개발했다. 어떤 가계가 대대손손 로또 게임을 해서 부를 증가시킬 수 있을까? 대답은 일단은 그렇다이다. 최초 가진 돈이 천만 달러였다고 해보자. 1달러를 걸면 100만분의 1의 확률로 2백만 달러를 딸 수 있기 때문에, 1달러씩을 계속해서 걸게 되면, 예컨대 5만 달러를 잃기 전에 최초 금액을 10배 이상으로 불릴 수 있을 확률은 거의 1에 가깝다. 그런데 문제는 그렇게 되기 위해 얼마나 시간이 필요할까이다. 전 세계를 돌아다니면서 로또 게임을 한다고 해도 수천 년이 걸릴 것이다. 한 지역에서만 머물면서 매주 로또 게임을 한 번씩 한다면 수백만 년이 걸릴 것이다. 우리들에게 좀더 흥미로운 질문은 투자자 집단이나 개인이 사람들이 잘 선택하지 않는 숫자들을 계속 사용함으로써 부자가 될 수 있을까 하는 것이다. 이것은 매우 힘들 것이다. 특히 낮은 위험을 바란다면 더욱 힘들다. 10명이 모여 모든 사람이 일주일에 10센트씩 내서, 그렇게 모인 1달러로 매주 로또를 산다고 해보자. 언젠가는 대박을 터뜨릴 것이 분명하지만, 그것은 이들의 먼 후대에 가서야 가능한 일이고 그때쯤 이들 모두는 묘지에 누워 있는 신세가 되어 있을 것이다. 물론, 인기없는 숫자들로 게임을 하는 것은 최선의 방법이고, 그 숫자들로 당첨이 되면 인기 좋은 숫자들로 당첨된 경우보다 3~7배가량 더 높은 수익을 얻는 것도 가능하기는 하지만, 그 숫자가 당첨되어 돈을 딸 때까지 기다려야 하는 시간은 무척 길다.

로또 게임의 가장 큰 매력은 잭팟을 딴 사람이 없으면, 상금이 다음 추첨으로 이월된다는 것이다. 실제로 막대한 이월금을 딸 수 있을지도 모른다는 기대는 로또 복권의 재미를 더하고 판매량을 늘리는 동력이 된다. 발행된 복권을 모두 사서 '잭팟을 따내면' 이득이 될까? 이득이 되기 위해서는 다음 두 가지 조건이 충족되어야 한다. 간단히 말하자면, 1) 충분히 높은 이월금이 있어야 한다(6/49 복권의 경우에는 최소 770만 달러 이상이 걸려 있어야 수익성이 있다). 그리고 2) 모든 발행 복권을 모조리 사야 하므로 발행 복권 수가 너무 많으면 안 된다. 이 두 조건은 충족되기 어렵지만 캐나다에서 작은 규모의 로또복권에서 그런 일이 한 번 있었으며, 그런 조건이 충족된 경우도 몇 차례 있었다. 그러나 이 두 조건이 충족되었다 해도, 발행된 모든 복권을 다 사야 하고, 이 복권들은 한 장씩 돈으로 상환되어야 하기 때문에, 그렇게 하는 데 따른 거래비용이 만만치 않고, 당신과 똑같은 생각으로 모든 복권을 사들이겠다는 사람이 동시에 나타나지 않기를 바라야 한다(Ziemba *et al.*, 1886). 이와 유사한 상황이 '여섯 말 고르기'와 같은 복합승식(연속적인 경기에서 여섯 마리의 우승마를 고르는 것)에서 가끔 일어난다. 여기에는 막대한 이월금이 생길 수 있고, 그럴 때 모든 마권을 다 사면 수익성이 있을 수 있다. 실제로 이 사업을 성공적으로 수행했던 신디케이트가 적어도 둘은 있었다.

보충설명

◆ 경마 베팅

경마시장은 놀랍도록 효율적이다. 시장 배당률은 승률의 좋은 예측치가 된다. 이것은 경마 참가자들이 상당한 전문 지식을 가지고 있다는 것, 그리고 시장은 신중하게 고려되어야 한다는 것을 의미한다. 그럼에도 불구하고 두 가지의 강한 이상현상이 존재한다. 인기마-비인기마 바이어스와 연승식 시장에서 나타나는 비효율성이 그 것이다. 이 이상현상들은 어떻게 설명될 수 있을까?

퀀트(Quandt, 1986)는 인기마-비인기마 바이어스에 대해 다음과 같은 주장을 제시한 바 있다(아울러 로셋[Rosett, 1965]도 참조하라). 내 기 참가자들이 음(-)의 기대가치를 가지는 내기를 하는 것은 그들 이 '국지적으로는' 위험추구('locally' risk seeking)를 하고 있음을 의미 한다는 것이다.[10] 그렇게 되면 통상적인 위험-수익 관계가 역전되어 나타나게 되어, 균형점에서는 분산이 큰 투자가 분산이 작은 투자보 다 낮은 평균수익률을 가져다주게 된다. 이 주장은 논리적으로는 일 관성이 있지만, 우리가 관찰한 행동들에 대한 만족할 만한 설명은 아니라는 생각이 든다. 결정적인 문제는 내기 참가자들이 경마를 한 다는 사실만으로 그들이 위험을 추구한다는 추론을 이끌어낼 수 있 는가의 문제이다.

'국지적 위험추구'가 의미하는 바가 뭘까? 대부분의 경마 팬들도 다른 한편으로는 보험에 가입한다는 사실을 숙지하자. 애쉬와 퀀트 (Asch and Quandt, 1986)는 자산에 대한 효용함수는 프리드먼과 새비 지(Friedman and Savage, 1948)가 제시했던 것과 같이 현재자산액까지 는 오목하고, 그보다 큰 자산액 수준에서는 볼록한 모양을 하고 있 을 것이라고 보았다. 이렇게 하면 경마내기에 참가하는 사람들이 왜 동시에 보험에 가입하는지는 설명할 수 있게 되지만, 여전히 경마내 기에 참가하는 사람들의 다른 행동들, 예컨대 투자를 할 때에는 위 험기피적으로 행동하게 되는 이유를 설명해주지 못한다. 우리는 감 히 애쉬 교수와 퀀트 교수도 자신들의 퇴직저축을 고려할 때, 더 높 은 수준의 위험을 즐기기 위해 낮은 평균수익을 받아들이는 일 따위 는 하지 않을 것이라고 생각한다. 실제로 이 두 사람과 공동 연구를 하곤 했던 맬키엘이 주식시장에 대해 쓴 책을 보면(Malkiel, 1985), 경마내기에 참가하는 사람들도 주식 투자를 할 경우에는 정상적으로 위험기피자가 된다. 따라서 경마내기 참가자들은 **국지적으로 위험을 추구**하고 있는 것은 맞지만, '국지적'(local)이라는 단어는 자산수준을 놓고 하는 말이 아니라, 실제로 경마장이라는 물리적 위치를 놓고 하는 말로 이해해야만 한다.[11]

경마 팬들이 경마장에 내기를 하러 가는 것은 사실이다. 만약 내기가 없다면 경마를 보는 것 자체는 그렇게 재미있지 않을 것이다. 여기서 문제는 합리적 기대, 기대효용극대화, 그리고 위험선호에 대한 가정으로부터 경마내기를 어느 정도까지 설명할 수 있을지이다. 다음에서 경마내기에 참가하는 사람들에 대한 정형화된 사실들을 살펴보자.

1) 대부분의 사람들은 자신들 자산의 오직 일부분만을 내기에 건다(1985년 일인당 평균 내기 금액은 **하루에** 약 150달러였고, 중위값은 이보다도 더 낮았다).

2) 사람들은 하루에 각 경주에 골고루 나누어 돈을 건다(그렇지 않으면 그날 경주들이 다 끝나기도 전에 돈이 다 떨어질 것이다).

3) 친구끼리 함께 경마장에 갔을 때, 자기들끼리 내기를 하는 일은 없다. 자기들끼리 내기를 하면 그 집단 내부에서 게임을 제로섬으로 만들면서도 그들이 원하는 만큼 분산을 증가시킬 수 있는데도 그렇게 하지 않는다.

이 사실들은 앞서 언급한 가정들과 일치하는가?

이와 같은 틀 안에서 설명되기 어려운 다른 사실은 인기마-비인기마 바이어스의 경향이 하루의 마지막 두 경기에서 더욱 두드러진다는 것이다. 대부분의 연구자들(McGlothlin, 1965; Kahneman and Tversky, 1979; Asch and Quandt, 1986)은 이 현상의 원인이 무엇인지에 대한 합의를 이룬 것처럼 보인다. 내기 참가자들은 평균적으로 하루가 끝나갈 때쯤 되면 돈을 잃고 있다. 그들은 승자가 되어 집으로 돌아가기를 원한다. 그러나 돈을 너무 많이 잃는 위험은 원치 않는다. 따라서 적어도 손해라도 만회해야겠다는 속셈으로 배당률이 큰 비인기마에 돈을 건다. 이런 행동은 프리드먼-새비지의 이론으로는 설명하기 힘들다는 것에 주의하자. 왜 자산이 감소한다고 해서 위험선호 경향이 증가할까?

경마내기(그리고 다른 도박 행위)를 모형화하기 위한 더욱 유용한 방법으로 제9장에서 언급한 적이 있던 심적회계 개념이 도입되어야 할 것 같다. 어떻게 심적회계가 경마내기에 적용될 수 있는지 감을 잡기 위해 다음과 같은 사고 실험을 해보자. 보유하고 있는 부의 수준이 동일한 쌍둥이인 아트와 바트가 지금 마지막 경주에서 얼마를 어떤 말에 걸어야 할지를 고민하고 있다.

아트는 그때까지 100달러를 잃었고, 아직 100달러의 현금이 남아 있다. 바트는 지금까지 경마장에서는 본전을 지키고 있는 상태였는데, 방금 신문의 금융면을 읽다 보니 그가 갖고 있는 주식 100주의 가격이 어제 1포인트 하락했다는 것을 알게 되었다.

말하자면 이 쌍둥이들은 둘 다 각기 다른 방식으로 100달러씩을 잃은 상태이다. 따라서 이들이 갖고 있는 부의 크기에 기초하여 이들이 어떻게 베팅을 할까를 예측한다면, 이들의 행동은 똑같아야만 한다. 하지만 심적회계 공식에서는 아트는 경마장계정에서 돈을 잃었지만, 바트는 경마장계정에서는 손실을 입지 않았다. 따라서 그들은 베팅을 다르게 할지도 모른다고 예측할 수 있다(이 관점과 일치하는 증거를 보기 위해서는 세일러와 존슨(Thaler and Johnson, 1990)을 참조하라). 심적회계 개념을 도입하면, 개인이 경마장에서는 위험중립적이거나 위험추구자가 되면서, 왜 퇴직저축을 고려할 때에는 위험기피자가 되는지를 쉽게 이해할 수 있게 된다.

다음과 같이 인기마-비인기마 바이어스 현상을 둘러싸고 많은 행동적 특성들이 연구되고 있다.

1) 내기 참가자들은 배당률이 큰 비인기마가 1등할 기회를 과대평가할 수도 있다.

2) 내기 참가자들은 내기의 효용을 계산할 때 1등을 맞출 작은 확률에 너무 집착하고 있는 것인지도 모른다(Kahneman and Tversky, 1979).

3) 내기 참가자들은 배당률이 큰 비인기마의 마권을 샀다는 사실만으로도 간단히 만족을 얻고 있을지도 모른다. 결국 2달러는 스릴을 느끼는 데는 아주 싼 가격인 셈이다.

4) 비인기마를 고르고 그 말이 1등하는 것을 기대하는 것이 인기마를 고르고 그 말이 1등하는 것을 보고 있는 것보다 재미있다. 배당률이 1-5에 불과한 인기마에 돈을 걸었다면, 그 말이 1등으로 들어왔다고 해서 별로 내세울 것이 없겠지만, 배당률이 20-1이 되는 비인기마가 1등으로 들어온다면 내내 떠버리고 다닐 얘깃거리가 생기는 셈이다.

5) 어떤 내기 참가자들은 본질적으로 비합리적인 이유(예를 들면, 경주마의 이름이 그럴듯하다는 이유)로 말을 고른다. 공매가 불가능하기 때문에, 이런 식으로 베팅을 하면 최악의 말에도 돈이 걸려 그 말의 배당률을 다소 낮추는 역할을 하게 된다. 그러면 인기마에 걸린 '영리한 돈들'의 수익성이 다소나마 높아지게 마련이다.

연승식이 단승식보다 덜 효율적으로 보인다는 사실도 흥미로운 관찰 결과이다. 어쩌면 연승식이 단승식보다 더 복잡해보이기 때문에 그럴지도 모른다. 예를 들어 3등 안에 들어오는 말을 맞추는 연승식 내기에서, 보수는 자신이 고른 말이 등수 내로 들어올 확률뿐 아니라 다른 말 중에 어떤 말이 등수 내로 들어오고, 또 각각의 말에 얼마가 걸려 있는지에 따라 결정된다(3등 안으로 들어온 말들에 걸린 돈의 비중이 클수록, 그 말들로부터의 수익은 작아진다). 내기 참가자들이 복잡한 내기보다 단순한 내기를 선호해서 그럴 수도 있고,[12] 단순히 연승식에 기대수익률이 높은 매력적인 내기가 생겼는지 알아내기 어렵기 때문일 수도 있다.

여기서 얻은 중요한 결론은 내기 참가자들의 행동을 모형화하는 것은 매우 어렵다는 것이다. 경마내기 참가자들의 행동은 그들이 이전 경주에서 어떤 경험을 했는지, 그리고 어떻게 돈을 걸어야 게임 후 최고의 얘깃거리가 될 수 있는지와 같은 다양한 요인에 의해 결정된다. 이 복잡함은 보통의 투자 행동에도 그대로 적용될 수 있다는 것이 강조되어야 한다. 머튼 밀러(Merton Miller, 1986, S. 467)가 말했듯이, "[많은 개인 투자자들에게] 주식은 우리의 경제모형의 '수익 묶음' 개념 그 이상이다. 어떤 주식을 보유하는 행위 뒤에는 보유자의 가족 관계, 가족들끼리의 다툼, 유산, 이혼소송 등등 우리가 포트폴리오 선택을 이론화할 때 전혀 고려하지 않는 여러 요인들이 놓여 있게 된다. 모형을 구축할 때 이런 이야기를 추상해버리는 이유는 이 이야기들이 재미있지 않아서가 아니다. 이 이야기들이 너무도 흥미로운 나머지 우리 주된 관심이어야 하는 시장의 움직임에 주목하는 것을 방해하기 때문이다." 우리는 밀러가 뭘 걱정하는지 알고 있고, 그리고 그러한 이야기들이 너무 재미있기 때문에 문제가 될 수 있다는 말에도 동의하지만, 시장의 움직임을 제대로 이해하기 위해서는 모형에 '수익 묶음'을 넘어서는 어떤 것을 포함시켜야 한다고 생각한다. 우리는 3/4분기까지 지지부진한 성과를 낸 포트폴리오 매니저도, 마지막 분기 동안에는 하루의 막바지가 다가오면서 비인기 마에 돈을 걸고 한탕을 바라는 경마 참가자와 비슷하게 행동하는 건 아닌가 하는 의문을 갖고 있다.

◆ 복권

경제이론은 복권에 대해서 어떤 말을 할 수 있을까? 엄청나게 높은 배당률이 주어질 때, 즉 당첨 확률이 엄청나게 낮다면, 아무도 복권을 사지 않을 것이라고 예상해야 하는 걸까? 하지만 소비자가 그의 환상을 위해 50센트를 쓰는 것이라고 말하면 복권 구입 행위는 쉽게 합리화될 수 있을 것이다. 환상을 위해 50센트를 쓴다는 것, 정말 괜찮은 거래 아닌가? 그런데, 인기 있는 숫자와 인기 없는 숫자가 존재한다는 것은 여전히 합리화하기 힘들다. 경제이론에 입각한다면, 가장 인기 있는 번호들을 선택하는 사람은 아무도 없어야 하는 것 아닌가?[13]

이 현상을 이해하기 위해서는, 뉴저지에서 처음으로 복권 구입자들이 그들의 번호를 직접 선택할 수 있는 복권이 도입되기 이전까지는, 북미에서 복권은 인기가 없었다는 것을 밝힐 필요가 있겠다. 이러한 형태의 복권이 인기 있는 것은 심리학자 엘렌 레인저(Ellen Langer, 1975)가 "통제의 환상"(the illusion of control)이라고 부르는 것에 의해 설명될 수 있을 것 같다. 완전히 운에 의해 좌우되는 게임에서도, 경기자들은 승리가 순수하게 '운'에 의해 결정되도록 놔두지 않고, 스스로가 운명을 통제함으로써 더 나은 결과를 얻을 수 있다고 믿곤 한다. 예를 들어 레인저는 실험에서 피험자들이 무작위로 번호가 선택되어 있는 복권보다 스스로 번호를 고른 복권을 더 선호한다는(즉, 더 높은 가치를 부과한다는) 것을 발견했다.

언젠가 뉴스에서 통제의 환상(그리고 운과 기술을 혼동하는 것)이 무엇인지를 확실히 보여주는 예가 나온 적이 있다. 어느 해, 텔레비전에서는 엘 고르도(the El Gordo)라는 스페인 복권의 크리스마스 특집

당첨자와의 인터뷰가 방영된 적이 있었다. 그에게 질문했다. "어떻게 하신 겁니까? 어떤 복권을 사야 할지 어떻게 아셨나요?" 이 당첨자는 자신은 48로 끝나는 복권을 팔 판매자를 찾았다고 대답했다. "왜 48이죠?"라는 질문에 그는 답했다. "글쎄요. 제가 연속으로 7일 밤 동안 7이라는 숫자가 나오는 꿈을 꿨거든요. 7 곱하기 7이 48이라서……."[14]

| 저자 미주 |

1 보수는 오직 최종 배당률에 의해 결정되기 때문에, 내기 참가자들은 베팅할 때 그들의 잠재적 보수를 알 수 없다. 영국 등에서는 마권업자들은 내기 참가자들에게 그들이 베팅한 말이 1등을 할 때 최소한의 보수는 보장해주는 고정 배당률 시스템을 허용한다.

2 그 예로 와이즈만(Weitzman, 1965), 로셋(Rosett, 1965), 앨리(Ali, 1977), 그리고 스나이더(Snyder, 1978)를 보면 된다.

3 모든 참가자들이 기대가치를 극대화한다는 것은 이들이 위험중립자라는 것을 의미한다. 이때 위험중립성 가정은 타당한 가정인 것 같다. 왜냐하면 대부분의 내기 참가자들은 그들 자산의 일부분만 내기에 걸 것이기 때문이다. 위험에 대한 태도가 중립적이지 않은 경우에 대한 분석에 대해서는 해설에서 논의할 것이다.

4 경마장에서의 확률은 전통적으로 '배당률'이라고 불린다. 만약 말이 'x–1'의 배당률을 가지고 있다면 그 말이 이길 (주관적) 확률은 1/(x+1)이 될 것이다.

5 하빌 공식은 계산에 필요한 데이터가 많지 않아도 비교적 정확한 예측을 해낸다. 그러나 배당률이 낮은 말이 정확하게 2등 또는 3등을 할 확률을 과대평가하는 경향이 있다. 훨씬 더 정확한 계산 공식이 스턴(Stern, 1987)에 의해 도출되었지만, 이 방식은 경주에서 뛰는 경주마 모두에 대한 자료를 필요로 한다.

6 쿼린(Quirin, 1979)은 방대한 양의 실제 자료를 갖고 서술된 핸디캐핑에 대한 유용한 책이다. 이외에도 미첼(Mitchell, 1987)과 퀸(Quinn, 1987)도 참조할 수 있다.

7 애쉬와 퀀트(Asch and Quandt, 1986)는 전문적인 핸디캐퍼의 조언이나 전산화된 핸디캐핑 시스템을 사용하면 수익성 있는 내기를 찾는 데 도움이 되는지를 조사한 바 있는데, 둘 다 그다지 유용하지 않다고 결론 내렸다. 이와 관련해서는 미첼(Mitchell, 1987)을 참조할 수 있다.

8 이 방식의 구체적인 내용에 대해서는 지엠바와 하우쉬의 연구(Ziemba and Hausch, 1987)를 참조하면 된다.

9 미국에서는 로또 상금이 종종 할인되지 않은 명목 달러로 발표된다(대학에 기부금을 낸 사람들이 기부액을 공표할 때도 그렇고, 프로 스포츠 선수들의 에이전트들이 자신의 선수들의 연봉을 발표할 때도 마찬가지이다). 로또 상금의 세후 현재가치는 통상 발표된 가치의 약 1/3 정도이다. 그러나 캐나다에서는 상금이 현금으로 지급되고, 캐나다 세금 납부 의무가 없다.

10 내기 참가자가 국지적 위험추구(locally risk seeking) 성향을 갖는다면, 위험추구 성향이 나타나는 특정한 자산수준에서는 불공정한 내기에도 참여할 용의가 있게 된다. 하지만 그 외의 자산수준에서는 위험을 기피할지도 모른다.

11 더욱 기본적인 문제는 개인이 위험선호도 혹은 위험기피도로 나타낼 수 있을 만큼 일관된 '특징'을 나타내는지의 여부이다. 심리학자들에 의하면 개인들이 갖는 특징들이 대부분은 매우 상황특수적이며, 위험선호 성향도 예외가 아니라고 한다. 폴 슬로빅(Paul Slovic, 1972, p. 795)은 다음과 같이 말했다. "사람들이 위험하에서 어떻게 선택을 내리는가에 대한 우리의 지식은 여전히 제한적이다. 그럼에도 불구하고 한 가지 중요한 측면은 꾸준히 연구되어왔다. 그것은 사람들이 어떤 상황에서라도 동일하고 안정적 선호체계에 따라 행동하면서 위험에 대처하는가라는 문제이다. 문제를 풀 때, 운동을 할 때, 사회적 상호작용을 할 때, 직업에 관련된

일을 할 때 그리고 도박에 참가할 때 등 각기 다른 상황에서 사람들이 위험에 어떻게 대처하는가를 알아보고자 많은 실험이 진행되었다. 열 개가 넘는 연구에서 밝혀진 결론에 따르면 이러한 각기 다른 상황하에서 사람들이 위험에 대해 반응하는 방식이 각기 다르다는 것이다. 물론 이들이 어느 정도의 위험을 떠맡으려고 하는가의 정도도 상황마다 다르다.

12 금융 관련 문헌의 유사한 예로 엘튼, 그루버 그리고 렌츨러(Elton, Gruber, and Rentzler, 1982)를 참조하라.

13 이것은 요기 베라(Yogi Berra)라는 야구선수의 유명한 말을 생각나게 한다. "거기는 너무 붐벼서 더 이상 아무도 그곳에 가려 하지 않을 것이다."

14 이 예는 루소와 쇼메이커(Russo and Schoemaker, 1988)가 인용한 것이다.

11

주식시장에서의 캘린더 효과

⚜ ⚜ ⚜

주식시장에서의 캘린더 효과란 잘 알려진 효과이다. 이를 간단히 요약해보면, 1월의 수익률은 일 년 중 다른 달의 수익률에 비해 월등히 높고, 한 달 중 초반 4일 동안의 수익률이 높으며, 주 중 월요일의 수익률은 주중 다른 날들에 비해 상당히 낮고, 공휴일 전날의 수익률은 높게 나타 난다는 것이다.

캘린더 효과가 일관되게 나타난다는 것은 이해하기 힘든 현상으로 간주되고 있다. 왜냐하 면 언제나 1월의 수익률이 높다면 12월에 주식을 사두었다가 1월에 팔면서 이득을 올릴 수 있 을 테고, 이렇게 행동하는 사람들이 많다면 1월의 수익률은 점점 떨어져야 '정상'이기 때문이 다. 다른 캘린더 효과도 마찬가지이다. 월요일의 수익률이 다른 날들에 비해 상당히 낮다면 월 요일에 주가가 떨어지는 시점을 찾아 그때 주식을 사서 주중 다른 날에 팔면 그만큼 주가차익을 얻을 수 있을 것이고, 사람들이 모두 그렇게 행동한다면 월요일 수익률은 올라가고 다른 날 수 익률은 떨어져 월요일 효과란 없어져야 할 것이기 때문이다. 그런데도 이러한 현상이 계속 남아 있다는 것은 사람들로 하여금 그렇게 행동하지 못하게 만드는 뭔가가 있다는 말이 된다. 그 뭔 가란 제도적인 요인일 수도 있고 투자자들의 비합리성일 수도 있다.

이 장에서는 이러한 현상이 일시적이 아니라 일관되게 나타난다는 것을 보여주는 여러 연 구들이 소개되고 있으며, 이러한 현상이 왜 나타나는가에 대한 여러 가설들(주로 제도적인 요인을 강조하는 가설들)을 하나하나 검토하고 있다. 〔옮긴이〕

⚜ ⚜ ⚜

당신 처남은 주식거래인이다. 여동생은 당신에게 항상 자기 남편 얘기를 잘 새겨들으라고 다그치곤 한다. 처남을 불신하는 건 아니지만, 그렇다고 그를 꼭 믿는 것도 아니다. 아무튼 그가 전화를 해서는 다음과 같은 황당한 소리를 한다. 『농사력』(農事曆)을 간행했던 사람들이 이번에는 『주식력』(株式曆)이란 책을 냈는데, 매년 12월에 나오는 이 책에는 다음 해 월스트리트에서 어떤 날이 주식투자를 하기 좋은 날인가에 대한 예측을 담고 있다는 것이었다. 이 달력은 일 년 중 주식시장이 열리는 날들 하루하루에 대해 $ 기호를 써서 한 개에서 다섯 개까지로 평점을 매기고 있었다. 1987년 10월 19일에는 $ 기호가 하나만 찍혀 있었는데, 실제로 그날 주가는 500포인트 하락했다. 기업에서 일하는 사람들 중 몇몇이 이 간행물에 주목하기 시작했고, 연구자들에게도 큰 관심사가 되기 시작했다. 그러다가, 어떤 과학자 한 사람이 시험삼아 과거 몇 년간의 주식력을 얻어서 조사해본 적이 있었는데, 놀랍게도 그는 $ 기호의 수와 실제로 그날 얻어진 수익률 사이에 유의미한 상관관계가 있다는 사실을 발견했다. 그는 주말 내내 어떻게 이런 일이 일어날 수 있는지 그 이유를 찾기 위해 무진 애를 썼고, 아주 흥미로운 사실들을 발견할 수 있었다. 즉 주식력의 예측에는 뚜렷한 패턴이 있었다. 일반적으로 금요일은 투자하기에 좋은 날로 예측되고 있었고, 월요일은 투자에 그리 좋지 않은 날로 예측되고 있었다. 1월, 특히 1월 초순에 $ 기호가 많이 찍혀 있었다. 모든 달을 평균해보면 매월 처음 며칠과 마지막 날에 평균보다 높은 수익률이 예측되었다. 그리고 마지막으로, 법정공휴일 전 며칠 동안에는 가장 높은 예측치가 부여되었다. 그리고 이러한 패턴은 매년 지속적으로 나타났다. 더 나아가 주식력의 예측력은 대부분 이들 '특별한 날들'로부터 나왔다. 다시 말해 이 날들을 제외하면 $ 기호와 실제 결과 사이에는 상관관계가 발견되지 않았다. 이제 사람들이 주식력을 어떻게 만드는지는 어느 정도 분명해진 것 같다. 하지만 이 특별한 날들에서 왜 $ 기호와의 높은 상관관계가 발견되는지는 여전히 미지수로 남아 있다. 만일 이런 패턴이 사실이 아니라면……

이런저런 이유로 주식시장은 이상현상을 관찰하기에 더할 나위 없이 좋은 장소이다. 무엇보다 우선, 이 시장에는 엄청난 양의 데이터가 있다. 1920년대부터 지금까지 뉴욕증권거래소에 상장되어 있는 모든 개별 주식들의 월별 주가 자료가 남아 있다. 둘째, 증권시장은 모든 시장들 중에서 가장 효율적인 시장이라고 간주된다. 따라서 만일 증권시장에 이상현상이 존재한다면 그 이상현상이 거래비용 때문에 나타났다거나 혹은 시장의 실패 때문에 나타난 것이라고 이야기하기 곤란하게 된다. 셋째, 자본자산가격결정 모형(Capital Asset Pricing Model, CAPM)[1] 등 아주 잘 확립된 증권가격결정 이론이 있어서 좀더 체계적인 검정을 해볼 수 있다. 그럼에도 불구하고 10년 전까지만 해도 금융 분야에 이상현상이 존재한다는 것은 이상한 현상으로 여겨졌다. 하지만 최근 들어서는 상황이 조금씩 달라지기 시작했다. 연구자들은 주가수익비율(price-earning ratio)이 낮은 기업들, 규모가 작은 기업들, 배당을 지급하지 않는 기업들, 그리고 과거에 큰 가치 손실을 입은 기업들의 경우 CAPM 모델이 예측하는 것보다 더 높은 수익을 얻는다는 사실을 보고해왔다. 하지만 이보다 훨씬 더 이해하기 힘든 이상현상들도 관찰되어왔는데, 그것이 이 장에서 우리가 살펴볼 계절적 패턴(seasonal pattern)에 대한 것이다.

1월 효과

효율적 시장 가설에 따르면 주식가격은 랜덤워크(* random walk를 '불규칙 보행'이라고 번역하는 것이 일반적이지만, 랜덤의 의미와 불규칙의 의미가 완전히 동일하지 않기 때문에, 여기서는 '랜덤워크'라고 발음 그대로 표기하기로 하겠다)를 따라야 한다. 그렇다면 과거의 사건으로부터 미래의 수익률을 예측하는 것은 불가능하게 된다. 예전에는 이 가설이 맞는지를 검정하기 위해서 주가의 단기 시계열상관을 조사하곤 했다. 그리고 여기서 유의미한 상관관계가 발견되지 않는다는 것을 주가가 랜덤워크를 따른다는 증거로 간주했다. 하지만 최근 연구자들은 이와 다른 방식으로 이 가설을 검정했다. 이 주제와 관련된 첫 번째 주목할 만한 연구는 로제프와 키니의 연구(Rozeff and Kinney, 1976)였는데, 이들은 1904년에서 1974년 사이 뉴욕증권거래소 주가의 등가중치 지수가 계절적 패턴을 갖고 변동한다는 것을 발견했다. 특히 1월 수익률은 다른 달의 수익률에 비해 월등하게 높았다. 1월의 월평균 수익률은 약 3.5% 정도였는데, 다른 달의 수익률은 평균 0.5%에 불과했다. 연간 수익의 거의 1/3가량이 1월에 발생한 셈이다. 흥미로운 것은 대기업들로만 구성된 지수를 사용하게 되면(예를 들어, 다우존스 산업평균 지수를 사용하면), 1월 수익률은 높게 나타나지 않는다는 것이다. 등가중치 지수란 뉴욕증권거래소에 상장되어 있는 모든 기업들 주가의 단순 평균치(즉, 소규모 기업과 대규모 기업에 동일한 가중치를 부여한 채 구한 평균치)이기 때문에, 소규모 기업들의 주식은, 그 주식이 시장가치에서 차지하는 비율보다 높은 가중치를 부여받게 된다. 이상을 종합해보면 등가중치 지수상에 나타나는 1월 효과는 주로 소규모 기업 효과일 가능성이 커진다. 실제로도 그랬다.

소규모 기업 효과에 대한 연구들(반즈의 연구[Banz, 1981]를 보라)중, 도널드 케임의 연구(Donald Keim, 1983)를 보면, 소규모 기업들의 초과수익은 특정 시기에 쏠려 있음을 알 수 있다. 소규모 기업들의 수익률이 평균 이상이 되는 날들 중 절반이 1월에 몰려 있고, 1월 동안 얻게 되는 수익의 절반가량이 1월 초 5일 동안 발생한다. 따라서 뉴욕증권거래소의 등가중치 지수에서 보이는 1월 효과는 이들 소규모 기업들이 1월 동안 평균 이상의 높은 수익률을 낳는 데에서 기인한다. 마크 레인가넘(Marc Reinganum, 1983)은 소규모 기업들 중에서도 그 전 해 동안 가치 저하(주가 하락)를 경험했던 기업들의 1월 수익률이 더 높게 나타난다는 것, 그리고 소규모 기업들이더라도 그 전 해 가치 상승을 경험한 기업들에서는 1월 초 5일 동안의 수익률이 그다지 높지 않다는 사실을 지적함으로써 이상의 논의를 좀더 명확히 했다.

레인가넘의 연구는 1월 효과가 주식 보유자들의 절세 목적 매도(tax-loss selling) 때문에 발생한 것인지를 살펴보기 위해 진행된 것이었다. 이 가설에 따르면, 주식 보유자들은 주가가 떨어진 주식에 대해서는 자본손실액만큼 세금을 절감할 수 있기 때문에 차라리 자본손실을 실현해버리기 위해 자신의 주식을 팔아치우려고 하는 경향이 있는데, 그 결과 이전에 주가가 하락한 기업의 경우 이후 몇 달간 가격이 더 하락하는 추세를 보이게 된다는 것이다. 그리고 새해가 되면 이와 같은 주식매도 압력이 사라질 것이기 때문에 주식가격은 다시 뛰기 시작한다. 이러한 주장이 맞고 틀리고를 떠나서, 이러한 설명은 경제주체들이 합리적으로 행동한다는 가정에 서 있지 않다는 것을 강조해야겠다. 리처드 롤(Richard Roll)은 이러한 주장을 "명백히 바보 같은" 주장이라고 이야기한다(1983, p. 20). 롤은 일부 투자자들 사이에서 조세 회피를 목적으로 한 주식매도 시도가 있다고 하더라도 합리적 투자자들은 그 결과 1월에 수익률이 오를 것을 기대할 것이기 때문에 그런 식으로 연말에 시장에 팔려나온 주식을 매수하려고 할 것이라고 지적했다. 롤은 이 가설을 경멸적으로 묘사하고 있지만, 레인가넘과 마찬가지로 그 역시 이 가설에 부합하는 현상이 현실에서 나타난다는 것을 발견했다. 그도 전 해에 음(−)의 수익률을 보였던 주식은 1월에 높은 수익률을 얻곤 한다고 보고하고 있다.

절세 목적의 매도 가설이 맞는지, 혹은 1월 효과가 단순히 가중치를 어떻게 주는가에 따라 나타나는 통계적 가공물인지를 확인하기 위해, 여러 연구자들이 다른 나라에서도 이와 비슷한 계절 패턴이 나타나는가를 조사했다. 귤테킨과 귤테킨(Gultekin and Gultekin, 1983)은 16개 나라의 자료를 토대로 여기서도 계절적 패턴이 나타나는지를 조사했는데, 16개 나라 중 15개 나라에서 1월 수익률이 예외적으로 크게 나타난다는 것을 확인할 수 있었다. 오히려 미국에서의 1월 효과는 다른 나라들에서보다 미약한 편이었다. 벨기에와 네덜란드, 그리고 이탈리아에서의 1월 수익률은 1년 동안의 연평균 수익률보다도 컸다! 1월 효과를 국가별로 비교해본 결과 드러난 사실은 조세 회피가 1월 효과와 관련이 있어 보이는 것은 사실이지만, 그것만으로는 1월 효과를 완전히 설명할 수는 없다는 것이었다. 우선 1월 효과는 자본이득세나 자본손실보전이 존재하지 않는 일본에서도 관찰되었다(Kato and Schallheim, 1985).[2] 둘째, 캐나다에서는 1972년이 되어서야 자본이득세를 부과하기 시작했는데, 1월 효과는 1972년 이전에도 관찰되었다(Berges, McConnell, and Schlarbaum, 1984). 셋째, 영국과 오스트레일리아에서도 1월 효과가 나타났는데, 이들 나라에서 세제상 회계연도의 시작 시점은 1월이 아니었다. 영국은 4월 1일, 그리고 오스트레일리아는 7월 1일이다.[3] (그런데 영국의 경우에도 4월 수익률은 높고, 오스트레일리아에서도 7월 수익률은 높게 나타나는 것으로 보아 조세가 어느 정도 영향을 미치고 있다는 것은 부정할 수 없는 것 같다.)

1월이 특별한 이유는 다른 측면을 통해서도 드러난다. 다음 장에서 이야기하겠지만 이전 5년간 가장 손실이 컸던 기업들이 당해연도 시장에서 뛰어난 성적을 내는 경향이 있다. 그런데 이들의 활약이 가장 두드러지는 시기가 바로 1월이다.

티닉과 웨스트(Tinic and West, 1984)는 자본자산가격결정 모델

(CAPM)을 재평가하면서 과연 위험 프리미엄에 계절적 요인이 나타나는지를 살펴보고자 했다. 놀랍게도 이들은 위험도가 더 큰(즉, 더 높은 β값을 갖는) 주식의 초과수익은 1월에 집중적으로 발생한다는 것을 발견했다. 1월을 제외하면, 주식에 고배당이 지급되는 경우 위험한 주식들이라고 해서 더 높은 수익을 얻지는 않았다. CAPM은 1월에만 들어맞았다! 고배당에 대한 높은 세금을 보상하고도 남을 정도로 주식의 수익률이 높은지를 조사한 몇 편의 논문들이 나왔는데, 여기서도 1월 효과를 둘러싸고 몇 가지 추가적인 놀라운 사실이 발견되었다. 케임은 이상현상 두 가지를 보고하고 있다(Keim, 1986a). 배당을 실시한 기업들을 살펴보면, 주식수익률은 배당의 증가와 더불어 상승하는 것으로 나타난다. 하지만 가장 높은 수익률은 배당을 지불하지 않은 기업들에게서 나타났다. 그리고 고배당을 지급한 기업들과 배당을 전혀 지급하지 않은 기업들 양자에게서 공히 나타나는 초과수익은 이번에도 역시 1월에 집중되었다.

주말 효과

주중 어느 하루 동안의 일간 수익률(가격 변화와 배당을 모두 고려한)을 바로 전 거래일의 폐장 시간으로부터 당일 폐장 시간 사이의 수익률로 정의해보자. 일간 수익률을 이렇게 정의하게 되면 월요일의 수익률을 다른 날들과 곧바로 비교할 수 없다는 문제가 생긴다. 프렌치(French, 1980)는 '달력시간 가설'(calender time hypothesis)을 귀무가설로, 그리고 '거래시간 가설'(trading time hypothesis)을 대립가설로 놓고 어떤 가설이 더 타당한지를 보고자 했다. 달력시간 가설에 따르면 월요일에 주식가격이 다른 날에 비해 더 많이 뛰는 이유는, 월요일 전 거래일이 금요일이므로 수익률 계산에 하루만 포함되는 다른 날들과 달리 전 주 금요일 저녁에서 월요일 저녁까지 3일이 포함되기 때문이라는 것이다. 이 가설이 맞는다면 월요일 수익률은 다른 날들의 수익률에 비해 세 배가량 높아야 정상이 된다. 프렌치가 제시한 대립 가설인 '거래시간 가설'(trading time hypothesis)은, 수익률은 오직 거래가 이루어지는 날만을 기준으로 해서 결정되며, 따라서 월요일의 수익률이나 다른 날의 수익률이 다르지 않을 것이라는 내용을 갖고 있다. 일단 이 대립가설은 그리 합당해보이지 않는다. 가령 여름 동안에는 일주일에 특정한 날 하루에만 거래가 이루어지도록 제한을 한다고 해보자. 그렇다면 이날 하루 동안의 수익률은 이러한 제한이 없는 경우의 일주일 동안의 수익률과 같아야 하지 않겠는가? 어찌 되었건 위의 두 가설 모두 데이터와 부합하지 않는 것으로 나타났다.

증권시장에서의 주말 효과를 다룬 첫 연구는 1931년 *Journal of Business*에 실린 필즈(M. J. Fields)라는 하버드대학교 대학원생의 논문이었다. 그는 "사람들은 주말 동안 자신의 보유자산을 불확실한 상태로 두고 싶어 하지 않기 때문에, 주말에 주식을 팔게 되고 이에 따라 토요일에 주가가 하락하게 된다"는 당시 월스트리트에서 격언처럼 받아들여지고 있는 이야기가 사실인지를 조사하고 있었다 (Fields, 1931, p. 415). 필즈는 1915년에서 1930년 사이에 다우존스 산업지수(Dow Jones Industrial Average, DJIA)의 변화 패턴을 검토했다. 그는 DJIA의 토요일 종가를 바로 전날인 금요일 종가와 월요일 종가의 평균과 비교해보았는데, 월스트리트의 격언과 달리 한 주의 마지막 날인 토요일에 주가가 상승하는 경향이 있음을 발견했다(* 그때까지는 토요일에도 장이 열렸다). 그가 조사한 717번의 주말 중 토요일 주가가 금요일과 월요일의 주가 평균보다 0.1 이상 높았던 때가 전체의 52%에 달했고, 토요일 주가가 금요일과 월요일의 주가 평균보다 낮은 경우는 전체의 36%에 불과했다.

일간 수익률의 변화에 대한 학술적 연구는 이후 40여 년 동안 등장하지 않았다. 프랭크 크로스(Frank Cross, 1973)는 1953년에서 1970년 사이 스탠다드 앤 푸어스(Standard and Poor's) 지수상의 500개 주식(S&P 500)의 수익률 변화를 연구했다. 그는 이 기간 동안 전체 금요일의 62%에서 이 지수가 상승했고, 전체 월요일 중의 39.5% 정도에서 지수가 하락했음을 발견했다. 금요일에 발생한 평균수익률은 0.12%였고, 월요일에 발생한 수익률은 평균 −0.18%였다. 크로스에 따르면, "이러한 요일별 차이가 단순히 우연히 일어났을 가능성은 백만 분의 일도 채 안 된다."

케네스 프렌치(Kenneth French, 1980)는 S&P 500 지수를 사용하여 일간 수익률을 살펴보았는데, 여기서도 비슷한 결과를 얻었다. 그는 1953년에서 1977년 사이의 기간을 연구했는데, 이 기간 동안 월요일에 발생한 수익률의 평균값은 마이너스였다(평균은 −0.168%였고, t값은 −6.8이었음). 그리고 전체 기간을 5년 단위로 끊어서 평균수익률을 계산해본 결과도 마찬가지였다. 월요일을 제외한 주중 다른 날들의 수익률의 기간 평균치는 (예상대로) 양(+)의 값으로 나왔다. 이 중 수요일과 금요일의 수익률이 가장 높았다. 프렌치는 월요일에 음(−)의 수익률이 발생하는 이유가, 뭔가 규명되지 않은 '폐장 효과' (closed-market effect)에서 기인한 것인지를 알아보고자 했다. 만일 그렇다면 월요일뿐 아니라 공휴일 다음 날에도 수익률의 평균이 낮게 나와야 한다. 하지만 그가 발견한 것은 공휴일 다음 날이 월요일·수요일·목요일·금요일인 경우 이날들의 평균수익률은 평소의 평균수익률보다 높다는 것이었다. 유독 월요일이 공휴일인 경우 화요일 수익률만 음(−)의 값으로 나왔는데, 아마도 이는 통상적으로 주말 이후 나타나던 음(−)의 수익률이 월요일이 공휴일인 관계로 월요일에 나타나지 못하고 화요일로 이연되어 나타났기 때문인 것 같다. 그는 이 결과로부터 폐장에 특별한 것이 있는 게 아니라 주말에 뭔가 특별한 일이 있는 것 같다는 해석을 내리고 있다.

크로스의 연구와 프렌치의 연구에서 월요일 수익률은 금요일 종가와 월요일 종가 사이의 주가 차이로 계산되었다. 그렇다면 월요일 당일에 주가가 하락하는 것인지, 아니면 금요일 폐장 시점부터 월요일 개장 시점 사이에 주가 하락 이유가 존재하는 것인지를 알아봐야 한다. 리처드 로갤스키(Richard Rogalski, 1984)는 바로 이 문제를 연구했다. 그는 1974년 10월 1일부터 1984년 4월 30일까지의 DJIA의 시가(始價)와 종가(終價) 데이터, 그리고 1979년 1월 2일부터 1984년 4월 30일까지의 S&P 500의 시가와 종가 데이터를 가지고 이를 살펴보았다. 그는 월요일 아침 개장부터 월요일 오후 폐장까지는 주가가 상승한다는 것을 발견했다. 그렇다면 월요일의 음(−)의 수익률은 금요일 폐장 시간부터 월요일 개장 시간 사이에 발생한다는 얘기가 된다. 즉, 월요일 효과는 실로 주말 효과가 된다.[4] 또한 그는 월요일 효과에 국한해서 보더라도 1월이 다른 달과 다르다는 사실도 발견했다. 1월 동안에는 주말과 월요일의 수익률이 플러스였다. 바로 앞 절의 내용을 감안한다면 그리 놀라운 것도 아니겠지만, 바로 이 월요일과 관련된 1월 효과 역시 기업 규모와 관련이 있는 것으로 드러났다. 즉 가장 작은 기업이 월요일 수익률도 가장 높았다(물론 다른 날의 수익률도 마찬가지이다).

주식에는 주말이 좋지 않은 것으로 드러났는데, 다른 증권들은 어떨까? 기본스와 헤스(Gibbons and Hess, 1981)는 재무부 단기채권의 일간 수익률을 조사한 결과 여기서도 월요일 수익률이 다른 날들에 비해 현저히 낮다는 것을 발견했다. 이들은 주식의 주말 효과를 둘러싸고 제시된 여러 설명들을 검토했는데, 이 중 가장 설득력 있다고 여겨졌던 가설이 '대금결제기간 가설'이다. 주식을 사면 대금결제는 며칠이 지난 후 이루어진다. 이 대금결제기간은 점점 늘어났다. 전산화가 이루어지면서 그 기간은 오히려 더 늘어났다! 1962년 3월 4일부터 1968년 2월 10일까지 대금결제기간은 근무일수 기준으로 4일이었다. 그 이후 대금결제기간은 근무일수 기준으로 5일로 늘어났다. 이전 시기에는 주식을 월요일에 팔면 4일 후에 대금을 지불받을 수 있지만 월요일이 아닌 다른 날에 주식을 팔면 근무일수 기준으로 4일 후는 실제로 주말을 끼고 6일이 되는 셈이었다. 하지만 대금결제기간이 5일로 늘어난 1968년 이후에도 월요일 효과가 지속되는 것을 보면 대금결제기간이 월요일 효과를 전부 설명해줄 수 있는 것이 아니라는 것은 분명하다. 기본스와 헤스는 1968년 이전 시기조차도 대금결제기간 때문에 주말 효과가 나타나는 것은 아님을 보여주었다.

주말 효과 같은 이상한 실증 결과들은 '데이터 마이닝'에 대한 우려를 갖게 만든다. 데이터를 바라보는 수많은 방법이 있게 마련이고, 수많은 사람들이 같은 테이프를 여러 번 돌리면, 어떻게 해서든 거기서 유의미한 결과가 발견되게 마련이다. 학자들은 월요일 효과와 관련된 이상현상이 실제로 인위적인 데이터 마이닝의 결과인지를 보기 위해 두 가지 방법을 사용해왔다. 그 하나는 서로 다른 시기를 분석해서 비교하는 것이다. 주말 효과의 경우 지금껏 진행된 모든 연구는 사실 1915부터 1930년까지의 기간을 가지고 한 필즈의 최초 연구를 다른 기간을 가지고 반복한 것이었다. 크로스와 프렌치는 1953년(이때부터 뉴욕증권거래소는 토요일에 장을 열지 않기로 결정했다) 이후의 시기를 가지고 주말 효과를 확인했으며, 케임과 스탬바우(Keim and Stambaugh, 1984)는 주말 효과가 1928년부터 1982년까지의

S&P의 복합지수(S&P Composite Index)에서도 나타난다는 것을 확인했다. 래코니쇼크와 스미트(Lakonishok and Smidt, 1987)도 1897년부터 1986년까지의 DJIA의 계절 변동을 연구한 결과 또다시 월요일에는 일관되게 마이너스 수익률이 발생한다는 것, 특히 이전 연구에서는 포함된 적이 없던 1897년에서 1910년 사이에서도 마이너스 수익률이 나타난다는 것을 발견했다.

코울시와 딜(Coursey and Dyl, 1986)은 이와는 완전히 다른 방법으로 주말 효과를 살펴보았다. 실험실에서 피실험자들을 모아놓고 시장 실험 방법을 통해 거래의 중단이 이후에 어떤 가격 변동을 가져오는지를 관측하고자 했다. 참가자들은 가치가 사전에 정해져 있지 않은 자산을 서로 교환하는 실험을 했다. 이 실험에서 한 주는 3일로 이루어진 '주중'과 하루 동안의 '주말'로 이루어졌다. '주중'의 처음 이틀 동안 자산은 하루의 수명을 가졌고, '주중'의 마지막 날, 즉 세 번째 날 바로 다음 날은 거래가 이루어지지 않는 '주말'로 설정했는데, 세 번째 날의 자산은 이틀의 수명을 갖는다고 설정되었다. 결과는 실제 증권시장에서 얻어진 데이터들과 부합했다. 거래의 중단이 일어나기 전날들의 가격은 거래 중단 후 첫날의 가격보다 확실히 높았다.

공휴일 효과

프렌치는 주말 효과를 분석하면서, 일요일 이외의 다른 공휴일 다음 날의 가격 변화를 살펴보았는데, 여기서는 아무런 특별한 점도 발견하지 못했다. 하지만 이전의 다른 연구에서는 이야기가 조금 달랐다. 필즈(Fields, 1934)는 DJIA가 공휴일 바로 전날 상당한 비율로 상승했음을 보인 바 있다. 필즈의 발견은 이후 50년 동안 묻혀 있다가 로버트 애리엘(Robert Ariel, 1985)에 의해 다시 빛을 보게 되었다. 1963년부터 1982년까지의 기간 동안 공휴일 전날은 총 160일이 되는데, 애리엘은 이 160일의 일간 수익률을 검토했다. 등가중치 지수를 써서 그가 발견한 것은 공휴일 바로 전날의 일간 수익률 평균은 0.529%로 다른 날의 수익률 평균값인 0.056%의 9배를 넘어서더라는 것이다. 가중치를 줘서 계산한 결과는 공휴일 하루 전 일간 수익률이 0.365%, 그리고 다른 날의 일간 수익률이 0.026%로, 공휴일 하루 전 일간 수익률이 다른 날의 일간 수익률의 14배를 넘어섰다. 이 차이는 통계적으로도, 그리고 경제적으로도 유의미한 차이였다. 래코니쇼크와 스미트(Lakonishok and Smidt, 1987)는 90년치 DJIA를 가지고 동일한 작업을 반복했는데, 공휴일 전날과 다른 날들의 일간 수익률은 각각 0.219%, 0.0094%로 전자가 후자의 23배를 넘어선다는 결과를 얻었다. 이 차이가 얼마나 큰 것인지는 다음의 사실을 보면 분명해질 것이다. 최근 90년 동안 DJIA에서 발생한 자본이득 전체의 51%는 1년에 약 열흘 있는 공휴일 전날에 발생한 셈이다.

달 바뀜 효과

또한 애리엘(Ariel, 1987)은 한 달 동안의 수익률 패턴을 조사했다. 1963년부터 1981년까지의 기간을 분석하면서 그는 매달을 전반기와 후반기로 나누었다(전반기의 첫째 날은 이전 달의 마지막 날로 잡았다). 그리고 등가중치 지수와 가중평균 지수 모두를 사용해서 두 기간의 누적 수익률을 비교했다. 이번에도 결과는 놀라웠다. 달의 후반기 수익률은 마이너스 값으로 나왔다. 즉 조사한 기간 동안 발생한 수익은 모두 그달의 전반기에 발생했다는 것이다! 래코니쇼크와 스미트는 90년치 DJIA를 가지고 달 바뀜 효과를 다시 한 번 반복 연구해 보았는데, 이들이 얻은 결과에 의하면 이전 달의 마지막 날을 첫째 날로 하는 매달 초 4일 동안의 수익률은 0.473%였다(반면 임의의 4일 동안의 평균수익률은 0.0612%였다). 또한 매달 초 4일 동안의 수익률은 한 달 동안의 평균수익률 0.35%를 크게 웃돌았다. 다른 말로 하면 매달 초 4일을 제외하면 DJIA는 하락했다는 말이 된다!

하루 동안의 가격 변동

계절적 가격 변동에 대한 연구는 1981년 12월 1일부터 1983년 1월 31일까지의 14개월 동안 뉴욕증권거래소에서 일어난 모든 주식거래(1,500만 건!)를 시간대 순으로 기록한 자료가 공개되면서 새로운 전기를 맞이했다. 로렌스 해리스(Lawrence Harris, 1986a)는 이 자료를 이용해서 하루 동안의 가격 변동을 조사했다. 그는 15분 간격으로 기간을 구분하여 매 15분 동안의 수익률을 계산했다. 그가 발견한 것은 주말 효과가 월요일 개장 직후 45분 동안에 일어난다(즉, 월요일 주가 하락은 이 기간 동안 일어난다)는 것이었다. 월요일을 제외한 다른 날을 보면 가격은 개장 후 최초 45분 동안 급격히 상승하는 것이 일반적이었다. 또한 수익률은 하루의 폐장 시간이 다가오면서 점차 높아지게 되는데, 특히 하루의 마지막 거래를 통해 얻어진 수익률은 상당히 높았다. 더 나아가 하루의 마지막 거래가 폐장 전 5분 이내에 이루어지는 경우 가격 변동이 가장 컸다. 해리스(Harris, 1986b)는 이러한 특이한 결과가 데이터상의 오류나 전문가들의 가격 조작에 의해 나타났을 가능성에 대해서도 조사를 해보았는데, 그럴 가능성은 없는 것으로 나타났다. 이를 뒷받침해주는 한 가지 사실을 소개하면 다음과 같다. 만일 하루의 마지막에 나타나는 가격상승이 인위적인 것이라면 그 다음 날 개장과 동시에 주식의 가격은 하락해야 할 것인데 실제로 개장과 동시에 가격은 상승하는 경향이 있다는 것이다. 흥미로운 것은 하루의 마지막 시점에서 보이는 가격의 변동이 모의 시장에서도 유사하게 관찰된다는 것이다. 예를 들어 포사이드, 펄프리 그리고 플롯의 연구(Forsythe, Palfrey and Plott, 1982, 1984)와 플롯과 선더의 연구(Plott and Sunder, 1982)를 보면, 실험실에서 만들어진 모의자산시장에서도 거래 종료 바로 직전에 가격이 상승하는 것으로 나타난다. 사실 이 효과는 애초에 모의시장에서 나타나는 이상현상으로만 여겼는데, 알고 보니 뉴욕증권거래소에서도 동일한 현상이 나타났던 것이다.

보충설명

이 장에서는 주식가격의 변동에서 발견되는 흥미로운 패턴들에 대해 이야기를 했다. 매년 초, 매달 초, 매주 초, 매일 초, 그리고 공휴일 직전에는 비정상적인 수익 변동이 발생했다. 왜일까? 그다지 설득력 없는 가설들, 때로는 대부분의 설득력 있는 가설들조차도 가설검정을 해보니 기각되었다. 아마도 효율적 시장 가설이 금융경제학자들에게 가장 잘 확립된 가설이라고 여겨졌던 1975년 당시에는 아무도 이러한 결과를 예측하지 못했을 것이라고 말해야 할 것 같다. 거래비용이 너무 커서 거래자들이 이러한 이상현상의 효과를 이용하는 것이 별로 유리하지 않기 때문이라고 말하더라도, 여전히 이 문제는 퍼즐로 남는다. 어쨌든 거래를 해야 하는 투자자들이라면 이 예측된 가격의 변화에 맞춰 거래 시점을 조금만 바꿈으로써 이득을 볼 수 있기 때문이다. 뭔가 설득력 있는 새로운 설명은 없을까? 이 효과들 모두를 설명할 수 있는 단 하나의 요인을 찾을 수 있으리라고 기대하기는 어렵다. 하지만 몇몇 요인들은 검토해볼 가치가 있는 것 같다.

1) 가격 변동은 시장으로의 자금 유입과 유출에 영향을 주는 여러 관습적 요인과 관련이 있을지도 모른다. 예를 들어 연금기금이나 뮤추얼 펀드는, 기업과 개인들이 정기적으로 불입 시점을 맞추기 때문에, 어떤 정해진 날짜에 자금이 유입되는 경향을 갖는다. 리터(Ritter, 1987)는 매년 말 소규모 기업의 주식가격의 변동은 개인투자자들(기관투자자들과 달리 대기업보다는 중소기업의 주식을 더 많이 갖고 있는)의 주식거래와 연관이 있음을 발견했다. 특별히 메릴 린치(Merrill Lynch)의 개인 고객들의 경우를 보면, 사자주문과 팔자주문 간의 비율은 1월 초에 높고 12월 말에 낮다. 다른 말로 하면 개인투자자들은 12월에는 주식을 내다 팔고 1월에 주식을 매입하는 경향이 있다는 것이다. 또한 이 사자주문과 팔자주문 간의 비율이 소규모 기업의 비정상적인 1월 수익률의 연간 변화의 46%가량을 설명해준다. 이러한 경향이 개인투자자들 말고 기관투자자들에게도 나타나는지를 살펴보는 연구가 필요하다.

2) 기관투자자들이 포트폴리오를 구성할 때 왜 계절과 연관된 변화가 일어나는지에 대한 또 다른 이유는 '분식회계'(window dressing)라고 불리는 관행 때문일 수도 있다. 월스트리트에서 떠도는 이야기 중 하나는 펀드매니저들이 보고일에 맞춰 남들이 보기에 민망한 보유분을 제거함으로써 자신들의 포트폴리오를 세탁하려고 한다는 것이다. 보고일이 정기적으로 결정되어 있으므로 이러한 행위가 계절

적 가격 변동 중 일부, 특히 연말과 월말 효과를 설명해줄 수 있을지도 모른다.

3) 캘린더 효과에 대한 또 다른 설명 방식은 이 효과들이 좋은 소식과 나쁜 소식이 전해지는 타이밍과 관련된다고 보는 것이다. 주말 효과에 국한해서 보면 이 가설이 가장 설득력이 있어 보인다. 나쁜 뉴스는 대부분 금요일 장이 마감될 때까지 기다렸다가 발표되는 경우가 많기 때문이다. 앞서 언급했던 저자들 중 다수가 이 가설에 대해서 언급은 하고 있지만, 그렇게 심각하게 검토하지는 않았다.

이들 가설들 모두 왜 주식의 매매 패턴과 달력상의 시간과의 조응이 발생하는지에 대해 설명할 수 있다. 물론 이 가설들은 효율적 시장 가설에는 어긋나는 내용을 갖고 있다. 왜냐하면 효율적 시장 가설은 무한한 공급 탄력성을 갖는 차익거래자가 존재하며, 이들은 가격이 자신들이 생각했던 내재적 가치와 달라지면 언제든지 그리고 얼마든지 주식을 사고팔 준비가 되어 있다는 가정을 전제로 하기 때문이다. 하지만 차익거래자들의 수요와 공급 탄력성이 무한대가 아니라고 생각할 만한 충분한 이유가 있다. 예를 들어 1986년에 동시에 발표된 슐라이퍼(Shleifer, 1986) 그리고 해리스와 규렐(Harris and Gurel, 1986)의 논문을 보면, 어떤 주식이 S&P 500 지수에 포함되는 순간 그 주식의 가격은 3% 약간 못 되게 갑작스레 상승한다. 해리스와 규렐은 어떤 주식이 S&P 500 지수에 포함되었다는 사실 자체가 그 기업의 실적에 대한 정보를 전달해주는 것은 아니라는 주장을 설득력 있게 펴고 있다. 이들은 이들 주식에서 나타나는 주가의 상승은 인덱스 펀드, 즉 S&P 지수를 모방하려고 하는 뮤추얼 펀드에 의해 그 주식의 수요가 증가하기 때문에 나타나는 것이라고 주장한다. 이러한 주장은 사실과도 부합되는데, S&P 500 지수에 포함된 이후에 나타나는 주식가격의 상승은 인덱스 펀드가 기관투자자들 사이에서 중요한 지위를 차지하기 시작한 최근 몇 년간 뚜렷하게 나타나는 현상이기 때문이다. 또한 해리스와 규렐은 이러한 주가의 상승이 일시적이라는 사실을 발견했다. 이렇게 상승된 주가 상승은 3주 내로 다시 사그라지게 된다. 아무튼 일단 주식에 대한 수요곡선이 우하향한다는 것을 인정한다면, 주식가격 변동과 관련된 이상현상에 대한 이런저런 설명들을 효율적 시장 가설과 부합하지 않는다는 이유로 쉽게 폐기처분하지 못하게 된다.

위에서 설명한 세 가지 설명은 모두 제도를 고려해야 한다는 믿음에 기초하고 있다. 하지만 이와 다르게, 이상현상이 제도적 요인 때문에 발생하는 것이 아니라는 주장도 있다. 이러한 이상현상은 모의실험을 통해서도 발견되는데, 모의실험 과정에는 제도적인 특성이 전혀 존재하지 않기 때문이다. 즉, 실험실에서 고안된 모의시장에는 외부로부터의 신규 현금 유입도 없고, 세탁되어야 하는 포트폴리오도 없으며, 새로운 뉴스도 없다. 이로부터 코울시와 딜은 주말 효과란 제도적 요인이 아니라 심리적 요인에 의한 것일지도 모른다는 제안을 한다. 예를 들어 단순한 게임보다는 복잡한 게임을 더 선호하게 만드는 심리적 요인 같은 것 말이다. 행동주의적 설명들은 시장 참가자들의 분위기 변화를 이들 효과의 원인에 포함시키기도 한다 (금요일에는 기분이 좋고, 공휴일 다음날 혹은 월요일에는 기분이 안 좋고 등등). 예를 들어 자살이 다른 날보다 월요일에 더 자주 일어난다는 것은 잘 알려진 사실이다.

계절적 이상현상에 대한 논의로부터 어떤 결론을 끌어낼 수 있을까? 마크 레인가넘은 이러한 실증 결과들을 이론가들에게 주어진 새로운 도전이라고 해석하고 있다. "그렇다면 이상현상이 의미하는 바는 무엇인가? 그것은 자본자산가격을 연구하는 이론들이 휘청거리고 있다는 것을 의미한다. 또 그것은 데이터 검토 작업이라는 끈질기고 뼈아픈 노력을 통해서만, 주식가격의 변동을 설명해줄 수 있는 직관이 나올 수 있을 것임을 의미한다. 또한 이론과 실증 사이에서 일어나는 끊임없는 밀물과 썰물 작용 속에서 이제 실증이 우위에 서게 되었다는 것을 의미한다"(Marc Reinganum, 1984, p. 839). 나는 이 말에 동의하지 않는다. 공은 아직도 실증하는 사람들의 손에서 이론가들 측으로 넘어가지 않았다고 생각한다. 우리로 하여금 이 퍼즐을 이해할 수 있게 해줄 수 있는 실마리는 계량경제학과 실험경제학의 추가적인 연구로부터 나와야 한다. 그런 후에야 이론가들은 이러한 조각들을 개념적으로 맞춰낼 수 있게 된다. 그리고 그때가 되면, 왜 계절적 가격 변동이 일어나는지, 그것이 왜 최소한 90년 넘게 지속되고 있는지, 그리고 왜 그 사실이 최소한 50년 넘게 잊혀져왔는지를 이해하는 것이 모든 경제학자들 앞에 놓인 과제가 될 것이다.

1 CAPM은 현대 금융시장 이론의 초석이다. 이 이론이 핵심적으로 공헌한 바는 다변화라는 개념을 자산가격결정 이론에 포함시켰다는 것이다. 주식들의 가격 변동이 서로 완전하게 상관되어 있지 않은 한, 다수의 주식을 포트폴리오로 구성하여 보유하게 되면 모든 돈을 하나의 주식에 쏟아 붓는 경우에 비해 위험이 적어지는 것은 사실이다. CAPM에 의하면 위험한 주식은 높은 수익률을 얻어야 한다(이때 위험이란 다른 주식들의 수익률과의 상관관계로 측정된다). 이렇게 측정된 위험을 소위 '베타값'이라고 부른다.

2 일본에서는 12월과 1월 사이, 그리고 6월과 7월 사이에 수익률이 높게 나타나는데, 이는 참으로 해석하기가 힘들다. 이 기간들은 대부분의 노동자들이 반년치 보너스를 받는 시점과 일치한다.

3 일부 학자들은 자본이득세가 없거나 조세 기준 연도가 1월이 아닌 국가들에서도 1월 효과가 나타나는 이유는 1월이 조세 기준 연도인 다른 국가와 거래를 하기 때문에 나타나는 것이라고 지적한다. 하지만 이러한 주장을 뒷받침해줄 만한 증거가 충분하지 않은 것 같다. 일본의 경우 일본의 주식가격의 변동과 미국의 주식가격 변동 사이에는 거의 상관관계가 없는데, 따라서 이러한 주장의 설득력은 심각하게 훼손된다.

4 스머락과 스탁스(Smirlock and Starks, 1986)는 1963년에서 1983년 사이의 DJIA를 가지고 주말 효과를 연구했다. 이들이 발견한 것은 마이너스 수익률이 일어나는 시점이 점점 빨라진다는 것이었다. 1963년에서 1968년 사이에는 월요일 하루 동안의 거래에서 마이너스 수익률이 나타났다. 그런데 1968년에서 1974년 사이에는 월요일 중에서도 개장 시간을 즈음해서 마이너스 수익률이 집중적으로 나타났다. 1974년 이후에는 금요일 폐장 시점과 월요일 개장 시점 사이에 마이너스 수익률이 발생하였다.

12

월스트리트에서
평균을 향해 걷기

* 워너 드 봉(Werner F. M. De Bondt)과 함께 씀.

주식가격이 랜덤워크를 따라 변동하지 않고, 평균으로 회귀하는 경향이 있다면, 주식가격이 낮은 주식을 사고, 주식가격이 높아진 주식을 파는 전략을 통해서 추가적인 이득을 얻을 수 있다. 그리고 누구나 이렇게 하려고 한다면 주식가격은 애초부터 근본가치로부터 이탈하지 않아야 하며, 따라서 주식가격의 평균회귀 경향이 있다는 말은 주식시장에서 완전한 차익거래를 막는 뭔가가 있다는 말이 된다.

　이러한 현상에 대한 경제학적 설명은 다음과 같다. 이전 기에 주가가 평균보다 낮았던 기업들은 대부분 소규모 기업들이며, 이들 소규모 기업들이 얻는 초과수익률은 소규모 기업에 부과되는 위험 프리미엄 때문이라는 것이다. 저자는 다른 연구 결과를 통해 주가가 평균보다 낮았던 기업들은 그렇게 소규모 기업들이 아니며, 더 나아가 초과수익률이 추가적인 위험에 따른 보상이라는 설명은 위험도를 측정해줄 수 있는 절적한 척도가 없는 상태에서는 받아들이기 힘든 견해라고 주장하고 있다. 〔옮긴이〕

증권 브로커인 당신 처남이 또 전화를 걸어왔다. 방금까지 통계 자료를 읽다가 전화를 했다고 한다. 칭찬할 만한 일이다. 그는 흥분된 어조로 자신의 '발견'에 대해 이야기했다. 평균으로의 회귀(혹은 평균회귀)에 대한 것이었다. 평균으로의 회귀는 아주 극단적인 관측치가 나왔으면 그 다음에는 그보다는 덜 극단적인 관측치가 나온다는 것을 의미한다. 예를 들어 아주 키가 큰 부모의 자식들은 여전히 키가 크지만 부모만큼 크지는 않는다. 어떤 해에 판매고가 두 배로 뛴 기업의 다음 해 판매고는 그렇게 큰 폭으로 뛰지는 않을 것이다. 당신 처남의 아이디어는 이 개념이 주식시장에도 그대로 적용된다는 것이었다. 그에 따르면 일정 기간 동안 아주 실적이 저조했던 주식은 다음 기에 실적이 나아지고, 반대로 지난 기에 엄청난 수익률을 가져다준 주식은 다음 기에 수익률이 반드시 다소 떨어지는 경향을 보인다는 것이다. 그는 당신이 자신의 이러한 발견에 대해 어떻게 생각하는지를 듣고 싶어했다.

당신은 차근차근 그의 아이디어가 왜 틀렸는지를 설명했다. 당신은 처남에게 버튼 맬키엘(Burton Malkiel)의 유명한 책 『월스트리트에서의 불규칙 보행』(A Random Walk Down Wall Street)을 상기시키면서 주식가격이 "불규칙 보행"(* random walk, '불규칙 보행'이라고 번역하는 것이 일반적이지만, 랜덤의 의미와 불규칙의 의미가 완전히 동일하지 않기 때문에, 이후에서는 발음 그대로 랜덤워크라고 쓰기로 하겠다)을 따른다는 증거가 엄청나게 많이 있다는 이야기를 해준다. 즉 미래의 주식가격을 과거의 주식가격 변동으로부터 예측할 수 없다는 것이다. 주가가 평균으로 회귀하는 경향이 있다면, 주가가 예측 가능하다는 말이 된다. 경제학자라면 주가의 평균회귀가 진실이 아니라는 것을 알고 있다. 처남은 태연히 말했다. "아하! 난 자형이 그렇게 나올 줄 알았어요. 자형은 최근 금융 관련 논문들을 읽지 않은 게 분명해요. 무작위성이라는 건 한참 시대에 뒤떨어진 생각이거든요. 이제 평균으로의 회귀가 이야기되고 있다고요." 그는 전화를 끊었고, 당신은 급히 집을 나서서 도서관으로 향했다.

경제학에서, 금융시장이 '효율적'이며, 효율적인 금융시장에서 증권 가격이 그 증권의 내재적 가치와 같다는 견해만큼 열정적으로 옹호된 명제도 없을 것이다. 주식에 대해 말하자면, 주가는 미래 배당의 현재가치에 대한 합리적인 예측을 반영한다는 것이다. 효율적 시장 가설은 미래 가격의 변화를 예측할 수 없다는 주장[1] 혹은 금융시장에 자주 등장하는 말로 표현하자면 효율적 자본시장은 "기억을 갖고 있지 않다"(Brealey and Byers, 1988, p. 289)는 주장과 전통적으로 같은 맥락에 서 있다. 이러한 주장의 논거는 간단하고 또 설득력도 있다. 주식가격이 예측 가능하다고 해보자. 그렇다면 지능적인 투자자라면 주식이 쌀 때 사서 비쌀 때 팔려고 할 것이다. 만일 충분한 경쟁의 압력이 있고 합리적인 차익거래자들이 충분히 많이 있다면, 이에 입각하여 가격이 조정될 것이고, 따라서 가격은 내재적 가치와 일치하게 될 것이다. 그렇게 되면 가격은 오직 무작위적으로만, 즉 예기치 않은 사건에 대한 반응으로만 변동하게 될 것이다.

하지만 초기에 금융시장을 연구했던 학자들은 주식가격이 그 주식의 근본가치로부터 이탈할 수 있다고 생각했다. 예를 들어 『일반 이론』(The General Theory, 1936)에서 케인즈(Keynes)는 "날마다 발생하는 투자 이윤의 불규칙한 변동은 분명히 일시적일 것이고, 유의미하지 않을지도 모른다. 하지만 이런 변동들이 합쳐지면서 시장에 과도하고 심지어는 불합리한 영향을 미친다"고 주장했다(pp. 153~154). 윌리엄스도 그의 『투자가치 이론』(Theory of Investment Value)을 통해 "주식가격은 현재의 수익성에 너무 많이 의존하는 반면, 장기적인 배당지급 능력에는 너무 적게 의존한다"고 지적했다(Williams, 1938; 1956, p. 19).

좀더 최근에는, 투자자들의 태도에서 보이는 일시적인 유행이나 변덕(혹은 여타 체계적인 '비합리성')등이 주가에 영향을 미칠지도 모른다는 아이디어가 주목받기 시작했다. 이러한 측면에 주목하는 연구로는 실러의 연구(Shiller, 1984), 드 롱, 슐라이퍼, 서머스 그리고 발드만의 연구(De Long, Shleifer, Summers, and Waldmann, 1987), 그리고 셰프린과 스타트맨의 연구(Shefrin and Statman, 1988) 등이 있다. 이들의 연구는 합리적 '정보'에 기반한 거래자들과 비합리적인 '노이즈' 거래자들이 공존하는 경제를 대상으로 한다. 구체적으로 들어가면 다를지 몰라도, 이들 연구 모두 **합리적 정보에 기반한 거래**(rational information trading)란 매시기 알려진 정보를 조건부로 하는 수익의 객관적이고 정확한 확률 분포에 기초하고 있다고 가정한다. 반대로 **노이즈거래(noise trading)**는 정확하지 않은 조건부 확률 계산에 기초해 있다고 가정된다. 노이즈거래자로만 이루어진 세계에서도 장기적으로 합리적 거래자들이 시장을 지배할 것이라는, 즉 노이즈거래자들이 사라져버리게 될 것이라는 보장이 없다. 실제로 그럴듯한 조건하에서 노이즈거래자들이 '합리적 차익거래자들'보다 성과가 더 좋은 경우도 있다. 또한 가격이 내재적 가치와 일치해야 할 필연적인 이유도 없다. 하지만 약간이라도 가격이 내재적 가치로 이끌려 돌아오게 되는 경향을 갖고 있는 한, 충분히 오랜 기간을 거치면, 즉 장기적으로는 평균회귀가 이루어질 것이다. 그렇게 되면 가격의 움직임은 랜덤워크가 아니게 되며 다소나마 예측 가능해지게 된다.

주식가격이 예측 가능한지 아닌지는 정말 오래된 질문이다. 이 주제에 관한 유진 파마(Eugene Fama)의 고전적인 논문은 다음과 같은 언급으로 시작한다(1965, p. 34). "수년 동안 다음과 같은 질문이 학계와 재계에서 계속되는 논란거리로 남아 있었다. 어느 정도까지 과거의 주식가격의 변화가 미래 주식가격을 예측하는 데 도움을 줄 수 있는가?" 그의 결론은 60여 페이지 뒤에 나온다, "이 논문에서는 랜덤워크 가설을 지지하기에 충분한 강하고도 방대한 양의 증거를 제시했다"(p. 98). 하지만 이후 논문에서(Fama and French, 1989, p. 1) 파마는 다소 다르게 이야기를 시작한다. "주식 수익이 예측 가능하다는 방대한 양의 증거가 있다."

실제로 주식가격은 어느 정도 예측 가능한 것으로 보인다. 특히 우리가 아주 장기적인 관점을 갖는다면(3년 혹은 7년 정도), 혹은 극심한 가격 변동을 경험한 개개의 주식을 조사해본다면, 주식 수익률은 유의미한 음(−)의 시계열상관을 보이고 있다. 다시 말하면 가격은 평균으로 회귀하고 있다. 이 장에서는 이러한 증거들을 살펴보자.[2]

주식시장에서 평균으로의 회귀

파마가 1965년에 주식가격은 예측할 수 없다는 결론을 내리는 데 근거가 되었던 실증 연구들은 데이터상의 단기적인 상관관계에만 주목했었는데, 최소한 지금의 관점으로 보면 당시의 데이터 샘플 규모는 너무 작다. 파마의 연구는 1957년에서 1962년의 기간 동안 다우존스 산업지수를 구성하는 30개 주식의 매일매일의 가격 변동상에 계열상관이 나타나는지를 조사한 것이었다. 파마는 통계학적으로 유의미한 양(+)의 계열상관을 발견했지만, 상관계수의 크기가 너무 작아서 통계학적으로는 유의미할지 몰라도 경제적으로는 유의미하지 않다고 결론을 내렸다. 하지만 관찰 대상이 되는 기간을 늘리고, 조사 대상이 되는 주식의 수도 늘리게 되면 새로운 패턴이 나타나게 된다. 예를 들어 프렌치와 롤(French and Roll, 1986)은 1963년부터 1982년 기간 동안 뉴욕증권거래소(NYSE)와 아멕스(AMEX)에 상장된 모든 주식들을 포함시켜 파마의 연구를 반복해보았다. 이들은 이 연구에서 매일의 수익률 사이에 음(−)의 계열상관이 유의미한 크기로 관찰된다고 보고하고 있다. 음의 계열상관이 있다는 것은 어느 날 양의 수익률이 나타나면 그 다음 날에는 음의 수익률이 나타날 가능성이 크다는 것이다. 역도 성립한다.

좀더 긴 기간을 조사하면 훨씬 더 크고, 경제적으로도 의미가 있는 상관관계가 발견된다. 예를 들어 파마와 프렌치의 연구(Fama and French, 1988)에서 사용한 방법은 T기간 동안의 주가지수상의 수익률을, 바로 이전 T기간 동안의 수익률에 회귀시키는 것이었다. 만일 주가가 랜덤워크에 따른다면 이 회귀식의 기울기는 0이 되어야 한다. 그리고 만일 주가가 평균으로의 회귀 경향을 보인다면 이 기울기는 음수여야 한다. 파마와 프렌치는 1926년부터 1985년까지의 기간 동안 뉴욕증권거래소에 상장된 주식들의 월별 명목 수익률 데이터를 사용하여 위와 같은 방법의 회귀 분석을 했다. 이들은 등가중치 주가지수와 가중평균 지수, 그리고 기업 규모를 기준으로 만든 10분위 포트폴리오의 수익률 자료를 사용해서 연구를 진행했다.[3]

결과는 상당한 정도의 평균회귀를 보이고 있었다. 즉 단위기간(T)을 18개월에서 5년 이내로 잡는 경우 회귀식의 기울기는 대개 음수로 나타났다. 단위기간(T)을 길게 잡을수록 설명력(R^2)도 커지고, 회귀식의 기울기도 커지는 경향을 보였다. 설명력과 기울기는 T를 5년으로 잡았을 때 가장 컸다. 수익률의 평균회귀는 작은 기업들로 구성된 포트폴리오와 등가중치 지수에서 더 강하게 나타났다. 또한 평균회귀 경향은 시간이 지남에 따라 약해지는 경향을 보였다. 예를 들어 1941년부터 1985년까지의 기간 동안의 평균회귀는 그 이전 시기에 비해 다소 약했다.

주식가격이 평균으로 회귀하는 경향을 보인다는 것은 주식가격이 예측 가능하다는 것을 의미한다. 3년 혹은 5년간의 미래 수익률을 그 이전 시기의 연간 수익률로 회귀분석을 했을 때의 예측력은 상당했다. 등가중치 지수와 규모 기준 5분위 그룹의 최하위 20%에 속한 기업들의 주가지수를 가지고 회귀분석을 했을 때의 R^2값은 0.4 정도였다. 5분위 중간 그룹에서 R^2는 0.3 정도였고, 5분위 최상위 20% 그룹에서 그리고 가중치 지수에서 R^2값도 0.2 이상이었다. 이와 같이 3년과 5년간의 수익률의 25~40%가량을 과거의 수익률을 기초로 예측할 수 있다. 더 나아가 매기의 시장배당수익률, 즉 주가를 배당금으로 나눈 값을 사용하면 예측력이 한층 더 높아진다(Fama and French, 1989).

파마와 프렌치의 연구를 통해 얻어진 결과는 포터바와 서머스(Poterba and Summers, 1988)에 의해 분산비율 검정(variance ratio test)을 사용하여 반복, 확장 연구되었다. 이 검정 방법은 주가의 로그값이 랜덤워크를 따르게 되면 수익률 분산은 기간에 비례하여 커져야 한다는 점에 착안하고 있다. 즉 월간 수익률의 분산은 연간 수익률 분산의 1/12가 되어야 하고, 연간 수익률의 분산은 5년간 수익률 분산의 1/5이 되어야 하는 식이다. 이 분산비율의 스케일을 조정해서 계열상관이 없는 경우에 그 값이 1이 되도록 만들면, 이 분산비율이 1보다 작다는 것은 음의 계열상관을 갖고 있다는 것을 뜻하고, 반대로 1보다 크다면 양의 계열상관이 있다는 것을 뜻하게 될 것이다. 포터바와 서머스는 이 분산비율 검정이 최선이라고 말하고 있지만, 이 검정법을 쓰더라도 다른 어떤 설득력 있는 대립가설을 놓고 랜덤워크 가설을 기각하기에는 검정력에 한계가 있다는 결론을 내리고 있다. 이들은 귀무가설(주식가격이 랜덤워크에 따른다는 귀무가설)을 기각할 수 있으려면 통상적인 0.05 수준보다 높은 유의수준이 필요할지도 모른다고 주장한다. 아무튼 여기서 요점은 이러한 검정 방식이 랜덤워크 가설을 항상 기각할 수 있는 것은 아니더라도, 평균회귀 가설을 기각할 수 있는 것은 더더욱 아니라는 점이다.

포터바와 서머스는 우선 실질수익률에 대해서, 그리고 재무성증권 수익률을 초과하는 수익률들에 대해서 파마와 프렌치의 연구와 유사한 결과를 얻을 수 있었다. 이들은 8년간 수익률 분산은 연간 수익률 분산의 4배(원래 랜덤워크 가설에 따른다면 8배여야 하지만)가 된다는 것을 발견했다. 하지만 기간을 1년보다 작게 나누면 양의 계열상관이 나타나기도 했다(Lo and MacKinlay[1988]도 함께 참고하라). 이들은 다른 세부 기간들을 검토해보았다. 제2차 세계대전 이전의 대공황기를 제외하면, 구간을 길게 잡았을 때 평균회귀 현상은 약하게 나타났다. 하지만 1871년에서 1925년 사이의 기간에서는 명목수익률과 초과수익률 양자에게서 수익률의 평균회귀 현상은 뚜렷이 나타났다.[4]

포터바와 서머스는 이번에는 평균으로의 회귀가 다른 나라의 주식시장에서도 나타나는지를 조사했다. 이들은 캐나다(1919년부터), 영국(1939년부터)을 비롯하여 15개 다른 국가들의 전후 시기 데이터를 사용하여 분석을 했는데, 그 결과 캐나다와 영국의 시장에서도 미국 주식시장에서 발견된 것과 유사한 패턴을 발견할 수 있었다. 즉 길게 구간을 나눠 비교할 때 강한 평균으로의 회귀 현상이 관찰되었고, 구간을 짧게 하면 양의 계열상관이 관찰되기도 했다. 8년간 수익률의 분산비율은 캐나다의 경우 0.585, 영국의 경우 0.794였다. 대부분의 다른 나라들에서도 긴 기간 수익률에 대해서는 음의 계열상관이 발견되었다. 단, 핀란드, 남아프리카공화국, 그리고 스페인의 경우는 예외였다. 미국을 제외한 다른 나라들의 8년간 수익률 분산비율을 평균해보니 0.754였고, 눈에 띄는 예외치를 보였던 스페인을 제외하면 평균분산비율은 0.653이었다. 국제 간 비교를 통해서 포터바와 서머스는 평균으로의 회귀는 주식시장이 포괄하는 범위가 그리 넓지 않고 잘 정비되지 않은 (해외) 주식시장일수록 더 뚜렷이 관찰된다고 결론을 내렸다.

　이러한 증거들이 나오면서, 효율적 시장 가설의 지지자들은 왜 균형기대수익률이 시간에 따라 변화하는지에 대한 합리적인 설명을 찾아내야 했다. 실러의 연구(Shiller, 1981)를 따라 다음과 같이 생각해 보자. 먼저 주식시장에서 합리적 투자자들의 기대수익률이 얼마나 변화해야 주식시장에서 실제 관측된 주가의 변화를 설명할 수 있을까를 묻는다. 포터바와 서머스(Poterba and Summers, 1988)의 계산에 따르면, 기대수익률의 연간 표준편차가 4.4%에서 15.8% 사이에 있어야 현실에서의 주가 변동을 효율적 시장 가설에 입각해서 설명할 수 있게 된다. 이는 투자자들이 주식으로부터 양의 수익이 기대되면 돈을 주식을 매수하는 데 사용하고 음의 수익률이 예측되면 은행에 그대로 돈을 가지고 있을 것이라고 전제한 상태에서, 포터바와 서머스의 계산대로 분산의 크기가 나오려면 기대수익률은 20%는 족히 넘어야 한다는 것을 의미한다. 이들은 20%의 수익률이라는 것은 합리적인 투자자들만 존재하는 세상에서는 결코 존재할 수 없는 정도로 높은 수익률일 것이라고 판단했다. (우리도 이에 동의한다. 기대수익률이 20%라면 그 주식을 무조건 사야 하는 것 아닌가?) 통계적 검정력이 낮고 이 검정을 통해 두 가설 중 어떤 것도 기각할 수 없다면, 실증 결과를 평가하기 위해서는 이런 식으로라도 판단을 내리는 수밖에 없다.

횡단면 분석에서 보이는 평균으로의 회귀

횡단면 분석에서 나타나는 주식가격의 평균회귀 현상은 증권시장 분석의 창시자 격인 벤저민 그레이엄(Benjamin Graham, 1949) 때부터 계속 논의되어 온 주제이다. 그는 가격이 근본가치에 비해 낮아 보이는 주식을 구입해야 한다는 주장을 편 사람이다. 이러한 역발상식 충고는 이들 가격이 일시적으로만 낮은 것이고 따라서 1~2년 지나고 나면 정상가격으로 되돌아갈 것이라는 전제에 기초하고 있다.

이후 실증 작업의 결과들은 단순한 역발상식 투자 전략이 정말로 초과수익을 낳는다는 것을 보여주고 있다. 예를 들어 바수(Basu, 1977)는 주당 영업이익 대비 주식가격(즉, 주가수익비율, 이후 P/E 비율로 씀)이 낮은 주식을 사는 전략을 사용하면, 위험을 보상하기 위해 필요한 '정상' 수익률을 초과하는 '비정상' 수익률을 얻을 수 있음을 보여주었다(마찬가지로, P/E 비율이 높은 기업은 정상수익률에 못 미치는 이익을 낸다). 바수는 이 결과를 설명하기 위해 "가격-비율 가설"이란 것을 내놓았다. 이에 따르면, P/E 비율이 낮은 기업의 경우, 시장이 이 기업의 현재 혹은 미래의 영업이익에 대해 너무 비관적으로 바라보고 있는 것이기 때문에 일시적으로 가치가 저평가되고 있는 것이다. 하지만 이 경우에 실제로 일어나는 영업이익의 증가 추세는 주식가격을 통해 예측했던 영업이익의 증가 추세와 다르다는 것이 드러날 것이다. 가격이 이에 맞춰 수정되므로(즉, 상승하게 되므로), 역발상식 투자 전략이 유효하게 된다. 이 가설에 부합하는 사실로서, 기업이익 증가율은 연간 기업이익과 주가와의 상관관계에 영향을 준다(Basu, 1978). 영업실적 보고일 이전 12개월 동안 영업이익이 예기치 않게 증가하게 되면, 그 영업이익의 증가는 높은 P/E를 갖는 주식보다 낮은 P/E를 갖는 주식에 더 높은 수익률을 가져다준다.

이와 유사한 결과가 다른 역발상 지표들에도 적용된다. 예를 들어 배당률에도 적용되고(높은 배당률은 기업의 주가가 너무 낮게 매겨져 있다는 것을 의미할 수 있다), 주당 회계장부가치와 주식가격 간의 비율, 즉 기업 자산의 장부가치 대비 주가 비율에도 적용된다. 배당률이 너무 높은 주식 혹은 장부가치에 비해 너무 낮은 가격이 매겨져 있는 주식의 경우도 보통의 위험 보상을 초과하는 비정상적인 수익을 낳는다(Keim, 1985 ; Rosenberg, Reid, and Lanstein, 1985).

이 주제에 대한 우리의 연구(De Bondt and Thaler, 1985, 1987)는 역발상식 전략이 성공적인 이유가 과연 투자자들의 체계적인 과민반응 때문인지를 확인하려고 시작된 것이었다. 심리학 문헌에 등장하는 많은 증거들은, 사람들이 예측 및 판단을 내릴 때 최근의 데이터에 과도한 가중치를 부여하는 경향이 있다는 것을 보여주고 있다(Kahneman and Tversky, 1973 ; Grether, 1980). 이러한 행태가 금융시장에도 나타난다면, 우리는 과거 몇 년간 과도하게 높거나 낮은 수익률을 경험한 주식의 경우 수익률이 평균으로 회귀하는 경향을 보일 것이라고 예측할 수 있다.

이 가능성을 테스트하기 위해서 우리의 1985년 논문에서는 장기간의 승자와 패자들의 포트폴리오(35개의 주식으로, 50개의 주식으로, 혹은 10분위를 이용하여 구성한)의 투자 성과를 분석해보았다. 여기서 승자와 패자란, 1년보다 길고 5년보다 짧은 길이를 갖는 '구성기'(formation periods) 동안 예외적인 성과를 보인 기업들을 지칭한다. 우리는 NYSE에 상장된 모든 주식에 대해 1926년부터 1982년까지의 월별 수익률 데이터를 조사했다. 이로부터 1928년 1월부터 1932년 12월까지의 5년 동안 수익률이 가장 높은 승자 35개와 수익률이 가장 낮은 패자 35개로 구성된 두 개의 포트폴리오를 구성할 수 있었다. 그리고 이 포트폴리오들의 이후 5년간(우리 논문에서는 이를 '검정기'(test period)라고 불렀다) 월별 수익률을 추적했다. 그리고 출발점을 1년씩 늦추면서 이전 5년 동안의 성과를 기초로 승자와 패자들의 포트폴리오를 그때마다 다시 구성했고, 이후 5년간의 월별 수익률을 추적하기를 46차례 반복했다. 마지막으로 검정기 동안의 수익률이

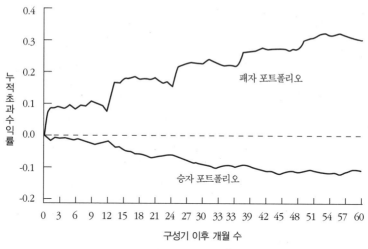

〈그림 12-1〉 승자와 패자 포트폴리오의 누적적 초과수익

패자 포트폴리오

승자 포트폴리오

구성기 이후 개월 수

* 자료: De Bondt and Thaler(1985).

NYSE 주가지수의 평균수익률을 상회(혹은 하회)하는 경우 그 초과수익률의 평균값을 계산했다(이때 각 기업에게는 동일한 가중치를 부여했다).

이렇게 해서 얻어진 검정기 동안의 초과수익률이 〈그림 12-1〉에 나타나 있다. 이를 보면 세 가지 점이 눈에 띈다. 첫째, 승자와 패자 모두에게 수익률은 평균으로 회귀하는 경향을 보인다. 이전 시기에 패자였던 주식은 이후 시장평균을 상회했고, 이전 시기 승자였던 주식은 반대로 시장평균에 못 미쳤다. 둘째, 승자보다는 패자였던 주식[5]에서 가격의 반전이 더 뚜렷하게 나타났다(패자였던 주식은 검정기 동안 평균수익률을 30% 정도 초과하는 수익률을 보였고, 승자였던 주식의 경우 평균수익률에 10% 정도 미달하는 음[−]의 초과수익률을 냈다). 세 번째로, 패자였던 주식의 초과수익의 대부분은 1월에 나타났고, 이는 그림에서 패자 포트폴리오 수익률곡선에서 보이는 다섯 차례의 반등으로 확인할 수 있다. 이들 세 결과는 우리가 다양한 방식으로 진행해온 다른 연구에서도 모두 확인되었다. 덧붙여 과잉반응 가설에 부합하는 결과를 얻었는데, 초기 가격 변동이 심할수록 이후 반등도 컸다는 것이다. 3년에서 5년 사이의 길이로 구성 기간을 잡을 때, 패자의 주식을 사고 승자의 주식을 공매하는 '차익거래' 전략을 사용하면 연간 평균 5%에서 8%의 수익률을 얻을 수 있는 것으로 나타났고, 이렇게 얻은 수익률의 대부분은 1월에 발생하는 것으로 드러났다.[6]

패자 주식을 사면 왜 초과수익을 얻을 수 있는지를 둘러싸고 두 가지 설명이 제시되어왔다. 1) 패자 주식은 평균보다 작은 규모의 기업들의 것이다. 소규모 기업은 특히 1월에 비정상적으로 높은 수익률을 얻는다는 사실이 알려져 있다(Banz, 1981, Keim, 1983). 따라서 아마도 '패자 기업 효과'란 단순히 소규모 기업 효과의 재현에 다름 아닐 것이다. 2) 패자는 분명히 자금 조달에 어려움을 겪어온 기업들이었을 것이므로 이들 기업은 그만큼 위험한 기업이 되었을 것이다. 따라서 이들이 얻는 초과수익이란 단순히 이들의 높은 위험도에 대한 정상적인 수익에 다름 아니다. 우리는 이들 두 설명이 모두 만족스럽지 않다는 것을 보게 될 것이다.

물론 규모 효과와 패자 기업 효과 사이에 관련이 있기는 하다. 우리가 구성한 패자 포트폴리오에 포함된 기업들은 이전 기에 큰 폭의 가치하락을 겪었던 기업들이다. 기업 규모는 주식의 시가총액(주당 가격×발행주식 수)으로 측정되기 때문에, 패자 기업은 구성기 동안 훨씬 더 '작게' 평가된다. 그럼에도 불구하고 패자 기업들은 우리가 소규모 기업 효과를 이야기할 때 대상이 될 정도로 아주 작은 기업들은 아니다. 우리는 1987년 논문에서, 1966년부터 1983까지의 기간 동안 COMPUSTAT 샘플에 포함되어 있는 NYSE와 AMEX 상장 기업들을 가지고 이전 1985년 논문에서 했던 실험을 반복해보았다. 우리가 발견한 것은 구성기 동안의 평균수익률을 기준으로 포트폴리오를 구성했을 때 5분위의 최하위 20%에 포함된 패자 기업들(즉, 1985년 논문에서 사용한 기업들보다 덜 극단적인 기업들)에게서도 포트폴리오 구성기 이후 4년 동안 시장평균을 25%가량 초과하는 수익률을 얻고 있었다는 것이다. 이들 기업의 평균시장가치는 3억 4백만 달러였다. 반대로 시장가치를 기초로 서열을 매겨 만들어진(* 기업 규모를 이야기할 때 바로 이 척도를 사용한다) 5분위 중 가장 작은 20%에 속하는 기업들의 평균시장가치는 오직 9백만 달러에 불과하다. 따라서 우리가 사용한 패자 포트폴리오(구성 시기 동안의 수익률 기준으로 구성된)의 하위 20%에 해당했던 기업들을 소규모 기업이라고 볼 수는 없다. 물론 이들 극소규모 기업들의 주가도 과거 몇 년간 하락해왔다. 즉 이들도 패자들이다. 따라서 패자 기업들은 평균보다 더 작은 경향이 있고, 소규모 기업들은 이전 시기 패자들일 가능성이 높은 것도 사실이지만, 패자인 것과 소규모인 것은 별개의 현상이다.

그럼에도 불구하고 파마와 프렌치의 연구(Fama and French, 1986), 그리고 자로윈(Zarowin, 1988)의 연구에서는 패자 기업 효과는 규모 효과의 일부라고 주장하고 있다. 파마와 프렌치는 기업 규모를 기준으로 10분위로 포트폴리오를 구성한 후 각 분위 내에 포함된 동일 규모 주식들을 또 다시 직전 3년간의 수익률을 기준으로 4분위로 나누었다. 이들이 발견한 것은 규모 기준 10분위 포트폴리오 각 분위 내에서 패자는 승자보다 성과가 좋았지만 1월을 제외하면 그 성과의 차이는 유의미하게 나타나지 않았다는 것이다. 이들은 우리의 결과와 반대로 패자보다는 승자에게서 반등이 더 뚜렷이 나타난다는 것을 발견했다. 이와 비슷한 방법을 사용하여 자로윈은 차익거래 포트폴리오(패자 주식을 사고 승자 주식을 공매하는 방식으로 구성된 포트폴리오)의 3년간 수익률이 규모 기준으로 가장 작은 네 개의 5분위 그룹에게서만 7%에서 19% 정도로 나타났고, 가장 큰 5분위 그룹에게서는 거의 0에 가깝게 나타났음을 발견했다. 하지만 이들이 제시한 수익률 중 어느 하나도 통계적으로 유의미한 값은 없었다.

승자와 패자 모두 상대적으로 소규모 기업인 경향이 있으므로, 계산상으로 보면 규모가 비슷한 기업들끼리 묶어 포트폴리오를 구성하여 규모 대비 초과수익을 계산하게 되면 패자의 수익률은 더 작아지고 승자의 수익률은 더 커지게 될 것이다. 하지만 어떻게 기업의 시장가치가 투자 위험의 적절한 대리변수가 되는지에 대한 이론적 설명이 없이는 방금 전 말한 것처럼 기업 규모를 고려하여 조정된 수익률의 크기를 해석하기란 쉽지 않다. 많은 소규모 기업들로 구성된 포트폴리오가 이들 규모를 모두 합한 크기의 거대한 대규모 기업의 포트폴리오보다 더 위험해야 하는 이유라도 있는가?

일반적으로 패자들 혹은 소규모 기업이 얻는 초과수익률은 단지 위험에 대한 보상일 뿐이라는 주장은, 이해 안 되는 것은 아니지만, 경제이론이 제안하는 조작적 위험 척도가 없는 상태에서는 반증될 수 없는 주장이다. 금융 분야에서 가장 통상적으로 사용되는 위험 척도는 자본자산가격결정 모형(CAPM)의 베타값이다. 이 CAPM 베타값은 개별 증권의 수익률을 시장 지수상의 수익률에 회귀시켜 얻은 계수값이다. 베타값은 어떤 특정한 증권의 가격 변화가 평균적으로 상쇄되거나 분산투자를 통해서 상쇄될 수 없는 정도(투자자가 시장 포트폴리오를 구성하더라도 상쇄될 수 없는 정도)를 나타낸다. 오직 이러한 '체계적인' 시장 위험만이 균형 상태에서 가격이 매겨질 수 있다.

만일 CAPM 베타값이 적절한 위험의 척도가 된다면, 승자와 패자 주식의 수익률상의 차이는 위험의 차이에서 연유한 것이 아니라는 것을 보일 수 있다. 만일 베타값을 구성기를 대상으로 측정하게 되면, 오히려 패자의 베타값은 승자의 베타값보다 작게 나온다. 하지만 챈(Chan, 1988)의 주장대로 우리가 비교해봐야 하는 것은 검정기로부터 얻어진 베타값일 수도 있다. 위험은 패자가 계속 패자로 남고, 승자가 계속 승자로 남음에 따라 변화했을 수도 있기 때문이다. 검정기로부터 측정된 베타값을 보면 패자의 베타값이 승자의 베타값보다 아주 약간 높게 나온다(1.263과 1.043). 하지만 이 정도 위험의 차이로는 수익률의 격차를 설명할 수 없다. 실제로, 최소한 직관적으로는, 승자와 패자 모두에게서 수익률이 아주 특이한 시계열적 패턴을 보여주기 때문에 베타값의 차이는 오해의 소지가 있다는 주장도 근거가 있다. 드 봉과 세일러(De Bondt and Thaler, 1987)는 두 가지 방법으로 승자와 패자 포트폴리오의 베타값을 계산해보았다. 우선 시장 포트폴리오의 가치가 상승하는 기간을 추려서 계산했고, 또 가치하락을 겪는 기간을 추려서 계산했다(CAPM의 암묵적 가정 중 하나는 이 두 베타값이 같아야 한다는 것이다). 검정기 동안 패자 포트폴리오의 베타값은 가치상승기에 1.39, 가치하락기에 0.88이었다. 이것이 의미하는 바는 패자 주식들은 주식시장 평균가격이 10% 오를 때 13.9% 가치상승을 한다는 것이고, 주식시장 평균가격이 10% 하락할 때도 단지 8.8%만 가치하락을 겪는다는 것이다. 즉 패자 주식은 그렇게 위험해 보이지 않는다! 반대로 승자 포트폴리오는 가치상승기에 0.99, 가치하락기에 1.20의 베타값을 갖는다. 이를 종합해보면 차익거래 포트폴리오에서 가치상승기 베타값은 0.4, 그리고 가치하락기의 베타값은 −0.32가 된다. 즉 평균적으로 차익거래 포트폴리오의 시장가치는 시장 평균가격이 오를 때와 하락할 때 모두 상승하게 된다는 것을 의미한다.

단기 평균회귀

패자 주식가격의 반등이라는 평균회귀 현상이 규모 때문에 나타나는 것인지 아니면 위험도의 차이에서 기인하는 것인지를 테스트해볼 수 있는 하나의 방법은 좀더 단기의 기간을 살펴보는 것이다. 하루 동안 주식가격이 10% 하락 혹은 상승했다면, 그 짧은 동안 주식의 객관적 위험도가 그만큼 심각히 변했을 것이라고 생각하기는 어렵다. 또 그 기업의 규모가 하루 동안 10% 변화했을 것이라고 보기는 더더욱 힘들다. 따라서 평균회귀 현상이 아주 짧은 시간 동안에도 관찰된다면 규모나 객관적인 위험 이외의 다른 요인이 작동한다고 봐야 할 것이다.

단기 가격 변동을 여러 가지 방식으로 조사한 연구들이 진행되었다. 우리는 이들 연구 중 하나를 상세히 검토할 것이다. 여기서 소개되는 연구 말고 다른 연구들의 결과는 〈표 12-1〉에 요약해놓았다. 여기서 우리가 주목하고자 하는 연구는 브레머와 스위니의 1991년 연구이다(Bremer and Sweeney, 1991). 이들은 1962년 7월부터 1986년 12월에 이르는 기간 동안 『포춘』지 선정 500개 기업의 주식가격이 하루에 10% 이상 변동한 경우를 모아 조사해보았다(이들은 주가변동 폭이 7.5% 이상인 경우와 15% 이상인 경우도 별도로 조사해서 그 결과도 같은 논문에 함께 보고하고 있다). 브레머와 스위니는 이렇게 대규모 기업들만을 고려함으로써 자신들의 결과를 놓고 제기될 수 있는 몇몇 가능한 반박을 사전에 차단할 수 있었다. 예를 들어, 아주 낮은 가격의 주식의 경우 큰 폭의 주가변동은 매매 스프레드(* bid-ask spread: 매수가격과 매도가격의 차이. 여기서는 주가 자체가 너무 낮아 조그만 가격 변동임에도 불구하고 변동률이 크게 나타날 가능성을 의미함)를 반영하는 것일 수 있다. 하지만 대기업 주식의 가격은 대개의 경우 주당 10달러를 넘는 가격으로 거래되는 것이 일반적이기 때문에 이 문제는 그리 중요하지 않게 된다.[7] 또한 소규모 기업 효과는 여기서 작동하지 않기 때문에 어떤 이상현상이 발견되더라도 그것이 규모 때문에 나타난 것은 아니라고 확신할 수 있다.

브레머와 스위니의 샘플에는 1,305차례의 가격하락과 3,218차례의 가격상승 건이 포함되어 있다. 10% 이상의 주가변동 이후 20일 동안 주가의 변동이 면밀히 추적되었다. 패자들에게서 10% 이상의 갑작스런 가격하락을 겪은 주식은 그 후 5일이 지난 시점에서 평균 3.95%의 수익률을 얻고 있었다(최초 가격하락 폭은 평균 13%였다). 7.5%와 15% 이상의 가격하락을 겪은 주식들의 경우 5일이 지난 시점에서의 평균수익률은 각각 2.84%와 6.18%였다. 다른 한편 10% 이상의 가격상승을 겪은 주식들에게서는 이 일을 겪고 난 후에도 즉각적인 초과수익률의 반등은 발견되지 않았다.

하루 동안의 큰 폭의 주가변동에 연이은 수익률 변동의 패턴은 장기에 걸친 승자와 패자 주식에게서 관측된 패턴과 상당히 유사하다는 점에 주목하라. 즉 장기 패턴에서도 패자 주식에서는 이후 유의미한 가격 수정이 이어졌지만, 승자에게서는 그러한 수정이 뚜렷이 관찰되지 않았다. 그리고 이 수정은 최초의 가격 변화가 클수록 크게 나타났다. 〈표 12-1〉에서도 나타나듯이 이러한 패턴은 가격의 대폭적인 변화 이후 단기적인 가격의 변화를 연구한 대부분의 다른 연구들에게서도 반복적으로 관찰되고 있다.

단기 가격 반등에 대한 연구 중 〈표 12-1〉에 요약된 다른 논문들과 다른 결과를 보여주는, 그래서 따로 언급할 만한 가치가 있는 연구 결과가 있는데, 그것은 레만의 연구이다(Lehmann, 1988). 그는 주간 수익률 데이터를 사용하여 단기 패자(즉, 지난주에 시장평균보다 낮은 수익률을 기록한 주식들)를 매수하고 단기 승자(즉, 지난주 시장평균보

〈표 12-1〉 단기 가격 반등: 연구 문헌 요약

구분	샘플	방법	요약
Dyl and Maxfield (1987)	1974~1984년의 NYSE 와 AMEX 기업의 일간 수익률.	무작위로 선택한 200 거래일 동안 주가 변동이 가장 심한 주식 3개를 사고팖.	10일 이후 패자의 수익률은 3.6%, 승자의 수익률은 -1.8%.
Bremer and Sweeney (1991)	1962~1986년의 『포춘』지 선정 500 기업의 일간 수익률.	하루 동안 7.5, 10, 15% 이상의 수익률을 보인 주식 전체.	5일 이후 승자의 수익률은 -0.004%, 패자의 수익률은 3.95%.
Brwon, Harlow and Tinic(1988)	1963~1985년의 S&P 500 에 속한 기업 중 상위 200 기업의 일간 수익률.	하루 동안 2.5% 이상의 잔여수익률을 보인 주식 전체.	10일 이후 승자의 수익률은 0.003%, 패자의 수익률은 0.37%.
Howe (1986)	1963~1981년의 NYSE 와 AMEX 기업의 주간 수익률.	일주일 동안 50% 이상 가격이 변한 주식들의 수익률.	10주 후 승자의 수익률은 -13.0%, 패자의 수익률은 13.8%.
Lehmann (1988)	1962~1986년의 NYSE 와 AMEX 기업의 주간 수익률.	전주 패자 주식을 사고, 승자의 주식을 공매도함.	추가적인 투자 없이 패자 주식을 (선)매도하고, 승자 주식을 (선)매입하는 방식으로 차익거래 포트폴리오를 구성하는 경우 1달러당 6개월마다 39센트의 수익률 발생. 이는 이전기 패자 주식에 발생하는 수익률의 2/3에 해당함.
Rosenberg, Reid, and Lanstein (1985)	1981~1984년의 NYSE 기업들의 월별 수익률.	음의 잔여수익을 낸 주식을 매입하고, 이전기 양의 잔여수익을 낸 주식을 공매도함.	차익거래 포트폴리오는 매월 1.36%의 수익률을 냄. 이는 이전기 패자 주식에 발생하는 수익률의 대부분에 해당함.
Jegadeesh (1987)	1945~1980년의 NYSE 기업의 월별 수익률.	샤프-린트너 잔여수익을 이전 달 잔여수익과 전해년도 잔여수익에 회귀시킴.	포트폴리오에서 가장 높은 수익을 낸 주식 10%와 가장 낮은 수익을 낸 주식 10%를 비교할 때 잔여수익의 차이는 월간 2.5%.
Brown and van Harlow (1988)	1946~1983년의 NYSE 기업의 1~6개월 수익률.	지난 6개월간 수익률이 20%와 65% 사이에서 변화한 주식들을 연구.	이후 첫 달 동안 패자에게는 큰 가격 반등이 발견되고, 승자에게는 가격의 반전이 발견되지 않았음.

다 높은 수익률을 기록한 주식들)를 공매도하는 수익률 반전 전략을 썼을 때 얼마의 수익률을 올릴 수 있는지를 연구했다. 〈표 12-1〉에 요약된 다른 논문들과 달리 레만의 연구에서는 대상을 극단적인 변동을 겪은 주식들에만 국한하지 않았다. NYSE와 AMEX에 상장된 거의 모든 주식들을 대상으로 1962년에서 1986년 사이의 기간 동안 수익률 반전 전략을 적용해보았다. 그리고 각 주식의 주간 초과수익률에 비례하여 그 주식에 얼마를 투자할 것인가를 정했다. 즉 극단적인 수익률 변동을 보인 주식에 차익거래 포트폴리오상에서 더 높은 가중치를 부여한 셈이다. 대개 매주 2,000건 이상의 사고파는 거래가 있었다.

거래 수가 많기 때문에 이 전략의 수익성은 거래비용 수준에 크게 의존하게 된다. 하지만 이 전략은 엄청난 성공을 거두는 것으로 나타났다. 거래비용이 매회 거래액의 0.1% 정도였다고 가정할 때 1억 달러치의 패자 주식을 사들이고, 1억 달러치의 승자 주식을 공매하여 포트폴리오를 구성할 때, 그로부터 얻게 되는 6개월간 평균이익은 3천 8백만 달러에 달했다. 이는 패자주식이 얻게 된 이윤 총액의 2/3가량에 달하는 크기이다. 또한 다른 연구들과 일치하는 결과로서, 이 연구에서도 가격상승 폭과 하락 폭이 가장 큰 주식에게서 반전도 가장 크게 나타났다.

보충설명

◆ 위험과 인지된 위험

금융 분야에서 이상현상을 보고하는 논문의 경우 논문 말미에 흔히 다음과 같은 언급을 하곤 한다. "물론 시장의 효율성을 직접적으로 검정하는 것은 불가능하다. 오직 가능한 것은, 어떤 특정한 균형가격 모델을 전제한 상태에서 시장효율성을 검정하는 것이다." 이러한 견지에서 파마와 프렌치는 다음과 같이 결론을 내리며 자신들의 논문을 끝내고 있다(Fama and French, 1986, p. 23).

> 가격 반등 경향은 〔중략〕 합리적 투자 행위가 낳는 기대수익률의 시간에 따른 변화와 거시경제적 변수들의 동태적 변화 모두를 반영하는 것 같다. 다른 한편 가격에 장기적으로 영향을 미치는 요소들의 변화에 의해 야기되는 가격 반등은 비효율적 시장 모델에서 가정하고 있는 것과 같은 일종의 과잉반응의 효과를 반영하는 듯하다. 〔중략〕 예측 가능성이 시장비효율성을 반영하는 것인지 혹은 합리적 투자행위에 의해 초래되는 예상수익률의 시간에 따른 변화를 반영하는 것인지의 여부는, 여전히 해결되어야 할 과제로 남아 있다.

이러한 입장은 다른 견해에 대해 열린 태도를 견지하고 있는 것 같지만 동시에 너무 비관적인 결론이다. 시장의 합리성 그리고 비합리성이 구분될 수는 없는가? 우리는 아직 포기하기는 이르다고 생각한다.

평균으로의 회귀 경향을 과잉반응으로 설명해야 하는지 혹은 위험으로 설명해야 하는지의 문제를 고려해보자. 만일 패자 주식이 이후 시기에 얻게 되는 초과수익률 혹은 주가지수상에 나타나는 평균으로의 회귀가 위험 정도에 의해 만족스럽게 설명될 수 있다고 해보자. 그렇다면 시간에 따라 변화하는 위험이 '실재'함을 보일 수 있어야 한다. 하지만 인지된 위험과 실제의 위험이 차이를 보인다는 증거는 많다. 예를 들어 사람들은 자살로 인한 죽음의 위험이 당뇨나 위암에 의한 죽음의 위험보다 크다고 생각하지만, 실제 매년 자살로 죽는 사람의 수는 1만 8천 명인 반면, 당뇨와 위암으로 죽는 사람의 수는 각각 3만 9천 명, 9만 5천 명이다(Slovic, Fischhoff and Lichtenstein, 1982).

위험을 잘못 인지할 가능성을 고려해 넣고 모형을 짜게 되면 상황을 보다 잘 설명할 수 있다. 다음을 보자. 투자자들이 이전기에 극도로 높은 수익을 낸 승자 주식과 극도로 낮은 수익을 낸 패자 주식의 위험을 객관적인 위험보다 크다고 생각하고 있다고 해보자. 패자 주식의 경우 이 투자자가 파산의 위험을 과대평가하고 있기 때문에 실제보다 더 위험하다고 평가했을 수도 있고, 승자 주식의 경우 이후 '가격이 하락할 가능성'을 과대평가하고 있기 때문에 실제보다 더 위험하다고 평가했을 수도 있다. 그 결과 이들 주식은 초과위험 프리미엄을 갖게 되어 그만큼 가격이 하락될 가능성이 있다. 이제 이 투자자들이 적절히 베이지안식으로 예측하지 못하고, 최근 가격 추세에 과민반응을 한다고 해보자. 투자자들이 위험을 잘못 인지할 가능성, 그리고 이전기 가격 변화에 과민반응할 가능성을 인정하면, 승자와 패자 주식의 수익률에 나타나는 비대칭성을 설명할 수 있다. 즉 패자 주식이 가격 반등을 보이는 이유는 과민반응 효과와 초과위험 프리미엄 모두가 같은 방향으로 움직여 가격을 하락시켰기 때문이다. 만일 제대로 된 정보가 흐르고 투자자들이 자신들의 두려움과 예측이 바이어스되어 있었음을 알아차린다면, 주가는 상승하기 시작할 것이다. 승자 주식의 경우를 보자. 이 경우 과민반응 효과는 가격을 너무 높이 오르게 만들었지만 초과위험 프리미엄은 가격을 하락시키는 압력으로 작용하게 되므로, 승자 주식의 경우 가격 반전은 거의 발견되지 않거나 패자 주식의 경우보다 작게 나타나게 된다. 우리가 관측한 바와 일치한다.

◆ 사건 연구

효율적 자본시장이라는 가설은 오늘날 회계학과 산업조직론, 그리고 재무관리 분야에서 인기를 끌고 있는 사건 연구에서도 등장한다. 사건 연구는 특정 기업이 처한 환경 변화가 이 기업의 재무구조에 어떻게 영향을 미치는지를, 그 변화를 둘러싼 뉴스가 대중에 공개된 시점을 전후로 하여 기업의 주가가 어떻게 변화하는가에 주목함으로써 설명하고자 한다. 전형적인 사건은 인수합병 정보, 신규주식발행 정보, 회계 관행의 변화, 혹은 세제상의 변화 등이다. 대부분의 사건 연구들은 주식가격의 변화가 '펀더멘털'의 변화에 대한 불편추정량이라는 신조를 갖고 있다. 그것이 신조인 이유는 우리가 이해하는 한도 내에서는 그 주장을 지지해줄 만한 증거가 없기 때문이다. 어떤 기업이 다른 기업을 인수함으로써 그 시장가치를 10%가량 상승시켰다고 해보자. 바로 이 크기가 인수로부터 얻게 되는 순수익의 현재가치의 시장 추정량이 된다. 이 추정량이 불편추정량인지를 검정하기 위해서는 이 인수의 결과가 어떻게 나타나게 될지를 충분한 시간에 걸쳐 관측할 수 있어야 한다. 경영진들을 새로운 상황에 잘 적응하는가? 애초에 의도했던 시너지 효과가 실제로 나타났는가? 최고경영진에게 과부하가 걸리지는 않았는가? 인수 기업에게 승자의 저주가 퍼부어지지는 않았는가? 아마도 최소 5년 이상이 지나야 이러한 질문에 답을 할 수 있게 될 것이다. 다시 말하자면, 사건 당일 주가가 불편추정량인지를 판단하기 위해서는 그것이 5년 이후 주가의 정확한 예측치가 되는지의 여부를 살펴보아야 한다. 불행히도 주식가격은 너무 변화무쌍하여 이러한 가설을 검정해낼 방법이 없다.

이러한 맥락에서 브레머와 스위니의 논문은 일종의 '사건 연구에 대한 사건 연구'로 간주될 만하다. 이런 식의 연구는 가격의 대폭적인 변화에 초점을 맞추기 때문에, 실제로 브레머와 스위니가 한 일은 일련의 사건들을 수집하는 것이었다. 긍정적인 사건들(가격상승의 요인이 되는)의 경우 시장가격은 불편추정량을 제시해주는 반면, 부정적인 사건들(가격하락의 요인이 되는)의 경우 즉각적인 가격의 반응은 바이어스를 갖는다. 장기 패자 주식에 대한 우리의 연구 결과에서도 이와 유사한 결론을 얻을 수 있었다. '나쁜 사건'들을 계속 경험한 기업들의 경우 가격 수정은 때로는 몇 년에 걸쳐 이루어졌다.

◆ 결론

금융시장은 이상현상을 발굴하기에 좋은 장소이다. 그렇지만 금융 분야의 경제이론이 더 엉망이기 때문에 이 분야에서 이상현상이 아주 많이 나타난다고 생각하는 것은 아니다. 오히려 반대로, 이상현상이 잦은 이유는 금융 분야에서 경제이론이 잘 정립되어 있고 또 데이터가 풍부하여 이론을 테스트하기가 수월하기 때문이다. 아주 잘 정립된 모델과 풍부한 데이터, 그리고 이상현상들이 함께 존재하기 때문에 금융 분야가 무척이나 흥미로운 연구 분야가 되는 것이다. 이 분야에서 해야 할 일은 잘 알려진 사실과 부합하는 자산가격 이론을 정립하는 것, 그리고 이로부터 새로운 검정 가능한 예측들을 제시하는 것이다. 우리는 모든 경제주체가 완전히 합리적임을 가정하는 전통적인 모형을 가지고 이러한 작업을 수행할 경우, 그 전망은 그리 밝지 않을 것이라고 생각한다. 일부 경제주체들이 미래 현금의 흐름에 대해 비합리적인 기대를 하거나 위험의 정도를 잘못 인지하고 있다는 전제하에서 세워진 모형이 이러한 작업을 수행하기에 더 적합하리라 생각한다. 하지만 지금까지 이들 모형의 수준을 보면, 아직까지는 검정 가증한 예측을 제시할 수 있는 수준에는 못 미치고 있는 듯하다. 검정이 가능해지면 이러한 모형 역시 전통적 모형만큼 현실 데이터에 부합하지 않는다는 것을 확인하게 될지도 모른다.

1 기대수익률이 0이라면 가격 변화는 완전히 예측 불가능하다고 이야기할 수 있을 것이다. 실제로 장기적으로 볼 때 주가는 계속 상승하는 경향을 갖기 때문에, 어느 정도는 양(+)의 수익률을 예측할 수 있다. 하지만 단기적으로 그렇게 얻어지는 양의 기대수익률이란 아주 미미하기 때문에 수익률의 불안정한 등락을 고려하면 무시할 수 있을 정도로 작은 크기일 수 있다. 이제, 효율적 시장 가설의 지지자들 중 일부는 시장가격이 예측 가능하다는 것은 시장이 비효율적이라는 것의 증거라는 생각을 버리기 시작했다. 이 새로운 견해는 이 장에서 차차 소개될 것이다.

2 이 주제에 관한 좀더 포괄적인 조사 결과와 완전한 문헌 목록을 보려면, 드 봉의 논문(De Bondt, 1991)을 참고하라. 소위 주식가격의 소위 과민반응 '논쟁'이라고 불리곤 하던 문제는 여기서 다루지 않을 것이다. 이 문제를 다룬 문헌으로는 웨스트의 논문(West, 1988)을 참조하라. 켐벨과 실러(Campbell and Shiller, 1988)가 강조하듯 과민반응은 예측 가능성을 의미하므로, 이 두 주제는 밀접히 연관되어 있다.

3 등가중치 지수는 모든 주식을 동일하게 취급하는 반면, 가중치 지수는 대기업 주식에 더 큰 가중치를 준다. 규모를 기준으로 10분위 포트폴리오를 만드는 과정은 다음과 같다. 증권가격 연구센터 컴퓨터에 저장된 각 주가의 시장가치를 기준으로 NYSE에 상장된 모든 기업들의 서열을 매긴다. 그리고 하위 10%부터 묶어내면서 10개의 포트폴리오를 만든다.

4 실질수익률에서 평균으로의 회귀 경향은 약하다. 포터바와 서머스는 이것이 "1900년대 이전 소비자 물가지수에 시차가 존재하기 때문에 나타나는 현상"이라고 주장한다.

5 패자 주식이 얻게 되는 초과수익은 '생존 바이어스'(survivorship bias)에 의한 것이 아니다. 어떤 기업이 샘플에 포함되기 위해서는 검정기의 시작 시점에 생존해 있기만 하면 된다. 만일 어떤 기업이 이후 파산하거나 혹은 다른 이유로 검정기 동안 상장이 폐지되는 경우, 우리는 그 주식의 거래가로 그 주식을 '판다'고 가정했다. 하지만 실제로 NYSE 상장 기업들의 경우 실제로 파산한 경우는 거의 없고, 우리의 패자 샘플에서도 그런 경우는 드물었다.

6 1월에 나타나는 초과수익은 투자 전략의 시작 시점과 무관하다. 예컨대 포트폴리오가 구성된 시점이 7월이더라도 1월 효과가 나타난다.

7 실제로 브레머와 스위니는 주당 가격이 10달러 이하인 기업들을 모두 배제하고 이 문제를 테스트해보았는데, 이렇게 해서 얻어진 대폭적인 주가상승(혹은 하락) 다음날의 수익률은 이들 기업을 배제하지 않고 얻은 결과와 거의 동일했음을 발견할 수 있었다.

13

폐쇄형 뮤추얼펀드

* 찰스 리(Charles M. C. Lee), 안드레이 슐라이퍼(Andrei Shliefer)와 함께 씀.

༄ ༄ ༄

폐쇄형 펀드는 출발 시점에서는 어느 정도 프리미엄이 붙은 상태에서 거래되다가 이후 내내 할인된 가격으로 거래되는 것이 일반적이다. 그렇다면 이후 계속 할인된 가격으로 거래될 펀드를 프리미엄이 붙은 가격에서 사는 사람들은 뭔가? 더 나아가 미래에 할인된 가격으로 거래될 펀드의 출발 시점에 프리미엄이 붙게 되는 이유는 뭔가? 또한 폐쇄형 펀드가 할인된 가격으로 거래된다는 것은 이 펀드의 가격이 이 펀드를 구성하는 포트폴리오의 가치와 차이가 난다는 말이 될 텐데, 이러한 차이가 발생하는 원인이 무엇이고, 이 차이는 왜 계속 존재하게 되는가?

폐쇄형 펀드가 할인된 가격으로 거래되는 이유가 중개수수료 등의 대리인비용 때문일 가능성, 폐쇄형 펀드에 거래될 수 없는 주식들이 포함되어 있기 때문일 가능성, 그리고 자본이득세의 존재 때문일 가능성 등이 차례로 검토되지만, 그다지 설득력이 없음이 확인된다. 문제는 폐쇄형 펀드가 할인 거래되고 그 가격이 순자산가치로부터 이탈되는데도 차익거래가 제대로 이루어지지 않는다는 것이다. 저자는 차익거래의 기회를 충분히 이용할 수 없는 이유가, 투자자들이 수익이 창출될 때까지 충분히 오랜 시간을 기다릴 정도로 장기적인 시야를 갖고 있지 못하기 때문이라고 보고 있다. 즉 투자자들의 감정상의 변화, 투자자들의 과도한 낙관 혹은 비관, 그리고 투자자들이 수익이 얻어질 때까지 얼마나 오랜 기간을 기다릴 수 있는가 등을 고려해 넣음으로써만 폐쇄형 펀드의 할인 거래라는 수수께끼를 풀 수 있다고 제안하고 있다. 〔옮긴이〕

༄ ༄ ༄

당신 처남이 또 전화를 걸어왔다. 이번에는 좀 세게 나왔다. "자형한테 딱 맞는 거래가 하나 있어요. 내가 주식을 할인된 가격으로 사는 방법을 알려줄게요." 당신은 그에게 혹시 좀더 싼 수수료를 부과하는 거래 증권회사로 바꾸라는 말이냐고 조심스레 묻는다. "그게 아니라," 그는 말을 잇는다. "아니 그 정도로 시시한 거 말고요. 제 중개수수료도 1% 미만인데, 제가 지금 말하는 거래는 '소매' 가격에서 10~20% 할인된 가격으로 주식을 매입하는 것을 뜻하는 거예요. 물론 때로는 할인 폭이 더 클 수도 있어요." 물론 이 말이 믿기지 않아, 어떻게 그게 가능하냐고 당신은 묻는다. 그의 대답은 '폐쇄형 펀드' (closed-end funds)였다. 그는 당신에게 폐쇄형 펀드에 대해 아는 게 있는지를 물었고 당신이 머뭇거리는 동안 말을 이었다. "폐쇄형 펀드란 그 지분이 주식시장을 통해 거래되는 뮤추얼펀드의 일종이죠. 자형이 이 펀드에 대해 지분을 갖고 있다고 해봅시다. 그걸 팔고 싶다면, 그 지분을 현금으로 상환하는 게 아니라 주식시장에다 팔면 되는 거지요. 그러다 보면 이 펀드의 지분이 때때로 주식의 시장가치보다 훨씬 낮은 가격으로 팔리게 된답니다. 주당 20달러 정도 가치의 자산을 갖는 펀드가 주당 17달러 정도에 팔린다고요. 15% 할인된 가격에 팔리는 셈이지요. 할 만한 거래 아닌가요?" 이 말을 듣고는 처남에게 여기에 뭔가 함정이 있는 게 분명하다는 말을 하긴 했지만, 당신은 이 문제를 내내 고민하기 시작한다.

효율적 시장 가설이 옳은지 검증하기란 쉬운 일이 아니다. 예를 들어 효율적 시장 가설이 갖는 함의 중 하나는 공짜 점심이란 없다는 것, 즉 손쉽게 돈을 버는 방법이란 존재하지 않는다는 것이다. 하지만 이러한 함의는, 자산가격의 움직임에서 나타나는 평균으로의 회귀 경향에서 알 수 있는 바와 같이, 현실에서는 잘 지켜지지 않는다. 효율적 시장 가설이 갖는 또 다른 함의는 자산가격이 그 자산의 내재적 혹은 근본적 가격, 다시 말해 미래 현금 흐름의 현재가치의 기댓값과 일치해야 한다는 것이다. 우리가 잘 아는 어떤 금융경제학 교수는 이렇게 해석된 효율적 시장 가설을 **가격은 올바르다**(The Price is Right!)는 의미로 사용했다. 물론 가격이 올바른지 아닌지를 검증하는 것은 어렵다. 내재적 가치란 쉽게 관찰되는 것이 아니기 때문이다. IBM의 미래 배당금의 현재가치가 얼마가 될지를 지금 어떻게 알겠는가?

내재적 가치를 상대적으로 쉽게 측정할 수 있는 부류의 금융상품들이 있기는 하다. 그러한 금융상품의 예가 소위 **폐쇄형 뮤추얼펀드**(closed-end mutual funds: 공식적으로는 **공개 시장에서 거래되는 펀드** [publicly traded funds]라고 알려진)이다. 대부분의 뮤추얼펀드는 개방형 펀드(open-end funds)로 이 펀드는 언제든지 자금을 추가로 불입할 수 있고, 또 현재 주주가 원하면 언제든지 펀드의 '순자산가치'대로, 즉 펀드를 구성하는 증권의 주당 시장가치대로 주식을 현금으로 상환해준다는 의미에서 개방형이라고 부른다. 반면에 폐쇄형 펀드는 펀드매니저가 정해진 금액의 자본, 예를 들어 1억 달러의 자본금을 투자자로부터 모으고 이를 가지고 증권을 사서 포트폴리오를 구성하여 약정된 방식으로 자금을 운영하는 금융상품인데, 투자자들에게는 정해진 수의 펀드 주식을 (예컨대 천만 주) 발행하게 된다. 이렇게 발행된 주식은 뉴욕증권거래소 등의 공식적인 주식시장에서 거래된다. 자신의 주식을 현금화하고자 하는 주주는 자신이 갖고 있는 펀드의 주식을 시장가격대로 팔아야 한다. 물론 그 주식의 가격은 그 당시 주식시장에서의 그 주식에 대한 수요와 공급에 의해 결정되며, 그 가치는 그 주식의 순자산가치와는 차이가 날 수 있다. 실제로 폐쇄형 펀드의 주가는 순자산가치와 다르다. 순자산가치보다 싸게 팔리는 경우 그 펀드가 할인되어 거래되었다고 이야기하고 반대로 순자산가치보다 비싸게 팔리는 경우 프리미엄을 얹어서 팔았다고 이야기한다. 예를 들어 1989년에는 큰 폭으로 할인해서 팔리는 펀드들이 종종 있었고(이때 할인율은 30%에 달했다), 반대로 엄청난 프리미엄이 붙어서 팔리는 펀드들도 있었다(어떤 경우 프리미엄이 100%에 달하기도 했다). 따라서 폐쇄형 펀드만을 놓고 말하자면 가격은 올바르지 않다는 것이 입증되는 셈이다.

네 가지 이상현상

폐쇄형 펀드의 가격이 어떻게 매겨지는가는 일종의 수수께끼이다. 다음은 폐쇄형 펀드의 가격이 어떻게 결정되는가를 설명해주는 이론이라면 반드시 고려해야 하는 네 가지 사실을 열거한 것이다.

1) 새로운 펀드들은 정기적으로 시장에 등장한다. 그리고 새로운 펀드들은 기존의 펀드들이 프리미엄을 갖고 팔리거나 혹은 할인되어 팔리더라도 그 할인 폭이 크지 않은 시점에 등장하는 경향이 있다(Lee, Shleifer and Thaler, 1991a). 새로운 펀드가 출현하면, 이 펀드는 약 7%의 커미션이 부과된 가격으로 팔린다. 즉 투자자들은 100달러의 가치가 있는 자산을 107달러를 주고 구입하게 된다. 새로운 펀드의 거래가 시작되면, 이들 펀드는 대개 약간의 프리미엄이 얹힌 채로 거래된다. 와이스(Weiss, 1989), 피비(Peavy, 1988), 그리고 랭(Laing, 1987) 등의 연구는 새롭게 등장한 폐쇄형 펀드의 실적이 그리 좋지 않다는 것을 보여주는 충격적인 증거를 제시했다. 예를 들어 와이스의 연구(Weiss, 1989)에서 밝혀진 바에 따르면, 1985년부터 1987년까지의 기간을 조사한 결과 미국 주식 펀드들은 상장된 이후 20일이 지난 시점에서는 약 5%가량의 평균 프리미엄이 붙어 거래되었다.

하지만 120일이 지난 시점에서 이들 펀드는 10% 넘게 할인된 가격으로 팔렸다. 이것이 의미하는 바는 이 연구의 대상 기간인 1985년에서 1987년까지 2년 동안 이 주식을 보유하고 있으면 −25.1% 손실을 본다는 것이다. 그렇다면 처음 발행된 이들 펀드를 구입하는 사람들은 뭔가?

2) 폐쇄형 펀드는 대개 순자산가치에 비해 상당히 할인된 가격으로 거래된다. 1965년부터 1985년까지의 기간 동안 미국의 주요 폐쇄형 주식 펀드들로 구성된 포트폴리오의 평균 할인율(가중치를 부여해서 계산된)은 10.1%였다. 할인이 일반적인 것이라고 해도 같은 기간 동안 어떤 펀드들은 프리미엄이 붙어 팔리기도 한다. 최근 해외 투자 펀드들의 경우 프리미엄이 붙어 거래되는 것이 일반적이다. 이로부터 두 번째 수수께끼가 나온다. 왜 가격이 순자산가치와 다른가? 왜 할인해서 파는 게 일반적인가?

3) 할인(그리고 프리미엄)의 폭은 시기에 따라 그리고 펀드에 따라 크게 다르다. 미국에서 거래되는 최대 규모의 주식 펀드는 트리콘티넨탈 펀드(Tricontinental Fund, 이하 Tricon로 씀)인데 이 펀드회사는 보통주들로 구성된 다변화된 포트폴리오를 보유하고 있다. Tricon의 연말 가격은 최근 30년 동안 2.5%의 프리미엄에서 25%의 할인에 이르기까지 상당히 큰 폭으로 변해왔다. 1988년의 경우 매주말 가격은 6.7%의 프리미엄과 17.9%의 할인 사이에서 변했다.

펀드들의 할인율이 시기에 따라 크게 차이가 나더라도 이들의 움직임은 양의 상관관계를 갖는다. 리, 슐라이퍼 그리고 세일러의 연구(Lee, Shleifer and Thaler, 1991a)에 따르면 1965년에서 1986년 사이에, 가장 규모가 크고 오래된 펀드 9개의 할인율이 시계열적으로 밀접한 상호연관을 갖고 있음을 발견하게 되었다. 개별 기업들의 월별 할인 폭은 상호연관되는데, 상관계수는 0.5보다도 컸다. 월별 할인 폭의 변화율 역시 상관계수값이 0.2에서 0.4 사이로 나올 정도로 양의 상관관계를 보였다. 평균 할인율은 계절 패턴을 보이는데, 제11장과 제12장의 내용에 비추어보면 이 점에 관해서는 그리 놀라울 것도 없어 보이지만, 펀드의 할인율도 1월에 작아지는 경향을 보인다는 것은 놀라운 사실이다. 왜냐하면 브라우어와 창의 연구(Brauer and Chang, 1989)에 따르면 펀드가 보유하고 있는 자산들은 보통 1월 효과를 나타내지 않기 때문이다.

할인율의 크기는 펀드별로도 큰 차이가 난다. 일부 펀드는 큰 폭으로 할인되어 팔리는 반면 일부 펀드는 상당히 큰 프리미엄이 붙여진 채로 팔린다. 동일 범주 내의 펀드들 사이에서도, 예를 들어 주식 분산이 잘 된 국내 펀드 혹은 해외 (단일) 국가 펀드들 사이에서도 같은 시점에서 할인율의 격차가 있다. 그렇다면 왜 할인율은 함께 같은 방향으로 움직이며, 시점별로 그리고 펀드별로 할인율의 차이가 큰가?

4) 폐쇄형 펀드가 합병이나 청산, 혹은 개방형 펀드로의 전환을 통해 정산될 때, 가격은 장부상의 순자산가치에 수렴한다(Brauer, 1984; Brickley and Schallheim, 1985). 이는 그다지 수수께끼처럼 보이지 않을지도 모른다. 만일 어떤 펀드가 개방형 펀드로 전환되거나 혹은 청산된다면, 그 자산들은 순자산가치대로 현금으로 상환될 것이다. 따라서 가격은 펀드가 정산되는 시점에서의 순자산가치와 같아야 한다. 하지만 폐쇄형 펀드의 가격을 연구하는 사람들의 주장에 따르면, 이때 장부상의 순자산가치라는 것이 제대로 측정된 것이 아닐 수 있다고 한다. 만일 이것이 사실이라면, 펀드가 청산될 때 순자산가치에 맞춰 가격이 오르는 것이 아니라, 순자산가치가 시장가격에 맞춰 떨어지게 될 것이다. 그렇다면, 펀드가 개방형으로 전환될 때, 할인을 없앨 수 있을 정도로 가격이 상승하게 되는 이유는 무엇

인가?

　이러한 네 가지 수수께끼는 금융시장의 작동과 관련된 근본적인 질문들을 포함한다. 가격이 왜 근본가치로부터 이탈하는가? 왜 차익거래를 통해 가격이 근본가격 수준으로 수렴하지 않는가? 이 장에서는 이러한 질문들을 살펴볼 것이다.

통상적인 변명들

이러한 문제들이 어느 정도까지 효율적 시장 혹은 합리적 기대라는 표준적 패러다임 내에서 설명될 수 있는가? 그동안 두 종류의 설명이 제시되어왔다. 하나는 펀드매니저들의 잘못된 행동에 초점을 맞추는 것이고 두 번째는 순자산가치를 잘못 계산하는 것과 관련된 것이다.

◆ 대리인비용
펀드매니저의 존재만으로 폐쇄형 펀드를 둘러싼 수수께끼를 설명할 수 있을까? 이 점에서 두 가지 가능성을 고려해야 할 것 같다.

　첫째, 일반적으로 펀드들은 매년 자산가치의 0.5%에서 2%에 해당하는 수수료를 부과한다. 하나의 가능한 설명은 수수료가 있기 때문에 펀드는 균형가격에 팔리더라도 할인해서 파는 셈이 된다는 것이다. 예를 들어 연간 1% 수수료가 부과되는 펀드가 있다고 하자. 연간 10% 할인율하에서 연간 1%의 수수료가 영원히 누적되면, 그 누적 합의 현재가치는 약 10% 할인에 맞먹는다. 하지만 자세히 생각해보면 이러한 주장은 타당하지 않다. Tricon과 같은 대규모 폐쇄형

316

펀드의 수수료 크기는 별도의 판매수수료가 부가되지 않는 대규모 뮤추얼펀드의 수수료 크기와 비슷하다. 양자 모두 비슷한 서비스를 제공하기 때문에 양자 모두 같은 가격에 팔려야 할 것처럼 보일지도 모른다. 하지만 폐쇄형 펀드가 할인된 가격에 팔리더라도 이로부터 얻게 되는 수익은 투자자들이 개방형 펀드로부터 얻게 되는 수익보다 크다(왜냐하면 투자자들은 그 돈으로 좀더 많은 자산을 구입하기 때문이다). 그렇다면 수수료의 존재는 펀드가 할인된 가격에서 팔려야 하는 것의 이유가 되지 않는다.[1] 또한 할인율이 수수료와 상관되어 있다는 것을 보여주는 증거도 없다(Malkiel, 1977 ; Lee, Shleifer and Thaler, 1991b).

고려해야 하는 두 번째 측면은 경영 성과이다. 부드로(Boudreaux, 1973)가 지적하듯이 순자산가치는 현재의 포트폴리오에 대한 기대수익을 나타낸다. 하지만 펀드매니저들이 증권을 사고팔기 때문에 할인율은 이들이 이 임무를 얼마나 잘 수행하는가에 따라 달라질 수 있다. 하지만 일부 펀드매니저들이 일부러 계속해서 시장평균에 못미치는 실적을 낳는 방법을 찾지 않는 한, 이러한 설명은 왜 펀드가 항상 할인된 가격에서 거래되는지에 대한 설명이 되지 못한다. 펀드별 상대적 실적이 펀드별 할인율 격차를 설명해줄 수 있기 위해서는 미래에 형편없는 실적이 예상되는 펀드에는 큰 폭의 할인율이 적용되어야 하고, 반대로 실적이 좋을 것 같은 펀드에는 프리미엄이 부가되어야 한다. 예를 들어 어떤 펀드가 미래 실적이 좋을 것이라고 예측될 때에는 실제 프리미엄이 붙어서 거래되는 것이 관찰되어야 한다. 반대로 몇 달 후 할인된 가격으로 거래되는 것이 관찰된다면 그것은 투자자들이 이 펀드에 대해 매력을 상실하고 있음을, 따라서 평균 이하의 실적을 예상하고 있음을 의미해야 한다. 하지만 이 두 가지 가능성 모두 실증적으로 뒷받침되지 못했다. 맬키엘(Malkiel,

1977)은 펀드 자산의 과거 실적과 할인율 간의 관계를 조사했고, 로엔펠트와 튜틀(Rosenfeldt and Tuttle, 1973)은 현재의 실적과 할인율과의 관계를 조사했다. 맬키엘의 연구에서는 둘 사이에 어떠한 상관관계도 발견하지 못했고, 로엔펠트와 튜틀의 연구에서는 아주 약한 형태의 상관관계만을 발견할 수 있었다. 리, 슐라이퍼 그리고 세일러의 연구에서는(Lee, Shleifer and Thaler, 1991b) 미래의 순자산가치와 현재의 할인율이 약하게나마 연관되어 있지만 그 상관관계의 부호는 우리 예측과 '반대'로 나타난다는 것을 발견했다. 다시 말해 미래에 높은 실적을 기대하는 펀드에 큰 폭의 할인율이 적용되는 경향을 발견했다는 것이다. 우리는 대리인비용 이론은 그 이론이 전제하고 있는 기본적인 개념, 즉 할인율의 존재마저도 제대로 설명하지 못한다는 결론을 내리게 되었다. 대리인비용 이론은 다른 수수께끼에 대해서도 큰 설명력을 갖지 못한다. 예를 들어 대리인비용이 맞다면 그리고 대리인비용이 0보다 크다면, 펀드는 판매수수료 없는 개방형 펀드가 존재하는 한 프리미엄이 부과된 상태에서는 출발할 수 없어야 한다. 이 가설에 따르면, 어떤 펀드이건 프리미엄이 있다는 것은 대리인비용이 0보다 작다는 것을 의미하는 것이 되기 때문이다. 대리인비용 이론은 할인 폭이 시간에 따라 큰 차이를 보인다는 사실에 대해서도 설명할 수 없다. 수수료(오랜 기간 동안 크게 변하지 않는다)도, 실적에 대한 예측도 개별 펀드 할인율의 시간에 따른 변동이나 펀드별 평균 할인 폭의 차이를 설명할 수 있을 정도로 변화가 심하지 않다. 대리인비용 이론과 부합하는 유일한 사실은 펀드가 정산될 때 할인이 사라진다는 사실 정도이다.

◆ 거래제한 주식
펀드의 순자산가치가 주주들이 그 펀드에 대해 평가하는 진정한 가치를 반영하지 않는다고 하면 가격과 순자산가치 간에 차이가 있다고 해도 더 이상 이상현상이 아니게 된다. 포트폴리오의 가치가 제대로 평가되지 않을 수 있는 경우 중 하나는 펀드에 공개시장에서 자유롭게 매매될 수 없는 주식들이 다량 포함되어 있는 경우가 될 것이다. 폐쇄형 펀드가 현금화할 수 없는 주식을 포함하고 있다면, 개방형 펀드와 달리 펀드 소유주들의 갑작스런 펀드환매 요청으로 주식을 현금화해야 하는 상황에 직면하지 않을 것이기 때문에, 이는 그럴듯한 가설이 된다. 이러한 주식들은 순자산가치를 계산할 때 지나치게 고평가되는 경향이 있다. 실제로 맬키엘(Malkiel, 1977)과 리, 슐라이퍼 그리고 세일러(Lee, Shleifer and Thaler, 1991b)의 연구를 보면 거래가 제한된 주식의 보유를 고려하면 펀드 간 횡단면 할인율의 격차 중 일부를 설명할 수 있음을 알 수 있다. 그럼에도 불구하고 거래제한 주식 보유가 폐쇄형 펀드를 둘러싼 수수께끼를 모두 설명해주는 것은 아니다. Tricon을 포함한 대부분의 폐쇄형 펀드는 거래제한 주식을 거의 갖고 있지 않는데, 그럼에도 불구하고 할인된 가격으로 팔리기 때문이다. 또한 어떤 주어진 펀드에 포함되어 있는 거래제한 주식의 양은 시기별로 그다지 변화를 보이지 않는다. 따라서 이 변수로는 할인율의 시계열적 변화를 설명할 수 없다. 마지막으로 보다 근본적인 것으로서, 펀드가 개방형으로 전환되면 가격은 순자산가치를 향해 오르는데, 만일 거래제한 주식이 고평가되어 있으면 순자산가치가 가격을 향해 하락해야 할 것이기 때문이다.

◆ 조세

이밖에도 펀드 포트폴리오의 진정한 가치가 순자산가치대로 제대로 평가되지 못하는 것은 자본이득세 때문일 수 있다. 펀드가 자본이득을 실현하면 이 사실을 국세청에 보고해야만 한다. 이때 납세 의무는 이 펀드가 자본이득을 실현했을 시점에 주식을 보유하고 있는 사람들 모두에게 부여된다. 따라서 오늘 어떤 펀드를 샀는데 내일 자본이득이 실현되었다고 하면 돈을 벌지 못했더라도 세금을 납부해야 한다. 따라서 대폭의 자본가치상승이 예견되는 펀드는 현재 혹은 미래 주주들에게 납부해야 하는 조세분만큼 순자산가치보다 가치가 낮아지게 된다. 즉 이러한 펀드는 할인된 가격으로 팔아야 한다. 이 설명도 나름대로의 설득력이 있지만 현실을 모두 설명하는 것은 아니다. 맬키엘(Malkiel, 1977)은 이 가설에 상당히 우호적인 가정하에서도 조세가 할인 폭의 6% 이상을 설명하지 못한다고 주장했다. 따라서 때때로 관찰되는 대폭의 할인은 여전히 미스터리로 남아 있게 된다. 또한 이 이론이 맞는다면, 할인 폭은 시장가치가 상승하는 시기에 함께 증가해야 한다. 시장가치 상승에 따라 미실현 자본이득이 누적될 것이기 때문이다. 하지만 리, 슐라이퍼 그리고 세일러(Lee, Shleifer and Thaler, 1991a)는 이러한 가능성에 반하는 증거를 제시했다. 더군다나 폐쇄형 펀드가 청산될 때 가격이 순자산가치를 향해 상승한다는 사실을 보면 자본이득세의 부과가 폐쇄형 펀드의 할인 거래의 주요한 요인이 되지 않는다는 것을 알 수 있다.

요약하자면 폐쇄형 펀드가 할인된 가격으로 거래된다는 사실을 설명하기 위해 효율적 시장 가설과 합리적 기대 가설을 전제로 한 수많은 이론이 제시되었는데, 몇몇의 경우 설득력을 갖기도 하지만 이들 요소는 할인율의 편차에 작은 부분만을 설명할 수 있을 따름이다.

폐쇄형 펀드에 붙는 프리미엄

폐쇄형 펀드에 대한 대부분의 연구는 이 펀드가 대개 할인된 가격에 팔린다는 사실에 주목해왔다. 그래서 폐쇄형 펀드가 프리미엄이 붙은 채로 거래되는 경우는 또 하나의 수수께끼가 된다. 앞에서도 언급했듯이 1980년대 중반에 폐쇄형 펀드는 최초 상장되는 시점에서 평균 7% 프리미엄이 붙은 채로 거래되었고, 이후 100일 동안은 평균 10% 할인된 가격으로 거래되었다. 최초 투자자들에게 이렇게 큰 폭의 그리고 급격한 마이너스 수익률이 돌아간다는 사실은 뭔가 이들 투자자들의 합리성에 문제가 있는 게 아닌가라는 의문을 갖게 만들었다. 곧바로 가격이 크게 하락할 주식을 왜 프리미엄까지 얹어서 사려고 할까에 대해, 표준적 경제이론은 분석조차 시도하지 않았다.

최초 상장 시점에서만 이 펀드들이 프리미엄이 붙어 거래되는 것은 아니었다. 역사적으로 볼 때 주식 분산이 잘 된 펀드들조차도 프리미엄이 부가되어 판매되던 시기가 있었다. 예를 들어 1960년대 말, 그리고 공황 직전인 1920년대 말이 그랬다. 대부분의 펀드들이 할인된 가격으로 판매되었을 때조차도 프리미엄이 붙여진 채 거래되는 펀드들이 있었다. 펀드가 이렇게 프리미엄이 붙여진 채 거래된다는 사실은, 펀드가 왜 할인된 가격으로 팔리는지를 설명하려는 기존 이론들(대리인비용 이론, 조세 이론 등)에 대한 심각한 도전으로 여겨졌다.

1929년 주식시장 붐을 고려해보자. 드 롱과 슐라이퍼(De Long and Shleifer, 1990)는 자신들이 갖고 있던 펀드 샘플 중, 중위의 펀드의 경우 대공황 바로 전 1929년 3사 분기에 47%의 프리미엄을 갖고 팔렸다는 것을 발견했다. 이들은 1929년 3사 분기에 10억 9천만 달러에 달하는 폐쇄형 펀드가 발행되었다는 사실도 아울러 발견했다. 그동안의 물가 상승과 당시 미국의 경제 규모를 고려하면, 이 금액은 현재의 5백 5십억 달러에 맞먹는 크기로, 현재 폐쇄형 펀드의 전체 가치의 다섯 배 이상이 된다. 폐쇄형 펀드 붐은 그해 여름에만 비정상적으로 진행되었으며, 그 이후로는 단 한 번도 다시 재현된 적이 없었다. 이 붐은 대공황과 더불어 종말을 맞았다. 그 이후 폐쇄형 펀드는 할인된 가격으로 팔리기 시작했고, 그때 이후로 할인 판매는 폐쇄형 펀드의 일종의 규칙처럼 되어버렸다. 대공황기 이전에 폐쇄형 펀드를 본 적이 있는 사람이라면 이 펀드가 할인된 가격으로 팔릴 가능성에 대해서는 상상조차 못했을 것이다. 효율적 시장 가설이 등장하기 이전이었으므로, 당시에는 펀드의 가치가 자산의 가치와 펀드매니저의 기술의 합으로 결정된다고 생각했었다. 따라서 프리미엄의 존재는 예외가 아니라 법칙처럼 이해되었다. 어떤 학자들은 50%에서 100% 정도의 프리미엄이 적당하다는 주장을 하기도 했다. 이러한 흥분 기간 동안에는 폐쇄형 펀드가 왜 할인된 가격으로 매매되어야 하는가라는 문제는 논의조차 되지 않았다.

몇몇 예외적인 국가 펀드를 제외하면, 펀드에 대한 투자자들의 낙관은 최근에 들어서면 더 이상 일반적인 것이 아니게 되었다. 일부 국가 펀드(예를 들어, 한국·스페인·대만·브라질·독일)가 1980년대 중반에 도입되었다. 이들 새로운 펀드들은(기존 펀드들 말고) 큰 폭의 프리미엄이 붙여진 채 거래되었다. 이들 펀드 중 일부는 한국과 브라질처럼 무제한적인 외국인 직접 투자를 제한하고 있는 국가들에 투자되었고(* 이 글은 1990년대 초반에 씌어진 것이므로, 한국의 자본시장도 1990년대 초반의 상황이 그려지고 있다), 나머지는 독일과 스페인처럼 완전히 개방된 시장에 투자되었다. 두 경우 모두 1980년대에는 대폭의 프리미엄아 붙어 거래되었고, 어떤 경우 프리미엄은 100%에 달하기도 했다. 이들 국가 펀드에, 특히 개방된 자본시장을 가진 국가들의 펀드에 프리미엄이 붙은 이유는 무엇인가? 스페인 펀드의 가격이 100%의 프리미엄이 붙을 정도로까지 상승했다면, 투자자들이 스페인 펀드를 사지 않고 스페인 주식시장에서 직접 개입할 수도 있지 않았을까? 그런데도 투자자들이 그 높은 가격에 스페인 펀드를 사려고 했던 것은 그들이 스페인 펀드 경영에 대해 지나치게 낙관을 하고 있었거나 아니면 스페인에 직접 투자할 수 있는 방법이 있다는 사실을 몰랐기 때문이었다고밖에 설명할 수 없다. 국가 펀드에 붙는 프리미엄은 새로운 국가 펀드가 계속 생겨나면서 점차 하락해왔다. 새로운 국가 펀드가 출현하면서 두 가지 흥미로운 일이 일어났다. 첫째 기존 국가 펀드의 프리미엄이 하락했다. 둘째 새로운 국가 펀드에 붙는 프리미엄은 기존 펀드의 프리미엄보다 낮았다. 공급이 증가하면 가격이 하락한다는 사실은 대부분의 시장에서 정상적인 일로 간주된다. 하지만 금융시장에서처럼 가격이 가치와 같다고 여겨지고, 더 나아가 가치는 대체재의 공급과 무관하게 결정되는 곳에서라면, 이러한 현상은 이상현상이 된다.

간단히 말해 폐쇄형 펀드의 프리미엄은 1920년대 후반이나 1980년대 후반처럼 주식에 대한 투자자들의 열정이 타오르는 시기에, 혹은 국가 펀드처럼 특정한 증권에 대한 투자자들의 열망이 타오르던 시기에 나타났던 것 같다. 반면 투자자들이 머리를 식혀야 할 때, 그리고 차익거래를 통해 가격이 가치와 같게 유지되어야만 하는 곳에서 이러한 프리미엄이 나타난다면 그것은 잘 이해가 안 간다. 이로부터 곧바로 다음 질문이 이어진다. 폐쇄형 펀드에 제대로 된 가격이 매겨지지 않는 현상이, 영리한 투자자들의 차익거래 속에서도 잔존하게 되는 이유는 무엇인가?

차익거래가 힘든 이유

폐쇄형 펀드에 가격이 제대로 매겨지지 않았을 때, 영리한 투자자들은 이를 이용해서 돈을 벌 수 있지 않을까? 펀드가 프리미엄이 붙은 가격에 거래되고 있다고 하자. 영리한 투자자라면 그 펀드를 공매(空賣)하고, 헤지(hedge)로서 그 펀드를 구성하는 혹은 그에 근접한 포트폴리오를 매수하면 되지 않는가? 이에 따른 대답 중 하나는 거래가 제한된 시장을 가진 국가에 펀드가 투자되는 경우 주식을 직접적으로 매수할 수 없기 때문에 헤지가 불가능할 수도 있다는 것이다. 하지만 이러한 설명은 그다지 설명력이 없다. 하지만 가족의 일부가 한국에 살고 일부는 미국에 살 때, 미국에 사는 가족이 펀드를 공매하고 한국에 사는 가족이 그 포트폴리오를 매수하면 되지 않는가? 게다가 독일이나 스페인과 같이 자본시장에 아무 제약이 없는 나라들에 대한 펀드들도 큰 폭의 프리미엄이 붙여진 채 팔리고 있지 않는가? 이러한 경우 차익거래를 가로막는 것은 무엇인가?

차익거래가 잘 안 되는 이유는 바로 미국에 있다. 우선 펀드를 공매하기 위해 주식을 차입하는 것이 때때로 매우 힘들어 공매가 불가능할 수 있다. 이러한 문제는 최근 많은 국가 펀드들에게서(그 대상 국가가 제한된 자본시장을 가지고 있든 아니면 무제한적 자본시장을 가지고 있든 상관없이), 그리고 이제 막 공개시장에 상장된 폐쇄형 펀드에게서 나타났다. 혹은 투자자들이 펀드를 공매할 수 있더라도 그에 따른 대금 결제가 즉각적으로 이루어지지 않을 수 있어서[2] 거래에 따른 비용을 증가시킨다. 둘째, 펀드매니저가 펀드를 공매하고 그 돈으로 펀드를 구성하는 포트폴리오를 사더라도, 예상과 달리 프리미엄이 즉각적으로 없어지지 않고 일정 기간 동안 점점 커질 수도 있다. 예를 들어 스페인 펀드를 20% 프리미엄이 붙은 가격에서 공매했다고 해보자(투자자는 이 프리미엄이 곧 사라질 것이라고 믿었기 때문에 그렇게 했을 것이다). 만일 예상과 달리 프리미엄이 계속 상승해 100%까지 올라가게 된다면, 이 투자자는 파산하게 될지도 모른다. 따라서 투자자가 아주 인내심이 있거나 자금력이 풍부하지 않는 이상 이런 식의 차익거래는 별로 효과를 보지 못할 수 있다.

더 일반적인 경우로서 펀드가 할인되어 판매되는 경우는 어떤가? 이 경우 돈 버는 방법은 이 펀드를 공개매수한 후 곧바로 해체해버리거나 그것을 개방형 펀드로 전환시키는 것이다. 이론적으로야 좋은 아이디어일 수 있지만 실제로는 폐쇄형 펀드를 공개매수하는 데에 상당한 제약이 따른다. 펀드매니저들은 공개매수에 강력히 저항하기 마련이므로, 매수 희망자들의 비용을 증가시키게 된다. 헤르츠펠트(Herzfeld, 1980)의 보고에 따르면 1980년까지 레만(Lehman)과 트리콘티넨탈(Tricontinental) 이 두 거대 펀드는 네 차례에 걸친 펀드의 공개매수 시도를 좌절시킨 바 있다. 과거 십여 년간 많은 신규 펀드들이 명시적으로 반(反)공개매수 조항을 발동시켰다. 만일 반공개매수 조항이 작동하지 않더라도, 펀드매니저들은 증권감독원에 도움을 의뢰할 수 있는데, 이렇게 되면 투자기업들에 대한 규제가 가해지고, 그 결과 종종 매수비용의 상승이 초래된다.

공개매수자들이 펀드매니저들의 이러한 저항을 우회하는 방법을 찾아내더라도 또 다른 문제에 봉착하게 된다(Grossman and Hart, 1980). 어떤 주식 매수자가 어떤 기업의 주식을 5% 이상 보유하게 되는 순간 그 매수자는 주식 보유의 의도를 공표해야만 하는데, 폐쇄형 펀드도 이 의무조항에 포함된다. 만일 공개매수자가 자신의 의도가 이 펀드의 해체에 있음을 공표하게 되면, 다른 주식 보유자들은 자신의 보유분을 팔지 않을 유인이 생긴다. 해체가 진행되어 완전한 순자산가치가 실현될 때까지 기다리는 편이 낫기 때문이다. 만일 매수가격이 순자산가치만큼 올라버리면, 최초 5%의 투자에 부여되는 이윤을 제외하고는 공개매수자들에게 남는 것이 없게 될 것이다. 대개의 경우 공개매수가 이루어질 때의 매수가격은 순자산가치의 95%와 98% 사이에서 결정되는 것이 일반적이다. 그렇다면 폐쇄형 펀드의 공개매수는 생각만큼 좋은 전략은 아니게 된다. 그것이 바로 왜 여전히 많은 펀드들이 대폭으로 할인된 가격으로 거래되고 있는지를 설명해준다.

할인된 펀드에 대한 좀더 소극적인 전략은 이 펀드를 사고, 그에 해당하는 포트폴리오를 공매하는 것인데, 이는 어느 정도 가능한 방법이다(Herzfeld, 1980). 하지만 이때에도 공매에 따른 대금결제가 부분적으로만 이루어진다는 데에서 오는 비용을 치러야 한다. 더 나아가 일시적으로나마 할인 폭이 좁아지지 않고 더 넓어지게 되면 아무리 현명한 투자자라도 참을성을 가지고 오래 기다리지 못한다면 손실을 입을 수 있다.

'쉽게 돈 버는' 전략은 비용과 위험을 수반하게 된다. 그럼에도 불구하고 폐쇄형 펀드를 거래함으로써 위험을 감안하여 조정계산한 초과수익률이 발생할 수 있음을 보여주는 증거들이 있다. 이러한 전략들은 할인이 평균회귀 경향을 갖는다는 사실을 이용하는 것이다. 즉 할인 폭이 점점 작아질 것을 바라면서 대폭으로 할인된 펀드를 산다는 것을 뜻한다. 톰슨(Thompson, 1978)은 각 펀드의 매수 규모를 할인 폭에 비례하도록 펀드를 매수하게 되면 얼마의 수익률을 얻게 되는지를 조사해보았다. 그에 따르면 그가 샘플로 잡은 32년 동안 이러한 전략을 통해 연간 4% 이상의 초과수익률을 낼 수 있다는 것이었다.[3] 브라우어(Brauer, 1988)는 펀드가 개방형으로 전환될 확률을 고려해서 이 전략을 다소나마 개선시켰다. 그렇게 해보니 연간 5%의 초과수익률도 가능했다고 한다. 앤더슨(Anderson, 1986)도 1965년부터 1984년까지의 기간을 연구한 결과 폐쇄형 펀드에 상당한 초과 수익이 존재함을 발견할 수 있었다. 즉 큰 폭으로 할인된 펀드를 매수해서 충분히 오랫동안 보유하게 되면 초과수익을 얻을 수 있는 기회가 생긴다는 것이다.

투자자의 감정

드 롱, 슐라이퍼, 서머스 그리고 발드만의 연구(De Long, Shleifer, Summers, and Waldmann, 1990), 리, 슐라이퍼 그리고 세일러의 연구 (Lee, Shleifer, and Thaler, 1991a)에서는 노이즈거래자의 존재를 전제로 하여 만들어진 모델이 제시되고 있는데, 이 모델은 폐쇄형 펀드를 둘러싼 수수께끼를 풀 수 있는 단초가 된다. 여기서 수박 겉핥기식으로나마 이들의 주장을 살펴보면 다음과 같다.

드 롱, 슐라이퍼, 서머스 그리고 발드만의 연구(De Long, Shleifer, Summers, and Waldmann, 1990)에서는 두 가지 유형의 투자자가 존재하는 모형이 등장한다. 한 유형은 합리적 투자자로 이들은 자산의 근본가치가 얼마나 되는지를 고려하여 투자를 하고, 다른 한 유형은 노이즈 투자자로 이들은 부분적으로 비합리적인 요인에 의존하여 투자 결정을 내린다. 합리적 투자자들은 불편(unbiased) 기대치를 갖는 반면 노이즈거래자들은 계속해서 체계적인 예측 오류를 범한다. 다른 말로 하면, 노이즈거래자들의 감정은 시간에 따라 변화하는데, 때로는 미래에 대해 극도로 낙관적인 견해를 갖기도 하지만, 또 어떤 때에는 미래를 과도하게 비관적으로 바라보기도 한다. 이들의 감정상의 변화는 시장에서 새로운 종류의 위험을 만들어낸다. 마지막 가정은 합리적 투자자들은 위험기피적이고, 시야가 무한히 장기적인 것은 아니라는 것이다. 이는 대부분의 투자자들(펀드매니저들조차)이 갖는 특성을 표현해주는 것이다. 그렇게 되면 노이즈거래자들의 감정상의 변화로부터 발생하는 위험 때문에, 합리적인 투자자들이 공세적인 차익거래 전략을 시도하지 못할 수도 있다.

폐쇄형 펀드는 이 모델이 어떻게 작동하는지를 잘 보여줄 수 있는 사례가 된다. 폐쇄형 펀드를 소유한 사람들 중에 노이즈거래자들이 다수 존재한다고 하자. 이들이 미래에 대해 비관적이면 폐쇄형 펀드의 가격은 그 펀드의 순자산가치보다 낮아질 것이다. 그렇다면 이때 왜 합리적 투자자들이 가격이 떨어진 펀드를 사들이지 않을까? 이렇게 떨어진 가격에서 이 펀드를 살 때, 합리적 투자자들은 두 가지 위험을 부담해야 하기 때문이다. 첫 번째 위험은 이 펀드의 순자산가치가 시장평균보다 낮아질 수 있다는 것이고, 두 번째 위험은 합리적 거래자들이 이 펀드의 순자산가치가 시장평균보다 낮아짐을 알아채고 이 펀드를 팔고자 할 때, 할인 폭이 확대되면서 노이즈거래자들을 그 전보다 더 비관적으로 만들게 되기 때문이다. 다시 말하면 합리적 투자자들은 폐쇄형 펀드가 이러한 위험을 보상할 정도로 높은 수익률을 올릴 것으로 기대하는 경우에만 이 펀드를 사려고 한다는 것이다. 즉 합리적 투자자들은 폐쇄형 펀드를 할인된, 그것도 대폭으로 할인된 경우에만 매입하려고 할 것이다. 이것이 노이즈거래자 모형을 가지고 폐쇄형 펀드를 둘러싼 이상현상, 즉 왜 폐쇄형 펀드는 할인된 가격으로 거래될까라는 질문에 대한 대답이다. 여기서 강조하고 넘어가야 할 점은 이 설명이 노이즈거래자들의 비관적 전망을 갖는다는 가정에 의존하고 있는 것은 아니라는 점이다. 오히려 이 설명 방식에서의 핵심은 합리적 투자자들이 위험을 기피한다는 가정이다. 흥미롭게도 마틴 츠바이크(Martin Zweig, 1973)도 투자자들의 감정이 폐쇄형 펀드의 가격 결정에 미치는 영향을 강조하면서 스스로 자신의 이름을 딴 두 개의 폐쇄형 펀드를 운영했다. 그렇다면 폐쇄형 펀드를 둘러싼 수수께끼 중 프리미엄의 문제는 어떻게 이해될 수 있을까? 투자자들이 왜 펀드가 처음 상장되는 시점에 프리미엄을 주고 이 펀드를 구입하는지를 설명하기 위해서는, 과도하게 책정된 가격에서 이 주식을 살 정도로 충분히 미래에 대해 낙관적인 노이즈거래자들만 있으면 된다. 바로 이를 유리하게 이용하기 위해서 일부 펀드들은 시작 시점에 유명한 포트폴리오 매니저에 의해 운영된다는 것을 강조하며(예컨대 방금 예로 든 Zweig 펀드가 그렇다), 국가 펀드의 경우 자신들만의 독특한 투자 전략을 홍보하곤 한다. 보통의 분산투자된 폐쇄형 펀드의 개시는 1929년과 같은 버블 시기를 제외하면 그리 흔치 않은 편이다. 펀드가 발행되는 시점에 새로운 펀드를 구입하는 사람들은 아마도 그 펀드의 미래수익률에 대해 가장 낙관적인 전망을 하고 있는 사람들일 것이다. 나중에 자신들의 지분을 다른 사람들에게 팔려고 할 때, 가격은 떨어지게 된다. 기존 펀드들이 프리미엄이 붙여져 거래되거나 혹은 소폭으로 할인된 채 거래되는 시점에 신규 펀드가 등장하게 된다는 사실도 이 이론에 입각해서 설명할 수 있다. 이 시기에 투자자들의 감정이 최고조에 달해 있기 때문이다.

할인 폭이 시간에 따라 변화한다는 것, 그리고 펀드들의 할인 폭이 같은 방향으로 움직이는 경향이 있다는 것 등은 이 이론이 중요시하는 사실들이다. 이 이론에 따르면 할인 폭은 시간에 따라 변해야 하는데, 그렇지 않으면 할인 폭의 변화와 연관된 위험이 없어져버리기 때문이다. 그리고 각 펀드들의 할인 폭이 같은 방향으로 변하는 경향이 있다는 것은 이 할인 폭이 투자자들의 감정 흐름의 척도가 될 수 있다는 견해를 지지해준다. 펀드가 청산되거나 개방형으로 전환될 때 할인이 사라진다는 사실 또한 이론과 부합된다. 이 두 사건 중 하나라도 일어나게 되면 노이즈거래자들의 위험이 없어지기 때문이다.

노이즈거래자 모델에 입각하여 몇 개의 추가적인 예측을 할 수 있는데, 리, 슐라이퍼 그리고 세일러(Lee, Shleifer and Thaler, 1991a)는 이러한 예측들이 맞는지 살펴보았다. 특히 폐쇄형 펀드는 노이즈거래자들의 어떤 특정한 유형의 감정을 나타내는 척도로 사용된다. 폐쇄형 펀드는 거의 대부분 기관투자자들이 아닌 개인투자자들에 의해 보유된다. 기관들의 경우 왜 위탁금 중 일부를 재위탁하면서 이중의 수수료를 부과해야 하는지를 고객들에게 설명하기 힘들기 때문이다. 이 모델에 따르면 노이즈거래자들의 위험 중 하나에 가격이 매겨지는 경우, 그것은 다른 유형의 자산들에도 영향을 미치게 된다. 그렇지 않으면 분산투자가 가능하게 되기 때문이다. 이러한 경우 살펴봐야 하는 것은 개인들이 투자자들의 주를 이루는 시장에서의 상황이다. 예컨대 시가총액이 낮은 기업들의 주식들이 그렇다. 투자자 감정 이론에 따르면 개별 투자자들이 폐쇄형 펀드에 대해 비관적일 때 그 할인 폭은 커지고, 그 결과 소규모 기업들에 대해서도 비관적이 되면서 이들 주식의 가격을 하락시키게 된다. 이러한 예측은 데이터와 부합하는 것으로 드러났다. 1965년부터 1985년까지의 기간 동안 우리는 뉴욕증권거래소에 상장된 기업들 주식으로부터 10개의 포트폴리오를 구성하고, 이들 각각의 월별 수익률을 조사했다. 이때 10개의 포트폴리오는 다음과 같은 방식으로 구성했다. 우선 주식들을 시장가치순으로 서열을 매긴 후, 가장 가치가 낮은 10%의 기업들 주식으로 최하위 그룹의 포트폴리오를 만들고, 그 다음 10%로 그 다음 그룹의 포트폴리오를 만드는 등의 방법으로 10개의 포트폴리오를 만들었다. 각 10분위 포트폴리오의 수익률을 NYSE 가중치 지수상의 수익률과 폐쇄형 펀드의 할인율의 변화에 각각 회귀시켰다. 우리가 발견한 것은 이들 수익률 모두가 폐쇄형 펀드의 할인율의 변화와 통계적으로 유의미한 정도로 연관되더라는 것이다. 10분위 중 최상위 그룹의 포트폴리오를 제외한 아홉 개 그룹의 수익률은 음의 상관관계를 보였다. 즉 할인 폭이 하락하면 주가는 상승했다. 하지만 이 상관관계는 상위로 올라가면서 점차 크기도, 유의성도 떨어지는 경향을 보였다. 최상위 10분위 포트폴리오에서 이 관계는 반전되어 나타났다. 할인 폭이 투자자들의 감정을 반영했기 때문인 것 같다.

보충설명

벤저민 그레이엄(Benjamin Graham, 1949, p. 242)은 증권 분석에 관한 자신의 책, 『현명한 투자자』(The Intelligent Investor)에서 폐쇄형 펀드의 할인을 가리켜 "주주들의 어리석음과 타성을 향해 세워진 값비싼 조형물"이라고 묘사했다. 또 한 명의 유명한 금융시장 분석가 버튼 맬키엘(Burton Malkiel, 1977, p. 857)도 다음과 같은 말로 폐쇄형 펀드에 대한 분석을 정리하고 있다. "시장의 심리는 할인의 정도와 구조에 중요한 흔적을 남긴다." 어떻게 주주들의 어리석음 혹은 시장심리가 문제가 될 수 있을까? 효율적 시장에서는 증권의 차익거래 때문에 가격이 그 내재적 가치로부터 이탈할 수 없게 보장되는 것 아닌가? 일부 투자자들이 시카고에서 구입한 금보다 런던에서 구입한 금을 더 선호한다고 하더라도 이들의 이상한 선호가 런던의 금가격을 상승시키거나 하지는 않을 것이다. 만일 런던에서 금 수요가 늘어나게 되면 다른 합리적 투자자들은 시카고에서 금을 사고, 런던에서 금을 팔고자 할 것이기 때문이다. 하지만 이런 논리는 폐쇄형 펀드에는 적용되지 않는다. 앞에서도 논의했듯이 잘못된 가격 설정은 위험 없는 차익거래 기회가 존재하지 않고,[4] 다른 투자자들의 감정상의 변화를 자신에게 이롭게 이용하려고 해도 충분히 이득이 생길 만큼 오랜 기간을 기다릴 수 있는 합리적 투자자들이 그리 많지 않기 때문에 나타나는 현상이기 때문이다.

이러한 분석으로부터 우리가 얻을 수 있는 교훈은 증권에 대한 수요의 변화는 가격에 영향을 미칠 수 있다는 것이다. 이러한 분석이 응용될 수 있는 상황에서 "가격은 내재적 가치와 같다"라는 진술은 검증되어야 할 명제이지 공리가 아니라는 사실을 깊이 새겨두는 것이 필요할 것 같다.

1 이 주장은 켄 프렌치(Ken French)에 의해 전개되었다. 티모시 테일러(Timothy Talyor)는, 이를 다른 각도에서 보면, 사람들이 할인되지 않은 개방형 펀드에 투자할 용의가 있다는 사실을 이상현상으로 간주할 수 있다고 지적한 바 있다.

2 공매시 결제는 포지션이 종결될 때, 비용을 차감한 상태에서 이루어진다. 공매시 주식을 빌려준 쪽은 통상적으로 이자를 받지 않는다.

3 이야기를 시작하면서도 언급했듯이 톰슨(Thompson)의 주장이 갖는 문제점 중 하나는 이러한 결과가 위험도를 적절히 측정해낼 수 있다는 가정하에서만 성립한다는 것이다. 톰슨도 결론 부분에서 자신의 발견은 잘 짜여진 가격설정 모형을 전제로 해서만 시장효율성 가설 검정과 부합한다고 이야기하고 있다.

4 차익거래의 한계에 대해 좀더 상세히 알고 싶다면, 러셀과 세일러의 논문(Russell and Thaler, 1985), 그리고 슐라이퍼와 서머스의 논문(Shleifer and Summers, 1990)을 참조하라.

14

외환

* 케네스 프루트(Kenneth A. Froot)와 함께 씀.

❦❦❦

특정 국가의 화폐를 가지고 그 나라에 투자함으로써 얻게 되는 수익은 그 나라 금융자산에 투자함으로써 얻게 되는 이자 수입과 그 나라 화폐의 가치절상으로부터 얻게 되는 환차익의 합이 된다. 이때 차익거래가 가능하다면, 균형에서는 A국 화폐로부터 얻게 되는 수익률과 B국 화폐로부터 얻게 되는 수익률의 크기가 동일해야 한다. 예를 들어, 균형에서는 A국에서 더 높은 이자 수익을 얻을 수 있다면, 이렇게 얻은 초과수익이 0이 될 수 있을 정도로 A국 화폐의 가치가 하락되어야 한다는 논리이다. 이에 따라 본문의 수식 1)이 도출된다(p. 340 참조). 수식 1)의 좌변은 달러 가치의 절하율을, 즉 달러를 가지고 있을 때 환차손의 크기를 나타내며, 수식 1)의 우변은 이자율 격차를, 즉 달러 표시 자산에 투자했을 때 얻게 되는 이자수익의 크기를 나타낸다. 차익 거래가 완전하게 이루어진다면 달러를 가지고 있을 때 균형기대수익률은 0이 되어야 하며, 그 결과 수식 1)의 좌변과 우변의 크기는 같아야 한다. 그렇지 않다면, 달러를 팔거나 혹은 사서 더 큰 이득을 얻을 수 있게 되기 때문이다. 수식 1)의 좌변과 우변의 크기가 갖기 위해서는 수식에서 α값은 0, β값은 1이 되어야 하며, 교란항(η)의 기대치는 0이 되어야 한다. 이를 가리켜 불편성 가설이라고 부른다. 문제는 실증을 해보면 β값이 1보다 작게 나온다는 것이다.

이 장에서는 이러한 불편성 가설이 실제의 자료를 통해서는 성립하지 않는다는 발견으로부터 출발한다. 그리고 여기서도 마찬가지로 이러한 이상현상에 대한 '경제학적 설명'이 제시된다. 외환시장에서의 불편성 가설은 투자자들이 합리적으로 기대를 형성하며, 위험에 대해서는 중립적인 태도를 갖는다는 가정하에서 성립하는데, 외환시장에서의 이상현상에 대한 '경제학적 설명'은 다음과 같은 두 가지 해석으로 갈리고 있다. 첫째 해석은 합리적으로 기대를 형성한다는 가정은 문제가 없고, 투자자들이 위험중립적이라는 가정이 잘못되었다는 것, 따라서 투자자들의 위험회피 성향을 수식 1)에 고려해 넣어야 한다는 것이다. 이를 위험 프리미엄 가설이라고 부른다. 두 번째 해석은 투자자들이 위험중립적인 태도를 갖는다는 가정은 문제가 없고, 투자자들이 합리적으로 기대를 형성한다는 가정에 문제가 있다는 입장이다. 투자자들이 합리적으로 예상하고자 하더라도 이들이 가지고 있는 정보 자체가 바이어스를 가지고 있거나 정책에 의해 교란되는 경우에 체계적인 예측오차가 남아 있을 수 있다. 혹은 투자자들이 제대로 된 정보를 획득했더라도, 그 정보에 따라 행동을 수정하는 데 시간이 걸린다면, 투자자들은 합리적으로 기대를 형성하는 데 실패할 수 있다. 불편성 가설이 기각되는 이유에 대한 이런 방식의 설명을 가리켜 예측오차 가설이라고 부른다. 본문에서 저자는 여러 증거 자료를 통해 이 두 가지 가설이 상황을 완전히 설명하는 데 성공적이지 못하다고 주장한다. 저자는 투자자들이 현실에서의 이자율의 변화에 다소 늦게 반응할 가능성을 모형에 도입하면, 외환시장에서 나타나는 이상현상을 꽤 효과적으로 설명해낼 수 있다고 주장한다.

불편성 가설이 기각된다는 이상현상에 대한 경제학적인 두 유형의 설명이 타당한지를 밝히기 위해 어떻게 연구들이 진행되었는지를, 어떻게 대립 가설들이 설정되고, 어떻게 실증 연구들이 설계되었는지 등을 따라가 보는 것도 흥미로운 작업이 된다. 〔옮긴이〕

❦❦❦

당신 주위에서 경제학에 관한 당신의 충고에 귀를 기울이는 유일한 사람은 당신의 삼촌이다. 당신의 삼촌은 수출입 업무에 종사하고 있는데, 언젠가 당신에게 전화를 해서 다음과 같이 물어본 적이 있다. "내가 백만 마르크를 빚지고 있는데, 한 달 후에 갚아야 하거든. 그런데 나한테 있는 돈은 모두 미국 달러이기 때문에, 달러를 언제 마르크로 환전을 해야 하는지가 문제란 말이야. 내 생각에 독일에서 이자율이 제일 높을 때 환전을 하는 게 좋을 것 같은데, MBA 출신인 우리 회사 재무 담당 말이 독일에서 이자율이 높으면 미래에는 독일 마르크화가 절하될 것이기 때문에 언제 환전을 해도 마찬가지라는 거야. 높은 이자 수입을 얻을 수 있을 때 마르크화를 바꾸든, 조금 기다렸다가 마르크화가 절하된 후에 바꾸든 마찬가지라는 거지. 그래서 나더러 어떻게 하라는 거냐고 물으니까, 이 친구 말이 어찌하건 상관없다고 하면서 '동전을 던져서 결정하라'고 하지 뭔가. 동전을 던지라고? 내가 그 따위 조언이나 들으려고 그 많은 월급을 주면서 그 친구를 그 자리에 앉혀놓은 줄 아나?" 당신은 삼촌을 진정시키고 나서, 효율적 시장이라는 아이디어를 삼촌에게 설명해주었다. 삼촌은 여전히 믿지 못하는 눈치였다. "좋아요 삼촌. 실험을 해보는 건 어때요? 삼촌은 삼촌 방식으로 마르크화에 투자를 하고 재무 담당자는 자기 나름대로 동전을 던져서 결정해서 나중에 누가 더 나은 결과를 낳았는지 비교하면 되잖아요?" 삼촌은 그렇게 해서 어떤 결과가 나왔는지 내게 알려주겠다고 하면서 전화를 끊었다.

놀랍게도 삼촌은 몇 달 후 전화를 걸어와서는 자신의 전략이 재무 담당자의 동전던지기 전략보다 더 나았다는 얘기를 해줬다. 삼촌은 우쭐대면서 말하기를, "잘 들어보렴. 난 이자율이 높은 나라의 화폐로 환전을 해서 그 나라에 투자를 했지. 그 나라 화폐가치가 하락하지 않길 바라면서 말이야. 만일 그 나라의 이자율이 미국 이자율보다 낮게 떨어지면 미국에 투자를 하고. 물론 단순한 전략이지. 하지만 그 방법이 효과적이었어. 물론 우리 재무 담당은 여전히 그건 운이 좋았기 때문이라고 얘기하면서 자기 생각이 맞는다는 걸 설명하려고 이런저런 데이터를 내게 보여주더군. 그 다음 날 재무 담당이 자기가 밤새 작업한 자료를 가지고 내 자리로 와서는 내 방법이 동전던지기보다는 나은 방법 같다며 항복을 하더군. 어떻게 생각하나? 현명한 양반." 놀랍기도 하고 당황스럽기도 해서 당신은 외환에 관련된 논문을 들여다보기 시작했다.

외환시장은 가장 활발하게 움직이는 금융시장 중 하나이다. 1989년 중반에 외환시장에서의 하루 동안의 거래량은 중복 계산을 모두 제거한 후에도 평균 잡아 약 4,300억 달러에 달했다. 이것이 얼마나 큰 금액인지 감을 잡기 위해 비교를 해보면, 당시 미국의 GNP는 220억 달러였고, 전 세계 재화와 서비스의 일일 거래량은 약 110억 달러였다. 실제 재화와 서비스의 거래량에 비해 외환 거래량이 이토록 크기 때문에 외환시장은 상당히 유동적이고 효율적인 것처럼 보이기도 한다.

그동안 많은 학자들이 투기적 효율성이라는 문제를 연구하기 위해 외환시장에 주목해왔다. 일부 견해에 따르면(이 견해는 애초에 밀턴 프리드먼(1953)이 제시한 것인데), 투자자들은 가격이 낮을 때 사고 비쌀 때 팔기 때문에, 이들의 거래 행위로 인해 환율은 통화가치의 장기적 결정 요인, 즉 펀더멘털(fundamental)을 반영하게 된다. 이와 다르게 래그너 널스크(Ragnar Nurske, 1944) 등의 견해에 따르면, 외환시장의 투기는 파괴적일 수 있으며, 심한 환율의 변동이 생산자들과 소비자들에게 막중한 비용을 부가하고 비효율적 자원 배분을 초래한다.

최근까지 이 논쟁은 격화되어왔다. 논쟁의 양 진영은 1980년대 중반을 거치면서 달러화의 가치가 급격히, 그리고 **일시적으로** 65%

상승한 것을 어떻게 이해해야 하는가를 둘러싸고 논쟁을 벌였다. 일부 논자들은 달러가치의 변화는 펀더멘털의 변화를 반영하는 것이라고 주장하면서, 펀더멘털의 변화에 비추어볼 때 이와 같은 달러화의 가치상승은 예견할 수 있었던 것일 뿐 아니라 펀더멘털 변화에 대한 최적반응이기도 하다고 주장한다. 다른 논자들은 그간 변덕스럽게 달러화의 가치가 펀더멘털로부터 이탈해왔음을 보여주면서 당시 달러화의 가치상승을 최소한 조금이라도 예측할 수 있었더라면 적어도 이와 같은 파괴적인 영향을 줄일 수도 있었을 것이라고 주장한다. 환율에 제대로 '가격이 매겨지고 있는지'를 둘러싼 논쟁은 무척 중요한데, 환율이란 외국 자산들, 외국 재화들, 그리고 외국 생산요소들의 가격 **모두**에 동시에 영향을 미치는 것이기 때문이다. 널스크의 추종자들이 옳다면, 그래서 투기가 가격을 펀더멘털로부터 이탈하게 만드는 것이라면, 외환시장에서는 개입주의적 주장이 강력한 힘을 얻게 될지도 모른다.

이 장에서 우리는 외환시장의 효율성에 초점을 맞추어 논의를 전개하고자 한다. 좀더 상세한 논의를 원하는 독자들은 무사(Mussa, 1979), 레비치(Levich, 1985), 부스와 롱워스(Boothe and Longworth, 1986), 호드릭(Hodrick, 1987), 그리고 프루트(Froot, 1990) 등의 논문을 참조하기 바란다. 가능한 한 단순하게 접근하기 위해서 (불행하게도 그럼에도 불구하고 논의는 전혀 단순해지지 않지만), 소위 선물환 할인 바이어스(forward discount bias) 검정이라는 방법을 통해서 효율성의 문제를 살펴보도록 할 것이다. 이 검정법은 이해하기도 쉽고 실증을 통해 귀무가설을 강하게 기각할 수 있기 때문에, 통계적 검정력의 문제도 없다. 이와 함께 우리는 이 결과에 대한 대안적 설명이 맞는지 확인해줄 수 있는 다른 실증 작업들도 검토할 기회가 있을 것이다.

선물환 할인 바이어스 검정

투자자들이 위험중립적이고 합리적 기대를 한다면, 시장의 미래 환율에 대한 예측은 암묵적으로 국가 간 이자율의 차이를 통해 나타난다. 이를 이해하기 위해 미국에서의 연간 이자율이 10%이고 독일에서의 연간 이자율이 7%라고 해보자. 이때 이자율 차이는 3%가 된다. 위험중립적이고 합리적인 투자자들은 다음 해까지 마르크화에 대한 달러가치가 절하될 것이라고 예측할 것이다. 달러가치의 절하율은 달러로부터 얻어지는 기대수익률과 마르크화 표시 예치금으로부터 얻어지는 기대수익률을 같게 만들어주는 수준에서 결정될 것이다. 만일 투자자들이 달러화가 4% 정도 평가절하될 것이라고 예측한다면, 달러를 빌려 마르크화를 사고, 이렇게 구입한 마르크화를 빌려주고자 할 것이다. 그렇게 되면 이자율 차이가 4%가 될 때까지 달러화의 이자율은 상승하게 될 것이고, 마르크 이자율은 하락하는 경향을 보일 것이다. 이와 같이 이자율 격차와 통화의 기대가치절하율 사이에서 나타나는 이와 같은 간단한 관계를 가리켜 유위험이자율평가(uncovered interest parity, 이때 uncovered라는 말은 선물환 시장이 헤지로 이용되지 않는다는 말이다)라고 부른다. 따라서 유위험이자율평가는 이자율 격차가 미래의 환율 변화의 예측치가 된다는 것을 암묵적으로 의미하고 있다. 예상이 합리적이라면 이자율 격차가 제공해주는 미래 환율 변화에 대한 이 예측치는 불편추정량(unbiased estimator)이 될 것이다.

보통은 환율의 변화를 이자율 격차로 회귀시켜봄으로써 불편성을 검정한다.

1) $\Delta s_{t+k} = \alpha + \beta(i_t - i_t^*) + \eta_{t+k}$

여기서 Δs_{t+k}는 현재 t기로부터 앞으로 k기 동안 통화의 가치절하율(현물외환시장에서의 달러가치의 로그값의 변화분)을 나타내며 $(i_t - i_t^*)$는 k기 동안의 미국 이자율에서 같은 기간 외국 이자율을 뺀 값이 된다. 여기서 귀무가설은 $\beta = 1$이다. 어떤 학자들은 $\alpha = 0$도 귀무가설에 함께 포함시킨다. 다른 말로 하면 현물시장에서의 통화의 (실현된) 가치절하율은 이자율 격차와 교란항, η_{t+k}의 합이 된다는 것이다.

위의 수식 1)을 조금 변형시켜 이자율 격차를 선물환 할인율, 즉 현재 선물환율과 현물환율 간의 퍼센트 차이로 바꿔볼 수 있다(선물환율이란 미래 특정 시점에 인도하기로 한 외환에 대한 현재의 달러 가격이다). 차익거래가 이루어지면, 선물환 할인은 이자율 격차와 같아져야 한다. 그렇지 않다면 외환을 빌려서 이를 달러로 바꿔 투자한 후 선물환시장에서 달러를 팔면 위험을 수반하지 않고도 이윤을 얻을 수 있다. 대부분의 학자들이 동의하고 있는 것은 시장에서 이러한 차익거래 조건이 잘 지켜지고 있다는 것이다. 은행들은 선물환율이 이자율 격차에 맞춰 결정되도록 하기 때문이다. 위험중립성과 합리적 기대를 가정하면, 선물환 할인은 이후 환율 변화에 대한 불편추정량이 되어야 한다. 만일 1)식을 회귀시킨 결과 β의 추정량이 1이 되지 않는 경우, 이를 가리켜 선물환 할인 바이어스라고 부른다.

이러한 불편성 가설을 검정한 연구들이 꽤 많은데, 대부분의 연구에서 β의 추정치는 계속 1보다 작게 나온다. 때로는 β의 추정치가 0보다 작은 값으로 나오기도 한다. 발표된 75편의 논문에서 보고된 β 값의 추정치들을 평균내보면 -0.88이 나온다(프루트(Froot, 1990)를 참조하라). **0보다 큰 값으로 나온 경우도 있지만 1과 일치하거나 1보다 더 큰 값으로 나온 경우는 한 번도 없었다.**

이 추정치가 −1에 가깝게 나왔다는 것은 이해하기 힘들다. 이것이 의미하는 바는, 예를 들어 미국의 이자율이 외국 이자율에 비해 1% 포인트 높을 때 달러가치가 연간 1% 정도 **절상되는** 경향이 있다는 것이다. 즉 불편성 가설에 의하면 이때 1% 절하를 예측하게 되므로 실제 나온 결과는 불편성 가설과 정면으로 배치되는 셈이다.

이에 대해 두 가지 해석이 제시되고 있다. 어떤 학자들은 $\beta < 1$이 되는 이유는 외환이 갖고 있는 위험 프리미엄 때문이라고, 즉 달러 이자율이 상승할 때, 달러 자산에의 투자는 상대적으로 좀더 위험해지기 때문이라고 본다.[1] 이와 반대로 다른 학자들은 환율 위험은 완벽하게 다변화될 수 있으므로 투자자들은 위험중립적 태도를 띠게 될 것이라는 사실을 전제로, 여기서 나타나는 바이어스를 예측오차의 증거로 해석한다. 다음 두 절에서 우리는 이러한 설명들을 살펴볼 것이다.

환위험 프리미엄

외환시장에 참여하는 투자자가 위험기피적이고, 환위험이 완전히 다변화될 수 없다고 하면, 이자율 격차나 선물환 할인율은 미래 환율 변화에 대한 추정치가 되지 못한다. 이 경우 이자율 격차는 환율 변화의 기대치와 위험 프리미엄의 합이 된다. 따라서 달러가 외환보다 더 위험하다고 여기면, 환율이 변화하지 않을 것이라고 기대되더라도 달러 이자율은 그만큼 더 높아야 할 것이다. 합리적 기대 가정을 따른다면, β의 추정치가 1이 안 된다는 것은 이자율의 변화가 위험 프리미엄의 변화와 연관된다는 것을 의미한다. 즉 β의 추정치가 1보다 작다는 것은 달러 이자율 차이가 1% 증가했을 때 달러의 가치하락은 1%에 못 미칠 것으로 기대된다는 것을 뜻한다. 위험 프리미엄이 이자율 격차에서 환율 변화의 기대치를 뺀 값과 같기 때문에, 달러 자산의 위험 프리미엄이 이자율 격차와 함께 상승하거나, 혹은 위험 프리미엄이 불변이라면, 외환 거래로부터 얻게 되는 수익률은 반드시 하락해야 한다.[2]

β의 추정치가 음(−)의 값이 되는 것은 좀더 극단적인 현상이다. 이자율 격차의 증가가 달러가치의 상승을 초래한다는 것인데, 이를 위험 프리미엄 가설에 따라 설명하려면, 훨씬 더 높은 위험 프리미엄이 존재한다는 것을 뜻한다. 파마(Fama, 1984)가 지적하듯이 이것이 의미하는 바는 1) 위험 프리미엄의 분산이 가치절하의 기대치 분산 및 이자율 격차의 분산보다 더 크고, 2) 가치절하의 기대치와 위험 프리미엄 간의 공분산이 마이너스라는 것이다.

가치절하의 기대치와 위험 프리미엄 간의 음의 상관관계는 설명할 수 있다. 미국에서 인플레이션율이 높을 것으로 기대된다는 것은 달러화의 가치하락과 달러 표시 자산의 위험도 증가와 관련이 있을 수 있다(Hodrick and Srivastava, 1986). 예를 들어 높은 기대인플레이션율이 미래 화폐정책의 경로를 둘러싼 불확실성을 반영한다면 말이 된다. 위험 프리미엄에 기초한 설명이 갖는 진짜 문제는 이자율의 변화가 왜 훨씬 더 큰 위험 프리미엄의 변화를 초래하는지를 과연 설명해낼 수 있는가이다. 위험 프리미엄 논리가 갖는 장점을 평가하기 위해 세 가지 접근법이 제시되어왔는데, 이 중 어떤 것도 불편성 가설을 지지해주지 못했다.

첫 번째 접근법은 소위 위험에 대한 '확률적' 모델을 검정하는 것이다. 위험도를 결정하는 요인들이 외환의 초과수익률에 얼마나 영향을 미치는지를 검토하는 대신에, 특정 통화의 초과수익률 혹은 통화들 간의 초과수익률 사이에 이론으로부터 예측 가능한 패턴이 과연 나타나는지를 검정해보는 것이다. 이 검정법은 환율 변화에 영향을 미칠 것으로 예측되는 구성 부분들에 대한 풍부한 정보를 제공해주지만, 이들 구성요소들이 실제로 위험을 설명해주는 것인지에 대한 증거를 제공해주지는 않는다. 또 이와 다르게 기대수익률이 미래 수익률 분산의 기대치에 의해 설명될 수 있는지를 검정하기도 한다. 이런 종류의 검정은 원칙상 위험과 예측오차를 더 잘 구분할 수 있게 해준다. 하지만 현실적으로 분산의 기대치라는 척도가 선물환 할인 바이어스와 연관된다는 증거는 없다.

환위험 프리미엄을 검정해주는 두 번째 접근법은 자산의 상대적 수익률을 살펴보는 것에 그치지 않고 요구수익률의 근본적인 결정요인들이 무엇인가를 검토하는 것이다. 이 중 하나로서 프랑켈 (Frankel, 1982)이 제시한 검정법이 주목하는 것은, 자산가격결정 모형은 어떤 자산의 위험 프리미엄이 투자자의 포트폴리오 중에서 그 자산의 가치가 차지하는 비중과 체계적으로 연관될 것을 요구한다는 점이다. 그는 이로부터 요구수익률이 환율의 체계적 위험과 양의 상관관계를 갖는다는 어떠한 증거도 찾지 못했다. 물론 이러한 모델들을 사용한다고 해서 체계적 위험이 0이라는, 즉 환위험 프리미엄이 0이라는 가설을 기각할 수는 없다. 하지만 위험 프리미엄이 외환의 예측 가능한 초과수익률을 설명해주는 방식으로 변화한다는 증거도 없다(프랑켈과 엥겔의 연구[Frankel and Engel, 1984], 그리고 호드릭의 연구[Hodrick, 1987]를 참조하라). 이후의 연구에서는 시간에 따라 변화하는 위험(time-varing risk premium)에 대한 좀더 복잡한 모델을 검토했지만 결과는 다르지 않았다(엥겔과 로드리게스[Engel and Rodriques, 1989], 지오반니니와 요리온[Giovanini and Jorion, 1989], 마크[Mark, 1985], 그리고 옵스펠트[Obstfeld, 1990]를 참조하라).

위험 프리미엄 가설을 평가하기 위한 세 번째 접근은 직접적으로 기대가치절하율을 측정하려고 시도함으로써 실현된 가치절하율을 기초로 추론을 진행해야 하는 문제를 피하고자 한다. 우리가 실제로 기대가치절하율을 관측할 수 있다면 이자율 격차의 바이어스를 위험 프리미엄으로부터 기인한 부분과 예측오차로부터 기인한 부분으로 나누어볼 수 있을 것이다. 그렇다고 해서 위험 프리미엄이 어떻게 형성되는지를 알 수 있는 것은 아니지만, 이 바이어스를 설명하는 데 있어서 위험의 중요성과 시장효율성의 중요성이 얼마나 되는지를 말해줄 수는 있을 것이다.

물론 문제는 시장 기대치가 실제로 관측 가능하지 않다는 데 있다. 하지만 그럼에도 불구하고 이 기대치를 가늠할 수 있는 척도를 모아보면 이로부터 어떤 직관을 얻을 수 있으리란 기대를 해볼 수 있다. 프루트와 프랑켈(Froot and Frankel, 1989)은 외환 거래자들로부터 미래가치절하율에 대해 어떻게 예상하고 있는지를 물어서 작성된 서베이 데이터를 사용했다. 만일 서베이를 통해 나타난 예상이 기대가치절하율의 척도로 받아들여질 만한 것이라면, 이자율 격차에서 나타난 바이어스가 위험 프리미엄에서 기인하는 것인지 예측오차에서 기인하는 것인지를 구분할 수 있게 될 것이다. 실제로 서베이를 통해 암시되는 위험 프리미엄은 0으로부터 상당히 떨어져 있고 시간에 따라 크기가 변하는 것으로 나타났다. 하지만 서베이 데이터를 통해 계산된 위험 프리미엄은 선물환 할인과 상관관계가 없는 것으로 나타났다.

◆ 위험과 1980~1985년 기간 동안의 달러가치
마지막으로 우리는 경제학자들이 내놓은 시간에 따라 변화하는 위험 프리미엄(time-varying risk premium)이라는 또 하나의 가설을 검토하기 위해, 이 가설이 1980년대 달러화의 유례없는 이상변동을 설명해낼 수 있는가를 살펴보고자 한다. 1980년 후반부터 1985년 초반까지 달러 이자율은 다른 나라의 이자율보다 높았고 따라서 달러는 선물시장에서 할인된 가격으로 팔렸는데, 이는 달러의 가치가 떨어져야 함을 의미하는 것이었다. 하지만 오히려 달러는 연간 13%의 속도로 절상되었다. 위험 프리미엄 시나리오에 따르면, 투자자들은 (합리적으로) 달러화의 절상을 예측했음에도, 위험 프리미엄이 양의 값을 가졌기 때문에 일어난 현상이라고 설명될 수 있다. 즉 위험 프리미엄 시나리오가 맞으려면, 당시 투자자들에게 달러화로 표시된 자산이 다른 통화로 표시된 자산들에 비해 훨씬 더 위험하다고 인식되었어야 한다. 그런데 이는 달러화 강세를 설명하기 위해 당시 제시되었던 '안전자산'(safe-heaven) 가설과 정확히 배치된다.

또한 위험 프리미엄 가설이 맞다면, 1985년 이후에 있었던 달러 가치 폭락은 1985년 당시 투자자들이 달러가 상대적으로 안전하다는 식으로 생각을 바꿈에 따라 위험 프리미엄의 부호가 역전되었기 때문에 나타난 현상이라고 설명할 것이다. 이렇게 엄청난 달러화 가치 파동이 있으려면 환위험 결정인자들에 뭔가 매우 급격한 일이 발생했어야 한다. 달러가치가 오르는 시기에 투자자들이 달러 말고 '더 안전한' 외환을 보유하기 위해서는 연간 16% 정도(연간 13%의 달러화 가치절상 + 3%의 이자율 격차)의 수익을 포기할 용의가 있어야 한다고 말할 수 있어야 한다. 반면 달러화의 가치가 떨어지는데도 달러를 보유하기 위해서는 6% 정도의 연간 수익률(8%의 달러화 가치절하 - 2%의 이자율 격차)을 포기할 용의가 있어야 했음을 의미한다. 이 정도는 포기하기에는 너무 큰 수익률이다. 즉 1980년대 달러가치의 변화를 설명하기 위해 경제학자들이 왜 그리도 위험 프리미엄 가설에 의존하려 하는지를 이해하기 어렵다.[3]

예측오차

위험 프리미엄 가설에 대한 대립가설 중 대표적인 것으로 예측오차 가설이라는 것이 있다. 예측오차를 통해, 선물환 할인율과 이자율 격차에서 나타나는 바이어스를 설명하고자 하는 시도이다. 이 대립 가설에 의하면 위험 프리미엄은 고정된 값을 갖는다(혹은 최소한 선물 환 할인율과 상관관계가 없다고 가정된다). 그렇다면 이자율의 격차가 커 지면 기대가치절하율 상승이 초래되어야 한다. 즉 기대가 합리적이 라면, 이자율 격차가 1% 증가할 때 달러화 가치가 1% 하락하는 경 향을 보여야 한다. 하지만 위에서 살펴본 계수 추정치들에 의하면 이자율 격차에 따라 1%의 가치절하가 발생해야 할 때, 평균적으로 거의 1% 가까이 절상되고 있었다. 어떻게 이러한 예측오차가 발생 할 수 있을까? 그리고 어떻게 그것이 유지될 수 있을까?

지금 논의하고 있는 1980년대 초반 동안 예측오차가 있었더라도, 지금 그것을 보면서 사후적으로 그것이 경제적으로 유의미할 정도 로 컸다고 이야기할 수 있겠지만, 그 당시에는 그러한 시장의 비효 율성을 인식하고 그로부터 이윤 기회를 이용하는 것이 가능하지 않 았을 수도 있다. 아마도 그 기간은 통상적인 통계적 추론 방법이 올 바른 결론으로 유도될 정도로 정상적인 기간이 아니었을지도 모른 다. 투자자들이 변동환율제라는 상황에 혹은 여타 다른 체제 변화에 적응해가는 학습 과정상에 있었다면, 그러한 변화 자체가 '대표적 이지 않은' 환율의 변화를 일으키는 요인이 될 수 있다. 루이스 (Lewis, 1989)는 이러한 식의 설명이 1980년에서 1985년 사이의 달러 화의 급격한 가치상승 현상에도 들어맞는지를 검토하고자 했다. 그 녀는 투자자들이 미국에서 관측되지 않은 화폐공급 과정의 변화에 늦게 적응하고 있었으며, 그러한 학습 진행 속도가 늦다는 사실로부터 이 선물환율의 오차 중 절반가량을 설명해줄 수 있다는 것을 보였다. 하지만 루이스가 지적하듯이 이 오차는 시간이 지나도 사라지지 않는 것처럼 보이는데, 이러한 사실은 갑작스러운 체제 변화에 대한 학습모델과 배치되는 증거가 된다.

회귀분석으로부터 잘못된 통계적 추론을 하게 만드는 다른 예가 **페소화 문제**(peso problems)였다. 페소화 문제라는 용어는 1955년에서 1975년 사이에 멕시코 페소화를 둘러싸고 나타난 현상을 지칭하는 것이다. 당시 멕시코 정부는 멕시코 페소를 미국 달러에 대해 고정시킨 고정환율제를 유지하고 있었는데, 그동안 내내 페소화는 선물환 시장에서 할인되어 팔리게 되었다. 물론 투자자들 사이에서 대폭적인 가치폭락이 예상되고 있었고, 실제로도 그렇게 됨으로써 이자율을 기초로 그리고 선물환 시장의 움직임을 기초로 한 예측을 확증해주었다. 하지만 어느 누구도 1955년부터 1975년까지의 기간 동안의 샘플만을 가지고는 페소화의 대폭적 가치폭락을 예측하지 못했을 것이다(Rogoff, 1979). 이러한 예나 좀 덜 극단적인 상황에서 페소화 문제는 표준적 통계적 추론 절차의 문제점을 그대로 보여주고 있다.

마이클 무사(Michael Mussa, 1979)는 페소화 문제가 왜 우리가 논의하고 있는 회귀분석 방식이 갖고 있는 문제를 드러내게 되는 것인지에 대해 설명한 적이 있다. 그는 대부분의 시기에는 인플레이션이 제한된 범위 내에서 맴돌다가 극도의 인플레이션이 간헐적으로 발생하는 식으로, 인플레이션율의 분포가 한쪽으로 치우치는 것이 일반적이라고 주장했다. 초인플레이션이 발생한 시기가 아닌 경우 기대인플레이션율은 실제 실현된 인플레이션율을 과대 예측한다. 기대인플레이션율의 상승이 명목이자율과 기대가치절하율의 상승과 연관될 가능성이 많기 때문에, β계수는 샘플의 과반수가 넘는 사례에서 1보다 작게 나오게 된다.

우리는 페소화 문제가 무사가 제안한 것과 유사하게 치우친 분포를 통해서 1980년대 초반 달러화에 대해서도 적용될 수 있는지를 살펴볼 수 있다. 1980년부터 1985년까지의 기간 동안 달러는 평균적으로 1980년 달러가치보다 33%가량 높게 유지되어 있었고, 이는 매년 평균 13% 상승했음을 의미한다. 시장의 예측이 달러화의 가치는 연간 13% 상승하거나 아니면 1980년 수준으로 복귀한다고 보고 있다고 하자(즉, 일단 가치가 상승한다면 그 상승률은 13%가 되며, 가치가 하락한다면 하락률은 33%가 될 것이라고 예측한다). 또한 시장의 예측에 따르면, 달러화의 가치가 상승할 확률을 π, 그리고 1980년 수준으로 하락할 확률을 $1-\pi$로 보고 있다고 하자. 그렇다면 기대평가절하율은 $\pi \times 33\% - (1-\pi) \times 13\%$가 될 것이다. 우리가 기대평가절하율이 이자율 격차에 의해 주어진 3%가 될 것이라고 예상한다면 가치하락의 확률 π는 $\pi = \$(13+3)/(13+33) = 35\%$가 된다. 이것이 의미하는 바는 달러화의 가치가 가치하락 없이 5년간 계속 상승할 확률은 $0.65^5 = 0.12$가 될 것이라는 것이다. 표준적인 유의수준하에서는 페소화 가설을 기각할 수 없지만, 우리가 이 계산 결과를 심각하게 받아들인다면, 이 계산 결과는 페소화 문제 가설이 맞을 가능성이 별로 없다는 것을 의미한다.

◆ 이자율 격차와 환율변동

이자율 격차에서 나타나는 바이어스는 어떤 경우에는 그리 심하지 않아 보인다. 초인플레이션이 발발하기 이전까지 인플레이션 효과가 누적되는 동안(이 기간 동안 명목이자율은 점점 상승한다) 이자율 격차 바이어스를 검정해보면, β값은 양의 값을 갖고 그 크기는 1에 근접해 있다는 것을 알 수 있게 된다. 추가적으로, 횡단면 자료를 검토하면 이자율 격차는 합리적인 예측으로 이어진다는 것을 알 수 있다. 이탈리아와 같이 고인플레이션 국가들은 미국보다 명목이자율이 높고, 화폐가치도 점차 절하되는 경향이 있다. 서독과 같이 낮은 명목이자율과 낮은 인플레이션을 보이는 나라들의 통화에는 반대 경향이 나타난다. 다시 말하면 이자율 격차의 평균 수준은 단기적으로는 환율의 변화에 이상한 방식으로 영향을 주지만 장기 통화가치의 움직임에는 제대로 작용한다.

이러한 증거는 늦은 학습 가설과 페소화 문제 설명을 지지해주는 것으로 해석할 수 있다. 이들 설명 방식은 모두 이자율 격차가 평균적으로는 장기 통화가치의 변화를 제대로 예측하게 해준다는 데 동의하기 때문이다. 하지만 똑같은 논리를 적용하면 β의 추정치가 장기적으로는 1이 되어야 한다는 것을 말해주기도 한다. 또한 늦은 학습이 바이어스의 배후에 존재하는 이유가 된다면 β의 추정치는 나중 시기, 즉 적응이 완전히 이루어진 이후의 샘플에서는 1에 수렴하는 경향을 보여야 한다. 하지만 그러한 변화의 조짐은 보이지 않는다.

β값이 1보다 작다는 증거가 여러 하위 샘플, 다른 통화들, 서로 다른 예측시점, 그리고 다른 자산시장에서 광범위하게 나타난다는 사실은 1980년대 초반 달러화의 이상 행보에 대해 페소화 가설이 근접 기각(near-rejection)된다는 사실과 함께, 학습 가설과 페소화 문제 가설의 타당성에 의문을 던지게 된다. 이러한 가설들을 지지하려면, β의 많은 추정치들을 모두 함께 움직이게 만드는 뭔가가 있다고 주장해야 할지도 모른다. 아직 일어나지 않은 뭔가 아주 중요한 사건(예컨대 핵폭발로 인한 인류의 절멸)이 일어날 가능성이 있어 투자자들의 행동을 바이어스가 생기는 쪽으로 움직이도록 유도할 가능성이 있다면 그 가설을 지지할 수 있을지도 모르겠다. 하지만 우리가 다

루는 시계열 혹은 횡단면 샘플의 크기가 점점 커지면서 이러한 주장은 별로 타당성이 없음이 드러나고 있다.

가능한 설명들

지금까지 도달한 결론은 부정적이었다. 합리적이고 효율적인 시장 패러다임에 입각한 가설들은 우리가 관측한 사실들을 만족스럽게 설명해주지 못한다. 시도해볼 수 있는 것은 이것저것 다 빼고 가능한 단순한 설명 방식을 취해보는 것이다. 그 중 하나의 방법으로, 다른 가정들은 그대로 유지하면서, 모든 투자자들이 완전히 합리적이라는 가정을 없애보자. 예컨대 최소한 몇몇 투자자들은 이자율 격차의 변화에 다소 늦게 반응한다는 가정하에서 모형을 세워보는 것이다. 이 투자자들은 투자를 행하기 전에 생각할 시간을 좀더 가져야 하는 사람들일 수도 있고, 아니면 최신 정보에 발 빠르게 대응할 수 없는 사람들일 수도 있다. 또 모형 내에 등장하는 다른 유형의 투자자들은 완전히 합리적이지만 위험에 대해서는 기피적인 태도를 갖고 있으며 유동성 제약에 처해 있다고 가정해보자. 이들은 첫 번째 그룹의 투자자들의 늦은 행보를 이용해서 이익을 챙기려 한다고 보아도 좋다.[4]

　이런 식으로 단순하게 이야기를 전개하더라도, 우리가 앞에서 살펴본 사실들을 잘 설명해낼 수 있다. 첫째, 이 단순한 모형을 통해 예측되는 β값은, 국가 간 명목이자율 격차의 변화가 실질이자율 격차의 변화를 반영하는 한, 음수가 된다. 명목이자율의 변화가 환율에 어떠한 즉각적인 효과를 가져올지에 대해서는 환율 모형마다 각각 다르게 설명하고 있지만, 대부분의 모형들은 달러 실질이자율(다른 조건들이 일정하다면)의 상승이 즉각적인 달러화의 절상을 초래할 것이라는 데 동의하고 있다. 여기서 예측되는 달러화의 절상 중 오직 일부분만 즉각적으로 일어나고 그 효과가 완전히 나타나는 데에는 시간이 좀 걸린다면, 달러화의 절상에 대한 기대가 이자율 격차의 증대로 이어질 것이라고 예측할 수 있다. 따라서 이자율의 변화와 환율의 변화 간의 단기적인 부의 상관관계가 나타날 가능성이 있다. 둘째 이 가설은 또한 횡단면 분석의 결과와 초인플레이션의 결과에 대해서도 설명할 수 있는데, 여기서 이자율 격차는 환율의 변동을 정확히 예측해준다. 일부 투자자들에게 나타나는 한 템포 느린 반응은 이자율 격차와 환율 변동 간의 장기적 관계에는 영향을 미치지 못할 것이다. 이 가설에 따르면, 과거(단지 현재가 아니라) 선물환 할인 수준이 환율 변동을 예측하는 데 도움을 줄 수 있다는 것이다. 실제로 이 가설이 맞는다면, 과거 이자율 격차를 수식 1)에 포함하면 β추정치는 1에 가까운 값으로 나와야 하는데, 프루트(Froot, 1990)는 이 함의를 지지해줄 수 있는 증거를 보여준 바 있다.

◆ 당신이 그렇게 똑똑하다면……

투자자들(적어도 일부의)의 '합리성'의 부족에 강조점을 두게 되면, 지금까지 우리가 본 사실에 상당히 부합하는 모형을 세울 수 있지만, 여기에는 심각한 결함이 있다. 그것은 현재 이자율의 변화에 대해 차익거래를 할 만큼 충분한 자금이 시장에 존재하지 않는가 하는 것이다. 하지만 외환시장의 비효율성을 보여주는 실증 증거들이 빌슨(Bilson, 1981)에 의해 제시되었다. 그는 이자율이 상대적으로 높은 통화를 산다는 투기 규칙이 실제로 위험을 부담하지 않고도 기대수익을 올릴 수 있다고 주장했다. 실제로 그 스스로가 이 전략을 사용하여 엄청난 돈을 벌어들임으로써 그의 주장을 입증하기도 했다.[5]

둘리와 섀퍼(Dooley and Shafer, 1983), 스위니(Sweeney, 1986)도 몇 가지 유형의 '필터 룰'(filter rules)을 검토했다. 이는 과거 현물시장 환율에 기초하여 현재 투자거래를 행하는 전략이다. 전형적인 필터 룰은 투자자는 달러가 과거 24시간 동안 2% 이상 절상되면 달러를 공매한다는 것이다. 이렇게 얻어지는 이윤의 크기가 항상 통계학적으로 유의미한 것은 아니었지만, 여하튼 이 규칙은 성공적인 것으로 드러났다. 슐마이스터(Schulmeister, 1987), 컴비와 모데스트(Cumby and Modest, 1987)는 '기술적 분석'(technical analysis)으로부터 유도되는 많은 거래 규칙들을 연구했는데, 그가 발견한 것도 이러한 규칙들이 통계적으로 유의미한 크기의 이윤을 만들어낸다는 것이었다.

외환시장에 존재하는 명백한 비효율성을 기초로 돈을 벌 수 있는지의 여부와 무관하게, 어떤 통화에 있어서 위험-수익 간의 상충관계(trade-off)가 크게 중요한 것은 아니라는 것을 강조할 필요가 있다. 연간 이자율과 연간 환율변화율을 가지고 수식 1)을 회귀분석해보면 β추정치의 표준오차는 약 36% 정도로 나온다. 이것이 의미하는 바는 15달러 정도 이윤의 표준편차에 1달러 정도의 기대이윤이 발생하게 된다는 것이다. β가 −1이었고, 따라서 달러 이자율이 1% 포인트 상승하게 되면 달러자산으로부터 얻어지는 연간 수익률은 외국자산으로부터 얻어지는 수익률에 비해 2% 높다는 말임을 상기하라. 월별로 보면, 500달러를 투자하면 1달러의 기대수익이 생긴다는 것이다(복리를 무시할 때, [\$500 0.02]/12는 약 1달러가 된다. 이윤의 표준오차는 이때 [\$500 0.36]/12, 즉 15달러가량 된다). 거래비용을 감안하면 위험-수익 간의 상충관계는 훨씬 덜 중요해진다. 이 전략에서 '위험'의 대부분이 원칙상 다변화될 수 있을지도 모르지만 이렇게 복잡한 다변화 전략은 훨씬 더 비용이 많이 들고, 위험하며, 실행하기도 힘들다.

보충설명

경제학자들은 금융시장에서 나타나는 이상현상을 '설명'하고자 할때, 위험에 주목하곤 한다. 예를 들어 소규모 기업이 대규모 기업에비해 높은 수익률을 얻는다면, 그것은 소기업이 대기업보다 위험하기 때문이라고 설명한다. 이와 유사하게, 자산 가격에서 나타나는평균으로의 회귀도 시간에 따라 변화하는 위험 프리미엄 때문이라고 설명되곤 한다. 즉 투자자들이 부담할 용의가 있는 위험의 수준이 변화한다는 사실로부터 평균회귀 패턴을 설명할 수 있다는 것이다. 이러한 설명들은 논쟁에서 거의 지는 법이 없는데, 그 이유는 이러한 설명 방식이 사실상 검정 불가능하기 때문이다. 위험 프리미엄이 직접적으로 관찰될 수 없다면 이 설명이 틀렸다는 것을 입증할방법이 없지 않겠는가? 하지만 이러한 사고방식도 항상 안전한 것은 아니다. 연구자들이 항상 이 검정 불가능한 명제를 검정해낼 수있는 방법을 찾으려고 시도하기 때문이다. 효용극대화라는 개념은종종 검정 불가능한 동어반복 명제라고 간주되곤 한다. 하지만 제7장에서 본 선호역전이라는 현상을 생각해보자. 사람들은 동일한 문제라도 상이한 두 가지 버전으로 이 문제를 대하게 되면 모순되는결정을 내리는 경향이 있음을 본 바 있다. 이 경우 이 모순된 두 선택 모두 효용극대화 원리에 부합할 수는 없다.

이 장에서 우리가 살펴본 대로 외환시장을 연구하는 학자들은 위험이 외환시장에서 나타나는 이상현상들을 설명해줄 수 있는지를검정하기 위한 방법을 찾으려고 애써왔다. 지금까지 수행된 검정들로부터 우리가 얻을 수 있는 결론은 선물환 할인 바이어스가 예측오차가 아니라 위험 때문에 나타난 것이라고 볼 만한 증거를 찾지못했다는 것이다. 경제학자들의 자산가격설정 모형으로부터 도출한 위험 프리미엄이 계량경제학자들의 회귀분석으로부터 얻어진 초과수익률과 체계적으로 연관된다는 증거는 어디에서도 보이지 않는다.

오히려 이 바이어스는 위험이 아니라 예측오차에서 기인한다는 것을 보여주는 증거는 있다. 환율 변화에 대한 예상을 담은 서베이 데이터를 사용해서 선물환 할인을 기대평가절하율과 위험 프리미엄으로 분리해보려는 시도가 보여주는 것은 이 바이어스가 거의 대부분 예측오차에 기인하는 것이고, 시간에 따라 변화하는 위험 프리미엄에 기인하는 부분은 거의 없음을 보여준다. 이와 같은 분리만으로 예측오차가 학습과정 때문인지, 페소화 문제 때문인지 혹은 시장의 비효율성 때문인지를 알려주는 것은 아니고, 더 나아가 학습과정도 페소화 문제도 이러한 사실을 완전하게 설명해주는 것은 아닌 것 같다. 요약하자면 지금까지 보아온 증거들은 시장비효율성을 고려하는 이론들이 좀더 심각하게 검토되어야 함을 제기한다.

외환시장에 비효율성이 있다고 한다면 이것이 주는 정책적 함의는 무엇인가? 비효율성의 증거가 다소 모호하고 환율에 대한 제대로 된 일반균형론적 모델이 없기 때문에 환율 변화가 정부의 개입을 요구할 정도로 값비싼 비용을 초래하고 있는지의 여부에 대해서는 이야기하기 힘들다. 이러한 종류의 비효율성이 환율에 큰 왜곡을 초래하는 것은 사실이지만, 조세나 고정환율 등의 정부의 개입도 후생에 비용을 초래하기는 마찬가지이다. 앞으로의 연구들은 정교하지 못한 정책적 도구들을 사용함으로써 소비자와 생산자들에게 어떤 영향을 주게 되는지를 이해하는 데 도움을 줄 수 있을 것이다.

1 비슷하게 이 결과는 외국 이자율이 상승할 때(미국 이자율에 비해) 외국자산에 대한 투자는 상대적으로 더 위험해진다는 것을 의미하는 것이 된다.

2 아마도 독자들은 두 국가 화폐가 하나의 환율로 연결되어 있을 때, 어떻게 특정 화폐 표시 자산이 다른 국가 화폐로 표시된 자산보다 더 위험해질 수 있는지 이해하기 힘들지도 모르겠다. 다음 예가 이해에 도움이 될 수 있을 것 같다. 상품과 자산의 거래가 완전히 통합된 똑같은 경제 규모의 두 국가가 있다고 해보자. 각 국가는 하나의 재화만을 생산하고, 각국이 각각 생산한 두 개의 재화를 동일한 양으로 소비하고 있다. 또한 각국은 미래 소비에 충당할 자산을 갖고 있다. 이제 A국 자산의 크기가 B국 자산의 크기보다 크다고 하자. 투자자들은 두 개의 재화를 동일한 양으로 소비할 것이기 때문에, 다른 조건이 일정하다면 자신들의 포트폴리오를 절반씩 나눠 두 나라의 자산에 반반씩 투자하고자 할 것이다. 따라서 균형에서 A국 자산의 수익률에 프리미엄이 부가되어야만, 투자자들이 포트폴리오에서 더 많은 부분을 A국의 자산으로 보유하고 있으려 할 것이다. 이러한 경우 우리는 A국 재화로 표시된 자산이 B국 재화로 표시된 자산보다 '위험'하다고 말할 수 있을지도 모른다.

3 투자자들이 이 기간 동안 펀더멘털이 예상했던 것보다 건전하다는 것(그리고 이후 시기에는 예상했던 것보다 취약하다는 것)을 알고 계속해서 놀라고 또 놀랐다고 주장할 수도 있다. 그렇게 가정하면, 합리적으로 예측된 가치절상의 기대치와 위험 프리미엄의 추정치는 방금 우리가 계산한 값보다는 0에 더 가깝게 나올 것이다. 바로 다음 절에서 이러한 설명 방식을 검토할 것이다.

4 여기서 소개하는 간단한 모형의 예로 커틀러, 포터바 그리고 서머스의 연구(Cutler, Poterba and Summers, 1990)을 참조하라.

5 호드릭과 스리바스타바(Hodrick and Srivastava, 1984)는 빌슨의 데이터(Bilson, 1981)를 이용하여 수익-위험 간의 상충관계가 덜 중요해진다고 보고하고 있다.

15

에필로그

지금까지 살펴본 이상현상들로부터 어떤 결론을 유도해낼 수 있을까? 이들 이상현상들은 경제이론이 붕괴되어야 한다는 것을 뜻하는 것일까? 그렇지는 않은 것 같다. 첫째, 표준적 경제학 패러다임이 한계와 약점을 갖고 있음에도 불구하고, 지금으로서는 다른 대안이 있는 것도 아니다. 사회과학의 많은 영역에서 어떤 연구라도 수행해내는 사람들은 경제학자들이다. 주식시장을 생각해보자. 내 경험에 따르면 월스트리트에서 일하는 전문가들은 심리학적 요인들이 금융시장에 아주 중요한 영향을 미친다는 아이디어를 적극 수용하고 있었다. 하지만 경제학자가 아닌 사회과학자들 중에서 금융시장을 진지하게 연구한 학자들은 극소수에 지나지 않고 자본자산가격결정모델에 대한 행태주의적 대안 비슷한 것도 존재하지 않는다. 그러한 대안이 출현한다면, 그 대안은 아마도 심리학자들이나 사회학자들로부터가 아니라 행태주의적 접근에 관심을 갖고 있는 경제학자들로부터 나오게 될 가능성이 높다.

그렇다면 새로운 유형의 경제이론은 어떤 모습을 띠어야 할까?

내가 정말 보고 싶은 게 있다면 경제학이 일진보해서 규범적 (normative) 이론과 기술적(descriptive) 이론 간의 구분이 명확히 되는 것이다. 이윤극대화, 기대효용극대화, 게임이론 등등은 최적 행위를 묘사하는 이론들이다. 한계비용이 한계수입과 일치하는 곳에서 가격을 설정해야 한다는 것은 어떻게 이윤을 극대화할 것인가라는 문제에 대한 정답이다. 하지만 기업이 실제로 그렇게 하는가의 여부는 전혀 다른 문제이다. 나는 내 MBA 학생들에게 승자의 저주를 회피하기 위해서는 이렇게 저렇게 행동해야 한다는 것, 그리고 기회비용을 실제 금전비용과 일치시키도록 노력해야 한다는 것 등을 가르치지만, 동시에 대부분의 사람들이 그렇게 행동하지 않는다는 것도 가르친다. 나는 경제이론에서는 무임승차가 최적이라고 이야기해주지만, 그럼에도 불구하고 협조가 때때로 좋은 전략이 될 수 있다는 것을 가르친다. 나는 학생들이 자신이 어떤 유형의 실수를 하게 될지, 그리고 그들의 피고용인들, 소비자들, 그리고 경쟁자들이 어떤 유형의 실수를 하게 될지를 아는 것, 그리고 이들이 협조적인 태도를 갖게 되는 놀라운 방법들을 알게 되는 것이야말로 이들이 좋은 경영인이 될 수 있는 길이라고 생각한다. 이것은 논쟁의 여지가 없다. 또한 나는 인간의 본성에 대해 이해하는 것은 인간의 행동을 설명하고 예측하고자 하는 경제학자들에게 필요한 일이라고 생각한다. 이것도 논쟁의 여지가 없는 것 같아 보이지만, 실제로는 여기에 동의하지 않는 사람들도 많다. 우리가 규범적 이론과 기술적 이론을 구분하는 데 성공한다면, 그때 비로소 처방적 이론을 만들어낼 수 있다. 그렇게 되면 우리는 실제 사람들과 어떤 게임을 할 때 어떤 전략을 선택해야 하는지를 이야기할 수 있다. 그러한 처방적 이론이 없다면 경제학은 우리가 최후통첩 게임을 할 때 어떻게 행동해야 하는지 경매에서 입찰가격을 결정할 때 어떻게 행동해야 하는지에 대해 말해줄 수 있는 게 거의 없다.

지금까지 내린 결론들은 경제학자들에게 다소 실망스러운 것일 지도 모른다. 어쩌면 이 일은 우리가 생각하는 것보다 훨씬 더 어려 운 일일지도 모른다. 좀 덜 합리적인 행동을 하는 모델을 만드는 것 은 다음과 같은 두 가지 이유에서 어려운 작업이다. 첫째 데이터 수 집 없이 좋은 기술적 모델을 구축하는 것은 불가능하며, 많은 이론 가들이 이러한 데이터에 대해 아주 심한 알레르기 반응을 보이기도 한다. 둘째 합리적 모델은 단순명쾌하고 우아하며 정확한 예측을 내 릴 수 있지만, 행태주의적 모형은 복잡하고 난삽하기까지 한 경향이 있다. 그리고 예측도 모호하다. 하지만 이렇게 보면 어떨까? 당신 같으면 우아하지만 명백히 잘못된 길을 가고 싶은가 아니면 난삽하 고 모호하지만 올바른 길을 가고 싶은가?

감사의 말

이 책을 쓰는 데 보통의 경우보다 훨씬 더 많은 도움을 받았다. 이 책의 각 장은 이전에 *Journal of Economic Perspectives*에 "이상현상"(Anomalies)이란 제목의 특집으로 실렸던 글들을 수정해서 실은 것이다. 내가 이 학술지에 시리즈를 쓰도록 배려해준 학술지 편집장인 카알 샤피로(Carl Shapiro)와 조세프 스티글리츠(Joseph Stiglitz)에게 감사의 말을 전한다(이상현상이라는 주제의 특집을 싣자는 아이디어는 나와 홀 베리언(Hal Varian)이 저녁식사를 하던 중에 나온 것이었고, 베리언은 곧바로 이 아이디어를 이 학술지에 제안했다). 학술지의 매호마다 마감일이 없었더라면 나는 아마도 이 책을 완성하지 못했을 것이다(왜 그런지는 이 책 제8장을 보면 안다). 카알 테일러(Carl Taylor)와 티모시 테일러(Timothy Talyor) 두 사람은 각 장에 들어갈 원고를 읽고, 코멘트하고, 교정까지 봐줌으로써 내용을 한층 읽기 쉽게 만들어주었다. 그들의 제안은 항상 건설적이었기에 대체로 그들의 제안을 따랐다.

　나는 전체 논문들의 반 이상을 한 명 이상의 공저자와 함께 썼다. 각 논문에 참여한 공저자들의 이름은 각 장의 첫 페이지에 나와 있다. 이들과 함께 쓴 장들은 나 혼자의 힘으로는 쓸 수 없었을 내용들을 담고 있다. 그들 없이 나 혼자 썼더라면 내용도 빈약했을 것이고, 글 쓰는 재미도 사라져버렸을 것이다. 이 논문작업에 참여한 모든 공저자들이 완전한 기여를 했기 때문에 혹시라도 이 책에서 공저 논문을 다른 곳에 인용하고자 한다면 부디 이 책 말고 원래의 논문을 인용해주시길 바라며, 그때 공저자의 이름이 혹시라도 빠지지 않았는지 확인해주시길 부탁드린다. 각 장의 논문들의 원 출처는 이 글 마지막에 수록되어 있다.

1년에 네 편의 논문을 쓴다는 것은 많은 시간이 소요되는 일이었다. 그리고 우리 모두가 알고 있듯이 시간은 금이다. 나는 자금을 지원해준 콩코드 캐피털 매니지먼트(Concord Capital Management)와 러셀 세이지 재단(Russell Sage Foundation)에 감사를 드리고, 이 책에 집중할 수 있는 시간을 허락해준 코넬대학교의 존슨 경영대학원(the Johnson Graduate School of Management)에 감사를 드린다. 세이지 재단의 에릭 워너(Eric Wanner)는 재단 이사장으로서의 일상적인 임무를 훨씬 뛰어넘는 도움을 주었다. 톰 다이크만(Tom Dyckman)은 책을 쓰는 동안 내내 도움을 주었고, 학사일정을 신축적으로 조정해줌으로써 내가 책에 투여할 수 있는 충분한 시간을 갖도록 배려해주었다.

인내심을 가지고 내 초고를(그리고 두 번째, 세 번째 초고까지도) 읽어준 많은 동료들의 도움을 받았다. 이 무거운 짐을 져준 사람들은 마야 바-힐렐(Maya Bar-Hillel), 콜린 캐머러(Colin Camerer), 워너 드 봉(Werner De Bondt), 팻 디그러바(Pat Degraba), 밥 프랭크(Bob Frank), 대니 카너먼(Danny Kahneman), 켄 카사(Ken Kasa), 제이 루소(Jay Russo), 그리고 탐 러셀(Tom Russell) 등이다. 이들은, 이 책의 제2장을 읽기 전인데도, 모두 협력을 기울여주었다. 데니스 리건(Dennis Regan), 샬롯 로센(Charlotte Rosen), 그리고 데보라 트레이스먼(Deborah Treisman)은 교정지를 읽으면서 무수히 많은 오타를 찾아주었다. 마지막으로 프리 프레스(the Free Press)의 편집자 피터 더거티(Peter Dougherty)는 13편의 논문을 책으로 엮어 출판하는 데 도움을 주었다. 감사의 말씀을 드린다.

이 책에 있는 글들은 *Journal of Economic Perspectives*에 실렸던 것으로, 미국경제학회(the American Economics Association)의 허가를 받고 책으로 출판된 것이다. 각 논문들을 책으로 엮는 과정에서 약간의 수정을 거쳤다. 각 장의 원 출처는 다음과 같다. Robyn M. Dawes and Richard H. Thaler(1988), "Cooperation," *Journal of Economic Perspectives*, Vol. 2, No. 3, pp. 187~197; Werner F. M. DeBondt and Richard H. Thaler(1989), "A Mean-Reverting Walk Down Wall Street," *Journal of Economic Perspectives*, Vol. 3, No. 1, pp. 189~202; Kenneth A. Froot and Richard H. Thaler(1990), "Foreign Exchange," *Journal of Economic Perspectives*, Vol. 4, No. 3, pp. 179~192; Daniel Kahneman, Jack L. Knetsch, and Richard H. Thaler(1991), "The Endowment Effect, Loss Aversion, and Status Quo Bias," *Journal of Economic Perspectives*, Vol. 5, No. 1, pp. 193~206; Charles M. C. Lee, Andrei Shleifer, and Richard H. Thaler (1990), "Closed-End Mutual Funds," *Journal of Economic Perspectives*, Vol. 4, No. 4, pp. 153~164; George Loewenstein and Richard H. Thaler(1989), "Intertemporal Choice," *Journal of Economic Perspectives*, Vol. 3, No. 4, pp. 181~193; Richard H. Thaler(1987), "The January Effect," *Journal of Economic Perspectives*, Vol. 1, No. 1, pp. 197~201; Richard H. Thaler(1987), "Seasonal Movements in Security Prices II: Weekend, Holiday, Turn of the Month, and Intraday Effects," *Journal of Economic Perspectives*, Vol. 1, No. 2, pp. 169~177; Richard H. Thaler(1988), "The winner's Curse," *Journal of Economic Perspectives*, Vol. 2,

No. 1, pp. 191~202; Richard H. Thaler(1988), "The Ultimatum Game," *Journal of Economic Perspectives*, Vol. 2, No. 4, pp. 195~206; Richard H. Thaler(1989), "Interindustry Wage Differentials," *Journal of Economic Perspectives*, Vol. 3, No. 2, pp. 181~193; Richard H. Thaler(1990), "Saving, Fungibility, and Mental Accounts," *Journal of Economic Perspectives*, Vol. 4, No. 1, pp. 193~205; Richard H. Thaler and William T. Ziemba(1988), "Parimutuel Betting Markets: Racetrakcs and Lotteries," *Journal of Economic Perspectives*, Vol. 2, No. 2, pp. 161~174; Amos Tversky and Richard H. Thaler(1990), "Preference Reversals," *Journal of Economic Perspectives*, Vol. 4, No. 2, pp. 201~211.

참고문헌

ABRAMS, BURTRAN A., and MARK A. SCHMITZ(1978). "The Crowding Out Effect of Government Transfers on Private Charitable Contributions." *Public Choice*, 33, pp. 29~39.

ABRAMS, BURTRAN A., and MARK A. SCHMITZ(1984). "The Crowding Out Effect of Government Transfers on Private Charitable Contributions: Cross Sectional Evidence." *National Tax Journal*, 37, pp. 563~568.

AINSLIE, GEORGE(1975). "Specious Reward: A Behavioral Theory of Impulsiveness and Impulse Control." *Psychological Bulletin*, 82, pp. 463~509.

AINSLIE, GEORGE(1992). *Picoeconomics: The Interaction of Successive Motivational States within the Individual.* Cambridge, U. K.: Cambridge University Press.

AKERLOF, GEORGE A.(1982). "Labor Contracts as Partial Gift Exchange." *Quarterly Journal of Economics*, 87, November, pp. 543~569.

AKERLOF, GEORGE A.(1984). "Gift Exchange and Efficiency Wages: Four Views." *American Economic Review*, 73, pp. 79~83.

AKERLOF, GEORGE A., ANDREW ROSE, and JANET YELLEN(1988). "Job Switching and Job Satisfaction in the U. S. Labor Market." *Brookings Papers on Economic Activity*.

AKERLOF, GEORGE A., and JANET YELLEN(1988). "The Fair Wage/Effort

Hypothesis and Unemployment." Unpublished, Department of Economics, University of California, Berkeley.

ALI, MUKHTAR M.(1977). "Probability and Utility Estimates for Racetrack Bettors." *Journal of Political Economy*, 85, pp. 803~815.

ALI, MUKHTAR M.(1979). "Some Evidence of the Efficiency of a Speculative Market." *Econometrica*, 47, pp. 387~392.

ANDERSON, S. C.(1986). "Closed-end Funds versus Market Efficiency." *Journal of Portfolio Management*, Fall, pp. 63~65.

ANDREONI, JAMES(1988). "Why Free Ride? Strategies and Learning in Public Goods Experiments." *Journal of Public Economics*, 37, pp. 291~304.

ANDREONI, JAMES(1990). "Impure Altruism and Donations to Public Goods: A Theory of Warm-Glow Giving." *Economic Journal*, June.

ARIEL, ROBERT A.(1985). "High Stock Returns Before Holidays." Unpublished Working Paper, Department of Finance, MIT.

ARIEL, ROBERT A.(1987). "A Monthly Effect in Stock Returns." *Journal of Financial Economics*, 18, March, pp. 161~174.

ARROW, KENNETH A.(1986). "Rationality of Self and Others in an Economic System." *Journal of Business*, 59, October, pp. S385~S400.

ASCH, PETER, BURTON G. MALKIEL, and RICHARD E. QUANDT(1982). "Racetrack Betting and Informed Behavior." *Journal of Financial Economics*, 10, pp. 187~194.

ASCH, PETER, BURTON G. MALKIEL, and RICHARD E. QUANDT(1984). "Market Efficiency in Racetrack Betting." *Journal of Business*, 57, pp. 65~75.

ASCH, PETER, BURTON G. MALKIEL, and RICHARD E. QUANDT(1986). "Market Efficiency in Racetrack Betting: Further Evidence and a

Correction." *Journal of Business*, 59, pp. 157~160.

ASCH, PETER, and RICHARD E. QUANDT(1986). *Racetrack Betting: The Professors' Guide to Strategies*. Dover, Mass.: Auburn House.

ASCH, PETER, and RICHARD E. QUANDT(1987). "Efficiency and Profitability in Exotic Bets." *Economica*, 59, August, pp. 278~298.

ASQUITH, P.(1983). "Merger Bids, Uncertainty, and Stockholder Returns." *Journal of Financial Economics*, 11, pp. 51~83.

AXELROD, ROBERT(1984). *The Evolution of Cooperation*. New York: Basic Books.

BANZ, ROLf, W.(1981). "The Relationship between Return and Market Value of Common Stocks." *Journal of Financial Economics*, 9, pp. 3~18.

BARRO, ROBERT(1978). *The Impact of Social Security on Private Saving*. Washington, D. C.: American Enterprise Institute.

BARRO, ROBERT(1989). "The Ricardian Approach to Budget Deficits." *Journal of Economic Perspectives*, 3, pp. 37~54.

BASU, SANJOY(1977). "Investment Performance of Common Stocks in Relation to Their Price-Earnings Ratios: A Test of the Efficient Market Hypothesis." *Journal of Finance*, 33, June, pp. 663~682.

BASU, SANJOY(1978). "The Effect of Earnings Yield on Assessments of the Association between Annual Accounting Income Numbers and Security Prices." *Accounting Review*, 53, July, pp. 599~625.

BAZERMAN, MAX H., and WILLIAM F. SAMUELSON(1983). "I Won the Auction But Don't Want the Prize." *Journal of Conflict Resolution*, 27, December, pp. 618~634.

BECKER, GORDON M., MORRIS H. DEGROOT, and JACOB MARSCHAK (1964). "Measuring Utility by a Single-Response Sequential

Method." *Behavioral Science*, 9, July, pp. 226~232.

BELL, DAVID, HOWARD RAIFFA, and AMOS TVERSKY(1988). "Descriptive, Normative, and Prescriptive Interactions in Decision Making." In David Bell, Howard Raiffa, and Amos Tversky(eds.), *Decision Making: Descriptive, Normative, and Prescriptive Interactions.* New York: Cambridge University Press.

BENZION, URI, AMNON RAPOPORT, and JOSEPH YAGIL(1989). "Discount Rates Inferred from Decisions: An Experimental Study." *Management Science*, 35, March, pp. 270~284.

BERGES, A., J. J. MCCONNELL, and G. G. SCHLARBAUM(1984). "An Investigation of the Turn-of-the-Year Effect, the Small Firm Effect and the Tax-Loss-Selling-Pressure Hypothesis in Canadian Stock Returns." *Journal of Finance*, 39, March, pp. 185~192.

BERGSTROM, THEODORE, LAWRENCE E. BLUME, and HAL VARIAN (1986). "On the Private Provision of Public Goods." *Journal of Public Economics*, 29, pp. 25~49.

BILSON, JOHN(1981). "The Speculative Efficiency Hypothesis." *Journal of Business*, 54, pp. 433~451.

BINMORE, KEN, AVNER SHAKED, and JOHN SUTTON(1985). "Testing Noncooperative Bargaining Theory: A Preliminary Study." *American Economic Review*, 75, pp. 1178~1180.

BLACKBURN, McKINLEY, and DAVID NEUMARK(1987). "Efficiency Wages, Inter-Industry Wage Differentials, and the Returns to Ability." Unpublished, Finance and Economics Discussion Series, Federal Reserve Board.

BOOTHE, PAUL, and DAVID LONGWORTH(1986). "Foreign Exchange Market Efficiency Tests: Implications of Recent Findings." *Journal* of *International Money and Finance*, 5, pp. 135~152.

BOSTIC, RAPHAEL, RICHARD J. HERRNSTEIN, and R. DUNCAN LUCE(1990). "The Effect on the Preference-Reversal Phenomenon of Using Choice Indifferences." *Journal of Economic Behavior and Organization*, 13, 2, March, pp. 193~212.

BOUDREAUX, K. J.(1973). "Discounts and Premiums on Closed-end Mutual Funds: A Study in Valuation." *Journal of Finance*, May.

BRAUER, GREGORY A.(1984). "Open-ending Closed-end Funds." *Journal of Financial Economics*, 13.

BRAUER, GREGORY A.(1988). "Closed-End Fund Shares' Abnormal Returns and the Information Content of Discounts and Premiums." *Journal of Finance*, March.

BRAUER, GREGORY, A., and ERIC CHANG(1989). "Return Seasonality in Stocks and Their Underlying Assets: Tax Loss Selling Versus Information Explanations." Working Paper, University of Washington and University of Maryland.

BREALEY, RICHARD A., and STEWART C. MYERS(1988). *Principles of Corporate Finance*, 3rd edition. New York: McGraw-Hill.

BREMER, M. A., and RICHARD J. SWEENEY(1991). "The Information Content of Extreme Negative Rates of Return." *Journal of Finance*, March.

BRICKLEY, JAMES A., STEVE MANASTER, and JAMES S. SCHALLHEIM (1989). "The Tax Timing Option and the Discounts on Closed-End Investment Companies." Working Paper, Graduate School of Business, University of Utah.

BRICKLEY, JAMES A., and JAMES S. SCHALLHEIM(1985). "Lifting the Lid on Closed-end Investment Companies: A Case of Abnormal Returns."

Journal of Financial and Quantitative Analysis, 20, 1, March.

BROWN, CHARLES, and JAMES MEDOFF(1989). "The Employer Size Wage Effect." *Journal of Political Economy*.

BROWN, KEITH(1974). "A Note on the Apparent Bias of Net Revenue Estimates for Capital Investment Projects." *Journal of Finance*, 29, pp. 1215~1216.

BROWN, KEITH C., and W. VAN HARLOW(1988). "Market Overreaction: Magnitude and Intensity." *Journal of Portfolio Management*, Winter, pp. 6~13.

BROWN, KEITH C., W. VAN HARLOW, and SEHA M. TINIC(1988). "Risk Aversion, Uncertain Information, and Market Efficiency." Working Paper, University of Texas at Austin, January.

CAGAN, PHILIP(1965). *The Effect of Pension Plans on Aggregate Savings.* New York: National Bureau of Economic Research.

CAMPBELL, JOHN, and ANGUS DEATON(1987). "Is Consumption Too Smooth?" Working Paper, Department of Economics, Princeton University.

CAMPBELL, JOHN Y., and N. GREGORY MANKIW(1989). "Consumption, Income, and Interest Rates: Reinterpreting the Time Series Evidence." National Bureau of Economic Research, Working Paper #2924.

CAMPBELL, JOHN Y., and ROBERT J. SHILLER(1988). "Stock Prices, Earnings, and Expected Dividends." *Journal of Finance*, 43, July pp. 661~676.

CAPEN, E. C., R. V. CLAPP, and W. M. CAMPBELL(1971). "Competitive Bidding in High-Risk Situations." *Journal of Petroleum Technology*, 23, June, pp. 641~653.

CARROLL, CHRIS, and LAWRENCE H. SUMMERS(1987). "Why Have Private Savings Rates in the United States and Canada Diverged?" *Journal of Monetary Economics*, 20, pp. 249~279.

CARROLL, CHRIS, and LAWRENCE H. SUMMERS(1989). "Consumption Growth Parallels Income Growth: Some New Evidence." Department of Economics, Harvard University.

CASSING, JAMES, and RICHARD W. DOUGLAS(1980). "Implications of the Auction Mechanism in Baseball's Free Agent Draft." *Southern Economic Journal*, 47, July, pp. 110~121.

CHAN, K. C.(1988). "On the Return of the Contrarian Investment Strategy." *Journal of Business*, 61, pp. 147~163.

CHERNOFF, HERMAN(1980). "An Analysis of the Massachusetts Numbers Game." Department of Mathematics, MIT, Technical Report No. 23, November.

CLOTFELTER, CHARLES T.(1985). *Federal Tax Policy and Charitable Giving.* Chicago: The University of Chicago Press.

COHEN, DAVID, and JACK L. KNETSCH(1990). "Judicial Choice and Disparities between Measures of Economic Values." Working Paper, 19 Department of Economics, Simon Fraser University.

CONSTANTINIDES, GEORGE(1988). "Habit Formation: A Resolution of the Equity Premium Puzzle." Unpublished Working Paper, Graduate School of Business, University of Chicago.

COURANT, PAUL, EDWARD GRAMLICH, and JOHN LAITNER(1986). "A Dynamic Micro Estimate of the Life Cycle Model." In Henry G. Aaron and Gary Burtless(eds.), *Retirement and Economic Behavior.* Washington D. C.: Brookings Institution.

COURSEY, DONALD L., and EDWARD A. DYL(1986). "Price Effects of

Trading Interruptions in an Experimental Market." Unpublished Working Paper, Department of Economics, University of Wyoming, March.

COURSEY, DONALD L., JOHN L. HOVIS, and WILLIAM D. SCHULZE(1987). "The Disparity between Willingness to Accept and Willingness to Pay Measures of Value." *The Quarterly Journal of Economics*, 102, pp. 679~690.

COX, JAMES C. and R. M. ISAAC(1984). "In Search of the winner's Curse." *Economic Inquiry*, 22, pp. 579~592.

CROSS, FRANK(1973). "The Behavior of Stock Prices on Fridays and Mondays." *Financial Analysts Journal*, November-December, pp. 67~69.

CUMBY, ROBERT, and DAVID MODEST(1987). "Testing for Market Timing Ability: A Framework for Forecast Evaluation." *Journal of Financial Economics*, pp. 169~189.

CUMMINGS, RONALD G., DAVID S. BROOKSHIRE, and WILLIAM D. SCHULZE(eds.), (1986). *Valuing Environmental Goods.* Totowa, N. J.: Rowman and Allanheld.

CUTLER, DAVID M., JAMES M. POTERBA, LAWRENCE H. SUMMERS(1990). "Speculative Dynamics and the Role of Feedback Traders." *American Economic Review*, 80, May, pp. 63~68.

DARK, F. H., and K. KATO(1986). "Stock Market Overreaction in the Japanese Stock Market." Working Paper, Department of Economics, Iowa State University.

DAWES, ROBYN M., JOHN M. ORBELL, RANDY T. SIMMONS, and ALPHONS J. C. VAN DE KRAGT(1986). "Organizing Groups for Collective Action." *American Political Science Review*, 80, pp. 1171~1185.

DAWES, ROBYN M., and RICHARD H. THALER(1988). "Cooperation." *Journal of Economic Perspectives*, 2, Summer, pp. 187~197.

DE BONDT, WERNER F. M.(1991). "Stock Price Reversals and Overreaction to New Events: A Survey of Theory and Evidence." In S. J. Taylor, B. G. Kingsman, and R. M. C. Guimaraes(eds.), *A Reappraisal of the Efficiency of Financial Markets.* Heidelberg: Springer Verlag.

DE BONDT, WERNER F. M., and RICHARD H. THALER(1985). "Does the Stock Market Overreact?." *Journal of Finance*, 40, July, pp. 793~805.

DE BONDT, WERNER F. M., and RICHARD H. THALER(1987). "Further Evidence on Investor Overreaction and Stock Market Seasonality." *Journal of Finance*, 42, July, pp. 557~581.

DE LONG, J. BRADFORD, ANDREI SHLEIFER, LAWRENCE H. SUMMERS, and ROBERT J. WALDMANN(1990). "Noise Trader Risk in Financial Markets." *Journal of Political Economy*, 98, August, pp. 703~738.

DEATON, ANGUS(1987). "Life-cycle Models of Consumption: Is the Evidence Consistent with the Theory?." In Truman F. Bewley, *Advances in Econometrics: 5th World Congress*, Vol. II. New York: Cambridge University Press, pp. 121~148.

DEATON, ANGUS(1989). "Saving in Developing Countries: Theory and Review." Working Paper, Department of Economics, Princeton University.

DESSAUER, JOHN P.(1981). *Book Publishing.* New York: Bowker.

DICKENS, WILLIAM T.(1986). "Wages, Employment and the Threat of Collective Action by Workers." Unpublished, University of California, Berkeley.

DICKENS, WILLIAM T., and LAWRENCE F. KATZ(1987a). "Inter-Industry Wage Differences and Industry Characteristics." In Kevin Lang and

374

Jonathan S. Leonard(eds.), *Unemployment and the Structure of Labor Markets.* Oxford: Basil Blackwell.

DICKENS, WILLIAM T., and LAWRENCE F. KATZ(1987b). "Inter-Industry Wage Differences and Theories of Wage Determination." National Bureau of Economic Research, Working Paper #2271.

DOMOWITZ, IAN, and CRAIG HAKKIO(1985). "Conditional Variance and the Risk Premium in the Foreign Exchange Market." *Journal of International Economics,* 19, pp. 47~66.

DOOLEY, MICHAEL P., and JEFF SHAFER(1983). "Analysis of Short-Run Exchange Rate Behavior: March 1983 to November 1981." In D. Bigman and T. Taya(eds.), *Exchange Rate and Trade Instability: Causes, Consequences, and Remedies.* Cambridge, Mass.: Ballinger.

DYER, DOUGLAS, JOHN KAGEL, and DAN LEVIN(1987). "The winner's Curse in Low Price Auctions." Unpublished manuscript, Department of Economics, University of Houston.

DYL, EDWARD A., and KENNETH MAXFIELD(1987). "Does the Stock Market Overreact? Additional Evidence." Working Paper, Department of Economics, University of Arizona, June.

ELSTER, JON(1979). *Ulysses and the Sirens.* New York, Cambridge University Press.

ELSTER, JON(1986). "The Market and the Forum: Three Varieties of Political Theory." In Jon Elster and Aanund Hylland(eds.), *Foundations of Social Choice Theory: Studies in Rationality and Social Change.* Cambridge, U. K.: Cambridge University Press, pp. 103~132.

ELTON, E., M. GRUBER, and J. RENTZLER(1982). "Intra Day Tests of the Efficiency of the Treasury Bills Futures Market." Working Paper No. CSFM-38, Columbia University Business School, October.

ENGEL, CHARLES M., and JAMES HAMILTON(1990). "Long Swings in the Foreign Exchange Market: Are They There, and Do Investors Know It?" National Bureau of Economic Research, Working Paper, *American Economic Review.*

ENGEL, CHARLES M., and ANTHONY P. RODRIGUES(1989). "Tests of International CAPM with Time-Varying Covariances." *Journal of Applied Econometrics,* 4, pp. 119~138.

EVANS, GEORGE W.(1986). "A Test for Speculative Bubbles in the Sterling-Dollar Exchange Rate: 1981~1984." *American Economic Review,* 76, September, pp. 621~636.

FAMA, EUGENE F.(1965). "The Behavior of Stock Market Prices." *Journal of Business,* 38, January, pp. 34~105.

FAMA, EUGENE F.(1984). "Forward and Spot Exchange Rates." *Journal of Monetary Economics,* 36, pp. 697~703.

FAMA, EUGENE F., and KENNETH R. FRENCH(1986). "Common Factors in the Serial Correlation of Stock Returns." Working Paper, Graduate School of Business, University of Chicago, October.

FAMA, EUGENE F., and KENNETH R. FRENCH(1988). "Permanent and Temporary Components of Stock Prices." *Journal of Political Economy,* 98, April, pp. 246~274.

FAMA, EUGENE F., and KENNETH R. FRENCH(1989). "Dividend Yields and Expected Stock Returns." *Journal of Financial Economics.*

FEENBERG, DANIEL, and JONATHAN SKINNER(1989). "Sources of IRA Saving." In Lawrence Summers(ed.), *Tax Policy and the Economy,* Vol. 3, Cambridge: MIT Press, pp. 25~46.

FEINSTEIN, JONATHAN, and DANIEL McFADDEN(1987). "The Dynamics of Housing Demand by the Elderly: Wealth, Cash Flow, and

Demographic Effects." National Bureau of Economic Research, Working Paper #2471.

FIELDS, M. J.(1931). "Stock Prices: A Problem in Verification." *Journal of Business.*

FIELDS, M. J.(1934). "Security Prices and Stock Exchange Holidays in Relation to Short Selling." *Journal of Business*, pp. 328~338.

FISHBURN, PETER C.(1985). "Nontransitive Preference Theory and the Preference Reversal Phenomenon." *Rivista Internazionale di Scienze Economiche e Commerciali*, 32, January, pp. 39~50.

FISHER, IRVING(1930). *The Theory of Interest*, London: Macmillan.

FLAVIN, MARJORIE(1981). "The Adjustment of Consumption to Changing Expectations about Future Income." *Journal of Political Economy*, 89, pp. 974~1009.

FORSYTHE, ROBERT, THOMAS R. PALFREY, and CHARLES R. PLOTT(1982). "Asset Valuation in an Experimental Market." *Econometrica*, 50, May, pp. 537~567.

FORSYTHE, ROBERT, THOMAS R. PALFREY, and CHARLES R. PLOTT(1984). "Futures Markets and Informational Efficiency: A Laboratory Examination." *Journal of Finance*, 39, September, pp. 55~69.

FRANK, ROBERT(1987). "If Homo Economicus Could Choose His Own Utility Function, Would He Want One with a Conscience?" *American Economic Review*, 77, September, pp. 593~605.

FRANK, ROBERT, and ROBERT HUTCHENS(1990). "Feeling Better vs. Feeling Good: A Life-Cycle Theory of Wages." Working Paper, Department of Economics, Cornell University.

FRANKEL, JEFFREY A.(1982). "A Test of Perfect Substitutability in the Foreign Exchange Market." *Southern Economic Journal*, 48, pp. 406~416(a).

FRANKEL, JEFFREY A., and CHARLES M. ENGEL(1984). "Do Asset Demand Functions Optimize over the Mean and Variance of Real Returns? A Six Currency Test." *Journal of International Economics*, 17, pp. 309~323.

FRANKEL, JEFFREY A., and KENNETH A. FROOT(1987). "Using Survey Data to Test Standard Propositions on Exchange Rate Expectations." *American Economic Review*, 77, March, pp. 133~153.

FREEMAN, RICHARD B., and JAMES L. MEDOFF(1984). *What Do Unions Do?* New York: Basic Books.

FRENCH, KENNETH(1980). "Stock Returns and the Weekend Effect." *Journal of Financial Economics*, 8, March, pp. 55~69.

FRENCH, KENNETH R., and RICHARD ROLL(1986). "Stock Return Variances: The Arrival of Information and the Reaction of Traders." *Journal of Financial Economics*, 17, September, pp. 5~26.

FRIEDMAN, MILTON(1953). "The Case for Flexible Exchange Rates." In his Essays *in Positive Economics*. Chicago: University of Chicago Press, pp. 157~203.

FRIEDMAN, MILTON(1957). *A Theory of the Consumption Function.* Princeton: Princeton University Press.

FRIEDMAN, MILTON, and L. J. SAVAGE(1948). "The Utility Analysis of Choices Involving Risk." *Journal of Political Economy*, 56, August, pp. 279~304.

FROOT, KENNETH A.(1990). "Short Rates and Expected Asset Returns." National Bureau of Economic Research Working Paper, #3247, January.

FROOT, KENNETH A., and JEFFREY A. FRANKEL(1989). "Forward Discount

Bias: Is it an Exchange Risk Premium?" *Quarterly Journal of Economics*, 416, February, pp. 139~161.

GATELY, DERMOT(1980). "Individual Discount Rates and the Purchase and Utilization of Energy-using Durables: Comment." *Bell Journal of Economics*, 11, 1, pp. 373~374.

GIBBONS, MICHAEL, and PATRICK HESS(1981). "Day of the Week Effects and Asset Returns." *Journal of Business*, 54, October, pp. 579~596.

GIBBONS, ROBERT S., and LAWRENCE F. KATZ(1987). "Learning, Mobility, and Inter-Industry Wage Differences." Unpublished Working Paper, MIT.

GILOVICH, THOMAS, ROBERT VALLONE, and AMOS TVERSKY(1985). "The Hot Hand in Basketball: On the Misperceptions of Random Sequences." *Cognitive Psychology*, 17, pp. 295~314.

GIOVANNINI, ALBERTO, and PHILLIPE JORION(1989). "The Time-Variation of Risk and Return in the Foreign Exchange and Stock Markets." *Journal of Finance*, 44, p. 2.

GOETZE, DAVID, and JOHN M. ORBELL(1988). "Understanding and Cooperation." *Public Choice*.

GOLDSTEIN, WILLIAM M., and HILLEL J. EINHORN(1987). "Expression Theory and the Preference Reversal Phenomena." *Psychological Review*, 94, April, pp. 236~254.

GRAHAM, BENJAMIN(1949). *The Intelligent Investor: A Book of Practical Counsel*. New York: Harper and Brothers.

GREEN, FRANCIS(1981). "The Effect of Occupational Pension Schemes on Saving in the United Kingdom: A Test of the Life Cycle Hypothesis." *Economic Journal*, 91, March, pp. 136~144.

GRETHER, DAVID M.(1980). "Bayes' Rule as a Descriptive Model: The

Representativeness Heuristic." *Quarterly Journal of Economics*, 95, November, pp. 537~557.

GRETHER, DAVID M., and CHARLES PLOTT(1979). "Economic Theory of Choice and the Preference Reversal Phenomenon." *American Economic Review*, 75, pp. 623~638.

GROSHEN, ERICA L.(1988). "Sources of Wage Dispersion: The Contribution of Interemployer Differentials within Industry." Unpublished, Federal Reserve Bank of Cleveland.

GROSSMAN, SANFORD J., and OLIVER D. HART(1980). "Takeover Bids, the Free-rider Problem, and the Theory of the Corporation." *Bell Journal of Economics and Management Science*, Spring, pp. 42~64.

GULTEKIN, MUSTAFA N., and N. BULENT GULTEKIN(1983). "Stock Market Seasonality: International Evidence." *Journal of Financial Economics*, 12, pp. 469~481.

GÜTH, WERNER, ROLF SCHMITTBERGER, and BERND SCHWARZE(1982). "An Experimental Analysis of Ultimatum Bargaining." *Journal of Economic Behavior and Organization*, 3, pp. 367~388.

GÜTH, WERNER, and REINHARD TIETZ(1987). "Ultimatum Bargaining for a Shrinking Cake: An Experimental Analysis." Unpublished, J. W. Goethe-Universität.

HALL, ROBERT(1988). "Intertemporal Substitution in Consumption." *Journal of Political Economy*, 86, pp. 339~357.

HALL, ROBERT, and FREDRICK MISHKIN(1982). "The Sensitivity of Consumption to Transitory Income: Estimates from Panel Data on Houseeholds." *Econometrica*, 50, pp. 461~481.

HARRIS, LAWRENCE(1986a). "A Transaction Data Study of Weekly and Intradaily Patterns in Stock Returns." *Journal of Financial*

Economics, 16, pp. 99~117.

HARRIS, LAWRENCE(1986b). "A Day-End Transaction Price Anomaly." Unpublished Working Paper, Department of Finance, University of Southern California, March.

HARRIS, LAWRENCE, and EITAN GUREL(1986). "Price and Volume Effects Associated with Changes in the S&P 500 List: New Evidence for the Existence of Price Pressures." *Journal of Finance*, 41, September, pp. 815~829.

HARRISON, J. R., and J. G. MARCH(1984). "Decision Making and Postdecision Surprises." Administrative Science Quarterly, March, pp. 26~42.

HARTMAN, RAYMOND, MICHAEL J. DOANE, and CHI-KEUNG WOO(1991). "Consumer Rationality and the Status Quo." *Quarterly Journal of Economics*.

HARVILLE, DAVID A.(1973). "Assigning Probabilities to the Outcomes of Multi-Entry Competitions." *Journal of the American Statistical Association*, 68, pp. 312~316.

HATSOPOULOS, GEORGE N., PAUL R. KRUGMAN, and JAMES M. POTERBA(1989). "Overconsumption: The Challenge to U. S. Economic Policy." American Business Conference.

HAUGEN, ROBERT A., and JOSEF LAKONISHOK(1986). *Only in January. An Investor's Guide to the Unsolved Mystery of the Stock Market. The Incredible January Effect.* Unpublished manuscript, University of Illinois, Urbana-Champaign.

HAUSCH, DONALD B., and WILLIAM T. ZIEMBA(1985). "Transactions Costs, Extent of Inefficiencies, Entries and Multiple Wagers in a Racetrack Betting Model." *Management Science*, 31, pp. 381~394.

HAUSCH, DONALD B., and WILLIAM T. ZIEMBA(1987). "Cross Track

Betting on Major Stakes Races." Working Paper No. 975, Faculty of Commerce, University of British Columbia, Vancouver, June.

HAUSCH, DONALD B., WILLIAM T. ZIEMBA, and MARK RUBINSTEIN(1981). "Efficiency of the Market for Racetrack Betting." *Management Science*, 27, pp. 1435~1452.

HAUSMAN, JERRY(1979). "Individual Discount Rates and the Purchase and Utilization of Energy-Using Durables." *Bell Journal of Economics*, 10, pp. 33~54.

HAYASHI, FUMIO(1985). "The Effect of Liquidity Constraints on Connsumption: A Cross-Sectional Analysis." *Quarterly Journal of Economics*, 100, pp. 183~206.

HENDRICKS, KENNETH, ROBERT H. PORTER, and BRYAN BOUDREAU (1987). "Information, Returns, and Bidding Behavior in OCS Auctions: 1954~1969." *Journal of Industrial Economics*, 35, pp. 517~542.

HERRNSTEIN, RICHARD J.(1961). "Relative and Absolute Strength of Response as a Function of Frequency of Reinforcement." *Journal of Experimental Analysis of Behavior*, 4, pp. 267~272.

HERSHEY, JOHN, ERIC JOHNSON, JACQUELINE MESZAROS, and MATTHEW ROBINSON(1990). "What Is the Right to Sue Worth?" Unpublished paper, Wharton School, University of Pennsylvania, June.

HERSHEY, JOHN C., and PAUL J. H. SCHOEMAKER(1985). "Probability versus Certainty Equivalence Methods in Utility Measurement: Are They Equivalent?" *Management Science*, 31, October, pp. 1213~1231.

HERZFELD, THOMAS J.(1980). *The Investor's Guide to Closed-end Funds.*

New York: McGraw-Hill.

HIRSHLEIFER, JACK(1985). "The Expanding Domain of Economics." *American Economic Review*, 75, 6, December, pp. 53~70.

HODRICK, ROBERT J.(1987). "The Empirical Evidence on the Efficiency of Forward and Futures Foreign Exchange Markets." In Jacques Lesourne, Hugo Sonnenstein(ed.), *Fundamentals of Pure and Applied Economics*, #24 Chur, Switzerland: Harwood Academic Publishers.

HODRICK, ROBERT J., and SANJAY SRIVASTAVA(1984). "An Investigation of Risk and Return in Forward Foreign Exchange." *Journal of International Money and Finance*, 3, April pp. 5~30.

HODRICK, ROBERT J., and SANJAY SRIVASTAVA(1986). "The Covariation of Risk Premiums and Expected Future Spot Rates." *Journal of International Money and Finance*, 5, pp. S5~S22.

HOFFMAN, ELIZABETH, and MATTHEW L. SPITZER(1982). "The Coase Theorem: Some Experimental Tests." *Journal of Law and Economics*, 25, pp. 73~98.

HOFFMAN, ELIZABETH, and MATTHEW L. SPITZER(1985). "Entitlements, Rights arid Fairness: An Experimental Examination of Subjects' Concepts of Distributive Justice." *Journal of Legal Studies*, 14, pp. 259~297.

HOFSTEADTER, DOUGLAS(1983). "Metamagical Themas." *Scientific American*, 248, pp. 14~28.

HOLCOMB, JOHN H., and PAUL S. NELSON(1989). "An Experimental Investigation of Individual Time Preference." Unpublished Working Paper, Department of Economics, University of Texas at El Paso.

HOLMES, OLIVER WENDELL(1897). "The Path of the Law." *Harvard Law*

Review, 10, pp. 457~478.

HOLT, CHARLES A.(1986). "Preference Reversals and the Independence Axiom." *The American Economic Review,* 76, June, pp. 508~515.

HOROWITZ, JOHN K.(1988). "Discounting Money Payoffs: An Experimental Analysis." Working Paper, Department of Agricultural and Resource Economics, University of Maryland.

HOWE, JOHN S.(1986). "Evidence on Stock Market Overreaction." *Financial Analysts Journal,* July/August, pp. 74~77.

ISAAC, R. MARK, KENNETH F. MCCUE, and CHARLES PLOTT(1985). "Public Goods Provision in an Experimental Environment." *Journal of Public Economics,* 26, pp. 51~74.

ISAAC, R. MARK, and JAMES M. WALKER(1988). "Group Size Effects in Public Goods Provision: The Voluntary Contributions Mechanism." *Quarterly Journal of Economics.*

ISAAC, R. MARK, JAMES M. WALKER, and SUSAN H. THOMAS(1984). "Divergent Evidence on Free Riding: An Experimental Examination of Possible Explanations." *Public Choice,* 43, pp. 113~149.

ISHIKAWA, TSUNEO, and KAZUO UEDA(1984). "The Bonus Payment System and Japanese Personal Savings." In Masahiko Aoki(ed.), *The Economic Analysis of the Japanese Firm,* Amsterdam: North-Holland.

JEGADEESH, NARASIMHAN(1987). "Evidence of Predictable Behavior of Security Returns." Working Paper, Columbia University, May.

KAGEL, JOHN H., and DAN LEVIN(1986). "The winner's Curse and Public Information in Common Value Auctions." *The American Economic Review,* 76, December, pp. 894~920.

KAGEL, JOHN H., DAN LEVIN, and RONALD M. HARSTAD(1987).

"Judgment, Evaluation and Information Procession in Second-Price Common Value Auctions." Unpublished manuscript, Department of Economics, University of Houston.

KAHNEMAN, DANIEL, JACK KNETSCH, and RICHARD H. THALER(1986a). "Fairness as a Constraint on Profit Seeking: Entitlements in the Market." *American Economic Review*, 76, September, pp. 728~741.

KAHNEMAN, DANIEL, JACK L. KNETSCH, and RICHARD H. THALER(1986b). "Fairness and the Assumptions of Economics." *Journal of Business*, 59, pp. S285~S300.

KAHNEMAN, DANIEL, JACK L. KNETSCH, and RICHARD THALER(1990). "Experimental Tests of the Endowment Effect and the Coase Theorem." *Journal of Political Economy*, 98, December, pp. 1325~1348.

KAHNEMAN, DANIEL, and AMOS TVERSKY(1973). "On the Psychology of Prediction." *Psychological Review*, 80, pp. 237~251.

KAHNEMAN, DANIEL, and AMOS TVERSKY(1979). "Prospect Theory: An Analysis of Decision under Risk." *Econometrica*, 47, 2, pp. 363~391.

KAHNEMAN, DANIEL, and AMOS TVERSKY(1984). "Choices, Values and Frames." *American Psychologist*, 39, April, pp. 341~350.

KARNI, EDI, and ZVI SAFRA(1987). "'Preference Reversal' and the Observability of Preferences by Experimental Methods." *Econometrica*, 55, May, pp. 675~685.

KATO, KIYOSHI, and JAMES S. SCHALLHEIM(1985). "Seasonal and Size Anomalies in the Japanese Stock Market." *Journal of Financial and Quantitative Analysis*, 20, June, pp. 107~118.

KATONA, GEORGE(1965). *Private Pensions and Individual Saving*. Ann

Arbor: University of Michigan.

KATZ, LAWRENCE F. (1986). "Efficiency Wage Theories: A Partial Evaluation." *National Bureau of Economics Research Macroeconomics Annual*, 1, pp. 235~276.

KATZ, LAWRENCE F., and LAWRENCE H. SUMMERS (1989). "Industry Rents and Industrial Policy." *Brookings Papers on Economic Activity.*

KEIM, DONALD B. (1983). "Size-Related Anomalies and Stock Return Seasonality: Further Empirical Evidence." *Journal of Financial Economics*, June, pp. 13~32.

KEIM, DONALD B. (1985). "Dividend Yields and Stock Returns: Implications of Abnormal January Returns." *Journal of Financial Economics*, 14, pp. 473~489.

KEIM, DONALD B. (1986a). "Dividend Yield and the January Effect." *The Journal of Portfolio Management*, Winter, pp. 54~60.

KEIM, DONALD B. (1986b). "The CAPM and Equity Return Regularities." *Financial Analysts Journal*, May-June, pp. 19~34.

KEIM, DONALD B., and ROBERT F. STAMBAUGH (1984). "A Further Investigation of the Weekend Effect in Stock Returns." *Journal of Finance*, 39, 3 July, pp. 819~840.

KEYNES, JOHN M. (1936). *The General Theory of Employment, Interest and Money.* London: Harcourt Bruce Jovanovich.

KIM, OLIVER, and MARK WALKER (1984). "The Free Rider Problem: Experimental Evidence." *Public Choice*, 43, pp. 3~24.

KLEIDON, ALLAN W. (1986). "Anomalies in Financial Economics." *Journal of Business*, 59, Supplement, December.

KNETSCH, JACK L. (1989). "The Endowment Effect and Evidence of Nonreversible Indifference Curves." *The American Economic*

Review, 79, pp. 1277~1284.

KNETSCH, JACK L.(1990). "Derived Indifference Curves." Working Paper, Department of Economics, Simon Fraser University.

KNETSCH, JACK L., and J. A. SINDEN(1984). "Willingness to Pay and Compensation Demanded: Experimental Evidence of an Unexpected Disparity in Measures of Value." *Quarterly Journal of Economics*, 99, pp. 507~521.

KNETSCH, JACK L., and J. A. SINDEN(1987). "The Persistence of Evaluation Disparities." *Quarterly Journal of Economics*, 99, pp. 691~695.

KNEZ, PETER, VERNON SMITH, and ARLINGTON W. WILLIAMS(1985). "Individual Rationality, Market Rationality, and Value Estimation." *American Economic Review*, 75, May, pp. 397~402.

KOTLIKOFF, LAWRENCE J., and LAWRENCE H. SUMMERS(1981). "The Role of Intergenerational Transfers in Aggregate Capital Formation." *Journal of Political Economy*, 89, pp. 706~732.

KRAMER, R. M., and MARILYN BREWER(1986). "Social Group Identity and the Emergence of Cooperation in Resource Conservation Dilemmas." In H. Wilke, D. Messick, and C. Rutte(eds.), *Psychology of Decision and Conflict*, Vol. 3, *Experimental Social Dilemmas*. Frankfurt am Main: Verlag Peter Lang, pp. 205~230.

KREPS, DAVID, PAUL MILGROM, JOHN ROBERTS, and ROBERT WILSON (1982). "Rational Cooperation in Finitely Repeated Prisoner's Dilemmas." *Journal of Economic Theory*, 27, pp. 245~252.

KRUEGER, ALAN B., and LAWRENCE H. SUMMERS(1987). "Reflections on the Inter-Industry Wage Structure." In Kevin Lang and Jonathan S. Leonard(eds.), *Unemployment and the Structure of Labor Markets*. Oxford: Basil Blackwell.

KRUEGER, ALAN B., and LAWRENCE H. SUMMERS(1988). "Efficiency Wages and the Inter-Industry Wage Structure." *Econometrica*, 56, March, pp. 259~293.

KRUGMAN, PAUL R.(1989). *Exchange Rate Instability*. Cambridge, Mass.: MIT Press.

KRUMM, RONALD, and NANCY MILLER(1986). "Household Savings, Homeownership, and Tenure Duration." Office of Real Estate, Research Paper #38.

KUNREUTHER, HOWARD, DOUGLAS EASTERLING, WILLIAM DESVOUSGES, and PAUL SLOVIC(1990). "Public Attitudes toward Citing a High Level Nuclear Waste Depository in Nevada." *Risk Analysis*.

LAING, JOHNATHAN R.(1987). "Burnt Offerings: Closed-end Funds Bring No Blessings to Shareholders." *Barron's*, 10, August, 6~7, pp. 32~36.

LAKONISHOK, JOSEF, and MAURICE LEVI(1982). "Weekend Effects on Stock Returns." *Journal of Finance*, 37, pp. 883~889.

LAKONISHOK, JOSEF, and SEYMOUR SMIDT(1984). "Volume and Turn of the Year Behavior." *Journal of Financial Economics*, September, pp. 435~455.

LAKONISHOK, JOSEF, and SEYMOUR SMIDT(1987). "Are Seasonal Anomalies Real? A Ninety-Year Perspective." Unpublished Working Paper, Department of Finance, Cornell University.

LANDSBERGER, MICHAEL(1966). "Windfall Income and Consumption: Comment." *American Economic Review*, 56, June, pp. 534~539.

LANGER, ELLEN J.(1975). "The Illusion of Control." *Journal of Personality and Social Psychology*, 32, pp. 311~328.

LAWRENCE, COLIN, and ROBERT Z. LAWRENCE(1985). "Manufacturing Wage Dispersion: An End Game Interpretation." *Brookings Papers on Economic Activity*, pp. 47~106.

LAZEAR, EDWARD(1981). "Agency, Earnings Profiles, Productivity, and Hours Restrictions." *American Economic Review*, 61, pp. 606~620.

LEE, CHARLES, ANDREI SHLEIFER, and RICHARD THALER(1991a). "Investor Sentiment and the Closed-end Fund Puzzle." *Journal of Finance*, 46, pp. 75~110.

LEE, CHARLES, ANDREI SHLEIFER, and RICHARD THALER(1991b). "Explaining Closed-end Fund Discounts: A Cross-Examination of the Evidence." Unpublished manuscript, Johnson School of Management, Cornell University, June.

LEHMANN, BRUCE N.(1988). "Fads, Martingales, and Market Efficiency." Working Paper, Hoover Institution, Stanford University, January.

LEVICH, RICHARD(1985). "Empirical Studies of Exchange Rates: Price Behavior, Rate Determination and Market Efficiency." In R. W. Jones and P. B. Kenen(eds.), *Handbook of International Economics*, Vol. 2. Amsterdam: North-Holland.

LEWIS, KAREN K.(1989). "Changing Beliefs and Systematic Rational Forecast Errors with Evidence from Foreign Exchange." *American Economic Review*, 79, September, pp. 621~636.

LICHTENSTEIN, SARAH, and PAUL SLOVIC(1971). "Reversals of Preference between Bids and Choices in Gambling Decisions." *Journal of Experimental Psychology*, 89, January, pp. 46~55.

LICHTENSTEIN, SARAH, and PAUL SLOVIC(1973). "Response-induced Reversals of Preference in Gambling: An Extended Replication in Las Vegas." *Journal of Experimental Psychology*, 101, November, pp. 16~20.

LIND, ROBERT(1990). "Reassessing the Government's Discount Rate Policy in Light of New Theory and Data in a World Economy with a High Degree of Capital Mobility." *Journal of Environmental Economics and Management.*

LINDBECK, ASSAR, and DENNIS SNOWER(1988). "Cooperation, Harassment, and Involuntary Unemployment: An Insider-Outsider Approach." *American Economic Review,* 78, March, pp. 167~188.

LO, ANDREW W., and A. CRAIG MACKINLAY(1988). "Stock Prices Do Not Follow Random Walks: Evidence from a Simple Specification Test." *Review of Financial Studies,* 1, 1, pp. 41~66.

LOEWENSTEIN, GEORGE(1987). "Anticipation and the Valuation of Delayed Consumption." *Economic Journal,* 97, pp. 666~684.

LOEWENSTEIN, GEORGE(1988). "Frames of Mind in Intertemporal Choice." *Management Science,* 34, pp. 200~214.

LOEWENSTEIN, GEORGE, and DANIEL KAHNEMAN(1991). "Explaining the Endowment Effect." Working Paper, Department of Social and Decision Sciences, Carnegie-Mellon University.

LOEWENSTEIN, GEORGE, and DRAZEN PRELEC(1989a). "Anomalies in Intertemporal Choice: Evidence and Interpretation." Working Paper, Russell Sage Foundation.

LOEWENSTEIN, GEORGE, and DRAZEN PRELEC(1989b). "Decision Making over Time and under Uncertainty: A Common Approach." Working Paper, Center for Decision Research, University of Chicago.

LOEWENSTEIN, GEORGE, and NACHUM SICHERMAN(1989). "Do Workers Prefer Increasing Wage Profiles?" Unpublished Working Paper, Graduate School of Business, University of Chicago.

LOOMES, GRAHAM, and ROBERT SUGDEN(1983). "A Rationale for

Preference Reversal." *American Economic Review*, 73, June, pp. 428~432.

MACLEAN, LEONARD, WILLIAM T. ZIEMBA, and GEORGE BLAZENKO (1987). "Growth versus Security in Dynamic Investment Analysis." Mimeo, Faculty of Commerce and Business Administration, University of British Columbia.

MALKIEL, BURTON G.(1977). "The Valuation of Closed-end Investment Company Shares." *Journal of Finance*, June.

MALKIEL, BURTON G.(1985). *A Random Walk Down Wall Street.* New York: Norton.

MANCHESTER, JOYCE M., and JAMES M. PORTERBA(1989). "Second Mortgages and Household Saving." *Regional Science and Urban Economics*, 19, 2, May, pp. 325~346.

MARK, NELSON C.(1985). "On Time Varying Risk Premia in the Foreign Exchange Market: An Econometric Analysis." *Journal of Monetary Economics*, 16, pp. 3~18.

MARKOWITZ, HARRY(1952). "The Utility of Wealth." *Journal of Political Economy*, 60, pp. 151~158.

MARSH, T. A., and R. C. MERTON(1986). "Dividend Variability and Variance Bounds Tests for the Rationality of Stock Market Prices." *American Economic Review*, 76, June, pp. 483~498.

MARSHALL, ALFRED(1891). *Principles of Economics*, 2nd ed. London: Macmillian.

MARWELL, GERALD, and RUTH AMES(1981). "Economists Free Ride, Does Anyone Else?" *Journal of Public Economics*, 15, pp. 295~310.

McAFEE, R. PRESTON, and JOHN McMILLAN(1987). "Auctions and Bidding." *Journal of Economic Literature*, 25, June, pp. 699~738.

MCGLOTHLIN, WILLIAM H.(1956). "Stability of Choices among Uncertain Alternatives." *American Journal of Psychology*, 69, pp. 604~615.

MEAD, WALTER J., ASBJORN MOSEIDJORD, and PHILIP E. SORENSEN(1983). "The Rate of Return Earned by Lessees under Cash Bonus Bidding of OCS Oil and Gas Leases." *The Energy Journal*, 4, pp. 37~52.

MEDOFF, JOHN, and KATHRINE ABRAHAM(1980). "Experience, Performance, and Earnings." *Quarterly Journal of Economics*, 94, pp. 703~736.

MILGROM, PAUL R., and R. J. WEBER(1982). "A Theory of Auctions and Competitive Bidding." *Econometric*, 50, pp. 1089~1122.

MILLER, E. M.(1977). "Risk, Uncertainty, and Divergence of Opinion." *Journal of Finance*, 32, September, pp. 1151~1168.

MILLER, MERTON H.(1986). "Behavioral Rationality in Finance: The Case of Dividends." *Journal of Business*, 59, October, pp. S451~S468.

MITCHELL, DICK(1987). *A Winning Thoroughbred Strategy.* Los Angeles: Cynthia Publishing.

MODIGLIANI, FRANCO(1988). "The Role of Intergenerational Transfers and Life Cycle Saving in the Accumulation of Wealth." *Journal of Economic Perspectives*, 2, Spring, pp. 15~40.

MURPHY, KEVIN M., and ROBERT H. TOPEL(1987). "Unemployment, Risk, and Earnings: Testing for Equalizing Wage Differences in the Labor Market." In Kevin Lang and Jonathan S. Leonard(eds.), *Unemployment and the Structure of Labor Markets*, Oxford: Basil Blackwell.

MUSSA, MICHAEL(1979). "Empirical Regularities in the Behavior of Exchange Rates and Theories of the Foreign Exchange Market." In K. Brunner and A. H. Meltzer(eds.), *Policies for Employment Prices and Exchange Rates*, Vol. 11. Carnegie-Rochester Conference Series on Public Policy, supplement to the *Journal of Monetary Economics*, pp. 9~57.

NEELIN, JANET, HUGO SONNENSCHEIN, and MATTHEW SPIEGEL(1987). "A Further Test of Bargaining Theory." Unpublished manuscript, Department of Economics, Princeton University.

NURKSE, RAGNAR(1944). *International Currency Experience*. Geneva: League of Nations.

OBSTFELD, MAURICE(1990). "The Effectiveness of Foreign-Exchange Intervention: Recent Experience 1985~1988." In W. Branson, J. Frenkel, and M. Goldstein(eds.), *International Policy Coordination and Exchange Rate Determination*. Chicago: University of Chicago Press.

OCHS, JACK, and ALVIN E. ROTH(1988). "An Experimental Study of Sequential Bargaining." Unpublished, Department of Economics, University of Pittsburgh.

ORBELL, JOHN M., ROBYN M. DAWES, and ALPHONS J. C. VAN DE KRAGT(1988). "Explaining Discussion Induced Cooperation." *Journal of Personality and Social Psychology*.

PEAVY, JOHN W.(1988). "Closed-end Fund New Issues: Pricing and Aftermarket Trading Considerations." Working Paper 88-8, CSFIM, Southern Methodist University.

PLOTT, CHARLES R., and SHYAM SUNDER(1982). "Efficiency of Experimental Security Markets with Insider Information: An Application of Rational Expectation Models." *Journal of Political Economy*, 90, August, pp. 663~698.

POTERBA, JAMES M., and LAWRENCE H. SUMMERS(1988). "Mean

Reversion in Stock Prices: Evidence and Implications." *Journal of Financial Economics.*

PRATT, JOHN W., DAVID WISE, and RICHARD ZECKHAUSER(1979). "Price Differences in Almost Competitive Markets." *Quarterly Journal of Economics*, 93, pp. 189~211.

QUANDT, RICHARD E.(1986). "Betting and Equilibrium." *Quarterly Journal of Economics*, 101, pp. 201~207.

QUINN, JAMES(1987). *The Best of Thoroughbred Handicapping: 1965~1986.* New York: Morrow.

QUIRIN, WILLIAM L.(1979). *Winning at the Races: Computer Discoveries in Thoroughbred Handicapping.* New York: Morrow.

RAFF, DANIEL M. G., and LAWRENCE H. SUMMERS(1987). "Did Henry Ford Pay Efficiency Wages?" *Journal of Labor Economics*, 5, pp. 57~86.

RAPOPORT, ANATOL, and A. M. CHAMMAH(1965). *Prisoner's Dilemma.* Ann Arbor: University of Michigan Press.

REINGANUM, MARC R.(1983). "The Anomalous Stock Market Behavior of Small Firms in January: Empirical Tests for Tax-loss Selling Effects." *Journal of Financial Economics*, June, pp. 89~104.

REINGANUM, MARC R.(1984). "Discussion." *Journal of Finance*, 39, July, pp. 837~840.

RITOV, RITA, and JONATHAN BARON(1992). "Status-quo and Omission Biases." *Journal of Risk and Uncertainty.*

RITTER, JAY R.(1987). "An Explanation of the Turn of the Year Effect." Working Paper, Graduate School of Business Administration, University of Michigan.

ROENFELDT, RODNEY L., and DONALD L. TUTTLE(1973). "An Examination of the Discounts and Premiums of Closed-end Investment Companies." *Journal of Business Research*, Fall.

ROGALSKI, RICHARD(1984). "New Findings Regarding Day-of-the-Week Returns over Trading and Non-Trading Periods: A Note." *Journal of Finance*, 34, 5, December, pp. 1603~1614.

ROGOFF, KENNETH(1979). "Essays on Expectations and Exchange Rate Volatility." Ph. D. dissertation, Massachusetts Institute of Technology.

ROLL, RICHARD(1983). "Vas ist Das? The Turn-of-the-Year Effect and the Return Premia of Small Firms." *Journal of Portfolio Management*, Winter, pp. 18~28.

ROLL, RICHARD(1986). "The Hubris Hypothesis of Corporate Takeovers." *Journal of Business*, 59, April, pp. 197~216.

ROSEN, SHERWIN(1986). "The Theory of Equalizing Differences." In Orley Ashefelter and Richard Layard(eds.), *Handbook of Labor Economics*, Vol. 1. New York: Elsevier Science Publishers BV.

ROSENBERG, BARR, KENNETH REID, and RONALD LANSTEIN(1985). "Persuasive Evidence of Market Inefficiency." *Journal of Portfolio Management*, 11, Spring, pp. 9~16.

ROSETI, RICHARD N.(1965). "Gambling and Rationality." *Journal of Political Economy*, 73, 595~607.

ROTH, ALVIN E.(1987). "Bargaining Phenomena and Bargaining Theory." In A. E. Roth(ed.), *Laboratory Experimentation in Economics: Six Points of View*. New York: Cambridge University Press.

ROZEFF, MICHAEL S., and WILLIAM R. KINNEY, JR.(1976). "Capital Market Seasonality: The Case of Stock Returns." *Journal of Financial Economics*, 3, pp. 379~402.

RUBINSTEIN, ARIEL(1982). "Perfect Equilibrium in a Bargaining Model." *Econometrica*, 50, pp. 97~109.

RUDERMAN, HENRY, MARK LEVINE, and JAMES McMAHON(1986). "Energy-Efficiency Choice in the Purchase of Residential Appliances." In Willett Kempton and Max Neiman(eds.). *Energy Efficiency: Perspectives on Individual Behavior.* Washington, D. C.: American Council for an Energy Efficient Economy.

RUSSELL, THOMAS, and RICHARD H. THALER(1985). "The Relevance of Quasi Rationality in Competitive Markets." *American Economic Review*, 75, December, pp. 1071~1082.

RUSSO, J. EDWARD, and PAUL J. H. SCHOEMAKER(1979). *Decision Traps.* New York: Doubleday.

SALOP, STEVEN C.(1979). "A Model of the Natural Rate of Unemployment." *American Economic Review*, 69, March, pp. 117~125.

SAMUELSON, WILLIAM F., and MAX H. BAZERMAN(1985). "The winner's Curse in Bilateral Negotiations." *Research in Experimental Economics*, 3, pp. 105~137.

SAMUELSON, WILLIAM, and RICHARD ZECKHAUSER(1988). "Status Quo Bias in Decision Making." *Journal of Risk and Uncertainty*, 1, pp. 7~59.

SCHELLING, THOMAS(1984). "Self-command in Practice, in Policy, and in a Theory of Rational Choice." *American Economic Review*, 74, 2, pp. 1~11.

SCHKADE, DAVID A., and ERIC J. JOHNSON(1989). "Cognitive Processes in Preference Reversals." *Organization Behavior and Human Performance*, 44, June, pp. 203~231.

SCHULMEISTER, STEPHAN(1987). "An Essay on Exchange Rate Dynamics."

WZB, Berlin Discussion Paper No. 87~88, July.

SEGAL, UZI(1988). "Does the Preference Reversal Phenomenon Necessarily Contradict the Independence Axiom?." *The American Economic Review*, 78, March, pp. 233~236.

SEN, AMARTYA K.(1977). "Rational Fools: A Critique of the Behavioral Foundations of Economics Theory." *Journal of Philosophy and Public Affairs*, 6, pp. 317~344.

SHAPIRO, CARL, and JOSEPH E. STIGLITZ(1984). "Equilibrium Unemployment as a Worker Discipline Device." *American Economic Review*, 74, pp. 433~444.

SHEFRIN, HERSH, and MEIR STATMAN(1988). "Noise Trading and Efficiency in Behavioral Finance." Working Paper, Leavey School of Business, Santa Clara University, August.

SHEFRIN, HERSH, and RICHARD H. THALER(1988). "The Behavioral Life-Cycle Hypothesis." *Economic Inquiry*, 26, October, pp. 609~643.

SHILLER, ROBERT J.(1981). "Do Stock Prices Move Too Much to be Justified by Subsequent Changes in Dividends?" *American Economic Review*, 71, June, pp. 421~436.

SHILLER, ROBERT J.(1984). "Stock Prices and Social Dynamics." *Brookings Papers on Economic Activity*, pp. 457~510.

SHLEIFER, ANDREI(1986). "Do Demand Curves for Stocks Slope Down?" *Journal of Finance*, 41, July, pp. 579~589.

SHLEIFER, ANDREI, and LAWRENCE SUMMERS(1990). "The Noise Trader Approach." *Journal of Economic Perspectives*, 4, pp. 19~34.

SKINNER, JONATHAN(1989). "Housing Wealth and Aggregate Saving." *Regional Science and Urban Economics*, 19, 2, May, pp. 305~324.

SUCHTER, SUMMER(1950). "Notes on the Structure of Wages." *Review of*

Economics and Statistics, 32, pp. 80~91.

SLOVIC, PAUL(1972). "Psychological Study of Human Judgment: Implications for Investment Decision Making." *Journal of Finance*, 27, pp. 779~799.

SLOVIC, PAUL, BARUCH FISCHHOFF, and SARAH LICHTENSTEIN(1982). "Facts versus Fears: Understanding Perceived Risk." In Daniel Kahneman, Paul Slovic, and Amos Tversky(eds.), *Judgment under Uncertainty: Heuristics and Biases*. Cambridge, U. K.: Cambridge University Press.

SLOVIC, PAUL, DALE GRIFFIN, and AMOS TVERSKY(1990). "Compatibility Effects in Judgment and Choice." In Robin M. Hogarth(ed.), *Insights in Decision Making: Theory and Applications*. Chicago: The University of Chicago Press.

SLOVIC, PAUL, and SARAH LICHTENSTEIN(1968). "The Relative Importance of Probabilities and Payoffs in Risk-Taking." *Journal of Experimental Psychology Monograph Supplement*, 78, November, Part 2, pp. 1~18.

SLOVIC, PAUL and SARAH LICHTENSTEIN(1983). "Preference Reversals: A Broader Perspective." *American Economic Review*, 73, September, pp. 596~605.

SMIRLOCK, MICHAEL, and LAURA STARKS(1986). "Day of the Week and Intraday Effects in Stock Returns." *Journal of Financial Economics*, 17, pp. 197~210.

SMITH, ADAM(1976). *The Theory of Moral Sentiments*. Oxford: Clarendon Press. (Originally published in 1759.)

SNYDER, WAYNE W.(1978). "Horse Racing: Testing the Efficient Markets Model." *Journal of Finance*, 33, pp. 1109~1118.

SOLOW, ROBERT M.(1979). "Another Possible Source of Wage Stickiness." *Journal of Macroeconomics*, 1, pp. 79~82.

STAHL, INGOLF(1972). *Bargaining Theory*, Economic Research Institute, Stockholm.

STERN, HAL(1987). "Gamma Processes, Paired Comparisons and Ranking." Ph. D. dissertation, Department of Statistics, Stanford University, August.

STIGLITZ, JOSEPH E.(1974). "Alternative Theories of Wage Determination and Unemployment in L. C. D.'s: The Labor Turnover Model." *Quarterly Journal of Economics*, 88, May, pp. 194~227.

STIGLITZ, JOSEPH E.(1976). "Prices and Queues as Screening Devices in Competitive Markets." IMSSS Technical Report No. 212, Stanford University, August.

STIGUTZ, JOSEPH E.(1987). "The Causes and Consequences of the Dependence of Quality on Price." *Journal of Economic Literature*, 25, March, pp. 1~48.

STROTZ, ROBERT H.(1955). "Myopia and Inconsistency in Dynamic Utility Maximization." *Review of Economic Studies*, 23, pp. 165~180.

STULZ, RENE(1986). "An Equilibrium Model of Exchange Rate Determination and Asset Pricing with Non-Traded Goods and Imperfect Information." Mimeo, Ohio State University.

SUMMERS, LAWRENCE(1986a). "Reply to Galper and Byce." *Tax Notes*, 9 June, pp. 1014~1016.

SUMMERS, LAWRENCE H.(1986b). "Does the Stock Market Rationally Reflect Fundamental Values?" *Journal of Finance*, 41, July, pp. 591~601.

SUMMERS, LAWRENCE, and CHRIS CARROLL(1987). "Why Is the U. S.

Saving Rate So Low?" *Brookings Papers on Economic Activity,* pp. 607~635.

SWEENEY, R. J.(1986). "Beating the Foreign Exchange Market." *Journal of Finance,* 41, pp. 163~182.

TAJFEL, HENRI, and JOHN C. TURNER(1979). "An Integrative Theory of Intergroup Conflict." In W. Austin and S. Worchel(eds.), *The Social Psychology of Intergroup Relations.* Montery, Calif.: Brooks/Cole, pp. 33~47.

THALER, RICHARD H.(1980). "Toward a Positive Theory of Consumer Choice." *Journal of Economic Behavior and Organization,* 1, pp. 39~60.

THALER, RICHARD H.(1981). "Some Empirical Evidence on Dynamic Inconsistency." *Economics Letters,* 8, pp. 201~207.

THALER, RICHARD H.(1985). "Mental. Accounting and Consumer Choice." *Marketing Science,* 4, Summer, pp. 199~214.

THALER, RICHARD H.(1988). "The Ultimatum Game." *Journal of Economic Perspectives,* 2, Fall, pp. 195~206.

THALER, RICHARD H., and ERIC JOHNSON(1990). "Gambling with the House Money and Trying to Break Even: Effects of Prior Outcomes on Risky Choice." *Management Science,* 36, June, pp. 643~660.

THALER, RICHARD H., and HERSH M. SHEFRIN(1981). "An Economic Theory of Self-Control." *Journal of Political Economy,* 89, pp. 392~410.

THOMPSON, REX(1978). "The Information Content of Discounts and Premiums on Closed-end Fund Shares." *Journal of Financial Economics,* 6.

TINIC, SEHA M., and RICHARD R. WEST(1984). "Risk and Return: January and the Rest of the Year." *Journal of Financial Economics*, 13, pp. 561~574.

TURNER, JOHN C., and HOWARD GILES(1981). *Intergroup Behavior*. Chicago: University of Chicago Press.

TVERSKY, AMOS, and DANIEL KAHNEMAN(1991). "Loss Aversion and Riskless Choice: A Reference Dependent Model." *Quarterly Journal of Economics*.

TVERSKY, AMOS, SHMUEL SATTATH, and PAUL SLOVIC(1988). "Contingent Weighting in Judgment and Choice." *Psychological Review*, 95, July, pp. 371~384.

TVERSKY, AMOS, PAUL SLOVIC, and DANIEL KAHNEMAN(1990). "The Causes of Preference Reversal." *American Economic Review*, 80, March.

TVERSKY, AMOS, and RICHARD H. THALER(1990). "Anomalies: Preference Reversals." *Journal of Economic Perspectives*, Spring, 4, pp. 201~211(reprinted here as Chapter 7).

VAN DE KRAGT, ALPHONS J. C., JOHN M. ORBELL, and ROBYN M. DAWES(1983). "The Minimal Contributing Set as a Solution to Public Goods Problems." *American Political Science Review*, 77, pp. 112~122.

VAN DE KRAGT, ALPHONS J. C., JOHN M. ORBELL, and ROBYN M. DAWES, with SANFORD L. BRAVER and L. A. WILSON, II(1986). "Doing Well and Doing Good as Ways of Resolving Social Dilemmas." In H. Wilke, D. Messick, and C. Rutte(eds.), *Psychology of Decision and Conflict*, Vol. 3, *Experimental Social Dilemmas*. Frankfurt am Main: Verlag Peter Lang, pp. 177~203.

VENTI, STEVEN F., and DAVID A. WISE(1987). "Have IRAs Increased U. S.

Saving?: Evidence from Consumer Expenditures Surveys."
National Bureau of Economic Research, Working Paper #2217.

VENTI, STEVEN F., and DAVID A. WISE(1989). "But They Don't Want to
Reduce Housing Equity." National Bureau of Economic Research,
Working Paper #2859.

VERMAELEN, THEO, and MARC VERSTRINGE(1986). "Do Belgians
Overreact?" Working Paper, Catholic University of Louvain,
Belgium, November.

VISCUSI, W. KIP, WESLEY A. MAGAT, and JOEL HUBER(1987). "An
Investigation of the Rationality of Consumer Valuations of Multiple
Health Risks." *Rand Journal of Economics,* 18, pp. 465~479.

WARSHAWSKY, MARK(1987). "Sensitivity to Market Incentives: The Case
of Policy Loans." *Review of Economics and Statistics,* pp. 286~295.

WASON, P. C.(1968). "Reasoning about a Rule." *Quarterly Journal of
Experimental Psychology,* 20, pp. 273~281.

WEINER, SHERYL, MAX BAZERMAN, and JOHN CARROLL(1987). "An
Evaluation of Learning in the Bilateral Winner's Curse."
Unpublished manuscript, Kellogg School of Management,
Northwestern University.

WEISENBERGER, A.(1960~1986). *Investment Companies Services,* Various
years. New York: Warren, Gorham and Lamont.

WEISS, ANDREW(1980). "Job Queues and Layoffs in Labor Markets with
Flexible Wages." *Journal of Political Economy,* 88, June, pp. 526~
538.

WEISS, KATHLEEN(1989). "The Post-Offering Price Performance of Closed-
End Funds." *Financial Management,* Autumn, pp. 57~67.

WEITZMAN, MARTIN(1965). "Utility Analysis and Group Behavior: An

Empirical Study." *Journal of Political Economy*, 73, pp. 18~26.

WEST, KENNETH D.(1988). "Bubbles, Fads and Stock Price Volatility Tests: A Partial Evaluation." *Journal of Finance*, 43, July, pp. 639~655.

WILCOX, DAVID W.(1989). "Social Security Benefits, Consumption Expenditure, and the Life Cycle Hypothesis." *Journal of Political Economy*, 97, pp. 288~304.

WILLIAMS, JOHN B.(1956). *The Theory of Investment Value*, Amsterdam: North-Holland. (Reprint of 1938 edition.)

WILSON, ROBERT(1977). "A Bidding Model of Perfect Competition." *Review of Economic Studies*, 44, pp. 511~518.

WINSTON, GORDON(1980). "Addiction and Backsliding." *Journal of Economic Behavior and Organization*, 1, December, pp. 295~324.

YAARI, M., and MAYA BAR-HILLEL(1984). "On Dividing Justly." *Social Choice and Welfare*, 1, pp. 1~24.

YELLEN, JANET(1984). "Efficiency Wage Models of Unemployment." *American Economic Review*, 74, pp. 200~205.

ZAROWIN, PAUL(1988). "Size, Seasonality, and Stock Market Overreaction." Working Paper, Graduate School of Business Administration, New York University, January.

ZELDES, STEPHEN P.(1989). "Consumption and Liquidity Constraints: An Empirical Investigation." *Journal of Political Economy*, 97, pp. 305~346.

ZIEMBA, WILLIAM T., SHELBY L. BRUMELLE, ANTOINE GAUTIER, and SANDRA L. SCHWARTZ(1986). *Dr. Z's 6/49 Lotto Guidebook*. Vancouver and Los Angeles: Dr. Z. Investments, Inc., June.

ZIEMBA, WILLIAM T., and DONALD B. HAUSCH(1986). *Betting at the Racetrack*. Vancouver and Los Angeles: Dr. Z. Investments, Inc.

ZIEMBA, WILLIAM T., and DONALD B. HAUSCH(1973). *Dr. Z's Beat the Racetrack*. New York: William Morrow, 1987.

ZWEIG, MARTIN E.(1973). "An Investor Expectations Stock Price Predictive Model Using Closed-end Fund Premiums." *Journal of Finance*, 28, pp. 67~87.

가격탄력성: 수요의 가격탄력성은 어느 재화의 가격이 변할 때 그 재화의 수요량이 얼마나 민감하게 변하는지를 나타내며, 공급의 가격탄력성은 재화의 가격변화에 대해 공급량이 얼마나 민감하게 변하는지를 나타낸다. 즉 수요(공급)의 가격탄력성이란 가격이 1% 변했을 때 수요량(공급량)이 몇 퍼센트나 변하는지를 나타낸다. 가격이 아무리 변해도 수요량(공급량)이 전혀 변하지 않을 때, 수요(공급)의 가격탄력성이 0이 되고, 반대로 가격이 아주 조금만 변해도 수요량(공급량)이 무한대로 변하는 경우, 수요(공급)의 가격탄력성은 무한대가 된다.

가설 검정(test): 귀무가설이 맞는지 틀리는지를 통계적으로 판단해내는 절차.

거래비용(transaction cost): 올리버 윌리엄슨에 의하면 거래비용이란 "물리학에서의 마찰과 같은 것"이다. 거래비용이란 경제적 거래를 행하는 데 들어가는 모든 비용을 의미하는데, 경제이론이 그리는 추상세계에서는 존재하지 않는다고 가정했지만, 현실에 실제 존재하기 때문에 경제이론이 그리는 대로 경제가 움직여 나가지 않게 만드는 요인들이다. 예를 들어, 어떤 물건(혹은 서비스)을 구매할 때 경제이론에서는 그 물건의 가격만을 비용으로 분석하지만, 실제로 그 물건을 어디에서 파는지를 알아내고, 그 물건을 가장 싸게 파는 곳이 어딘지를 알아내는 데 추가로 비용이 들고, 그 물건을 가장 싸게 파는 곳까지 가서 물건을 인도해오는 비용이 추가로 든다. 때로는 물건 값을 협상하는 데 추가적 비용이 들고, 물건을 사온 이후에도 그 물건의 품질이 자신이 생각했던 것과 다를 수 있기 때문에 추가로 비용이 들 수도 있다. 거래비용이란 이처럼 거래에 직간접적으로 드는 모든 비용을 뜻한다.

검정력(statistical power): 귀무가설을 기각해야 할 때, 이를 제대로 기각할 수 있는 확률.

겁쟁이 게임(chicken game): 서로 용감함을 증명하기 위해 차를 몰고 서로를 향해 돌진하면서 끝까지 버틴 쪽이 용감한 승자가 되고 먼저 핸들을 꺾는 쪽이 겁쟁이 패자가 되는 게임을 흔히 겁쟁이 게임이라고 부른다. 이 게임은 게임 이론가들에 의해 제2차 세계대전 이후의 냉전 상황에서 미국과 구소련이 전략을 분석하는 데 많이 이용되었다.

결정계수(혹은 R^2): 회귀분석('회귀분석' 용어설명 참조)의 결과 Y의 총변동 가운데 설명변수 X들의 변화로 설명되는 부분의 크기를 나타낸다. 즉 모형에서 설정한 설명변수들이 Y의 변화를 많이 설명해낼수록 결정계수의 크기는 1에 가깝게 나온다. 반대로 결정계수값이 0에 가깝다면 그만큼 X로 설명해내는 부분이 작고, Y의 변화는 모형에서 고려하는 변수 이외의 요소들에 의해 영향을 받는 부분이 크다는 의미가 된다.

계열상관(serial correlation): 시간에 따라 관측치들이 변화할 때, 이전기의 변화와 다음기의 변화가 연관되는 정도. 정확히 말하면 시계열분석을 할 때, 각 기간들의 교란항들은 서로 독립적이라는 가정을 하고 분석을 하는데, 이 가정이 위배되어 이웃하는 시기의 교란항들이 서로 연관을 맺는 경우가 있다. 이를 가리켜 계열상관 혹은 시계열상관이라고 부른다.

공공재(public goods): 한 사람이 어떤 재화나 서비스를 소비한다는 사실이 다른 사람들이 그 재화나 서비스를 소비하는 것에 아무런 영향을 주지 못하며(이를 비경합성이라고 부른다), 어떤 사람들이 그 재화에 대한 대가를 지불하지 않았다고 해서 그들이 그 재화를 소비하는 것을 막지 못하는 특성(이를 비배제성이라고 부른다)을 가진 재화나 서비스를 말한다. 공공재의 경우 그 재화에 대가를 지불하지 않아도 그 재화를 소비할 수 있고, 남이 그 재화를 소비하고 있더라도 동일한 재화를 함께 소비할 수 있으므로, 재화 생산에 기여하지 않고(혹은 대가를 지불하지 않고) 그 재화의 소비에 편승하려는 무임승차 문제가 발생할 수 있다.

공공재 게임(public goods game): 공공재 생산을 둘러싸고 경제주체들이 어떻게 의사결정을 하는지를 알아보기 위해 고안된 게임. N명(3인 이상)의 참가자들이 공공계정에 c원을 내도록 요구받는다고 하자. 각 경기자가 진짜 c원을 냈는지 안 냈는지는 본인만이 알고 남들에게는 철저히 비밀에 부친다. 만일 x명이 기부를 하고 나머지는 기부를 하지 않았다면 공공계정에는 c×x원이 모일 것이다. 이렇게 해서 공공계정에 모인 금액은 b배로 불어나고 b배로 불어난 공공계정의 총액은 N명에게 균등하게 1/N씩 나눠진다. 예를 들어 10명이 참여하고, c=1,000원, b=2일 때, 4명이 기부해서 공공계정에 모인 4,000원은 두 배인 8,000원이 되고, 이 금액이 다시 균등하게 재분배되므로 각자는 800원씩을 받게 된다. 만일 4명이 기부했다고 하고, 이 경우 각 참가자들의 수지를 타산해보면, 1,000원을 낸 사람들은 1,000원을 내고 800원을 돌려받았으니 200원을 손해본 반면 기부하지 않은 사람들은 아무것도 안 내고 800원을 받았으니 800원 이득을 보게 된다. 공공재 게임은 이처럼 기부를 안 하는 것이 개인적으로 우월한 선택이지만 모든 사람들이 이렇게 무임승차를 하게 되면 사회적으로는 최악의 결과를 가져오게끔 디자인되어 있다.

공매(short selling): 주식가격이 하락할 것을 예상하는 경우, 현재 그 주식을 보유하지 않더라도 타인으로부터 그 주식을 (비쌀 때) 빌려 팔고, 주식가격이 하락한 후에 해당 주식으로 되갚는 방식을 말한다.

공통가치경매(common value auction): 경매물이 주는 가치가 경매에 참가하는 모든 입찰자에게 동일한 경매. 어떤 경매물이 갑에게 낙찰되든, 을에게 낙찰되든 동일한 가치를 갖는다면 그 경매물을 둘러싼 경매를 공통가치경매라고 말한다.

공통지식(common knowledge): X가 공통지식이라는 말은 1) 내가 X를 알고, 2) 상대방이 X를 알고, 3) 상대방이 X를 안다는 사실을 내가 알고, 4) 내가 X를 안다는 사실을 상대방이 알고, 5) 상대방이 X를 안다는 사실을 내가 알고 있다는 사실을 상대방이 알고, 6) 내가 X를 안다는 사실을 상대방이 알고 있다는 사실을 내가 알고 있고 등등을 모두 알고 있다는 말이다.

귀무가설(null hypothesis): 통계분석을 통해 맞는지 틀리는지를 검증하기 위해 세워놓은 가설.

기대효용 이론(expected utility theory): 불확실성('불확실성' 용어설명 참조)하에서의 선택을 분석하는 이론. 경제학에서는 미래의 모든 가능한 상황이 알려져 있고, 각 상황이 일어날 확률이 알려져 있는 상황에서 합리적 의사결정자는 기대효용을 극대화한다고 가정한다. 미래에 n개의 상황이 일어날 수 있고(즉 주식가격이 오르거나 떨어지거나 등등), 각 상황이 일어날 확률을 p_1, p_2, …… , p_n이라고 하면 소비자의 효용함수가 $u(\quad)$로 주어질 때, 기대효용은 $p_1 u(x_1) + p_2 u(x_2) + \dots + p_n u(x_n)$로 계산된다.

기업특수적 숙련(firm-specific skill): 어떤 숙련이 특정한 기업에서만 통용되는 경우, 그 기술을 가리켜 기업특수적 숙련이라고 부른다. 특정 기업에서 기술을 습득하여 이로부터 얻게 되는 가치보다 다른 기업에서 동일한 기술을 통해 얻게 되는 가치가 작다면, 그 기술은 기업특수적이라고 볼 수 있으며, 두 가치 사이에 얼마나 차이가 나는가로 그 숙련 혹은 기술이 얼마나 기업특수적인지를 가늠할 수 있다. 예를 들어 애플사(社)에서 프로그래밍 기술을 익힌 컴퓨터 프로그래머는 IBM 기반 소프트웨어 기업에 취직하게 되면 자신의 숙련을 100% 발휘할 수 없게 된다. 이 경우 애플사에서 익힌 프로그래밍 기술은 기업특수적 숙련이라고 할 수 있다.

기회비용(opportunity cost): 어떤 선택을 함으로 말미암아 포기할 수밖에 없는 많은 선택 가능성 중에서 가장 가치 있는 것이 보유하고 있는 가치.

내쉬균형(Nash equilibrium): 어떤 전략 X가 상대방의 특정 전략 Y에 대한 최적대응이 되고, 상대방의 전략 Y가 또다시 나의 전략 X의 최적대응일 때, 나의 전략 X와 상대방의 전략 Y는 서로서로 최적대응이 된다. 이때 내가 전략 X를 사용하고 상대방이 전략 Y를 사용하는 상황을 내쉬균형이라고 부른다. 다시 말하면, 상대방이 Y라는 행동을 취했다는 전제하에서 내게 최선이 되는 행동이 X이고, 반대로 내가 취한 X라는 행동에 대해 상대방에게 최선이 되는 행동이 Y일 때, 즉 서로서로 상대방의 행동에 대해 최선의 행동이 맞물리는 상황이 내쉬균형 상태이다. 어떤 상황이 내쉬균형이면, 상대방이 행동을 변화시키기 전에는 현재 자신이 택한 행동이 최선이 되므로, 현재 상태에서 이탈하여 다른 행동을 취할 유인이 존재하지 않는다.

눈에는 눈 이에는 이 전략(TIT-FOR-TAT, 이하 TFT): 반복되는 죄수의 딜레마 게임에서 TFT 전략은 다음과 같은 아주 단순한 구조로 되어 있다. 1) '협조' 전략을 사용하면서 게임을 시작한다. 2) 게임이 반복되는 경우 상대방 전략의 이전 전략을 그대로 따라한다. 즉 상대방이 방금 전회에 '협조'를 했으면 자신도 이번 회에 '협조'를 하고, 상대방이 전회에 '배신'을 했으면 자신도 이번 회에 '배신'을 한다. 다시 말해 TFT 전략은 선(善)하게 게임을 시작한 후, 상대방의 호의에는 호의로, 악의에는 악의로 대응한다는 '상호성의 원칙'에 기반하고 있다. 즉 TFT 전략은 조건부 협조 전략인 셈이다. 상대가 협조적으로 나오기만 하면 이 전략은 영원히 협조적으로 나올 용의가 있지만, 상대가 그렇지 않으면 자신도 협조하길 그만두는 전략이다.

대리변수(proxy): 회귀분석에서 어떤 변수 Y를 설명할 수 있다고 보이는 설명변수 X를 결정했는데, 이 변수를 표현해주는 데이터를 찾기 힘든 경우가 있다. 이때 이 변수와 동일하지는 않지만 이 변수의 움직임을 잘 설명해줄 수 있다고 여겨지는 변수를 대신 사용하게 된다. 예를 들어 임금률 수준에 노동자들의 자질이 영향을 미친다는 것을 보이고자 한다고 해보자. 하지만 노동자들의 자질이라는 변수는 쉽게 관측되지도 않고 수치화된 데이터로 남아 있지 않을 수 있다. 이때 노동자들의 자질을 잘 표현해주면서도 관측 가능한 변수(예를 들어 IQ, 학력, 교육수준 등)를 대신 사용하게 되는데, 이렇게 대신 사용되는 변수를 대리변수라고 한다.

대리인 이론(agency theory): 주인-대리인 이론이라고도 하며, 주인의 이해를 대표하여 대리인이 행동할 때, 주인과 대리인의 목표가 달라서 생길 수 있는 유인불일치 문제를 다루는 이론. 기업에서 주주와 경영자 간의 이해불일치의 문제 등이 대표적으로 다루는 대상이다.

대립가설(alternative hypothesis): 귀무가설이 맞는지 틀리는지를 검정할 때, 귀무가설의 대안적 가설을 세우게 되는데, 그 대안적 가설을 대립가설이라고 부른다.

더미변수(dummy variable): 회귀분석에서의 설명변수로, 0 혹은 1의 값 중 하나의 값만 갖는 변수. 예를 들어 임금률에 영향을 미치는 설명변수들로 남녀, 연령, 학력, 노동조합 가입 여부 등을 고려한다고 할 때, 연령과 학력 등은 연속되는 값을 갖는 변수로 고려할 수 있지만, 남녀 혹은 노동조합 가입 여부 등은 남자 아니면 여자, 그리고 가입 아니면 미가입 둘 중 하나로 결정되므로 이들 요인들은 더미변수로 표현한다('회귀분석' 용어설명 참조).

데이터 샘플링 에러(data sampling error): 자료 수집 과정에서 나타날 수 있는 에러. 응답자가 잘못 대답하거나 조사자가 응답자의 대답을 잘못 기입하여 나타나는 오류.

독립성 공리(independency axiom): 기대효용 이론이 충족해야 하는 공리로, 서로 같은 확률 p로 각각 X와 Y를 상으로 주는 복권 L(X, p), L(Y, p)이 존재한다고 하자. 만약 의사결정자가 X와 Y 사이에 아무런 차이를 느끼지 못한다면 두 복권 L(X, p)과 L(Y, p) 사이에서도 아무런 차이를 느끼지 못한다는 것을 의미한다. 얼핏 보면 자명한 것 같지만 사람들이 이를 위배하는 경우가 종종 있다는 것이 실험을 통해 보고되고 있다.

라이프사이클 가설(Life-Cycle Theory, 생애주기 이론): 합리적 경제주체가 어떻게 소비를 계획하고 실행하는지를 보여주는 이론. 합리적인 경제주체라면 전 생애에 걸쳐 고른 소비 패턴을 갖도록 소비를 계획할 것이라는 전제 하에, 이를 위해서 현재소득이 높을 때 저축을 충분히 하고, 현재소득이 낮을 때 저축한 것을 가져다 쓰거나 혹은 미래소득을 끌어다 쓰게 된다는 내용을 갖고 있다. 구체적으로 보면, 노동시장에 진입하지 못한 유년기나 청년기에는 소득이 없거나 적은 상태이고, 노년기에도 일반적으로 소득이 없거나 소액의 연금만을 받는 반면 중년기는 경제활동이 왕성해 높은 소득을 얻을 수 있으므로, 전 생애에 걸쳐 일정 수준의 안정적인 소비를 유지하는 데 필요한 소비수준에 비해 소득이 작은 유년기나 노년기에는 음(−)의 저축을 하고, 소비에 비해 소득이 큰 중년기에는 양(+)의 저축을 하도록 전 생애 소비를 계획한다는 것이다.

무차별곡선(indifferent curve): 소비자에게 똑같은 크기의 효용을 주는 상품 묶음들의 조합을 선으로 이은 것. 이때 개인이 합리적이라면(정확히 말하면 개인의 선호가 이행성을 충족한다면) 서로 다른 두 무차별곡선은 교차하지 않아야 한다.

봉인경쟁입찰(sealed competitive bidding): 입찰 참가자들이 입찰가를 남이 보지 못하도록 비밀리에 적어(봉투에 넣어 봉인한 상태로) 제출하도록 되어 있는 경매 방식.

불편추정량(unbiased estimator): 모집단의 모수에 대한 추정량이 있어서 그 추정량의 기대치가 모집단의 모수와 일치할 때 이 추정량을 그 모수의 불편추정량이라 한다. 본문에서 시추권의 가치에 대한 전문가들의 추정치가 불편추정량이라고 했는데, 그 의미는 각 전문가들마다 서로 다른 추정치들을 내놓을 때 개별 추정치들은 진정한 가치와 다르겠지만 그 추정치들을 모두 평균내면 그 평균값은 시추권의 진정한 가치와 같다는 말이다.

상관계수(correlation coefficient): 두 변수의 변화가 같은 방향으로 나타나는지 다른 방향으로 나타나는지를 보여주는 척도. 항상 -1과 $+1$ 사이에 존재한다. 한 변수가 증가할 때 다른 변수도 증가하는 경향이 있으면, 두 변수 간에 양의 상관관계가 존재한다고 말하고, 한 변수가 증가할 때 다른 변수는 감소하는 경향을 보인다면 두 변수 간에 음의 상관관계가 존재한다고 말한다. 양의 상관관계가 완전할 때 상관계수의 값이 1이 되고, 음의 상관관계가 완전할 때, 즉 두 변수가 완벽히 반대 방향으로 움직일 때 상관계수의 값은 -1이 된다. 그리고 두 변수의 움직임이 아무런 관계없이 독립적으로 나타날 때, 상관계수는 0이 된다.

선택 바이어스(selection bias): 회귀분석에서 Y에 영향을 미치는 X를 추려낼 때, X는 Y에 의해 영향을 받는 요인이어서는 안 된다. 하지만 때로는 선택된 X가 종속변수 Y에 의해 영향을 받는 경우가 있는데, 이로부터 발생하는 문제를 가리켜 선택 바이어스라고 부른다. 예를 들어, 어떤 개별 기업의 임금률이 그 기업에 종사하는 노동자들의 자질에 의해서 결정된다고 가정한다고 하자(즉 노동자들의 자질이 높아 이를 보상하기 위해 그 기업의 임금률이 전반적으로 높다고 가정한다고 하자). 이러한 가정은 문제가 될 수 있는데, 자질이 높아 임금률이 높은지, 임금률이 높기 때문에 자질이 높은 사람들이 이 기업에 몰리는 경향이 있는지를 알 수 없기 때문이다. 선택 바이어스 혹은 선별편이란 이러한 문제점을 지칭하는 용어이다.

소비자 잉여(consumer surplus): 구입자의 어떤 재화나 서비스를 구입하기 위해 지불할 용의가 있는 최대의 금액에서 구입자가 실제로 그 재화나 서비스를 구입하기 위해 지불한 금액을 뺀 값이다. 소비자가 어떤 재화나 서비스를 구입하기 위해 지불할 용의가 있는 최대의 금액이 바로 이 소비자가 그 재화나 서비스로부터 얻게 되는 편익을 나타낼 것이므로, 이는 재화나 서비스를 소비자가 구입해서 얻게 되는 효용에서 그 재화 구입에 소요되는 비용을 제한 나머지를 나타내게 된다. 즉 소비자가 시장에 참여하여 얻는 이득이라고 할 수 있다.

순위상관(rank correlation): 두 샘플을 특정한 기준에 따라 각각 순위를 매긴다고 했을 때, 두 샘플 사이에서 특정한 변수의 순위가 얼마나 연관되어 있는가를 나타내는 척도. 즉 한 샘플에서 높은 순위를 차지한 변수들이 다른 샘플에서도 높은 순위를 차지하고 있는 경향이 보인다면(역도 마찬가지), 순위상관이 높다고 이야기하고, 반대로 한 샘플에서 높은 순위를 차지한 변수들이 다른 샘플에서는 낮은 순위를 차지하는 경향을 보인다면 순위상관이 낮다고 이야기.

시간선호율(time preference): 경제주체가 미래에 비해 현재를 얼마나 선호하는지를 나타내주는 값. 할인율과 같은 의미로 쓰인다('할인율' 용어설명 참조).

시장 메커니즘(market mechanism): 어떤 자원을 이용하여, 무엇을 어떻게 생산하며, 그렇게 생산된 재화나 서비스를 누가 사용할지를 설정하는 문제를 자원배분 문제라고 하는데, 이 자원배분이 시장을 통해 이루어지는 경우를 가리켜 시장 메커니즘이라고 한다. 시장메커니즘에서는 재화와 용역의 상대적 희소성에 관련된 정보가 가격을 통해 전달되며, 경제주체들은 가격을 보고 의사결정을 내린다. 시장 메커니즘에서 경제주체들은 가격을 신호로 삼아 자신들에게 가장 이득이 되는 방향으로 행동을 취한다.

시장의 실패(market failure): 시장을 통해 자원의 효율적 배분을 달성하지 못하는 경우를 지칭한다. 경제학에서는 몇몇 가정이 성립하면 경제주체들의 사적인 이익극대화가 사회적으로도 최적인 상태를 가져온다고 보고 있는데(이를 '보이지 않는 손의 작동'이라고 묘사하기도 한다), 어떠한 요인에 의해 최적인 상태로 귀결되지 않는 경우도 있다. 시장의 실패를 야기하는 요인들로는 규모의 경제, 외부성, 공공재, 정보의 비대칭성 등이 있다.

시장청산(market clearing): 시장에서 수요와 공급이 일치하여 어떠한 초과공급도 초과수요도 없는 상태. 시장에서 수요와 공급을 일치시켜주는 가격수준을 시장청산가격이라고 부른다.

역선택(adverse selection): 정보가 비대칭적으로 분포된 상황에서 나타나는 문제 중 하나이다. 즉 갑이 상대방에 대한 정보를 갖지 못한 채 상대방의 유형에 대해 평균에 입각하여 가격이나 협상안을 제안할 때, 갑에게 불리한 사람들만 이 제안을 받아들이는 현상. 예를 들어 보험회사가 보험가입자들의 위험도를 모르는 채 평균적 위험에 기초하여 보험정책을 제시하면 평균보다 위험도가 높은 사람들만 보험에 드는 현상이나, 기업이 노동자들의 자질을 파악하지 못한 상태에서 평균적 자질에 입각하여 임금을 제시하면 평균보다 낮은 자질을 가진 사람들만 그 임금하에서의 고용계약에 동의하려고 하는 현상을 말한다.

역추론(backward induction): 게임이 순차적으로 진행될 때, 마지막 의사결정 단계에서부터 거꾸로 문제를 풀어 최적해를 풀어내는 추론 절차. 이후 단계에서 상대방이 어떻게 나올지를 사전에 예측하고 이를 감안하여 현재의 자신의 행동을 결정하는 것이다. 게임이 N단계로 진행될 때, 게임의 마지막 단계(N)에서,

상대방이 합리적이라면 어떤 행동이 나타날 것인가를 예측하고, 이를 감안할 때 N-1단계에서 어떻게 행동해야 합리적인지를 예측하며, 또다시 그에 입각하여 N-2단계에서 어떻게 행동할 것인지를 예측하는 식으로 진행되는 추론을 진행하여 현재 행동을 결정하는 것이다. 게임이론에서는 게임에 참여하는 경기자들이 충분히 합리적이라면 이러한 역추론을 행할 수 있다고 가정하며, 이러한 역추론을 통해 도출되는 균형을 부분균형완전내쉬균형(subgame pefect Nash equilibrium)이라고 부른다.

외부성(externality): 어떤 한 사람의 행동이 제3자에게 의도하지 않은 이득이나 손해를 가져다주는데도 이에 대한 대가를 받지도 지불하지도 않을 때 외부성이 발생했다고 말한다. 외부성에는 정(正)의 외부성과 부(負)의 외부성 두 가지가 있는데, 제3자에게 의도하지 않는 이득을 주는 경우를 정의 외부성이라고 하고, 반대로 의도하지 않은 손해를 끼치는 경우를 가리켜 부의 외부성이라고 한다. 공해물질을 배출하는 기업의 경우 최적 산출량을 계산할 때 사적인 수입과 비용만을 고려할 뿐 자신이 방출하는 공해물질이 가져올 폐해, 즉 외부성의 효과는 고려해 넣지 않는다. 따라서 이처럼 부의 외부성이 있으면 기업이 계산한 최적 산출량은 사회적 견지에서 계산된 최적 산출량에 비해 과다하게 된다.

우월한 전략(dominant strategy): 게임이론에서 상대방이 어떤 전략을 선택하는지에 관계없이 자신의 보수를 더 크게 만드는 전략이 있다면 그러한 전략을 우월한 전략 혹은 지배적 전략이라고 부른다. 죄수의 딜레마 게임에서 상대방이 어떻게 나오든 자백을 하는 것이 유리한데, 이때 자백 전략을 우월한 전략이라고 부른다.

위험기피적(risk averse): 위험한 자산보다는 확실한 자산을 선호하는 태도. 위험 기피적인 의사결정자라는 두 대안의 기대치가 같다면 분산이 적은 쪽을 더 선호하며, 공정한 내기에는 결코 참가하지 않는다. 경제학에서 불확실성하에서의 선택 문제를 다룰 때, 소비자들이 위험기피적이라고 가정을 한다. 기대치가 같다면 위험을 없애고 싶어하기 때문에 공정한 보험료를 지급하고도 보험에 가입하려고 한다.

위험애호적(risk loving): 확실한 자산보다는 위험한 자산을 선호하는 태도. 위험애호적인 의사결정자라는 두 대안의 기대치가 같다면 분산이 더 큰 쪽을 더 선호하며, 때로는 불리한 내기에도 참가할 수 있다. 경제학에서는 의사결정자들이 위험애호적 태도를 보이는 경우를 예외적으로 간주한다.

위험중립적(risk neutral): 기대치 상의 유리함이나 불리함에만 입각해 선택을 한다. 따라서 기대치만 동일하다면 분산(즉 위험도)이 다르더라도 아무런 차이를 느끼지 못한다.

유동성 제약(liquidity constraint): 유동성 제약이란 간단히 말해 돈을 대출받고 싶어도 대출받지 못하는 상황을 가리키는 말이다. 일반적으로 한 형태의 자산을 화폐로 전환시키는 데에는 비용이 따르게 마련인데, 유동성이란 어떤 자산을 화폐로 얼마나 쉽게 바꿀 수 있는지의 정도를 말한다. 보통예금이라는 자산은 쉽게 현금화할 수 있으므로 유동성이 뛰어나지만, 주택자산의 경우 그것을 팔아 화폐로 만드는 것이 보통예금보다 힘든데, 그만큼 유동성이 떨어진다고 말한다. 인적자본의 경우라면(즉 가지고 있는 지식, 숙련. '인적자본' 용어설명 참조) 그것을 화폐화하기는 더더욱 힘들다. 유동성 제약이란 유동성이 떨어지는 자산을 가지고 있어 자기자산을 화폐화하기 힘들어서, 이를 담보로 대출을 받기 힘든 상황을 지칭한다. 의과대학생은 현재 자신의 인적자본에 (막대한) 미래 수익을 체화하고 있지만 그것을 담보로 돈을 대출받기는 힘들다. 그러한 의미에서 이 대학생은 유동성 제약에 처해 있다고 말할 수 있다.

유보임금(reservation wage): 노동자가 노동을 공급하기 위해 수용할 수 있는 최저임금. 수락임금이라고도 하고, 노동의 잠재가격이라고도 말한다.

유의수준(significant level): 귀무가설을 기각할 것인지 말 것인지와 관련해 판단 기준을 갖고 있어야 하는데, 이때 기준이 되는 값을 유의수준이라고 한다('통계적 유의미' 용어설명 참조).

이기성(selfishness): 경제주체의 효용이 자기 자신의 행위(소비, 생산)에 의해서만 영향을 받을 때, 이 경제주체는 이기적 선호를 갖고 있다고 말한다. 즉 타인에 대한 고려도 없고, 타인의 행동이 자신의 효용수준에 아무런 영향을 미치지 못한다는 의미이다. 구체적으로 말하면, 자기 자신의 부 혹은 효용에만 관심을 갖는다는 경제주체의 속성을 가리켜 이기성이라고 부른다.

인적자본(human capital): 사람 혹은 노동자를 자본과 동일하게 보고 이들에게 체화된 교육, 숙련 등이 생산에 기여하는 정도를 측정하기 위해 사용되는 개념. 동일한 사람도 교육 수준에 따라 다른 생산성을 나타낼 수 있기 때문에 이러한 차이를 수적으로 나타내기 위해 사용되는 개념이다. 특히 경제성장에서 물적 자본뿐 아니라 교육 등 사람에게 체화되어 있는 지식 정도가 큰 기여를 한다는 것이 밝혀지면서 주목받는 개념이다. 이에 따르면 사람들은 교육이나 훈련을 통해 자신의 인적자본에 투자를 하며, 그 결과에 따라 수익률을 얻는 것으로 간주된다. 때때로 사람들이 주택을 담보로 돈을 빌리듯이 인적자본을 담보로 돈을 빌릴 수 있다고 가정하기도 한다.

자본-노동비율(capital-labor ratio): '자본집중도' 용어설명 참조.

자본집중도(capital intensity): 생산에 투입요소가 노동과 자본이라고 할 때, 투입 자본의 가치를 투입노동의 가치로 나눈 값을 자본집중도라고 한다. 기호로는 K/L로 나타내며, 자본이 노동에 비해 생산 과정에 상대적으로 얼마나 많이 투입되는지의 정도를 나타낸다.

잠재가격(reservation price): 상품이나 서비스를 구입하기 위해 구매자가 지불할 용의가 있는 최대가격. 또는 판매자가 상품이나 서비스를 양도하기 위해 최소한 받아야 한다고 생각하는 가격. '지불용의가 있는 가격', '최저수락가격'과 같은 의미이다.

정보의 비대칭성(information asymmetry): 정보가 한쪽에만 존재하고 다른 한쪽에는 존재하지 않는 상황. 보험회사가 보험가입자의 상태에 대해 정확한 정보를 갖고 있지 못한 경우, 고용주가 피고용인의 자질에 대해 정확한 정보를 갖지 못하는 경우, 중고차 매입자가 중고차의 상태를 잘 알 수 없는 경우 등을 지칭한다.

중간값(혹은 중위값, median value): 샘플을 가장 작은 값의 관측치에서 가장 높은 값을 가진 관측치까지 순서대로 나열했을 때 정확히 중간에 위치하는 관측치.

지대(rent): 원래는 토지와 같이 생산요소의 공급이 고정되어 있어 가격에 대에 완전히 비탄력적인 경우에 지불되는 보수를 의미하는데, 일반적으로(특히 본서에서는) 잉여와 같은 의미로 사용된다.

지불용의가 있는 가격(WTP): 구매자가 어떤 재화를 구입하기 위해 지불하고자 하는 최고금액. 재화가 구매자에게 주는 가치가 v라고 하면, 구매자는 v 이상이 되는 가격을 지불해야 하는 경우라면 그 재화를 구매하려 하지 않을 것이다. 따라서 구매자에게 지불할 용의가 있는 가격은 구매자가 그 재화에 대해 부여하는 가치가 된다. 구매자의 잠재가격이라고 쓰기도 한다.

차익거래(arbitrage): 어떤 물건을 싸게 사서 비싸게 판매함으로써 시세차익을 노리는 거래행위. 차익거래자가 무수히 많고, 차익거래에 추가적인 비용이 들지 않는다면, 제품(혹은 금융상품)의 가격은 항상 그 내재가치와 일치하게 된다. 가격이 내재가치보다 높으면 차익거래자들이 그 상품을 내다 팔고자 할 것이므로 공급이 늘어나 가격이 내재가치를 향해 하락할 것이고, 가격이 내재가치보다 낮다면 차익거래자들이 그 상품을 구입하려고 할 것이므로 수요가 늘어나 가격은 내재적 가치를 향해 상승할 것이다. 즉 충분한 수의 차익거래자들이 있다면, 그리고 거래에 따른 추가적인 비용이 들지 않는다면, 가격은 내재적 가치로부터 이탈할 수 없다.

초기부존(endowment): 애초부터 가지고 있는 자원.

최소집단(minimal group): 사회심리학자들은 사람들에게 집단정체성 혹은 소속의식이 어떻게 생기며, 그 효과는 어떤지를 알아내기 위해 실험 내용과 무관하다고 보이는 미소한 기준을 가지고 집단을 구성하곤 하는데, 이렇게 무작위적인 것처럼 보이는 기준으로 구성된 집단을 최소집단이라고 한다. 대표적인 예로 1971년 타지펠 등은 사람들에게 클레와 칸딘스키의 그림을 보여주고, 클레의 그림을 좋아하는 사람들과 칸딘스키 그림을 좋아하는 사람들로 집단을 구성한 다음 각 집단별로 정체성이 생겨나는지를 관찰한 적이 있다. 이때, 클레의 그림을 선택하거나 칸딘스키의 그림을 선택했다는 것 자체가 집단 정체성을 형성하기에는 미약한 기준이라고 판단되기 때문에 두 그림에 대한 선호를 기초로 구성된 집단을 최소집단이라고 부른다. 사회심리학자들의 발견에 따르면, 사람들은 그룹이 분류된 기준이 무작위적인 것처럼 보이더라도, 즉 최소집단에 속하더라도 일단 그 집단에 속하면 집단의 일원이라는 소속감을 인식한다고 한다.

최빈값(modal): 샘플에서 가장 많이 관찰되는 값.

최저수락가격(WTA): 판매자가 어떤 재화를 판매하는 데 동의할 수 있는 최저가격. 재화가 판매자에게 주는 가치가 v_x라고 하면(혹은 재화를 공급하는 데 드는 비용이 v라고 하면), 판매자는 v 이하의 가격으로는 그 재화를 양도하려 하지 않을 것이다. 따라서 최저수락가격은 판매자가 그 재화에 대해 부여하는 가치(혹은 그 재화를 공급하는 데 드는 비용)가 된다. 판매자의 잠재가격과 같은 의미이다.

추정(estimation): 회귀분석('회귀분석' 용어설명 참조)에서 샘플을 가지고 β값들이 얼마인지를 알아내는 작업을 추정이라고 부른다. 이렇게 해서 얻어진 β값들을 추정치라고 부르며 b 혹은 $\hat{\beta}$로 쓰기도 한다.

측정오류(measurement error): 동일한 대상을 측정할 때마다 생기는 오류. 이 측정오류로 인해 개별 관측치는 실제 값과 다르게 나타날 수 있다('데이터 샘플링 에러' 용어설명 참조).

통계적 유의미(statistical significance): 어떤 계수가 통계적으로 유의미하다는 것은 그 변수가 설명력이 있다는 말이다. 정확히 말하면, 어떤 변수가 5% 수준(이를 '유의수준'이라고 부른다)에서 통계적으로 유의미하다는 말은 그 변수의 설명력이 전혀 없는데 무작위성으로 인해 설명력이 있는 것처럼 나왔을 확률이 5% 미만이라는 말이다. 즉 그럴 확률이 낮다는 것은 그만큼 그 변수의 설명력이 있음을 확증해주는 것이다. 유의수준의 값은 대개 0.05, 0.01 등이 사용되는데, 유의수준이 낮게 설정되어 있을수록 설명력이 없는데도 회귀분석 결과 설명력이 있는 것처럼 나타날 가능성이 작아진다.

파레토 효율적 배분(Pareto efficient allocation): 하나의 자원배분 상태에서 다른 어떤 사람에게 손해가 가도록 하지 않고서는 어떤 한 사람에게 이득이 되는 변화를 만들어내는 것이 불가능한 배분 상태를 파레토 효율적 배분이라고 한다. 만일 누군가에게 손해를 입히지 않고도 최소한 한 명 이상에게 이득을 줄 수 있도록 변화가 가능하다면, 그러한 변화를 파레토 개선이라고 부른다. 따라서 파레토 효율적 배분이란 파레토 개선이 불가능한 상태를 말하며, 파레토 개선이 가능한 상태를 파레토 비효율적 배분이라고 부른다.

패리뮤추얼(Pari-mutuel) : 경마장에서 운영기관이나 경마시행체가 매출에서 일정액의 수수료를 공제하고 그 잔액 전부를 적중자에게 비례 배분하는 방식. 경마투표제라고도 부른다.

페소화 문제(Peso problems) : 페소화 문제라는 용어는 원래 멕시코 정부가 달러화에 대해 고정환율을 유지하고 있다가, 1976년 고정환율제를 포기하고 페소화를 평가절하시킨 일을 일컫는 말이다. 하지만 일반적으로는(그리고 이 장에서 페소화 문제라고 지칭할 때) 정부의 정책이나 제도로 인해 환율이 급격한 변동을 일으키게 되는 문제를 가리키는 말로 사용되기도 한다.

포괄적응도(inclusive fitness) : 1964년 윌리엄 해밀턴에 의해 제시된 개념이다. 적응도(fitness)란 어떤 개체의 자손 수로 정의되는데, 어떤 개체가 환경에 적응적이면 그만큼 자손을 더 많이 퍼뜨릴 수 있으므로 적응도가 높다고 이야기한다. 이때 포괄적응도란 자기 자신의 적응도뿐만 아니라 자신의 유전자를 공유하는 다른 개체, 즉 혈연관계에 있는 개체의 적응도까지 함께 고려하여 계산된 적응도를 말한다.

표준오차(standard error) : 표본평균에 대한 표준편차를 평균에 대한 표준오차라고 한다.

표준편차(standard deviation) : 분포가 평균 주위로 퍼져 있는 정도. 모표준편차라고 하면 모평균이 분포가 평균 주위에 얼마나 멀리 퍼져 있는가의 정도를, 표본표준편차라고 하면 표본의 값들이 표본평균으로부터 얼마나 멀리 퍼져 있는가의 정도를 나타낸다.

프레이밍 효과(framing effect) : 실험을 할 때 실험을 뭐라고 부르는지, 실험주관자가 어떤 사람인지, 실험을 어떻게 묘사하는지에 따라 실험자가 실험에서 다르게 행동할 가능성을 가리키는 말이다.

한계소비 성향(marginal propensity of consumption, MPC) : 소득이 1% 증가했을 때 소비가 몇 퍼센트 증가하는지를 나타내주는 수치. 대개의 경우 사람들은 소득의 증가분만큼 소비를 증가시키지 않기 때문에 그 크기가 0.7 정도로 나온다. 저소득층의 경우 그 값은 큰 경향이 있고, 소득이 늘어나면서 그 값이 작아지는 경향을 보이기도 한다.

할인요인(discount factor) : 미래가치를 Y라고 하고, 현재가치를 X라고 할 때, $X = \frac{1}{1+r}Y$를 만족시켜주는 r값이 할인율이 되는데, 이때 $\frac{1}{1+r}$를 할인요인 혹은 할인인자(discount factor)라고 부른다. 할인요인 혹은 할인인자가 d라고 하면 미래가 현재에 비해 정확히 d배만큼 중요하다는 말이다. 즉, d값이 1보다 작으면 현재가 더 중요하다는 것을 의미한다.

할인율(discount rate) : 시점 간 선택에서 할인율이란 미래가치를 현재가치로 환산할 때 사용되는 비율이다. 사람들은 같은 돈이라면 미래에 얻는 것보다 현재에 얻는 것을 선호할 텐데, 미래에 얻게 될 소득을 지금 당장 얻을 수 있다면 그러기 위해 그 소득을 얼마까지 할인해서 받을 용의가 있는가의 문제이다. 예를 들어 1년 후 120원을 갖는 것과 현재 100원을 갖는 것을 동일하게 느끼는 소비자에게(즉, 미래 120원을 받는 대신 현재 돈을 받게 되면 20원까지 할인할 용의가 있는 소비자에게) 할인율은 20%가 된다. 마찬가지로 1년 후 120원을 갖는 것과 현재 120원을 갖는 것을 동일하다고 느끼는 소비자에게 할인율은 0이 될 것이다. 정확히 표현하자면, 미래가치를 Y라고 하고, 현재가치를 X라고 할 때, $X = \frac{1}{1+r}Y$를 만족시켜주는 r값이 할인율이 된다.

할인율이 크다는 것은, 현재소비를 위해서 미래소비 중 많은 비율을 포기할 용의가 있다는 것을 의미하므로, 그만큼 미래보다 현재를 소중이 여긴다는 것을 뜻한다. 때로는 극단적으로 높은 할인율을 갖는 사람들을, 현재만을 너무 소중히 여긴다는 의미에서 '근시안적'이라고 표현하기도 한다. 더 나아가 할인율이 (−)라는 이야기는 이 소비자는 현재보다 미래를 더 소중히 여긴다는 말이 되므로, (−) 할인율이 관찰된다는 것은 경제이론에서 이상현상으로 간주되곤 한다.

합리성(rationality): 경제학이 설정하고 있는 가장 기본적인 가정 중의 하나. 합리성이란 주어진 상황에서 자신의 목적에 가장 잘 부합하는 행동이 무엇인지를 알아내고, 일관된 선택을 내릴 수 있는 능력을 의미한다. 경제주체가 다음 두 가지 공리를 만족하면, 그는 합리적이라고 이야기한다. 1) 완비성: 어떤 두 개의 대안을 놓고 비교하더라도 그 중에서 어떤 것이 자신에게 더 좋은지(유리한지 혹은 더 높은 효용을 가져다주는지)를 알아낼 수 있다. 흔히 대안 A와 B 사이에서 A가 좋은지, B가 좋은지 혹은 둘이 똑같이 좋은지를 판단할 수 있는 능력을 말한다. 2) 이행성: 세 개의 대안 A, B, C 중 경제주체가 A를 B보다 좋아하고, 동시에 B를 C보다 좋아하고 있다면, 반드시 A를 C보다 좋아해야 한다는 선택의 일관성을 의미한다.

항상소득 가설(permanant income hypothesis): 밀턴 프리드먼에 의해 제창된 이론으로 소비자들은 현재소득(혹은 임시소득)에 의해 소비를 결정하지 않고, 전 생애에 걸쳐 얻게 되는 항상소득에 따라 소비한다는 내용을 갖고 있다. 이때 항상소득이란 전 생애에 걸쳐 얻게 되는 소득의 평균으로 계산되기도 한다.

핸디캐핑(handicaping): 좀더 공정한 경기나 경주를 하기 위해서 핸디캡을 부여하지 않으면 다른 말에 비해 우승할 가능성이 높다고 인정될 때 그 말에게 별도로 부여하는 부가중량 또는 거리를 핸디캡이라고 한다. 이때 경주마들의 상태와 중량, 그리고 과거 성적 등을 기반으로 우승마를 예상하는 것을 핸디캐핑이라고 한다.

회귀분석(regression): 설명변수 Y가 있고, 여기에 영향을 미치는 독립변수들이 X_1, X_2, …… , X_n으로 n개가 있을 때, 이들 변수들 간의 관계를 선형으로 묘사할 수 있다는 가정을 하면 관계를 $Y= \alpha + \beta_1 X_1 + \beta_2 X_2 + \cdots + \beta_n X_n + \varepsilon$으로 표현할 수 있다. 예를 들어 Y를 임금률이라고 하면, X들은 각각 성별, 연령, 교육연수, 경력, 학력, 노조 가입 여부 등이 될 것이다. 이때 β들은 각 독립변수들이 Y에 얼마나 영향을 미치는지를 나타내주는 계수가 되는데, 샘플로부터 이들 β들의 값이 얼마인지를 추정해내는 절차를 회귀분석이라고 한다. 그리고 이때 ε은 교란항으로 이론에서 다루지 못하는 요인들(즉, X들로 포괄해내지 못하는 미지의 요인들)이 Y에 미치는 영향을 나타내는데, 이 값은 평균이 0이고 σ^2의 분산을 갖는 정규분포한다고 가정하게 된다.

효율적 시장 가설(efficient market hypothesis): 자산가격이 그 자산의 가치에 관한 모든 공개된 정보를 반영한다는 이론. 이 이론에 따르면 주식시장은 정보가 효율적으로 전달되기 때문에, 어떤 경제주체가 특정한 정보를 알아냈다고 해도 그 정보는 순식간에 시장 전체에 알려져 이미 가격에 반영되며, 따라서 남들보다 나은 정보를 가지고 이득을 얻을 기회는 순식간에 사라지게 된다.

용어색인

ㄱ

가격-비율 가설 293

가장 인기 없는 숫자 249

가장 인기 있는 숫자 249

가치함수 146

강한 무임승차자 가설 35

개방형 펀드 312, 325

개인퇴직계정 222

거래비용 23

거래시간 가설 268

거래제한 주식 318

검정기 294, 308

겁쟁이 게임 25

경마내기 236

경영자의 재량 93

계절적 패턴 264, 265, 267

고임금 85~87, 92~94, 97, 100~103

공개매수 325-326

공공재 32~34, 37, 43, 51

공공재 게임 49

공공재 실험 33~34

공매 128, 255, 296, 303, 324, 333

공정성 60, 63

공정성 75~76, 78, 99, 103, 152

공정임금 모형 96, 101

공정한 가격 72

공통가치 경매 108, 109

공통지식 75, 125

공휴일 효과 273

과민반응 305, 308

교만 가설 122

교차 베팅 245

교차하는 무차별곡선 139, 141

구성기 294

구축 43

국가 펀드 322, 329

국지적 위험추구 252, 259

규범적 이론 73, 360

극단적으로 높은 할인율 187

근본적 전략 241

금융시장 23

기대수익률 308

기대효용극대화 253

기술적 이론 73, 360

기술적 전략 241

기업 인수 114

기업 인수 실험 117

기업 전체 규모 90

기여도 37, 38

기회비용 152

ㄴ

내기시장 236

내쉬균형 128

노동비용 92

노동의 질 85

노동조건 86, 99

노동조합 83, 90, 97

노동조합 가입률 92

노이즈거래 287

노이즈거래자 327~330

눈에는 눈, 이에는 이 전략(TIT-FOR-
  TAT) 39, 40

뉴저지 보험설계 145

ㄷ

다단계 게임 66

단승식 237, 241~242, 245~255

단위 일치성 가설 172

달 바뀜 효과 274

달력시간 가설 268

대금결제기간 가설 272

대리인 이론 93

대리인비용 316, 318

대리인비용 이론 199

대체가능성 212

데이터 마이닝 272

도박 236

독립성 공리 168, 181

독립성 공리 위배 178

동학적 비일관성 191

두려움 동기 45

ㄹ

라이프사이클 가설 21

랜덤워크 264, 287

로또 6/49 248

로또식 복권 게임 236

ㅁ

매사추세츠 숫자 복권 247

매칭 절차 177

머그잔거래 실험 136~139

모기지 224, 227

모기지론 196

무임승차 32, 33, 37, 44~46, 49, 51~
  52, 360

무지 가설 208

무차별곡선 156, 158

무한 반복 게임 41
민간연금 230

ㅂ
반복 게임 36
반복적 죄수의 딜레마 40
배당률 239, 243, 246, 254, 255, 257,
  259, 293
배분자 57~60, 62~64, 66, 71, 77~
  78, 102
복권 게임의 역사 246
복병마 242
복합승식 251
부채회피 196, 227
분산비율 검정 290
불순한 이타성 43, 52
비유동성 208
비이행성 165, 169, 170, 178
비이행적 선호 166
비합리성 23

ㅅ
사회보장자산 220, 230
사회적 딜레마 35, 39
사회적 할인율 206
산업 간 임금격차 82~87, 90~92,
  97, 100, 103~104
산업효과 83, 89
상호성 39

상호적 이타성 38~39, 41
생명보험 228
생애주기 이론 21, 211, 216
생존 바이어스 308
서수적 보수체계 171
선물환 할인 바이어스 339, 354
선택 바이어스 88~89, 221
선호역전 163, 166, 168,~171, 174~
  176, 181, 193
선호의 안정성 156
소규모 기업 효과 296
소비자 주권 193
손실회피 133, 140, 142, 146~148,
  155~158, 202
손실회피와 환경영향평가 151
수령자 57~62, 64, 71, 73, 76~77
수익성 91, 97, 103
순간적인 초기부존 효과 140
순수한 이타성 42, 43
순위상관 84
순자산가치 312, 314~316, 319, 325,
  326
습관 207, 229
승자 포트폴리오 295, 299
승자의 저주 18, 107, 109, 111, 117~
  121, 123~126, 128, 360
시간선호 206
시간에 따라 변화하는 위험 344
시간에 따라 변화하는 위험 프리미엄

345

시장 규율 135

시장 지배력 91

시장집중도 91

시장효율성 238, 242

시점 간 선택 185~186, 196, 205~206

실험 114

심적 보통예금계정 195

심적 저축예금 195

심적회계 195, 213, 223, 230, 254

쌍승식 241, 243

ㅇ

약한 무임승차자 가설 35

역발상식 충고 293

역선택 모형 95

역추론 40, 62, 69, 74~75, 77

연금자산 212, 218, 220

연승식 242, 245, 255

예상 배당률 244

예측오차 342, 347, 355

외환시장 338, 339, 353~354

우월한 전략 32, 37, 40, 47

월요일 효과 271

위험 304

위험 프리미엄 268, 342, 345~347, 354, 355

위험 프리미엄 가설 346~347

위험기피자 254

위험선호 253

위험-수익 간의 상충관계 353

위험의 척도 298, 307

위험중립성 가정 259

위험중립적 내쉬균형(risk neutral Nash equilibrium, 즉 RNNE), 115

위험추구자 254

유동성 제약 212, 216, 227, 228, 351

음(-)의 할인율 186, 199

의사결정 이후의 충격 126

이기성 19, 51

2등가격낙찰경매 115~116, 128

이월금 250

이자율 격차 340~341, 349

이직 모형 95, 101

이타성 23

이행성 168, 169, 171, 178

인기마-비인기마 바이어스 238~239, 243, 246, 252~253, 255

1월 효과 264, 266~268, 281, 308

일치성 가설 172

임금보상 가설 86

ㅈ

자기통제 21, 213~214, 230

자본-노동 비율 92

자본자산가격결정 모형 264, 298

작업장 규모 90

잠재가격 138~139, 164, 167

저가낙찰경매 115, 117, 128

저축 211, 214

전 생애 소비곡선 215

절세 목적 매도 266

절차적 불변성 165~166, 168, 177, 179

절차적 불변성 가정 164, 166

점차 증가하는 임금 프로파일 207

정의 152

제한된 합리성 19

조세 319

죄수의 딜레마 31, 102

주가수익비율 293

주관적 확률 237~238, 241

주당 영업이익 대비 주식가격 293

주말 효과 268, 269, 271~273, 275, 281

주택자산 212, 218, 220, 224~226

준거점 146~149, 156, 196~197

준거점과 레코드 상품권 실험 196~197

중승식 240

즐거움(할인율 크기와 관련하여) 203

증가된 손실회피 149

증가하는 임금 프로파일 201

지불 능력 91

지불할 용의가 있는 가격 134, 150

직종 간 임금격차 82

집단 정체성 49~51, 102

ㅊ

차익거래 296, 323~325

차익거래 포트폴리오 297, 299, 303

차익거래자 208, 278

차익거래자 287

처방적 이론 73~74, 360

초과위험 프리미엄 305

초기부존 139

초기부존 효과 133, 135, 141, 152, 155, 157

최고가격낙찰경매 115, 128

최소 집단 49

최저수락가격 134

최후통첩 게임 57, 63~66, 71, 76~77, 102, 360

측정 오류 88

침울함(할인율 크기와 관련하여) 203~204

ㅋ

카니발 게임 249

캘리포니아 전력소비자 만족도 조사 결과 143~144

크리스마스클럽 194

ㅌ

탐욕 동기 45

태만방지 모형 94, 101

토론의 효과 46, 48

토큰거래 실험 135~136

통제의 환상 257

퇴직률 데이터 86

투기적 효율성 338

투자자의 감정 327

트리콘티넨탈 펀드 314

특수화된 인적자본 이론 199

ㅍ

파레토 효율적 배분 34

판매할 용의가 있는 최저가격 134

팔레이 240~241

패리뮤추얼 237

패자 포트폴리오 295

펀더멘털 338

펀드매니저 316

페소화 문제 348, 355

펜실베이니아 보험설계 145

평균회귀 287, 289, 300, 354

폐쇄형 뮤추얼펀드 312

폐쇄형 펀드 313, 323~324

폐장 효과 270

포괄 적응도 39

포드사(社) 104

프로야구의 자유계약 선수 시장 118

프리드먼-새비지의 이론 254

프리미엄 321

필터 룰 353

ㅎ

하루 동안의 가격 변동 275

하빌 공식 241~242, 259

한계소비 성향 212, 230

한계저축 성향 218

한계적 시간 선호율 186

할인율 186, 188~191, 193~194,
196, 203

합리성 19, 22, 51, 75

합리적 기대 253

합리적 기대 가설 320

합리적 선택 모형 22

합리적 입찰 이론 18

합리적 정보에 기반한 거래 287

항상소득 229

항상소득 가설 215~216, 230

핸디캐핑 241

허버트 사이먼의 비애 100

현금등가치 165~168, 174

현상유지 바이어스 133, 142, 144,
148, 155, 157

현상유지 바이어스와 보험정책 144~
145

현상유지 바이어스와 학술지 선택
145

현재 상태 142

현재소득 216~217, 230

현재소비 230

협조 20, 33, 36~38, 40~42, 51~
52, 102, 360

협조의 규범 41

협조적 행위 33

형평성 이론 101

호모 이코노미쿠스 76

환위험 프리미엄 342, 344

횡재소득 218~219

효용극대화 18

효율성 임금 93

효율성 임금 모형 94

효율적 시장 가설 122, 128, 264, 276,
279, 292, 308, 311, 320

Current Population Survey(CPS) 83,
89

Individual Retirement Accounts
(IRAs) 222

National Longitudinal Study Young
Men's Cohort 90

Panel Survey of Income Dynamics
224

Quality of Employment Survey 86

Retirement History Survey 226

A

Abraham, Kathrine 199

Abrams, Burtran, A. 43

Ainslie, George 194, 208

Akerlof, George 87, 96, 102

Ali, Mukhtar 240, 259

Ames, Ruth 36

Anderson, S. C. 326

Andreoni, James 37, 41

Ariel, Robert A. 274

Arrow, Kenneth A. 124

Asch, Peter 240~241, 244, 252~
253, 259

Asquith, P. 128

Axelrod, Robert 38

B

Banz, Rolf W. 265, 296

Bar-Hillel, Maya 78

Baron, Jonathan 150

Barro, Robert 229, 231

Basu, Sanjoy 293

Bazerman, Max H. 110~111, 114

Becker, Gordon 167

Bell, David 73

Benzion, Uri 191, 198

Berges, A. 267

Bergstrom, Theodore 33

Bilson, John 356

Binmore, Ken 61

Blackburn, McKinley 89

Blazenko, George 250

Blume, Lawrence, E. 33

Boothe, Paul 339

Bostic, Raphael 172

Boudreau, Bryan 120, 317

Brauer, Gregory A. 315, 326

Brealey, Richard A. 286

Bremer, M. A. 300

Brewer, Marilyn 49

Brickley, James A. 315

Brookshire, David 151, 158

Brown, Keith C. 90, 126

C

Cagan, Philip 221

Campbell, W. M. 107, 119, 217, 308

Capen, E. C. 107, 118, 119, 128

Carroll, Chris 215, 218, 231

Carroll, John 114

Carson, Richard 151

Chammah, A. M. 31

Chan, K. C. 298

Chang, Eric 315

Chernoff, Herman 247

Clapp, R. V. 107, 119

Clotfelter, Charles T. 43

Cohen, David 154

Constantinides, George 207

Courant, Paul 211, 215

Coursey, Donald L. 134, 273

Cox, James C. 109

Cross, Frank 270

Cumby, Robert 353

Cummings, Ronald G. 151, 158

Cutler, David M. 356

D

Dawes, Robyn M. 43~44, 49

De Bondt, Werner F. M. 294~295, 299, 308

De Long, J. Bradford 287, 321, 327

Deaton, Angus 230

DeGroot, Morris H. 167

Dessauer, John P. 118

Dickens, William 83, 92, 97

Doane, Michael 143

Dooley, Michael 353

Dyer, Douglas 116

Dyl, Edward A. 273

E

Einhorn, Hillel 177

Elster Jon 47, 194

Elton, E. 260

Engel, Charles M. 344

F

Fama, Eugene 287~290, 297, 304, 343

Feenberg, Daniel 222

Fields, M. J. 269, 273

Fischhoff, Baruch 305

Fishburn, Peter C. 166

Fisher, Irving 229

Forsythe, Robert 276

Frank, Robert 41, 200

Frankel, Jeffrey 344~345

Freeman, Richard B. 92

French, Kenneth R. 270, 288~290,

297, 304, 333

Friedman, Milton 22, 217, 229~230, 252

Froot, Kenneth R. 339, 345, 352

G

Gately, Dermot 188

Gibbons, Michael 271

Gibbons, Robert 2. 89

Giles, Howard 49

Gilovich, Thomas, 128

Giovanini, Alberto 344

Goetze, David 52

Goldstein, William 177

Graham, Benjamin 292, 331

Gramlich, Edward 211, 215

Green, Francis 221

Grether, David M. 164, 294

Griffin, Dale 172~174

Groshen, Erica L. 104

Grossman, Sanford 325

Gruber, M. 260

Gultekin, Mustafa N. 267

Gultekin, N. Bulent 267

Gurel, Eitan 278

Güth, Werner 57, 65, 77

H

Hall, Robert 216, 230

Harris, Lawrence 275, 278

Harrison, J. R. 126

Harstad, Ronald M. 116

Hart, Oliver 325

Hartman, Raymond 143

Harville, David A. 241

Hatsopoulos, George 218

Hausch, Donald B. 239, 242~243, 245, 246, 259

Hausman, Jerry 188

Hayashi, Fumio 227

Hendricks, Kenneth 120

Herrnstein, Richard J. 172, 191

Hershey, John C. 144, 177

Herzfeld, Thomas J. 325, 326

Hess, Patrick 271

Hirshleifer, Jack 33

Hodrick, Robert J. 339, 343~344, 356

Hoffman, Elizabeth 64

Hofsteadter, Douglas 52

Holcomb, John H. 195, 208

Holmes, Oliver Wendell 154

Holt, Charles A. 168

Horowitz, John K. 195, 208

Hovis, John L. 134

Huber, Joel 150

Hutchens Robert 200

I

Isaac, R. Mark 36~37, 109

Ishikawa, Tsuneo 219

J

Johnson, Eric J. 144, 175, 254

Jorion, Phillipe 344

K

Kagel, John 114~116

Kahneman, Daniel 23, 59, 72, 96,
133, 135, 140, 146, 148, 152, 156,
165, 168, 176, 196, 253, 294

Karni, Edi 168, 170

Kato, Kiyoshi 267

Katona, George 221

Katz, Lawrence F. 83, 85~86, 89,
92, 104

Keim, Donald B. 265, 268, 272,
294, 296

Kim, Oliver 36

Kinney, William R. 265

Knetsch, Jack L. 59, 72, 96, 134,
135, 152, 154, 231

Knez, Peter 134

Kotlikoff, Lawrence J. 215

Kramer, R. M. 49

Kreps, David 40

Krueger, Alan B. 83~84

Krugman, Paul R. 218

Krumm, Ronald 224

Kuhn, Thomas 24

Kunreuther, Howard 152

L

Laing, Johanathan R. 313

Laitner, John 211, 215

Lakonishok, Josef 273, 274

Landsberger, Michael 219

Langer, Ellen J. 257

Lanstein, Ronald 294

Lawrence, Colin 92

Lawrence, Robert Z. 92

Lazear, Edward 200

Lee, Charles M. C. 313, 314, 317~
320, 327, 330

Lehmann, Bruce M. 301

Levich, Richard 339

Levin Dan 115~116

Levine, Mark 189

Lewis, Karen K. 347

Lichtenstein, Sarah 163, 165, 305

Lind, Robert 206

Lindbeck, Assar 103

Lo, Andrew W. 291

Loewenstein, George 140, 195~
196, 198, 201

Longworth, David 339

Loomes, Graham 166

Luce, R. Duncan 172

M

MacKinlay, A. 291

MacLean, Leonard 250

Magat, Wesley A. 150

Malkiel, Burton G. 244, 252, 317, 319, 320, 331

Manchester, Joyce M. 227

Mankiw, N. Gregory 217

March, J. G. 126

Mark, Nelson C. 344

Markowitz, Harry 196

Marschak, Jacob 167

Marshall, Alfred 203

Marwell, Gerald 36

McAfee, R. Preston 123, 129

McConnel, J. J. 267

McCue, Kenneth F. 36

McGlothlin, William H. 253

McMahon, James 189

McMillan, John 123, 129

Mead, Walter J. 119

Medoff, James 90, 92, 199

Meszaros, Jacqueline 144

Milgrom, Paul R. 40, 129

Miller, E. M. 128, 224

Miller, Merton H. 256

Mishkin, Fredrick 216

Mitchell, Dick 259

Mitchell, Robert C. 74

Modest, David 353

Modigliani, Franco 211, 230

Moseidjord, Asbjorn 119

Murphy, Kevin M. 87, 89

Mussa, Michael 339, 348

N

Neelin, Janet 66

Nelson, Paul S. 195, 208

Neumark, David 89

Nurske, Ragnar 338

O

Obstfeld, Maurice 344

Ochs, Jack 68, 77

Orbell, John M. 43, 49, 52

P

Palfrey, Thomas R. 276

Peavy, John W. 313

Plott, Charles 36, 164, 276

Porter, Robert H. 120

Poterba, James M. 218, 227, 290, 292, 356

Pratt, John W. 81

Prelec, Drazen 195~196, 198

Q

Quandt, Richard E. 240~241, 244, 252~253, 259

Quinn, James 259

Quirin, William L. 259

R

Raff, Daniel M. G. 104

Raiffa, Howard 73

Rapoport, Anatol 31, 39, 191

Reid, Kenneth 294

Reinganum, Marc 266, 280

Rentzler, J. 260

Ritov, Rita 150

Ritter, Jay R. 277

Roberts, John 40

Robinson, Matthew 144

Rodriques, Anthony P. 344

Rogalski, Richard 271

Rogoff, Kenneth 348

Roll, Richard 121, 266, 288

Rose, Andrew 87

Rosen, Sherwin 86

Rosenberg, Barr 294, 318

Rosett, Richard 252, 259

Roth, Alvin E. 68, 77~78

Rozeff, Michael S. 265

Rubinstein, Ariel 55

Rubinstein, Mark 242

Ruderman, Henry 189

Russell, Thomas 333

Russo, J. Edward 260

S

Safra, Zvi 168, 170

Salop, Steven C. 95

Samuelson, William F. 110~111, 133, 142

Sattath, Shamuel 176, 181

Savage, L. J. 252

Schallheim, James S. 267, 315

Schelling, Thomas 194

Schkade, David A. 175

Schlarbaum, G. G. 267

Schmittberger, Rolf 57

Schmitz, Mark A. 43

Schoemaker, Paul J. H. 177, 260

Schulmeister, Stephan 353

Schulze, William D. 134, 151, 158

Segal, Uzi 168

Sen, Amartya 51

Shafer, Jeff 353

Shaked, Avner 61

Shefrin, Hersh M. 194~195, 221, 230, 287

Shiller, Robert J. 287, 292, 308

Shleifer, Andrei 278, 287, 313~314, 317~321, 327, 330, 333

Sicherman, Nachum 201

Simon, Herbert 100

Sinden, J. A. 134, 135

Skinner, Jonathan 222, 225

Slichter, Summer 84, 91

Slovic, Paul 163, 165, 168, 172, 173,
174, 176, 181, 259, 305

Smidt, Seymour 273, 274

Smirlock, Michael 281

Smith, Vernon 134

Snower, Dennis 103

Snyder, Wayne W. 259

Solow, Robert M. 96

Sonnenschein, Hugo 66

Sorensen, Philip E. 119

Spiegel, Matthew 66

Spitzer, Matthew L. 64

Srivastava, Sanjay 343, 356

Stahl, Ingolf 55

Stambaugh, Robert F. 272

Starks, Laura 281

Statman, Meir 287

Stern, Hal 259

Stiglitz, Joseph E. 95, 104

Strotz, Robert H. 193

Sugden, Robert 166

Summers, Lawrence H. 83~86, 104,
215, 218, 223, 231, 287, 290, 292,
327, 333, 356

Sunder, Shyam 276

Sutton, John 61

Sweeney, Richard J. 300, 353

T

Tajfel, Henri 49

Thaler, Richard H. 59, 72, 96, 133,
135, 149, 152~153, 190, 194~195,
221, 230, 254, 294~295, 299, 313~
314, 317~320, 327, 330, 333

Thomas, Susan H. 36

Thompson, Rex 326, 333

Tietz, Reinhard 65

Timothy Talyor 333

Tinic, Seha 267

Topel, Robert H. 87, 89

Turner, John C. 49

Tuttle, Donald 318

Tversky, Amos 23, 73, 128, 133,
146, 148, 156, 165, 168, 172, 173,
174, 176, 181, 196, 253, 294

U

Ueda, Kazuo 219

V

Vallone, Robert 128

van de Kragt, Alphons 43, 49

Varian, Hal 33

Venti, Steven F. 222~223, 226

Viscuisi, W. Kip 150

W

Waldmann, R. J. 287, 327

Walker, James M. 36~37

Warshawsky, Mark 228

Weber, R. J. 129

Weiner, Sheryl 114

Weiss, Andrew 95

Weiss, Kathleen 313

Weitzman, Martin 259

West, Kenneth D. 308

West, Richard R. 267

Wilcox, David W. 217

Williams, Arlington 134

Williams, John B. 286

Wilson, Robert 40, 129

Winston, Gordon 194

Wise, David A. 81, 222~223, 226

Woo, Chi-Keung 143

Y

Yaari, M. 78

Yagil, Joseph 191

Yellen, Janet 87, 96, 102, 104

Z

Zarowin, Paul 297

Zeckhauser, Richard 81, 133, 142

Zeldes, Stephan 227

Ziemba, William T. 239, 242~243,
245~246, 248, 250~251, 259

Zweig, Martin E. 328